STEPHANIE WINSTON ist Gründerin und Direktorin der in New York ansässigen Beratungsfirma *The Organizing Principle*. Sie berät in ganz USA Firmen und private Haushalte, hält Vorträge und veranstaltet Seminare zum Thema Organisation.

Dieses Buch wurde auf chlor- und säurefreiem Papier gedruckt.

Titel der Originalausgabe »Getting Organized«
Abbildung S. 242 mit freundlicher Genehmigung
der California Closet Company

Originalverlag Warner Books, Inc., New York
Umschlaggestaltung Manfred Waller, Reinbek
Satz: DTP im Verlag
Druck und Bindung: Ebner Ulm
Printed in Germany 5 4 3 2 1
ISBN 3-426-82044-7

Stephanie Winston

Schluß mit dem Chaos

Aus dem Amerikanischen von
Annemarie Pumpernig

Knaur

Inhaltsverzeichnis

Vorwort

Das Erscheinen von *Schluß mit dem Chaos* brachte endlich Antworten auf zwei grundlegende Fragenkomplexe bezüglich Ordnung und Organisation. Der Zweck des ursprünglichen Buches bestand darin, dem Leser erstmals einen detaillierten Leitfaden über das Was und Wie des Organisierens an die Hand zu geben: Wie kann ich meinen täglichen Papierkram in den Griff bekommen, einen hektischen Tag organisieren, meine Bücher und Schränke neu ordnen? Welche Möglichkeiten habe ich, das Maximum aus dem mir zur Verfügung stehenden Raum herauszuholen? *Schluß mit dem Chaos* ist, ähnlich wie ein Wörterbuch oder ein Lexikon, ein übersichtliches Nachschlagewerk für diese und ähnliche Fragen. Schlagen Sie einfach im Inhaltsverzeichnis oder in dem umfangreichen Index nach, auf welchen Seiten Ihr spezifisches Problem behandelt wird, und holen Sie sich dort die entsprechenden Tips.

Der zweite Fragenkomplex, der in dem Buch behandelt wird, war etwas persönlicher und tiefgreifender: »Warum herrscht solches Durcheinander in meinem Leben? Warum bin ich andauernd von Chaos umgeben? Wie kommt es, daß ich den Wald vor lauter Bäumen nicht sehe? Und warum muß das alles immer gerade mir passieren?«

Schluß mit dem Chaos befaßt sich mit den Ursachen dafür, daß Sie so leicht aus dem Gleichgewicht geraten, und auch mit einigen der geheimnisvollen Faktoren, die Sie offenbar daran hindern, Ihr Leben in den Griff zu bekommen. Wir sehen uns die grundlegenden Einstellungen näher an, die für diese Probleme verantwortlich sind, und, was am allerwichtigsten ist, wir erkunden neue Methoden, die Ihnen helfen, effizienter mit Ihrer Zeit umzugehen, den Ihnen zur Verfügung stehenden Raum optimal zu nutzen und Ihr Leben ein bißchen besser zu strukturieren.

Obwohl die grundlegenden Themen und Fragen eigentlich dieselben geblieben sind, haben die hinter uns liegenden achtziger Jahre gewaltige Veränderungen in der Lebensführung der Menschen mit sich gebracht. Einige dieser Veränderungen stellen heute größere Anforderungen an unsere Organisationsfähigkeiten als dies noch vor vierzehn Jahren der Fall war, als die erste Auflage dieses Buches erschien. Die heutige Zeit hat es mit sich gebracht, daß wir an einer ungeheuren Zahl verschiedener »Fronten« kämpfen und daher andauernd unter Zeitdruck stehen; oft, so scheint es, haben wir einfach nicht genug Hände, um die Fülle der zu erledigenden Aufgaben zu bewältigen. Und es sind wohl wieder die Frauen, denen in diesen letzten Jahren der Löwenanteil der Last aufgebürdet wurde, während sie versuchten, alles unter einen Hut zu bringen.

Die Grundprinzipien haben sich also seit dem ersten Erscheinen von *Schluß mit dem Chaos* nicht verändert; auch der Umgang mit Zeit, Raum und Papierkram ist im Grunde genommen derselbe geblieben. Aber die Anwendungsbereiche haben sich verändert, in einigen Fällen sogar drastisch. Der Zweck der neuen, überarbeiteten Auflage von *Schluß mit dem Chaos* besteht darin, die Prinzipien, die vor dreizehn Jahren so erfolgreich waren, in neuem Lichte zu betrachten und sie ohne Abstriche auf die neuen Herausforderungen unseres heutigen Lebens zu übertragen.

Alles unter einen Hut bringen. Das traditionelle Syndrom »Die Arbeit einer Frau ist nie zu Ende« ist immer noch allgegenwärtig, wenn auch in veränderter Form. Wie kann eine Frau es schaffen, alles unter einen Hut zu bekommen, ohne dabei den unerreichbaren Anspruch zu stellen, eine Superfrau zu sein?

Das Büro zu Hause. Das ist in der heutigen Zeit, in der sich so viele Menschen – und zwar sowohl Männer als auch Frauen – für Voll- oder Teilzeitarbeit zu Hause entscheiden, ein wichtiges Thema. Das Büro zu Hause ist keine muffige Ecke mehr, in der Sie Ihre Steuerformulare ausfüllen und die Einkaufsliste zusammenstellen, sondern es hat sich zum professionellen Arbeitsplatz gewandelt. Für diese Heimbüros, die einige spezielle Probleme mit sich bringen, gibt es eigene Organisationsmuster.

Die Technologie des Computerzeitalters und elektronische Geräte. Wenn Ihr Wohnzimmer immer mehr wie ein Science Fiction-Labor auszusehen beginnt, wird es Zeit, der High Tech Paroli zu bieten.

Die moderne Familie. Die meisten Mütter sind heute berufstätig, und Ehepaare, bei denen beide Partner arbeiten, sind die Regel. Der Alleinerzieher ist zu einem wichtigen Faktor geworden. Plötzlich sind wir mit Familienkonstellationen konfrontiert, die vor einigen Jahren noch als exotisch galten. Für Kinder ist es heute nichts Ungewöhnliches, eine Woche lang bei der Mutter und deren Freund und in der nächsten beim Vater und dessen neuer Freundin zu wohnen. Bei all dem Hin und Her, wie es die Familienkonstellationen mit sich bringen, stellt also bereits die Logistik eine neue Herausforderung dar.

Variationen des Zusammenlebens. Unsere Wohnstätten verändern sich. Die Orte, die wir unser Heim nennen, sind ebenfalls in Veränderung begriffen. Sogar verheiratete Paare sind heutzutage mit komplizierteren Lebens- und Finanzarrangements konfrontiert, als dies in der Vergangenheit der Fall war. Erwachsene Kinder kehren nach Hause zurück, wenn sie zu der Erkenntnis kommen, daß sie sich ihre vier eigenen Wände nicht mehr leisten können.

Bei zusammenlebenden Paaren und erwachsenen Wohnungsgenossen wird das Aushandeln der Bedingungen des Zusammenlebens sogar noch komplizierter. Wie schaffen sie es zusammenzuleben, ohne ständig übereinander zu stolpern?

Mobilität – umziehen, sich vergrößern und verkleinern. Heute ziehen mehr Menschen um als jemals zuvor. Früher hatte ein Mensch zeit seines Lebens nur ein oder zwei, manchmal auch drei Heime. In unseren Tagen, die von all den auseinanderbrechenden und neu geschlossenen Ehen, sich trennenden und zusammenfindenden Paaren, von immer älter werdenden Menschen, die ihren Lebensabend in Altersheimen verbringen, und vielen anderen Zeiterscheinungen geprägt ist, kommen wir zu der Erkenntnis, daß sich unser Verhältnis zum Raum und dessen Nutzung verändert hat. Wir ziehen um, wir verkleinern uns, wir vergrößern uns. Wie sieht es mit der Organisation rund um diese sich ständig verändernden Bedürfnisse aus?

Welcher der vorgestellten Ansätze Ihnen auch immer am meisten zusagt, ich empfehle in jedem Fall, daß Sie das ganze Buch durchlesen, bevor Sie sich spezifischen Organisationsaufgaben zuwenden, denn es ist vor allem wichtig, sich mit den Grundlagen einer effizienten Organisation vertraut zu machen.

Der Wissensschatz, aus dem ich schöpfe, stammt in erster Linie aus meinen eigenen Erfahrungen als Leiterin der Firma *The Organizing Principle*. Unsere Arbeit konzentriert sich auf Büros, wo wir den Papierfluß organisieren, Ablagesysteme schaffen und uns um Zeitmanagement, Personaleinsatz und die räumliche Organisation kümmern. In Privathaushalten nehmen wir den persönlichen Papierkram, die Küchen, Schränke und die allgemeinen Haushaltsfunktionen unter die Lupe. Diese breite Palette an Erfahrungen hat es mir ermöglicht, die spezifischen Bereiche zu lokalisieren, in denen es sich lohnt, systematisch vorzugehen, und herauszuarbeiten, welche grundlegenden Einstellungen eine effektive Organisation in allen Lebenslagen fördern.

Ordnung schaffen macht wirklich Spaß. Sobald Sie den Dreh einmal heraushaben, wird es zu einem richtigen Spiel. Gehen Sie locker an Ihr Vorhaben heran. Es gibt kaum etwas Befriedigenderes als das gute Gefühl, wenn es einem gelungen ist, sich aufzuraffen und ein geplantes Projekt zu erledigen.

Aber Spaß ist nicht alles. Ordnung ist ein Faktor, der wesentlich dazu beiträgt, daß wir den Streß bewältigen und unser Leben auf unsere Weise gestalten können. Also viel Glück und viel Vergnügen!

STEPHANIE WINSTON

Danksagungen

Ich möchte jenen Menschen danken, deren Ermutigung und deren Vertrauen in meine Arbeit so wichtig für mich waren, als ich meine Firma gründete und dieses Buch schrieb: meinen Eltern, Miriam und Harry Winston; meinen Schwestern, Terry Picket und Dinah Lovitch; des weiteren Ruth Stark, Margaret und Sheldon Klein, Shirley und Lou Winston, Marnie Winston-Macauley und Joshua Winston.

Norma Fox, die beste aller Freundinnen, bot mir an, in ihren Büroräumen bei Human Sciences Press, wo ich einen Großteil dieses Buches schrieb, zu arbeiten (mein Dank gilt diesbezüglich auch Dr. Sheldon Roen). Emily Fox Kales war immer für mich da. Ann Jackowitz ist mir in loyaler und treuer Freundschaft verbunden, wie auch Sanford Schmidt.

Einzelne Ideen, die in diesem Buch aufgegriffen wurden, stammen von folgenden Personen: Dinah Lovitch, einer phantastischen Spitzenköchin, die mir beim Küchenkapitel geholfen hat; Faith McFadden und meinen treuen Freundinnen Sara Miles und Muriel Gebart, die mir bei den Kapiteln über Familie und Kinder zur Hand gingen, und schließlich den Studenten Chris Clark, Don Goalstone, Joan Masket, Marjorie Atwood Murray, Julius Shulman und Karen Olsen.

Die Organisationsarbeiten für *Schluß mit dem Chaos* nahmen Susan Ann Protter, meine Literaturagentin und Freundin, und die drei ausgezeichneten Redakteure in die Hand, mit denen ich das Vergnügen hatte zu arbeiten: Carol Hauck Smith, Sharon Morgan und Chris Steinmetz. Ihnen allen gilt mein Dank.

Der gute Geist dieser bearbeiteten Auflage von *Schluß mit dem Chaos* war Marnie Winston-Macauley, meine Kusine, Freundin und Kollegin, die mich mit Können und Eifer bei der Definition von Organisationsproblemen unserer komplizierten modernen

Welt und bei der Ausarbeitung von Lösungen für diese Probleme unterstützte.
Mein Dank und meine Wertschätzung gelten auch meiner Lektorin bei Warner Books, Susan Suffes, für ihren kritischen Blick und ihre Unterstützung während der Entstehungszeit dieses Buches.

S. W.

Wie (un)ordentlich sind Sie? – Ein Test

1. Brauchen Sie gelegentlich länger als zehn Minuten, einen bestimmten Brief, eine Rechnung, einen Bericht oder ein anderes spezifisches Papier aus Ihren Akten (oder den Papierstapeln auf Ihrem Schreibtisch) »auszugraben«?
2. Gibt es auf Ihrem Schreibtisch Papiere (ausgenommen Referenzmaterial), die Sie seit mehr als einer Woche nicht durchgesehen haben?
3. Wurden Ihnen jemals Strom oder Telefon abgestellt, weil Sie vergaßen, die Rechnung zu bezahlen?
4. Haben Sie innerhalb der letzten beiden Monate irgendeinen vereinbarten Termin, einen Geburtstag oder ein anderes Datum vergessen, an das Sie sich erinnern wollten?
5. Stapeln Sich bei Ihnen ungelesene Zeitungen und Magazine?
6. Falls ein Unglück geschehen und Ihr Partner, ein Elternteil oder eine andere nahestehende Person sterben sollte, würden Sie völlig darüber im dunkeln tappen, welche Aufzeichnungen und Wertpapiere existieren, und wo Sie sie finden?
7. Zögern Sie Arbeiten oft so lange hinaus, daß Notfälle oder Paniksituationen entstehen?
8. Wenn Sie zu Hause arbeiten, haben Sie das Gefühl, daß Sie ständig unterbrochen werden, entweder durch Forderungen von Familienmitgliedern oder durch das Telefon? Haben Sie das Gefühl, daß Sie von der Gnade anderer abhängig sind?
9. Haben Sie in Ihrem Heim oder Ihrem Büro jemals etwas für länger als zwei Monate verlegt?
10. Verlegen Sie oft Schlüssel, Brillen, Handschuhe, Aktentasche und andere Dinge, die Sie regelmäßig brauchen?
11. Lautet Ihre Definition eines »geordneten Raums« so, daß Sie

auf beschränktem Raum möglichst viele Dinge unterzubringen versuchen?

12. Sammeln sich bei Ihnen Dinge in Schrankecken oder auf dem Boden an, weil Sie sich nicht entscheiden können, wohin Sie sie legen sollen?
13. Überlegen Sie oft, wohin Sie den Videorecorder stellen sollen? Geraten die Familienmitglieder in Streit darüber, wer mit dem Nintendo spielen darf? Ist Ihr Haushalt zu einem Science Fiction-Labor elektronischer Geräte geworden, für die Sie keinen Platz haben?
14. Haben Sie das Gefühl, daß Sie Ihre Aufbewahrungsprobleme lösen könnten, wenn Sie mehr Platz hätten?
15. Haben Sie das Bedürfnis, Ordnung zu schaffen, wissen aber nicht, wo Sie anfangen sollen, weil überall ein solches Chaos herrscht?
16. Der Müll ist noch nicht hinausgetragen, obwohl das die Aufgabe Ihres Sohnes ist. Werden Sie ihn letzten Endes selbst hinaustragen?
17. Wenn Sie bei der Arbeit sind, haben Sie manchmal das Gefühl, daß einzelne Familienmitglieder – z. B. Ihre Kinder, Ihr Partner, der Babysitter – nicht wissen, wann die Ballettstunde Ihrer Fünfjährigen ist, und wie sie zu ihrem Termin gebracht oder bzw. abgeholt werden soll?
18. Wenn Sie einkaufen gehen, passiert es Ihnen, daß Sie durch die ganze Stadt laufen und beim Nachhausekommen bemerken, daß Sie doch etwas vergessen haben?
19. Macht es Sie verrückt, wenn Ihr Partner/Ihre Partnerin ständig seine/ihre Kleidungsstücke in die Ecke wirft? Oder gibt es irgendeine andere Organisationsfrage, die Ihnen oder Ihrem Partner/Ihrer Partnerin ein Dorn im Auge ist?
20. Wenn Sie sich das Sorgerecht für Ihr Kind teilen oder wenn Ihr Partner/Ihre Partnerin sorgeberechtigt ist, haben Sie das Gefühl, daß der Transport der Kinder jedes Wochenende zu einer umständlichen Prozedur ausartet?

21. Haben Sie am Ende eines durchschnittlichen Tages zumindest den Großteil der Aufgaben erledigt, die Sie sich vorgenommen haben?
22. Nehmen Sie regelmäßig Haushaltshilfen wie Babysitter, Putzpersonal, Wäschereien oder anderes in Anspruch? (Vorausgesetzt, Geld ist für Sie kein ernsthaftes Hindernis.)
23. Befinden sich die Küchenutensilien, die Sie am häufigsten verwenden, am günstigen Platz?
24. Ist Ihr Wohnzimmer so eingerichtet, daß die Familienmitglieder/Gäste bequem miteinander sprechen können, ohne dabei die Stimme zu erheben? Gibt es Platz zum Abstellen von Getränken und Snacks?

BEWERTUNG:

Fragen 1–20: ein Punkt für jedes »Ja«

Fragen 21–24: ein Punkt für jedes »Nein«

IHRE PUNKTEZAHL:

1–6	Sie haben Ihre Organisationssysteme unter Kontrolle. Mit den innovativen Tips, die Sie in diesem Buch finden, können Sie vielleicht noch einige Verbesserungen erzielen.
7–10	Die Unordnung macht Ihnen Probleme. Das Programm dieses Buches könnte Ihnen eine beträchtliche Hilfestellung bieten.
11–14	Das Leben muß sehr schwierig für Sie sein. Ich empfehle Ihnen, das in diesem Buch beschriebene Programm eingehend zu studieren und in die Praxis umzusetzen.
15–24	Sie sind unordentlich bis zum Chaos. Wenn Sie das Programm dieses Buches befolgen, könnte das Ihr Leben ändern.

EINS
Das Organisationsprinzip

1

Wie bringe ich alles unter einen Hut?

Vielleicht haben Sie schon des öfteren gehofft, daß niemand bemerkt, wann Sie wieder einmal mit Ihrem Lebensmanagement nicht klar kommen. Sie sind ein intelligenter und liebenswerter Mensch – aber wie können Sie die Tatsache erklären, daß Sie dauernd der Uhr hinterherlaufen und nur allzu oft im Alltagsgetümmel unterzugehen drohen? Es mag ja sein, daß die betrüblichen Geschichten, die nun folgen, nicht hundertprozentig auf Sie zutreffen, aber vielleicht entlockt Ihnen die eine oder andere Episode doch den Stoßseufzer: »Du liebe Güte! Genauso geht es mir auch!«

Lisa, eine achtundzwanzigjährige Rechtsanwältin aus Far Hills, New Jersey, taumelt morgens um 7.30 Uhr schlaftrunken aus dem Bett; sie hat bereits nervöse Magenschmerzen, weil für 8.30 Uhr eine wichtige Sitzung angesetzt ist und der Wecker nicht geläutet hat. Lisa stürzt ganz aufgelöst aus dem Haus, weil sie keine Zeit für die morgendliche Toilette und sorgfältige Kleidung gefunden hat. Und außerdem war auch die Bluse, die zu dem Tweedkostüm gehört, wie üblich wie vom Erdboden verschluckt.

Zum Frühstück gibt es nur Kaffee, weil Lisa natürlich keine Zeit hat, etwas zu essen. Aber das Frühstück ist auch dann problematisch, wenn der Zeitdruck nicht so groß ist. Wie soll man denn die Eier finden, wenn sie sich immer in der hintersten Ecke des Kühlschranks verstecken? Und es lohnt wohl auch kaum die Mühe, die einzige brauchbare Bratpfanne von ganz unten aus dem Stapel zu ziehen.

Wie üblich versäumt Lisa den 8 Uhr-Bus. Das passiert ihr etwa jeden zweiten Tag. Zehn Minuten später stolpert sie in den nächsten, und aufgelöst, wie sie ist, kramt sie während der fünfzehn-

minütigen Fahrt hektisch in ihrer Aktentasche nach einem Dokument, das sie für das Meeting unbedingt braucht.
Wieder zu Hause. Es scheint aussichtslos, sich etwas kochen zu wollen, wenn die Küche bis zur letzten Ecke mit Kochutensilien und Krimskrams verstellt ist. Also öffnet sich Lisa auch heute eine Dose Thunfisch oder ruft den Pizzaservice an.
Der frühe Abend ist sicher ein guter Zeitpunkt, um sich mit der Einkommensteuer zu beschäftigen, aber wie soll man etwas absetzen, wenn die Zahlungsbelege verschwunden sind?
Zu guter Letzt ein warmes, entspannendes Bad, um die Anstrengungen des Tages einfach wegzuspülen. Aber die eben erst beginnende Entspannung schlägt in Wut um, als Lisa bemerkt, daß alle Handtücher in der Wäsche sind.
Und so geht es ins Bett: mit angespannten Muskeln, vibrierenden Nerven und dazu dem bedrückenden Gefühl, daß morgen alles wieder von vorne losgehen wird.
Bill Marshall arbeitet in der Werbebranche. Mindestens zwei- oder dreimal pro Woche hat er bis in die Nacht hinein zu tun. Er muß seine oft Kunden auf einen Drink oder zum Essen einladen.
Seine Frau, Diane, arbeitet in einer Import-Export-Firma als Büroleiterin. Meistens schafft sie es, die Babysitterin um 17.30 Uhr abzulösen. Sobald sie die Wohnungstür hinter sich geschlossen hat, heißt es für Diane nur noch hetzen.
Wenn sie nach Hause kommt, sind die Betten meistens noch nicht gemacht. Die Hausarbeit ist unerledigt, und die Kinder verlangen schon ungeduldig ihr Abendessen. Während sie die Kinder anherrscht, daß sie endlich ihre Hausaufgaben machen sollen, versucht sie, ein Abendessen zustande zu bringen. Wenn der Eintopf endlich vor sich hin kocht, stürzt sie nach oben, um die Betten zu machen und brüllt nach den Kindern, die die Wäsche zum Falten bringen sollen.
Endlich bekommt Diane die Kinder zu fassen und versammelt sie um 7.00 Uhr um den Eßtisch. Danach, als sie sich ausziehen

und sich waschen gehen sollen, wird wieder gebrüllt. Währenddessen spült Diane das Geschirr.
Zu diesem Zeitpunkt betritt Bill die Wohnung. Er hat einen harten Tag hinter sich. Als erstes geht er in sein Zimmer und ruft: »Liebling, das Bett ist noch nicht gemacht!« Dann kommt er herunter, schenkt sich ein Glas Weißwein ein, setzt sich und sagt: »Hallo, Schätzchen. Wie war dein Tag?«
Wohl keine besonders gute Frage. Kann dieser Familie geholfen werden?
Das Leben der Jordans hat sich seit dem fünften Geburtstag ihrer Zwillinge, Benji und Allison, ziemlich verändert. Irgendwie scheint das Haus voller mechanischer, sich bewegender Dinge zu sein, die den Eltern völlig rätselhaft sind. Überall stolpert man über Kabel, in ihrem einst gemütlichen Heim türmen sich Maschinen über Maschinen, die ihnen schon längst nicht mehr bekannt vorkommen, und, was noch schlimmer ist, sie sind schon einige Male nur knapp einer Kollision mit verschiedensten kunterbunt durcheinandergewürfelten Platten, Bändern und anderem Krimskrams entgangen, die zu diesen mechanischen Monstern zu gehören scheint, die ihre Kinder ins Haus gebracht haben – von ihren eigenen Computern, Videorecordern, Stereoanlagen und anderen Geräten ganz zu schweigen.
Sie haben es verdammt satt, über Dinge zu stolpern, die ihnen fremd sind, mit denen sie nichts anfangen können und die sie im ganzen Haus zu bedrohen scheinen. Das war wohl nicht im Sinne des Erfinders! Auf jeden Fall muß irgend etwas geschehen.

Wenn Ihnen diese Geschichten nicht ganz fremd sind, dann werden Sie sich sicher fragen, warum bei Ihnen alles gerade so und nicht anders läuft. Die Antwort ist nicht so einfach, aber Sie können sicher sein, daß es nicht Ihr Horoskop oder ihr Naturell ist, das Sie dazu verdammt, sich an allen Fronten von solch unwürdigen Dingen nerven und aufreiben zu lassen. Ganz im Gegenteil, denn Sie verfügen von Natur aus über ein ausgeprägtes Organisationstalent, das aber aus verschiedenen Gründen im Laufe Ihres Lebens verschüttet wurde. Diese Gründe liegen vor allem im psychologischen Bereich und haben ihre Wurzeln in der Kindheit. Dazu kommt natürlich noch die permanente Herausforderung, sich in einer hochentwickelten, komplexen Welt zu behaupten, die unseren Großeltern noch völlig fremd war.

Sie haben jedoch die Fähigkeit, Ihr Leben in geordnetere Bahnen zu lenken. Ihr inneres Streben nach Ordnung und Klarheit ist viel stärker als die Kräfte des Chaos. Denken Sie zum Beispiel daran, wie Sie eine stark befahrene Straße zu Fuß oder mit dem Auto überqueren. Während Sie diesen kühnen Akt ausführen und von einer Seite auf die andere gelangen, verarbeiten Sie spontan und unbewußt eine Reihe komplexer Informationen: die Geschwindigkeit der Autos, ihre verschiedenen Fahrtrichtungen und die Beziehung, in der sie zu Ihnen und den anderen Fahrzeugen stehen. Daß Sie mit dieser schwierigen Situation zurechtkommen, zeigt schon, wie gut Sie eine Vielzahl verschiedener Informationen zu einem sinnvollen Muster fügen können – und das ist bereits die grundlegende Definition von Organisation.

Wenn wir also davon ausgehen, daß wir alle schon bei unserer Geburt mit der Fähigkeit zur Organisation ausgestattet sind, müssen wir uns fragen: Was ist geschehen? Ich bin der Meinung, daß viele Menschen in einer Art zeitlicher Verzerrung steckenbleiben und in ihrem gegenwärtigen Leben auf Kräfte reagieren, die viele Jahre vorher – zehn, zwanzig, dreißig oder mehr – aktuell waren. Die meisten Leute, die ständig (und nicht nur gelegentlich) Probleme mit Ordnung und Unordnung haben und die es schwierig finden, ihr Leben in geordnete Bahnen zu lenken, leben als Erwachsene immer noch die als schuldhaft erlebte Abwehr von Autoritäten der Kindheit aus – im Normalfall waren diese Autoritäten die Eltern.

Meistens geht das etwa so vor sich: Eine Autoritätsperson bringt einem kleinen Kind bei, wie die Dinge sein »sollten«. Man kann etwas »richtig« machen, und ein »braver« Mensch ist »diszipliniert« und »ordentlich«. Diese Lebenseinstellung begleitet das Kind, wenn sich die Frage des eigenen Zimmers stellt, wie dieses meist der Fall ist. Die ständige Ermahnung »Terry, räume dein Zimmer auf« kann so an den Nerven zerren wie das Quietschen von Kreide auf einer Tafel. Das Kind interpretiert dieses Eindringen in seinen Bereich als Angriff auf seine Identität und Autonomie. Manchmal ist dieses Gefühl des Angegriffenwerdens nichts weiter als Einbildung, aber in vielen Fällen spürt das Kind ganz richtig, daß die Eltern es zu kontrollieren versuchen.

Irgendwann setzt dann die Abwehr ein. Der Jugendliche verschränkt innerlich die Arme und sagt: »Nein. Ich will nicht ordentlich und diszipliniert sein.« So kommt es, daß in seinem Leben das Chaos die Oberhand gewinnt, weil er glaubt, daß Ordnung mit Festgefahrensein oder Identitätsverlust gleichzusetzen sei und Unordnung aus demselben Grund Freiheit und Selbstbestätigung bedeuten müsse.

Es gibt einen weiteren Faktor, der diese falsche Annahme noch zusätzlich kompliziert: Schuldgefühle. Als Kinder oder Jugendliche können sich nur die wenigsten mit einem reinen Gewissen gegen ihre Eltern wenden. So kann es passieren, daß, während ein Teil der Persönlichkeit durch die ausgetragenen Konflikte gestört wird, der andere Teil sagt: »Ich bin sicher im Unrecht. Ich muß ein schlechter Mensch sein.«

Die so entstehenden Schuldgefühle fordern einen hohen Tribut. Ein Mensch befreit sich von der Einflußnahme eines anderen, nur um sich einer kontinuierlichen funktionalen Störung, und, was noch schlimmer ist, einem noch tieferen Konflikt in seinem Inneren auszuliefern. Um ein solches Dilemma zu rechtfertigen, richten manche Leute ihren Lebensstil bewußt so aus, daß die Unordnung, in der sie leben, gerechtfertigt erscheint.

Ein solcher Lebensstil läßt sich durch »immer auf Trab sein« beschreiben. Mit dieser Taktik kann sich ein Mensch in einer so hektischen Geschäftigkeit vergraben und sich in so viele Pflichten, Aktivitäten, Probleme und Abschweifungen verstricken, daß nicht einmal ein Augenblick Zeit bleibt, um alles auf einen Nenner zu bringen.

Es gibt einen Unterschied zwischen »immer auf Trab sein« als Lebensstil und der allgemeinen Überfrachtung, die so charakteristisch für unsere Zeit ist – das ist auch das Thema von Talkshows und den vielen Artikeln, die sich damit befassen, wie man alles unter einen Hut bekommt. Der Unterschied liegt allerdings darin, daß es sich beim ersten Phänomen um eine Modeerscheinung handelt, beim zweiten jedoch um eine organisatorische Realität. Manchmal gelingt es uns aber, diese Realität ein kleines bißchen effizienter zu gestalten und so zu bewirken, daß wir legitime Pflichten mit mehr Pflichten, mit mehr Freude erledigen und sie nicht so sehr als Belastung empfinden.

Ein weiterer Stil, der aber nicht so verbreitet ist, ist der des »Freigeistes«. Ein solcher »freier Geist« ist im allgemeinen »künstlerisch« oder »kreativ« und betrachtet Organisationsarbeit als die wohl reizloseste aller Beschäftigungen für jemanden, der nach Höherem strebt.

Die charakteristischste Art und Weise, wie die Menschen mit dieser emotionalen Fessel, dem Konflikt »Ordnung gegen Unordnung«, umgehen, besteht darin, daß sie ein Muster von Anpassung und Widerstand entwickeln. Viele meiner Klienten wollen beispielsweise um jeden Preis »recht haben«. Sie verspüren den übermächtigen Drang, ihr Leben so zu organisieren, wie es »sein sollte«. Das versteht man unter Anpassung – das bewußte Akzeptieren elterlicher Normen. In der Folge setzen sie sich bestimmte Ziele, deren Präzision selbst einen Computerwissenschaftler vor Neid erblassen ließe. Da jedoch diese Ziele oft unrealistisch und irrelevant für alle praktischen Belange sind, sagt der Klient dann: »Zum Teufel damit. Das kann ich nicht, und ich pfeife drauf.« Das ist Widerstand.

Widerstand, der als schuldhaft erlebt wird, hat viel mit Ihren Eltern zu tun, aber letztendlich wirkt er sich so aus, daß er Ihnen die wirkliche Freiheit verwehrt. Wirkliche Freiheit bedeutet in diesem Buch ein System wirklicher Ordnung, abgestimmt auf Ihre Persönlichkeit, eine Ordnung, die befreit anstatt einzuengen. Zu den wichtigsten Elementen wirklicher Ordnung zählt eine physische Umgebung, in der man sich leicht bewegt, die angenehm anzusehen ist und in der man leicht »funktionieren« kann, zudem eine effiziente Technik beim Erledigen des Papierkrams und der Geldangelegenheiten, mit denen wir alle konfrontiert sind, und schließlich auch die Entwicklung des Bewußtseins, daß Zeit Leben bedeutet, oft auch Geld, und daß Zeit ein beschränktes, knappes Gut ist. Die Welt nimmt in dem Maße Gestalt an, wie Sie ein Gefühl für Ihre eigenen Bedürfnisse entwickeln. Tatsächlich basiert dieses gesamte Buch auf der Hypothese, daß es keine »richtige« Ordnung und kein Rezept gibt, wie man etwas »richtig« macht, egal, ob es sich nun darum handelt, einen Ordner, einen Arbeitsraum oder seine Zeit zu organisieren – es sei denn, diese Ordnung wäre die richtige für Sie.

Mit anderen Worten: Ordnung ist kein Selbstzweck. Ordnung ist alles, was Ihre Effektivität steigert, nicht mehr und nicht weniger. Sie legen die Regeln und die Ziele fest, wie ausgefallen, spezifisch oder individuell sie auch sein mögen. Wenn Sie dieses Buch als Leitfaden verwenden, können Sie selbst bestimmen, welche Zwecke Sie verfolgen und die Systeme entwickeln, mit denen Sie sie in die Praxis umsetzen wollen. Mit der Frage, welche Ziele wir anstreben und zu welchem Zweck, beschäftigen wir uns im nächsten Kapitel.

2

Das Organisationsprinzip

Alle Ordnungskonzepte, vom einfachsten Schrankordnungssystem bis hin zur komplexesten Raketentechnologie, haben eines gemeinsam: ein Organisationsprinzip. Das gemeinsame Merkmal aller dieser Organisationsprinzipien ist, daß alle theoretischen oder praktischen Systeme immer um einen zentralen Punkt, eine Hauptpriorität, kreisen, um die sich alle anderen Komponenten gruppieren.

So ist zum Beispiel jedem Beamten des Außenministeriums, der etwas auf sich hält, bewußt, daß sich die Form eines Konferenztisches entweder fördernd oder aber vernichtend auf die Verhandlungsfähigkeit der Vertreter eines Landes auswirken kann. Vielleicht erinnern Sie sich noch daran, mit welcher Hartnäckigkeit die Nordvietnamesen bei den Pariser Verhandlungen zur Beendigung des Vietnamkriegs auf einem runden Konferenztisch bestanden. Sobald einmal klargestellt war, daß Statusfragen das Organisationsprinzip hinter all dem Theaterdonner darstellten – daß bei einem rechteckigen Tisch also der Status der Verhandlungsteilnehmer je nach ihrer Sitzposition variiert, daß aber an einem runden Tisch alle gleich sind – wählte man selbstverständlich einen runden Tisch.

Sobald das Organisationsprinzip, das für eine bestimmte Aufgabe oder eine bestehende Situation maßgebend ist, einmal klargestellt ist, können Sie entscheiden, ob es Ihren Vorstellungen entspricht. Falls nicht, können Sie es immer noch überdenken und verändern.

So geht beispielsweise das Debakel des Hubble-Teleskops, eines riesigen Teleskops, das 1990 in eine Umlaufbahn außerhalb der Erdatmosphäre gebracht wurde, um einen ungehinderten Blick in das Universum zu ermöglichen, auf ein inadäquates Organisationsprinzip zurück. Das Organisationsprinzip lautete: »Kostenreduktion durch Einsparen von Details«, und aus diesem Grund wurden wichtige Bodentests nicht durchgeführt. Als nun das Teleskop in den Weltraum gelangte, zeigte sich, daß es seinen Aufgaben nicht gewachsen war und aufgrund von Fehlern, die man früher hätte entdecken können, keine klare Sicht in die Tiefen des Weltalls ermöglichte.

Hätte das Organisationsprinzip gelautet: »Wir müssen jeden möglichen Irrtum oder Fehler ausloten und das dafür nötige Geld auftreiben, und wenn wir es erbetteln, borgen oder sogar stehlen müßten«, wären die gigantischen Fehlkalkulationen des Hubble-Projekts von vornherein ausgeschlossen gewesen. Wie dem auch sei, schreckliche Enttäuschungen und peinliche Situationen waren das Resultat, und darüber hinaus nahm die Glaubwürdigkeit der NASA Schaden. Letzten Endes wird das Projekt wahrscheinlich teurer kommen, als wenn es von Anfang an ordentlich durchgeführt worden wäre.

Das wichtigste am Organisationsprinzip ist, sich über das eigentliche Ziel klar zu werden und einen Leitsatz zu entwickeln, an dem sich der Weg orientiert. Das *Was* und *Wie* – also die praktischen Lösungen – ergeben sich ganz leicht, sobald Sie sich einmal über das *Warum* klar geworden sind.

Betrachten wir das Organisationsprinzip einmal im Lichte der bereits besprochenen psychologischen Faktoren.

Wahrscheinlich ist es Ihnen im Laufe der letzten Jahre, während Ihr Leben immer komplizierter wurde, gelegentlich gelungen, einen Schritt zurückzutreten und sich zu sagen: »Was ich mache, ist kontraproduktiv. Ich muß augenblicklich damit aufhören.« Worauf eine Periode intensiven, entschlossenen Ordnungschaffens folgte, die allerdings bereits nach einem oder zwei Tagen ein Ende fand, als Sie nämlich entdeckten, daß sich in Wirklichkeit nichts verändert hatte und Sie eigentlich genau dort waren, wo Sie begonnen hatten!

An diesem Punkt empfanden Sie wahrscheinlich ein intensives und schmerzliches Gefühl der Hilflosigkeit und hatten das Gefühl, Ihr Leben nicht unter Kontrolle zu haben. Aber wenn Sie sich dieses ganze Muster im Hinblick auf das Organisationsprinzip ansehen, dann beginnen die versteckten Faktoren langsam Konturen zu gewinnen. Aller Wahrscheinlichkeit nach fügen Sie sich selbst Schmerz zu, weil Sie sich nicht aus der Gewalt eines allgegenwärtigen Konflikts und mächtigen Organisationsprinzips befreien können: Widerstand gegen Autorität.

Sie haben den Widerstand zu einer bestimmenden Kraft Ihres Lebens werden lassen, und solange das so ist, werden Sie immer in die alten Muster zurückfallen, die ins Chaos münden.

Indem Sie jedoch anerkennen, daß dieses überholte, destruktive Organisationsprinzip so lange in aller Stille funktioniert hat, steht es Ihnen jetzt frei, es an die Oberfläche treten zu lassen und zu ändern. Sie können ein neues Prinzip entwickeln, das besser zu Ihnen paßt. Ihr Organisationsprinzip könnte nun so lauten: »Mit Ordnung bezwecke ich, mir das Leben leichter und bequemer zu machen – und nicht, mich von irgendeinem unpraktischen Ideal beherrschen zu lassen.« Unter diesem neuen Motto werden viele Veränderungen möglich. So wie Ihre früheren Aktionen im Lichte Ihres alten »Widerstands«-Motivs völlig natürlich und logisch waren, werden Ihre neuen Verhaltensweisen, nachdem Sie sich daran gewöhnt haben, im Sinne des neuen Mottos »Einfach und bequem« bald ebenso logisch sein.

Und genau darum geht es in diesem Buch. Es soll Ihnen nicht nur dabei helfen, Ihre persönlichen Geschäftsangelegenheiten besser zu planen oder Ordnung in Ihre Schränke zu bringen, sondern es zeigt Ihnen, wie sie Ihren gesamten Lebensstil so gestalten können, daß er Ihren eigenen Wünschen und Zielen entspricht. Von dem übergeordneten abstrakten Konzept des Organisationsprinzips bis zur tatsächlichen Lösung eines Problems ist es allerdings ein beträchtlicher Sprung. Als erstes müssen Sie sehr klar erkennen, worin das Problem eigentlich besteht. Der verbleibende Teil dieses Kapitels konzentriert sich darauf, wie man ein Problem erkennt, es definiert und in Einheiten unterteilt, so daß es Stück für Stück zu lösen ist.

Nicht selten bekomme ich von meinen Klienten den Hilferuf zu hören: »Bitte, bringen Sie Ordnung in mein Leben!« Sie fühlen sich von ihren tagtäglichen Problemen völlig überfordert, und alles erscheint ihnen hoffnungslos. Solche Menschen erkennen nicht, daß spezifische, kleinere Schwierigkeiten gelöst werden müssen, bevor das Problem in seiner Gesamtheit zu bewältigen ist. Manche Klienten fühlen sich andererseits von so vielen winzigen Problemen bedrängt, daß sie schon angesichts der Fülle ihrer Schwierigkeiten das Handtuch werfen.

Wenn man versucht, die Dinge in die Hand zu nehmen, besteht der erste Schritt darin, zu definieren, was ein »Problem« eigentlich ist. Meiner Erfahrung nach hat es noch nie eine Situation gegeben, die man nicht hätte lösen können.

Besorgen Sie sich zunächst einmal ein Notizbuch (entweder ein Loseblatt- oder ein Spiralbuch), das klein genug ist, daß Sie es immer bei sich tragen können. Dieses Notizbuch wird nun zu ihrer »Generalliste«, einer einzigen, durchgehenden Liste, die all die kleinen Zettelchen ersetzt, an die Sie wahrscheinlich gewöhnt sind. Dieses Notizbuch können Sie verwenden, um den Überblick über all die Besorgungen und die Dinge zu behalten, die Sie erledigen oder kaufen wollen; auch allgemeine Notizen über alles, was eine Reaktion Ihrerseits erfordert, haben darin ihren Platz. Diese grundlegende Organisationstechnik ist das erste von mehreren Grundprinzipien, die Sie in diesem Buch finden werden.

1. Prinzip: Verwenden Sie für Ihre Notizen nur ein einziges Notizbuch.

Wählen Sie einen Zeitpunkt, an dem Sie nicht abgelenkt sind, und setzen Sie sich mit Ihrem Notizbuch und einem Schreibstift hin. Listen Sie sechs Elemente in Ihrem Leben auf, die in Ordnung gebracht werden müssen. Vergessen Sie die Vorstellung, Ihr ganzes Leben auf einmal durchorganisieren zu müssen. Konzentrieren Sie sich statt dessen auf Dinge wie diese:

- Ich verschwende so viel Zeit damit, nach Küchenutensilien zu suchen, daß ich stundenlang zum Kochen brauche. Wie funktioniert meine Küche »ordentlich«?
- Ich möchte wieder zu malen beginnen, aber meine Pinsel, Leinwand und Farben sind im ganzen Haus verstreut. Was kann ich tun, um alles wiederzufinden?
- In meinem Wohnzimmer herrscht immer fürchterliche Unordnung, weil ich nicht weiß, was ich mit all den Magazinen und Zeitungen anfangen soll, die ich noch nicht gelesen habe.
- Offensichtlich ist es unmöglich, die ganze Vielfalt von Nintendos, Ataris und verschiedenen Disketten, die meine beiden Jungen überall verstreuen, in den Zimmern unseres Hauses zu verstauen. Umziehen kann ich nicht – was soll ich also tun?
- Ich muß immer ein zweites Mal zum Supermarkt laufen, weil auf meiner Liste etwas fehlt. Also türme ich Liste über Liste, um sicherzugehen, daß ich nichts vergesse. Gibt es keine einfachere, systematischere Methode, um sicherzustellen, daß ich keines von den Dingen vergesse, die ich kaufen muß?
- Ich brauche eine Ewigkeit, um mich am Morgen fertig zu machen, und ich komme auch immer zu spät zur Arbeit. Wie kann ich den »Aus-dem-Bett-aus-dem-Haus«-Ablauf rationell durchorganisieren?
- Jedes Mal, wenn ich bis zu den Ohren im Papierkram stecke, werde ich von irgend jemandem unterbrochen, der etwas von mir will. Ich wäre wirklich glücklich, wenn ich endlich einmal nicht von einem Ruf, der Türglocke oder dem Läuten des Telephons aus meiner Arbeit gerissen würde. Wie kann ich mir genug Raum für mich selbst schaffen, damit ich meine Arbeit ungestört erledigen kann?

Fügen Sie selbst einige Beispiele hinzu, und Sie haben den ersten Schritt bewältigt. Wenn alles vor Ihnen zu verschwimmen beginnt, sobald Sie versuchen, ein Problem isoliert zu betrachten, hilft Ihnen vielleicht die »Filmtechnik«. Machen Sie ein paar tiefe Atemzüge und entspannen Sie sich. Dann schließen Sie die Augen und gehen im Geiste einen typischen Tag durch; lassen Sie ihn wie einen Film vor Ihrem inneren Auge abrollen. »Ich stehe auf, putze mir die Zähne …« und so weiter. Wenn Sie zu einer Szene oder einer Situation kommen, die Ihnen Probleme verursacht, notieren Sie das. Während Sie sich Ihren Tagesfilm ansehen, denken Sie daran, daß Ihnen selbst einige Probleme möglicherweise nicht bewußt sind, wohl aber Ihren Augen und Ihrem Körper. Wenn Sie bei einer bestimmten Szene Magenkrämpfe bekommen, Ihre Muskeln sich verspannen oder Ihr Kopf zu schmerzen beginnt, können Sie mit Sicherheit davon ausgehen, daß Sie auf ein Problem gestoßen sind.

Wenn Sie zum Beispiel bei der Vorstellung des Zähneputzens eine ganz kleine Spannung verspüren, ist vielleicht die Zahnpastatube so gut wie leer – Sie haben also offensichtlich ein Problem, Ihre Lagerbestände an Haushaltswaren zu kontrollieren. Oder vielleicht gibt es genügend Zahnpasta, aber der Badezimmerschrank ist so vollgestopft, daß jedesmal beim Öffnen der Türen ein Dutzend anderer Dinge in das Waschbecken fällt?

Schreiben Sie alle Probleme in der Reihenfolge auf, in der sie Ihnen einfallen. Dann schließen Sie wieder Ihre Augen, entspannen sich und machen weiter. Listen Sie nicht mehr als sechs Probleme auf, sonst besteht die Gefahr, daß Sie sich von der Liste überfordert fühlen!

Dieses Verfahren der Problemdefinition verdeutlicht eine fundamentale Organisationsregel – jede Lebenssituation, welcher Art auch immer sie sein mag, läßt sich in ihre wesentlichen Bestandteile untergliedern. Als Prinzip ausgedrückt, hieße das:

2. Prinzip: Schlüsseln Sie ein komplexes Problem in Teilprojekte auf.

Die Lösung einiger Probleme auf Ihrer Liste wird auf der Hand liegen: Ein unaufgeräumter Kleiderschrank ist zum Beispiel ein kleiner Bereich mit einer klar definierten Funktion, und es ist eine relativ leichte Aufgabe, ihn aufzuräumen. Wenn Sie dagegen Ihr morgendliches Ritual so verändern wollen, daß Sie rechtzeitig zur Arbeit kommen, ist es schon viel schwieriger. Dazu werden Sie vielleicht Ihre Gewohnheiten ändern, Ihren Zeitplan revidieren oder das Badezimmer oder das Wäschesystem umstellen müssen – vielleicht sogar alles dies zugleich. Wenn Sie das 2. Prinzip im Auge behalten, besteht der nächste Schritt darin, die komplexen Probleme Ihrer Liste in bewältigbare Einheiten zu unterteilen. Diese komplexeren Situationen fallen normalerweise in eine der beide folgenden Kategorien:

1. *Physische Bereiche: Zimmer.* Wenn ein ganzer Raum neu geordnet werden muß, sollten Sie zuerst seine verschiedenen »Problemzonen« definieren. Stellen Sie sich in den Türrahmen des betreffenden Zimmers und wählen Sie willkürlich einen Bereich von etwa zwei Quadratmetern. Untersuchen Sie jeden Zentimeter dieses Bereichs kritisch auf Problemzonen. Im Wohnzimmer könnte eine solche Problemzone aus einem schlampig aufgeräumten Schreibtisch oder Arbeitsbereich bestehen, einem unordentlichen Einbauregal oder einer unpraktischen und unattraktiven Möblierung. Was immer Ihnen unangenehm ist, sollten Sie einer genaueren Prüfung unterziehen. Listen Sie diese spezifischen »Problemzonen« in Ihrer Hauptproblemliste jeweils unter der Kategorie auf, zu der sie gehören. Suchen Sie sich daraufhin sofort einen neuen Zwei-Quadratmeter-Bereich, der an den ersten angrenzt, und fangen Sie von vorne an. Wiederholen Sie den Vorgang so lange, bis Sie den ganzen Raum durch-

gegangen sind und eine vollständige Liste der Probleme haben, an denen Sie arbeiten wollen.

2. *Abläufe oder Systeme.* Verwenden Sie dieselbe Filmtechnik auch, um einen Arbeitsablauf oder ein Funktionssystem in bewältigbare Einheiten zu unterteilen; gehen Sie im Geiste den Prozeß durch, der Ihnen Probleme macht. Jedes Mal, wenn Ihnen eine Handlung oder eine Funktion unangenehm ist, machen Sie sich eine Notiz. So könnten die Stolpersteine im morgendlichen »Aus-dem-Bett-aus-dem-Haus«-Ritual z.B. folgende Komponenten umfassen: Weckerläuten zu leise; kann am Morgen einfach nicht auf Touren kommen; habe nicht genug Zeit, um zu entscheiden, was ich anziehen und welchen Schmuck ich tragen soll; die Küche ist immer unordentlich, das Frühstückmachen wird dadurch zur Plage.

Es gibt noch einen sehr wichtigen Schritt, der Brücken zwischen der Definition des Problems und dem Finden der Lösung schlägt. Bewerten Sie die sechs wichtigsten Punkte auf Ihrer Liste jeweils mit einem Wert zwischen 1 und 10, je nachdem, wie sehr Sie sich durch den jeweiligen Punkt irritiert fühlen. Als Prinzip ausgedrückt:

3. Prinzip: Nachdem Sie eine kleine Gruppe von Projekten definiert haben, ordnen Sie sie danach ein, wie sehr sie Sie belasten.

Ein Problem, das schwerwiegende Spannung auslöst, wird mit »1« klassifiziert, eines, dessen Lösung bis zum nächsten Jahr Zeit hat, mit »10«. Schreiben Sie neben jeden Problempunkt auf Ihrer Liste die entsprechende Zahl. Sie verschaffen sich damit eine äußerst wichtige Handlungsmotivation. Vielleicht haben Sie zum Schluß zwei Probleme der Kategorie 1, zwei »2«er-, ein »5«er- und ein »7«er-Problem. Versuchen Sie in diesem Stadium nicht, die Problem nach fallender Priorität mit 1, 2, 3, 4, 5 und 6 zu bezeichnen. Viele Menschen konzentrieren sich nämlich so sehr darauf, welches Problem nun Nr. 5 und welches Nr. 6 ist, daß sie darüber vergessen, was sie eigentlich erreichen wollten. Wenn sich irgendeines Ihrer sechs Hauptprobleme weiter unterteilen läßt, wie auf Seite 34f. besprochen, stufen Sie auch die Untereinheiten in gleicher Weise ein.

Mit diesem Einstufungsprozeß haben Sie wirklich und wahrhaftig begonnen, Ordnung zu schaffen. Die Themen liegen nun klar auf dem Tisch, die Prioritäten sind festgelegt, und eine Handlungsbasis wurde geschaffen. Alles, was noch zu tun bleibt, bevor Sie das Problem tatsächlich in Angriff nehmen, ist das Festlegen von festen und regelmäßigen Zeiten für die Ordnungsarbeiten. Wenn Sie keine geeignete Zeit finden, veranstalten Sie ein kleines Spiel mit sich selbst. Stellen Sie sich vor, daß Sie in den nächsten Wochen regelmäßig ein Rendezvous mit sich selbst hätten, das Sie auch in Ihren Terminkalender eintragen, genau so, als wenn es sich um einen normalen Termin beim Friseur oder Zahnarzt handelt. Diese »Rendezvous« können jeden Tag oder jede Woche stattfinden und eine Stunde oder eine Viertelstunde dauern, oder auch zweimal wöchentlich jeweils zwei Stunden, je nachdem, wie Sie es am besten mit Ihren anderen Pflichten vereinbaren können und wie es Ihrem Temperament am ehesten entspricht. Wenn Sie wissen, daß Sie normalerweise schon nach einer Stunde unruhig zu werden beginnen, legen Sie keinen Zweistunden-Termin fest, nur weil Ihnen das als »richtig« erscheint und so »sein sollte«. Seien Sie stattdessen nett zu sich selbst und geben Sie sich Termine, von denen Sie wissen, daß Sie sie einhalten können.

Denken Sie aber daran, daß es sich dabei um feste Vereinbarungen handelt, die auch wirklich eingehalten werden müssen, ausgenommen in Notfällen. Sich selbst gegenüber diese Verpflichtung einzugehen, wird eines der klügsten Dinge sein, die Sie jemals getan haben.

Checkliste: Problemlösung

Bevor Sie beginnen, gehen Sie diese Checkliste durch, in der die ersten Schritte zusammengefaßt sind, zu denen Sie sich entscheiden müssen.

1. Wählen und notieren Sie in Ihrem Notizbuch höchstens sechs Probleme gleichzeitig.
2. Unterteilen Sie die komplexen Probleme auf der Liste in bewältigbare Einheiten.
3. Stufen Sie die Probleme und ihre Untereinheiten nach ihrem Belastungsgrad ein.
4. Schlagen Sie im entsprechenden Kapitel/den entsprechenden Kapiteln dieses Buches nach und lösen Sie zuerst die Probleme mit erster Priorität auf der Liste; lassen Sie keine Untereinheiten aus.
5. Gehen Sie zum nächsten »Problem Nr. 1« über, dann zu allen »2er«-Problemen, und so weiter, bis alle Probleme gelöst sind.
6. Wählen Sie eine weitere Problemgruppe und führen Sie dieselben Schritte durch.

ZWEI
Zeit und Papier

3

Die Grundlagen des Zeitmanagements

Die produktive Nutzung von Zeit ist letzten Endes eine Sache des persönlichen Ermessens; gelingt es Ihnen, im Laufe des Tages, der Woche oder des Jahres das Leben für sich und Ihre Familie so zu gestalten, wie Sie es sich vorstellen? Wenn Sie diese Frage mit Ja beantworten können, ist Ihr Umgang mit der Zeit im großen und ganzen in Ordnung. Wenn Sie aber ständig zwischen Phasen hektischer und oft sinnloser Aktivität einerseits und Zeiten der Untätigkeit und des Trödelns andererseits hin und her pendeln, sollten Sie Ihren Umgang mit der Zeit – und zwar sowohl in Ihrem täglichen Leben als auch in bezug auf Ihre langfristigen Ambitionen – vielleicht einmal überdenken. Bevor Sie mit der effektiven Organisation Ihres Haushalts- und Arbeitssystems beginnen, müssen Sie lernen, wie Sie Ihre Zeit effizienter und mit optimalem Nutzen einsetzen können.

Das Zwei-Listen-Zeitmanagementprogramm

Marianne erzählte uns eine alte, eine uralte Geschichte. »Wissen Sie«, sagte sie, »ich habe eine ganze Menge Listen. Ich mache mir Listen für alles und jedes. Ich habe Babysitterlisten, Listen für meine Kunden, Listen für Dinge, die erledigt werden müssen, eine Liste für die nächste Woche, meine Telefonliste, Einkaufslisten, meine Terminlisten, eine Ideenliste, und … na, das wird wohl in etwa alles sein. Ach nein, und dann habe ich auch noch eine Liste, in der alle meine Listen verzeichnet sind. Leider verwirrt mich das alles so, daß ich völlig den Überblick über meine Aktivitäten verliere.«

Der effektive Umgang mit Listen ist für jedes gut organisierte

Zeitmanagementsystem unerläßlich. Leider ist die Art und Weise, wie Marianne mit ihren Listen umgeht, nur allzu weit verbreitet. Positiv ist bei Marianne allerdings zu vermerken, daß sie all ihre Listen in einem ordentlichen Stapel aufbewahrt. Viele begeisterte Listenersteller erweisen sich dagegen auch noch beim Wie und Wo der Listenaufbewahrung als ziemlich kreativ.

Millie kritzelte ihre Listen auf die Rückseite von Briefumschlägen, die völlig zerknittert auf dem Grund ihrer Handtasche landeten, oder sie schreibt sie auf winzig kleine Papierstückchen, die sie entweder in ihr Adressenbuch steckte, wo sie dann in tiefer Vergessenheit ruhten, oder aus dem sie herausfielen. Dann versuchte sie, ihr Vergeßlichkeitsproblem zu lösen, indem sie die kleinen Zettelchen direkt vor ihrer Nase an einer Pinwand befestigte, aber dort wurden sie nur allzu bald zu einem Teil der Dekoration. Und obwohl sie sie jeden Tag vor Augen hatte, schenkte sie ihnen niemals einen zweiten Blick – was zum Teil auch darauf zurückzuführen war, daß die alten Zettelchen bald von neuen überdeckt wurden.

Aber nun eine gute Nachricht: Rettung ist in Sicht! Es gibt ein einfaches Zeitmanagementsystem, das sich für viele Menschen als hilfreich erwiesen hat. Es ist das (nur!) Zweilisten-System, das aus Generalliste und Tagesliste besteht. Und die einzigen Utensilien, die Sie für diesen effektiven Tageszeitplan benötigen, sind ein Terminkalender und ein Loseblatt- oder ein Spiral-Notizbuch, das zwar groß genug ist, um bequem darin schreiben zu können, andererseits aber doch klein genug, daß Sie es immer bei sich haben können.

Das ist der Schlüssel: Notieren Sie in dem Notizbuch (dasselbe wie in Kapitel 2, Seite 31 erwähnt) alle Aufgaben und Pflichten, wie sie sich ergeben, und zwar gleich dann, wenn sie anfallen: ein Auftrag von Ihrem Chef; eine Notiz, daß Sie Phil wegen der Bohrmaschine anrufen müssen; das Versprechen, das Sie Ihrer Freundin vom Recyclingverein gegeben haben, die Zeitungen in die Altpapiersammlung zu geben. Schreiben Sie alles nieder.

Die Zusammenstellung der Tagesliste

Elaine veranstaltet dreimal pro Woche ein Fitneßtraining in ihrem Haus. Was ganz informell als Freizeitgestaltung begonnen hat, ist inzwischen gewachsen und hat eine ziemlich formale Struktur angenommen. Seit neuestem bietet sie nicht nur Fitneßtraining für Erwachsene an, sondern auch Unterricht für Kinder um 15.30 Uhr.

Elaines Tagesliste für einen typischen Oktobertag sieht so aus:

Aufgabe	Quelle
1. Halloween-Kostüm für Tochter Jennifer besorgen.	1. Kalender. Elaine hatte sich diese Notiz zur Erinnerung bereits vor einem Monat gemacht.
2. Klientenliste durchsehen und aktualisieren.	2. Generalliste
3. Verbindung mit Sportartikelhändler aufnehmen zwecks Erneuerung der Bodenmatten.	3. Generalliste
4. Groben Entwurf für neues Fitneß-Handbuch erstellen.	4. Eine Eintragung in Elaines Generalliste lautet: »Neues Fitneßhandbuch zusammenstellen.« Dies ist jedoch keine einheitliche Aufgabe, sondern sie besteht aus vielen komplexen Einzelheiten. Also hat sie in ihre Tagesliste nur eine übertragbare Detailaufgabe aufgenommen, die Teil des größeren Projekts ist.

5. Brents Mutter anrufen und fragen, warum Brent gestern nicht zum Unterricht gekommen ist.	5. Aktuelles Vorhaben, das sich unmittelbar ergeben hat.
6. Die Kassette für den Mittelstufenkurs, die gestern kaputtgegangen ist, reparieren bzw. neu aufnehmen.	6. Unmittelbare Notwendigkeit
7. Die einzelnen Karten in der Adressenkartei in alphabetische Reihenfolge bringen.	7. Generalliste
8. Neues Kleid in den Laden zurückbringen, weil Änderung nicht ordentlich durchgeführt wurde.	8. Unmittelbare Aufgabe, die sich bei Eintreffen der Lieferung ergeben hat.

Notieren Sie die Aufgaben in der Reihenfolge, in der sie auftauchen. Machen Sie in diesem Stadium noch keinen Versuch, »Ordnung« in Ihre Projekte zu bringen oder Prioritäten irgendeiner Art zu setzen. Dies hier ist nichts anderes als eine *Generalliste,* ein Reservoir oder Sammelpool, wo Sie alles aufzeichnen, was Sie zu tun haben. Mit einer Ausnahme: Manche Menschen wollen zwischen privaten und beruflichen Aufgaben unterscheiden. Verwenden Sie in diesem Fall einfach eine kleine Büroklammer, um den privaten vom beruflichen Teil zu trennen.
Nun können Sie mit Ihrer *Tagesliste* Dynamik in das Programm bringen: Notieren Sie jeden Morgen oder jeden Abend auf einem separaten Blatt Papier (manche Leute ziehen Karteikarten vor, aber Sie können nehmen, was Ihnen am angenehmsten ist) zehn Dinge, die an diesem bzw. am nächsten Tag erledigt werden müssen. Dabei können Sie sich in erster Linie auf die Aufzeich-

nungen in Ihrem Generalnotizbuch stützen, aber auch die weiteren Notizen in Ihrem Kalender einbeziehen, vielleicht ein oder zwei Dinge aus Ihrer Mappe »Zu erledigen« (Seite 86), die spezielle Aufmerksamkeit erfordern, und dringende Aufgaben, die sich eben erst ergeben haben. Übrigens ist es äußerst empfehlenswert, zwei- oder dreimal wöchentlich etwas für die eigene Person in diese Tagesliste aufzunehmen, wie etwa eine Radfahrt durch den Park, einen Museumsbesuch oder Telefongespräche mit drei Freundinnen, von denen Sie schon einige Zeit nichts mehr gehört haben. Eine derartige Abwechslung wirkt überaus erfrischend.

Die Tagesliste dient als Leitfaden für Ihre tägliche Arbeitsroutine. Die paar Minuten, die Sie jeden Tag für die Erstellung Ihrer Liste brauchen, werden sich viele Male bezahlt machen.

Nehmen Sie jeden Tag so viele Aufgaben in Ihre Tagesliste auf, wie dies Ihr Zeitplan gestattet, und verschieben Sie alle unerledigten Aufgaben auf den nächsten Tag. (Wenn jedoch drei Aufgaben übriggeblieben sind, so bedeutet das nicht, daß Sie sich am nächsten Tag dreizehn Aufgaben vornehmen müssen, sondern daß Sie sie hinzufügen sollten, um zu der Gesamtzahl zehn zu gelangen.)

Die meisten zu erledigenden Aufgaben sollten genau definiert und im Zeitaufwand begrenzt sein. Der »Blackwell-Bericht« könnte beispielsweise zu umfangreich für nur einen Tag sein; nehmen Sie statt dessen einige seiner Komponenten wie »Einführung« oder »Transportkapitel« als separate Punkte in Ihre Liste auf. Unterteilen Sie in ähnlicher Weise die Aufgabe »Keller aufräumen« in »Werkzeugecke«, »Alte Möbel« usw. Andererseits können einige dieser Aufgaben für eine Gruppe von Routinearbeiten stehen: »Einkäufe«, »Telefonate« oder »Routinekorrespondenz«.

In einem netten älteren Buch mit dem Titel *Verdammte Hausarbeit* macht uns Peg Bracken einen unterhaltsamen Vorschlag: Spielen Sie doch Russisches Zeitplanungsroulette! Dazu schreiben Sie auf einzelnen Papierblättern die unangenehmen Aufgaben auf, die Sie schon so lange vor sich her schieben – »die ersten fünf Aktenmappen im Schrank neu ordnen«, »das Adressenbuch aktualisieren«, »den Medikamentenschrank ordnen« – und, um ein sportliches Element in das Ganze zu bringen, nehmen Sie auch einige angenehme Dinge und die Zettel auf – »früher nach Hause gehen«, »eine Stunde lang einen Roman lesen«, »radfahren« – und zwar im Verhältnis drei zu eins von »Schmerz« und »Vergnügen«. Nun stecken Sie die Zettelchen in eine leere Dose, und wenn Sie Zeit haben, ziehen Sie eines. Auch wenn Sie einen unangenehmen Job ziehen, wird Ihnen die Spielerehre keine andere Wahl lassen als anzufangen – und es bleibt Ihnen ja noch die Hoffnung auf das nächste Mal.

Allgemein gilt jedoch, daß die Tagesliste die Achse ist, um die sich der ganze Tag dreht. Als erstes entscheiden Sie, welche Aufgaben Sie besser an andere Leute – Familienmitglieder zu Hause oder Kollegen im Büro – delegieren sollten.

Für das hier beschriebene Programm sind keinerlei technische Hilfsmittel vonnöten. Können Computer oder andere technische Geräte eine Rolle spielen? Nötig sind sie keinesfalls. Das Zwei-Listen-Programm läßt sich mühelos mit Papier und Schreibstift durchführen. Aber Leser, die sich gerne elektronischer Hilfsmittel bedienen, können sicherlich auch aus ihnen gewisse Vorteile ziehen.

So können Sie zum Beispiel mit Ihrem PC eine Generalliste erstellen, indem Sie einfach die Aufgaben eingeben. Der wirkliche Vorteil liegt darin, daß Sie alle Eingaben mit einem Code versehen und dann als Gruppe abrufen können. Sie geben zum Beispiel folgendes ein: »Phil wegen Bohrmaschine anrufen« und danach zu verschiedenen Zeitpunkten noch weitere zu erledigende Anrufe.

Sie können die Generalliste ganz leicht codieren, und zwar auf jede von Ihnen gewünschte Weise. Eine weitere Möglichkeit besteht darin, jeden Eintrag bei der Eingabe mit dem letztmögli-

chen Erledigungstermin zu datieren. Dann könnten Sie beispielsweise am 12. Juni »6/17« eintippen, um alle Aufgaben abzurufen, die bis zu diesem Datum zu erledigen sind.
Sie können auch auf Knopfdruck einen Eintrag der Generalliste in die Tagesliste übertragen – das heißt, in eine nach Kalenderdatum organisierte Liste – und dann andere Punkte nach Wunsch eingeben.
Entsprechende PC-Zeitmanagementprogramme können Sie als Software kaufen. Viele Leute verwenden sie und sind damit zufrieden, andere dagegen halten sie für zu kompliziert für einen im Grunde genommen so einfachen Prozeß und kehren schließlich wieder zu Papier und Schreibstift zurück.

Setzen Sie Prioritäten!

Der nächste Schritt des Zwei-Listen-Managementprogramms besteht darin, Prioritäten festzulegen; das bedeutet, alle Punkte auf der Tagesliste ihrer Wichtigkeit nach zu reihen. Aber dabei gibt es eine kleine Besonderheit. Ich schlage Ihnen vor, besonders dringende Aufgaben mit einer 1 zu versehen, mittelwichtige mit einer 2 und weniger dringende mit einer 3.
Es gibt drei verschiedene Aspekte, die einer Aufgabe besondere Priorität verleihen können. Der erste Faktor ist natürlich große Dringlichkeit. So ist es zum Beispiel Ende November überaus dringend, seine Bekannten davon zu verständigen, was man zu Weihnachten vorhat – also Dringlichkeitsfaktor 1.
Aber es gibt noch einen anderen Aspekt, der Aufgaben erste Priorität verleiht, an den jedoch nur die wenigsten Leute denken. Hier handelt es sich um Aufgaben, die höchste Anforderungen an Ihre Kreativität, Vernunft oder Planungsfähigkeiten stellen. Sagen wir zum Beispiel, Sie müßten eine Werbekampagne entwickeln, um einen neuen Klienten zu gewinnen. Das Durchdenken Ihrer grundlegenden Vorgangsweise ist durchaus eine Aufgabe vorrangiger Priorität, ob die Zeit nun drängt oder nicht –

Elaines Prioritäten

Der nächste Schritt, den Elaine setzen muß, nachdem sie ihre Tagesliste erstellt hat, ist das Festlegen von Prioritäten nach dem 1, 2, 3-System. So sieht die Liste nun aus:

Aufgabe	**Priorität**
1. Halloween-Kostüm für Jennifer besorgen.	1. Weil Mitte Oktober ist, hat diese Aufgabe Priorität 2 – ist also von mittlerer Dringlichkeit. Wenn jedoch Ende Oktober wäre, hätte die Aufgabe aufgrund ihrer Aktualität 1. Priorität.
2. Klientenliste durchsehen und aktualisieren.	2. Priorität 2, weil es eine Aufgabe mittlerer Wichtigkeit ist, die mittelhohe Anforderungen stellt.
3. Verbindung mit Sportartikelhändler aufnehmen zwecks Erneuerung der Bodenmatten.	3. Priorität 2, weil es eine grundlegende Aufgabe von mittlerer Wichtigkeit ist.
4. Groben Entwurf für neues Fitneß-Handbuch anfertigen.	4. Priorität 1; obwohl diese Aufgabe unter keinem speziellen Zeitdruck steht, glaubt Elaine, daß das neue Fitneßhandbuch für ihr Geschäft neue Perspektiven eröffnen könnte. Es handelt sich also um eine langfristige Aufgabe mit potentiell hohem Nutzen, und sie muß sich voll konzentrieren,

	wenn sie beginnt, dies konkret durchzudenken.
5. Brents Mutter anrufen und fragen, warum Brent gestern nicht zum Unterricht gekommen ist.	5. Priorität 2, weil es sich um eine grundlegende Aufgabe von mittlerer Wichtigkeit handelt.
6. Musikkassette für den Mittelstufekurs, die gestern kaputtgegangen ist, reparieren bzw. neu aufnehmen.	6. Priorität 1, weil es dringend ist. Ohne Kassette kann Elaine keinen Unterricht halten.
7. Adressenkartei in alphabetische Reihenfolge bringen.	7. Priorität 3, Routinearbeit.
8. Neues Kleid in den Laden zurückbringen, weil Änderung nicht ordentlich durchgeführt wurde.	8. Priorität 1, weil es Streß verursacht. Sie weiß, daß sie Probleme mit dem Laden bekommen wird, weil das Kleid bereits geändert wurde, und sie haßt Auseinandersetzungen. Aber es muß einfach sein.

Sie haben vielleicht bemerkt, daß von den acht Aufgaben auf Elaines Liste fünf Priorität 2 und 3 haben, während nur drei Aufgaben unter Priorität 1 eingestuft wurden. Von diesen drei hat eine Priorität 1, weil sie wirklich dringend ist – das heißt, daß der Zeitdruck groß ist – und die anderen, weil sie hohe Anforderungen an Elaines Konzentration und Leistungsfähigkeit stellen. Sie muß dabei ihr Bestes geben.

Ein solches Verhältnis ist optimal. Wenn Sie Ihre Tagesliste mit Aufgaben erster Priorität überladen und Sie sich in der Folge dadurch zu müde, zu gestreßt oder zu überfordert fühlen, um diese Aufgaben auch zu bewältigen, haben Sie ein sicheres Rezept zum Versagen.

denn die Natur der Aufgabe verlangt einen wachen Geist und höchste Konzentration.

Streßauslösende Aufgaben können ebenfalls als 1. Priorität eingestuft werden, weil sie große Anforderungen an Sie stellen, wenn auch auf andere Weise. Sagen wir zum Beispiel, daß Sie regelmäßig eine Gruppe von Kindern mit dem Auto chauffieren, und eines dieser Kinder ernsthafte Probleme macht – es brüllt herum, folgt nicht und schlägt die anderen Kinder. Sie haben Ihr ganzes psychologisches Können mobilisiert und das höchste Maß an Verständnisbereitschaft aufgebracht, aber nun haben Sie doch den Entschluß gefaßt, der Mutter des Kindes mitzuteilen, daß Sie es nicht mehr mitnehmen werden. Für die meisten Menschen ist eine solche Situation eine große Belastung; dadurch gewinnt das Vorhaben erste Priorität.

Betrachten Sie Aufgaben mit Priorität 2 als normale Arbeit: die Erledigungen des Alltags. Sie sind es, die Ihre wirkliche Belastung ausmachen, denn in ihnen besteht in der Hauptsache Ihre Arbeit, egal womit Sie sich beschäftigen.

Für eine Lehrerin ist die Erstellung des täglichen Lehrplans ein Job mit Priorität 2; dasselbe gilt für eine Fitneßtrainerin, wenn sie die Hintergrundmusik für ihre Übungen auswählt. Für einen Anwalt wäre eine grundlegende Aufgabe mit Priorität 2 die Erstellung von Verhandlungsschriftsätzen, für einen Freelance-Journalisten das Erbringen von Vorschlägen für verschiedene Artikel und verschiedene Herausgeber.

Für einen Küchenchef wäre die Herstellung eines komplexen Menüs eine Aufgabe mit Priorität 2, während die Kreation eines neuen Rezepts erste Priorität hätte, weil diese Aufgabe höchste Ansprüche an ihn stellt.

Für viele Leute ist Routine-Büroarbeit eine leichte und oft sogar entspannende Tätigkeit. Diese Art von Arbeiten, zu denen etwa Aktenablage, alphabetisches Ordnen, Tippen und das Aktualisieren des Telefonverzeichnisses gehören, hat auf der Prioritätenskala die Nummer 3.

Was jedoch für den einen Menschen nur eine Routinesache ist, kann für den anderen Gift sein. Wenn man den Streßfaktor berücksichtigt, können die Prioritäten zweier Personen sehr verschieden sein. Sagen wir zum Beispiel, Ihre Tochter, die die vierte Klasse Gymnasium besucht, bittet Sie, eine Arbeit zu korrigieren, bevor sie sie abgibt. Für jemanden, der sprachlich und grammatikalisch sattelfest ist, wäre dies eine leichte, entspannende Aufgabe mit Priorität 3. Andere Leute können dabei jedoch so ins Schwimmen geraten, daß eine solche Bitte Prioritätsfaktor 2, wenn nicht sogar 1 erreicht.

Wie Sie Ihren Stundenplan aufstellen

Damit Ihre Tagesliste optimal auf Ihre Bedürfnisse abgestimmt ist, planen Sie Ihre Aufgaben nach praktischen, biorhythmischen und zeitlichen Faktoren.

Der praktische Faktor

Aufgaben, die Konzentration erfordern, wie beispielsweise das Schreiben von Berichten, sollten klarerweise für eine Zeit geplant werden, in der man Ruhe und Frieden hat. Auch Tageszeit und Wetter könnten berücksichtigt werden. Bügelarbeiten könnten für den frühen Morgen angesetzt werden, bevor die Hitze des Tages einsetzt. Aus demselben Grund könnten die frühen Morgenstunden die beste Zeit für Gartenarbeiten sein. Für manche Arbeiten benötigt man eine bestimme Ausrüstung, die nur zu gewissen Tageszeiten verfügbar ist – so könnte es zum Beispiel sein, daß Ihnen nur zu bestimmten Stunden ein Computer zur Verfügung steht.

Markieren Sie auf Ihrer Tagesliste also als erstes die Aufgaben, die nur zu bestimmten Tageszeiten erledigt werden können.

Der biorhythmische Faktor

Das Konzept des Biorhythmus – ganz allgemein z. B. bestimmt er die Tendenz, ein »Morgenmensch« oder ein »Abendmensch« zu sein – ist ein faszinierender und immer noch relativ unerforschter Aspekt des menschlichen Lebens. Jeder Mensch durchläuft im Verlauf des Tages einen regelmäßigen Zyklus von Energie und Wachheit. Die meisten Menschen haben in den frühen Vormittagsstunden ein »Hoch«; dann sinkt der Energiepegel, bis er am späten Nachmittag ein »Tief« erreicht, um sich schließlich in den frühen Abendstunden zu einem zweiten »Hoch« zu erholen. Ein weiterer Energieabfall zwischen zehn und elf Uhr abends läßt Menschen diesen Typs müde werden, und sie gehen zu Bett.

Es gibt aber auch »Abendmenschen«, die Probleme mit dem »normalen« Neun-bis-fünf-Uhr-Arbeitstag haben. Morgens sind sie völlig benommen, zu Mittag und in den Nachmittagsstunden werden sie hellwach; ihr zweites Tief haben sie nach dem Abendessen bis etwa zehn oder elf Uhr. Dann steigt ihr Energiepegel wieder, und es fällt ihnen schwer, zu einer vernünftigen Zeit zu Bett zu gehen.

Es kann sehr positive Auswirkungen auf Ihre allgemeine Produktivität haben, wenn Sie Ihre Tagesliste so weit wie möglich auf die Hochs und Tiefs Ihres Biorhythmus abstimmen. Das heißt, daß Sie Ihre Aufgaben erster Priorität zu Ihrer persönlichen Spitzenzeit erledigen sollten – eine Zeit, die der Managementexperte Alan Lakein »Prime Time« – also die beste Zeit – nannte. Wenn Sie versuchen, sich einen Organisationsvorteil zu verschaffen, sollten Sie *mit* Ihrer Stärke arbeiten, nicht dagegen. So wollte zum Beispiel einem Profi-Tennisspieler ein schwieriger neuer Schlag einfach nicht gelingen, obwohl er ihn jeden Nachmittag um 15 Uhr übte. Eines Abends sah der Spieler dann jedoch einen Fernsehdokumentarfilm über den Biorhythmus, und er entschloß sich, seine Übungsstunde auf die Zeit seines »Hochs« um 9 Uhr morgens zu verlegen. Er meisterte den neuen Schlag bereits am zweiten Tag und gewann, genau wie es in einer guten Geschichte sein muß, in der Folge das Turnier. Er schrieb: »Es war ein eigenartiges Gefühl. Bei den Übungsstunden um 15 Uhr waren meine Bewegungen schwerfällig, und mein Urteilsvermögen und mein räumliches Sehen schienen mir den Dienst zu versagen. Aber schon am ersten Tag, an dem wir um 9 Uhr morgens arbeiteten, fühlte ich Zuversicht, und am zweiten Tag hatte ich es tatsächlich geschafft.«

Unsere Freundin Elaine, die Fitneßtrainerin, macht sich ihren persönlichen Rhythmus in ähnlicher Weise zunutze. Sie ist zu der Erkenntnis gekommen, daß sie ihre Aufgaben erster Priorität, für die sie Ruhe braucht und nachdenken muß, in Übereinstimmung mit ihrem Biorhythmus am besten um 21.30 Uhr erledigt. Zu dieser Zeit ist sie ausreichend entspannt; sie bringt aber trotzdem genügend Konzentration und Begeisterung auf, um Aufgaben wie die Planung ihres neuen Fitneß-Handbuchs bewältigen zu können.

Sie können Ihren eigenen Biorhythmus ermitteln, indem Sie am Morgen und am späten Nachmittag jeweils fünf Minuten lang intensiv Gymnastik betreiben. Wenn Sie sich am Morgen danach erschöpft, am Nachmittag dagegen obenauf fühlen, sind Sie wahrscheinlich ein Abendmensch; wenn es umgekehrt ist, sind Sie wahrscheinlich ein Morgenmensch. Überprüfen Sie auch Ihre geistige Leistungsfähigkeit. Lösen Sie die eine Hälfte eines schwierigen Kreuzworträtsels am Morgen und versuchen Sie die andere Hälfte am Nachmittag. Können Sie einen Unterschied in Ihrer Leistungsfähigkeit feststellen?

Wenn Sie Ihre individuellen Phasen einmal kennen, dann erstellen Sie einen groben Plan und notieren Sie sich die Zeiten Ihrer »Hochs« und »Tiefs«. Das nachstehende Muster ist ziemlich typisch:

9.00 Uhr morgens bis mittags:	Hochtourig
Mittags bis 16.00 Uhr:	Ziemlich wach

16.00 Uhr bis 18.00 Uhr:	Niedertourig
18.00 Uhr bis 22.00 Uhr:	Ziemlich wach
Nach 22.00 Uhr:	Im Ruhezustand

Strukturieren Sie Ihre Tagesliste, so weit dies möglich ist, nach Ihrem Energiepegel, wobei Aufgaben erster Priorität, also Aufgaben, die intensive Konzentration oder kreatives Denken erfordern sowie Aufgaben, die unangenehm oder mit Streß verbunden sind, zu Zeiten erledigt werden sollten, in denen Sie Ihr »Hoch« haben.

Streßauslösende oder unangenehme Aufgaben sollten Sie in Ihrer besten Zeit erledigen, weil Sie dann sowohl über emotionelle Spannkraft als auch über optimale geistige Kräfte verfügen.

Routinearbeiten, die Sie nicht mögen, sollten Sie ebenfalls während solcher »Hochs« erledigen. Wenn Sie es als Belastung empfinden, mit der Zubereitung des Abendessens um 16 Uhr zu beginnen, dann treffen Sie die Vorbereitungen einfach schon am Morgen und decken Sie auch den Tisch bereits in der Frühe. Die in diesem Buch vorgeschlagenen Organisationsprojekte sollten ebenfalls während der »Hochs« erledigt werden, weil sie eine Änderung Ihrer Gewohnheiten erfordern, was streßauslösend wirken kann.

Reservieren Sie sich Ihre »ziemlich wache« Zeit für Aufgaben zweiter Priorität wie Meetings, Routinekorrespondenz, Telefonate usw. In den »Tief«-Zeiten können Sie Aufgaben dritter Priorität wie die Planung des nächsten Tages, das Unterzeichnen von Briefen und beruflich notwendiges Lesen unterbringen. Versuchen Sie auch, sich ein bißchen zu entspannen. Plaudern Sie mit Ihren Kollegen, schließen Sie eine Viertelstunde lang die Augen, machen Sie ein paar Yoga-Übungen. Versuchen Sie während dieser Zeiten, Situationen – oder Menschen – zu meiden, die Sie irritieren.

Wenn Sie unbedingt an einem streßauslösenden Mitarbeitermeeting teilnehmen *müssen,* das gerade zu Ihrer Low-Zeit um 16.00

Uhr stattfindet, stärken Sie sich etwa fünfzehn Minuten vor dem Meeting mit einem energiespendenden Happen wie etwa einigen Löffeln Ricotta oder ein paar Nüssen und einem Glas Orangensaft. Durch einen solchen Proteinstoß läßt sich der Blutzuckerspiegel, ein Faktor, der Stimmung und Energie wesentlich beeinflußt, heben.

Der Fristfaktor und andere Planungstips

Zu wissen, wann der richtige Zeitpunkt gekommen ist, um ein Projekt zu stoppen, ist ebenso wichtig, wie den richtigen Zeitpunkt für den Beginn eines Projekts zu kennen. Wir alle haben unterschiedliche Kapazitäten für das Bewältigen von Aufgaben. Manche Menschen können sich stundenlang voll und ganz auf ein bestimmtes Projekt konzentrieren, während andere schon nach einer Stunde unkonzentriert und schlampig werden. Natürlich ist es eine unbestreitbare Tatsache, daß verschiedene Projekte unterschiedliche Anforderungen stellen. Worauf es ankommt, das sind Ihre persönlichen Reaktionen: Wenn Sie einen Satz zum dritten Mal lesen, und er ergibt immer noch keinen Sinn, wenn Ihre Muskeln bereits schmerzen – hören Sie auf. Je größere Anstrengungen Sie noch in ein Projekt investieren, nachdem der Zeitpunkt zum Aufhören eigentlich bereits erreicht ist, desto weniger erfolgreich werden Sie sein. Es ist schwierig, die Qualität der eigenen Arbeit einzuschätzen, wenn man müde ist, und so wird manchmal erst am nächsten Tag klar, daß die Arbeit unproduktiv war.

Da Überarbeitung zu schlechteren Resultaten führt, bringen heftige »Arbeitsanfälle« oft nicht die erwarteten Ergebnisse. Aus diesem Grund ist sorgfältige Planung besonders wichtig, denn sie gestattet Ihnen eine Arbeit in Ihrem eigenen Tempo, so daß Sie eine Zeitlang alles fallenlassen und sich später mit neuer Energie wieder an die Arbeit machen können.

Andererseits gibt es Menschen, die nur unter Druck optimal arbeiten können. Wenn der Abgabetermin mit 15.00 Uhr festge-

setzt ist, dann beginnen sie am besten um 14.30 Uhr mit der Arbeit. Wenn das das Richtige für Sie ist, sehr schön – wenn Sie die für den Bericht benötigten Dokumente und Informationen zur Hand haben. Eine hektische Suche nach Dokumenten im letzten Augenblick verursacht nur Panik.
Manche Leute planen ihren Arbeitstag gern sehr genau, Stunde für Stunde. Das ist ganz in Ordnung, so lange Sie dabei flexibel bleiben. Reservieren Sie aber mindestens eine Stunde pro Tag für unvorhergesehene Ereignisse, und nehmen Sie sich auch ein bißchen Zeit für sich selbst.
Viele Zeitmanagementexperten raten, die unwichtigen Projekte dritter Priorität völlig fallenzulassen oder sie auf unbestimmte Zeit zu verschieben. Wenn Sie jedoch ein Projekt in Ihre Tages-

Checkliste: Zwei-Listen-Zeitplan

1. Machen Sie sich an jedem Abend oder am frühen Vormittag eine Liste von etwa zehn Aufgaben, die sie am nächsten bzw. an diesem Tag erledigen wollen. Sie ergeben sich aus Ihrer Generalliste, den Eintragungen in Ihrem Kalender und den wichtigen Projekten in Ihrer Akte. »Zu erledigen« (Seite 86-89) und Aufgaben, die im Laufe des Tages anfallen.
2. Ordnen Sie allen Punkten auf der Liste Priorität 1, 2, oder 3 zu, je nach Wichtigkeit oder Streßintensität.
3. Tragen Sie die Aufgaben der Tagesliste unter weitgehender Berücksichtigung Ihres Biorhythmus in Ihren Kalender ein.
4. Wenn Sie eine Aufgabe erledigt haben, streichen Sie sie von der Tagesliste. Übertragen Sie unerledigte Dinge in die Liste des nächsten Tages.

liste aufnehmen, dann bedeutet das, daß Sie daran denken, und wenn Sie es völlig ignorieren, entsteht Spannung, was sogar noch unproduktiver ist. Ich schlage vor, daß Sie wöchentlich eine oder zwei Stunden – entweder im Block oder aufgeteilt – ausschließlich für Projekte dritter Priorität reservieren. Unterteilen Sie die Aufgaben in kleine Einheiten; räumen Sie nur ein Fach des Medikamentenschranks auf, beantworten Sie nur die zehn ältesten Briefe.

Der Effizienzvorteil

Manchmal macht es Spaß herauszufinden, wie eine Aufgabe am schnellsten, effizientesten und zeitsparendsten zu erledigen ist. So kann man beispielsweise in vielen großen Bürobauten in New York City, in denen die einzelnen Blocks durch Gänge verbunden sind, eine Menge Zeit sparen, wenn man diese Gänge benutzt, anstatt um die Gebäude herumzugehen. (Das ist auch ein Vorteil bei kaltem Wetter, wenn man beträchtliche Entfernungen bequem unter Dach zurücklegen kann und das Gebäude nur verlassen muß, um die Straße zu überqueren.)
Es gibt eine ganze Palette von Techniken zur Erhöhung der Effizienz, Tips und Tricks, die Ihnen helfen, Ihre Zeit besser zu nutzen. Es folgt eine Auswahl zeitsparender und effizienzsteigender Maßnahmen und Techniken, die den Zeittest bestanden und sich als offensichtlich besonders wirkungsvoll erwiesen haben.

Tauschen Sie Aufgaben

Wenn eine Arbeit für Sie unbequem, unangenehm oder überhaupt undurchführbar ist, könnten Sie einen Tausch in Erwägung ziehen. Bitten Sie einen Freund/eine Freundin oder einen Verwandten, diese Aufgabe im Tausch gegen einen Dienst, den Sie ihm/ihr dafür erweisen, zu übernehmen. Solche Tauschgeschäfte können eine einmalige Angelegenheit sein, aber auch zu systematischen Arrangements werden, die Sie mit jemand anderem vereinbaren.

Ein Beispiel für ein solches einmaliges Tauschgeschäft liefert Marcie, die im dritten Stock eines Hauses wohnt, das keinen Lift und keinen Portier hat. Sie benötigte die Hilfe des gar nicht so schlecht aussehenden Typs auf der anderen Seite des Korridors, um ihre neue Stereoanlage in die Wohnung zu transportieren. Er war seinerseits völlig hilflos beim Gardinenaufhängen. Zwischen Valenzen, die ihm noch aus dem Chemieunterricht seiner Highschool-Zeit ein vager Begriff waren, und den Volants, um die es nun ging, hatte er nie zu unterscheiden gelernt.

Also vereinbarten die beiden einen sehr gerechten (und, wie wir ergänzen könnten, auch durchaus amüsanten) Handel: Marcie war ihrem Nachbarn beim Aufhängen seiner Vorhänge behilflich, und er schleppte im Gegenzug ihre Stereoanlage nach oben.

Eleanor und ihre Cousine Harriet arbeiteten ein systematisches Tauscharrangement aus. Eleanor haßte alles, was mit dem Einzahlen von Zahlkarten und dem damit zusammenhängenden Papierkrieg zu tun hatte. Harriet, eine Buchhalterin, übernahm also für Eleanor alle Geldroutinearbeiten, und als Gegenleistung erledigte Eleanor für Harriet zweimal pro Woche, wenn sie selbst einkaufen ging, einige Besorgungen.

Kooperieren Sie mit anderen

Kooperativenarrangements erweisen sich vor allem für Eltern und Leute, die mit Kindern zu tun haben, als wahrer Segen – denn Kinder neigen zur Herdenbildung und brauchen daher einen Hirten. Für solche Arrangements bieten sich etwa die Pfadfinder, Ballett- und Turnunterricht, Schwimmen und natürlich die Schule an. Babysitting eignet sich ebenso. Kooperativen stellen oft einen Weg dar, sein Leben nicht ausschließlich dem Chauffieren des Nachwuchses widmen zu müssen.

Ellen zum Beispiel ist Lehrerin und hat daher immer die Möglichkeit, ein ganzes Auto voller Kinder aus der Nachbarschaft mit zur Schule zu nehmen. Dafür muß sie bei Konferenzen und Meetings öfter länger in der Schule bleiben und kann die Kinder nicht nach Hause bringen. Das ist kein Problem für Lydia, die den Tag über zu Hause ist und die Kinder jeden Tag um 15.30 Uhr von der Schule abholen kann. So sind Ellens und Lydias Zeitpläne zwar nicht identisch, sie ergänzen sich aber ganz ausgezeichnet.

Joanna und David, ein verheiratetes Paar, wechseln sich zum Beispiel nicht stundenweise, sondern tageweise ab. Da David an Donnerstagen frei hat, chauffiert er an diesen Tagen immer Rebecca, Jimmy und ihre Freunde zum Ballettkurs und zu den Pfadfindern, während Joanna diese Aufgabe an den Dienstagen erledigt. Die restlichen drei Wochentage sind frei, weil an diesen Tagen durch andere Kooperativenarrangements für den Transport der Kinder gesorgt wird.

Nutzen Sie Serviceleistungen

Verlassen Sie sich auf die Profis. Die Journalistin Jane O'Reilly schrieb einmal in der Illustrierten *New York*: »Ich brauchte einmal eine ganze Woche, um eine Impfbestätigung zu bekommen. Ich fragte mich: Muß Elizabeth Taylor so etwas auch über sich ergehen lassen? Die Antwort lautete ›sicher nicht‹, und auch ich brauchte mir das nicht gefallen zu lassen. Das Reisebüro kümmert sich um die Tickets und auch um die Bestätigung – und zwar gratis.« In Wirklichkeit gibt es eine Menge Leute, die gerne bereit sind, Ihnen zu helfen – im Normalfall allerdings gegen Bezahlung.

Nutzen Sie die Zustelldienste, die von den Geschäftsleuten in Ihrer Nachbarschaft – Drogerie, Reinigung, Fleischer und Fischhändler – angeboten werden, oder engagieren Sie, falls möglich, für Besorgungen wie Einkäufe, Abholen von reparierten Gegen-

ständen usw. einen Teenager oder Studenten. Bestimmen Sie einen Platz für alle Dinge, die repariert oder gereinigt werden müssen. Wenn Sie aus dem Haus gehen, um Besorgungen zu machen, werfen Sie rasch einen Blick auf Ihre Tagesliste, um sicherzugehen, daß Sie nichts vergessen haben, und versuchen Sie, alle Besorgungen in einem Durchgang zu erledigen.
Wenn Sie es sich leisten können, dann kann eine Haushaltshilfe einmal pro Woche ein wahrer Segen sein. Erstellen Sie eine Liste der Dinge, die Ihr/e Helfer/in regelmäßig erledigen soll und bestimmen Sie, welche Produkte für welchen Zweck verwendet werden sollen. Machen Sie bereits bei den ersten Terminen klar, welchen Reinlichkeitsstandard Sie erwarten. Eine oft empfohlene Alternative ist ein professioneller Reinigungsservice – ein Team von Leuten, die auf Vertragsbasis arbeiten und ein- oder zweimal pro Woche die ganze Wohnung reinigen. Sie können sie auch von Zeit zu Zeit für Arbeiten engagieren, die Sie hassen. Sehen Sie im Branchentelefonbuch unter der Rubrik »Reinigungsdienste« nach. Arbeiten Sie nur mit renommierten Firmen, die keine Schwarzarbeiter beschäftigen.

Erledigen Sie mehrere Aufgaben gleichzeitig

Viele Arbeiten, die nicht Ihre volle Aufmerksamkeit erfordern, können gleichzeitig erledigt werden. So können Sie etwa Kassettenaufnahmen von Berichten anhören, während Sie zur Arbeit fahren, oder Sie können Briefe diktieren, während Sie im Stau stecken. Sortieren Sie die tägliche Post, während Sie Routinetelefonate führen. Überfliegen Sie Branchenzeitungen oder Postwurfsendungen, während Sie ein nicht enden wollendes Telefongespräch führen. Beim Fernsehen können Sie Gymnastik machen. Flickarbeiten können beim Plaudern erledigt werden oder während Sie Ihren Kindern bei den Aufgaben helfen.

Nutzen Sie Zeitlücken

Planen Sie kleine Arbeiten für Wartezeiten ein. Machen Sie einen Entwurf für einen Bericht oder füllen Sie Zahlkarten aus, während Sie im Wartezimmer des Arztes sitzen; polieren Sie das Silberbesteck, während die Wäsche im Trockner ist; suchen Sie zwischen zwei Terminen eine Geburtstagskarte aus; machen Sie die Betten, während Sie darauf warten, daß das Wasser zu kochen beginnt; schreiben Sie Ihre Einkaufsliste während einer Busfahrt. Die meisten kleinen Arbeiten lassen sich während solcher Zeitlücken erledigen, wie aus der nachstehenden Liste hervorgeht:

Was Sie in fünf Minuten oder weniger erledigen können:
- Einen Termin vereinbaren.
- Die Einkaufsliste schreiben.
- Einen Brief im Computer korrigieren.
- Die Gästeliste für eine kleine Party zusammenstellen.
- Einen kurzen Brief diktieren oder eine Notiz machen.
- Ihren Videorecorder programmieren.
- Den Plan für den nächsten Tag im Familienkalender aktualisieren.
- Ihre Nägel feilen.
- Die Blumen gießen.

Was Sie in zehn Minuten erledigen können:
- Eine Geburtstagskarte aussuchen.
- Die tägliche Post sortieren.
- Tickets für ein Konzert oder eine Sportveranstaltung bestellen.
- Eine Pflanze umtopfen.
- Einige Kleidungsstücke mit der Hand waschen.
- Ihren Computer booten.
- Einen Zeitungsartikel überfliegen.

- Im Wohnzimmer Staub wischen.
- Ihren Schreibtisch aufräumen.
- Isometrische Übungen oder Streckübungen machen.

Was Sie in einer halben Stunde erledigen können:

- Eine Zusammenfassung eines Berichts schreiben oder Teile davon für die spätere Lektüre markieren.
- Aufgehobene Zeitungen, Zeitschriften und Magazine durchsehen.
- Handarbeiten.
- Ein Dankschreiben verfassen.
- Die Urlaubsfotos ins Album kleben.
- Aerobic-Übungen machen.
- Ihr Scheckbuch in Ordnung bringen.

Eine der Techniken, die ich als äußerst nützlich empfinde, um mit all den lästigen kleinen Arbeiten fertig zu werden, die einen wahnsinnig machen, habe ich »Fünfzehner« genannt. Darauf bin ich folgendermaßen gekommen:
Eines Tages sah ich mich um und wurde wirklich nervös wegen der niemals enden wollenden Menge an kleinen Arbeiten, die ständig anstehen und doch nie erledigt werden. So hatte ich zum Beispiel zwei Wochen vorher in einem Anfall von Arbeitswut die Küche aufräumen wollen und dabei eine Menge Dinge auf dem Kühlschrank gestapelt; zwei Wochen später lagen sie nun immer noch dort. Es waren auch einige Paar Schuhe zu putzen und der Griff einer Teekanne zu kleben; einige Kleidungsstücke waren schon eine Woche zuvor aus der Reinigung gekommen; sie hingen immer noch an einem Haken und waren nicht in den Schrank geräumt, und so weiter.
Ich hatte diese Arbeiten getreulich in meine Generalliste eingetragen, sie dann aber geflissentlich ignoriert. Nun faßte ich den Entschluß, auf der Küchenuhr fünfzehn Minuten einzustellen, in dieser Zeit alles zu erledigen, was unterzubringen war, und dann

aufzuhören. Ich war erstaunt, wie viele dieser Arbeiten ich danach von meiner Liste streichen konnte. Also entschloß ich mich zu einer regelmäßigen Anwendung dieser Taktik. Ich schrieb alle diese winzig kleinen unerledigten Arbeiten (von denen es zu diesem Zeitpunkt eine ganze Menge gab) nochmals auf meine Einkaufsliste, die ich in der Küche aufbewahrte, und nahm mir zwei »Fünfzehner« pro Tag vor. Das betrachtete ich als willkommene Abwechslung von meinen anderen Arbeiten, und bald hatte ich mich mit Leichtigkeit durch die ganze Liste hindurchgearbeitet.

Wenn es um das Putzen von Schuhen, Messing und ähnlichem ging oder um Kleiderpflege, band ich mir eine alte Küchenschürze um, die bis zum Boden reichte. Auf diese Weise konnte ich nicht mehr auf die bewährte Ausrede »Dabei mache ich mich schmutzig« zurückgreifen.

Der beste Augenblick kam dann etwa eine Woche, nachdem ich mit den »Fünfzehnern« begonnen hatte, als ich nämlich die Liste durchgehen und mit der Arbeit beginnen wollte, aber feststellte, daß gar nichts mehr zu tun war.

Natürlich fallen immer wieder neue Arbeiten an; ich trage sie immer in meine »Fünfzehner«-Liste ein. Mit einem »Fünfzehner« pro Tag komme ich ganz gut durch. Manchmal, wenn die Liste länger wird, brauche ich auch zwei.

Planen Sie voraus

Decken Sie den Frühstückstisch bereits am Vorabend, und legen Sie auch schon die Kleider für den nächsten Morgen zurecht. Überprüfen Sie im vorhinein, ob Sie auch alle nötigen Informationen haben, wenn Sie einen Bericht schreiben müssen. Machen Sie Urlaubslisten zumindest eine Woche im voraus.

Kombinieren Sie

Beantworten Sie alle Telefonanrufe während einer bestimmten Zeitspanne, anstatt jeden einzelnen sofort zu beantworten. Kombinieren Sie Besorgungen: Wenn Sie Lebensmittel einkaufen, holen Sie auch die Schuhe ab und bringen Sie die zerbrochene Lampe zur Reparatur. Auch Ihre Bewegungen können Sie rationalisieren: Ziehen Sie Decke, Kopfkissenbezug und Leintuch zuerst auf einer Seite des Bettes ab, bevor Sie auf die andere gehen. Bewahren Sie Aktenordner, die Sie oft brauchen, an leicht zugänglichen Orten auf. Verwenden Sie möglichst oft Einkaufstaschen mit Rollen oder Einkaufswägelchen.

Rationalisieren Sie

Verwenden Sie arbeitssparende Geräte oder Apparate, wo immer dies möglich ist. Verwenden Sie pflegeleichte Materialien, bügelfreie Stoffe, schmutzabweisende Teppichbeläge.

Kurzfristig/langfristig

Wenn Sie an einem komplexen Projekt arbeiten, ist es überaus wichtig, daß Sie sich die Zeit für die Wochen und Monate, die Sie für diese Aufgabe brauchen, gut einteilen. Nehmen wir beispielsweise an, daß Ihnen im März der Auftrag erteilt wurde, im Dezember eine Verkaufskonferenz zu organisieren, eine aufwendige Veranstaltung in einem Clubhotel in Florida. Ihre erste Priorität an dem Tag, an dem Sie diesen Auftrag bekommen, besteht darin, eine grobe Vorstellung von dem gesamten Projekt zu entwickeln. Listen Sie alle wesentlichen Elemente vom Anfang bis zum Ende auf – die Auswahl des Hotels, der Vortragenden, das Festlegen der Tagesordnung, audiovisuelle Präsentationen – und notieren Sie Beginndatum und Fristen für jeden einzelnen Punkt. Seien Sie sehr großzügig, was Ihre Zeitschät-

zungen anbelangt; veranschlagen Sie pro Programmpunkt doppelt soviel Zeit, wie Sie zunächst zu benötigen glauben.
Notieren Sie sich auf einem separaten Blatt Papier Beginndaten und Fristen der einzelnen Programmpunkte. Diese können einander natürlich überlappen. Sie müssen ein Element nicht unbedingt abschließen, bevor Sie ein neues in Angriff nehmen. Tragen Sie dann Beginndatum und Frist in Ihren Tageskalender ein. Wenn Sie die jeweilige Seite erreichen, können Sie die betreffende Aufgabe oder einzelne Elemente davon in Ihre Tagesliste aufnehmen und dann in gewohnter Weise abwickeln.
Die Planung einer weniger komplexen, langfristigen Arbeit ist einfacher, aber das Prinzip ist dasselbe. Wenn Sie zum Beispiel Ihre Steuererklärung selbst abfassen, setzen Sie sich eine Frist (vorzugsweise nicht zu knapp vor dem Stichtag) und listen Sie die Einzelelemente auf: ein aktuelles Steuerhandbuch kaufen, Reserveformulare besorgen, falls erforderlich, Unterlagen zusammenstellen, die eigentlichen Berechnungen durchführen, das Formular ausfüllen und einsenden. Tragen Sie die einzelnen Komponenten unter dem entsprechenden Datum in Ihren Tageskalender ein und übertragen Sie sie dann an diesem Tag in die Tagesliste.
Die langfristige Planung sollte sich von Ihren Zielen und Ambitionen leiten lassen, gleichgültig, ob diese spezifischer Natur (»Ich möchte tischlern lernen«) oder allgemeiner (»ich möchte viel Geld verdienen«) sind. Ich möchte mich hier nicht detailliert mit der Frage befassen, wie man seine Ziele definiert; da aber die Art und Weise, wie Sie Ihre Zeit verbringen, letzten Endes eine Funktion Ihrer langfristigen Ziele ist, sollten wir uns zumindest kurz mit dieser Frage auseinandersetzen.
Der Designer Milton Glaser provozierte seine Studenten an der Kunsthochschule mit einer ungewöhnlichen Aufgabe: »Stellen Sie einen Tagesablauf zusammen, wie er für Sie in fünf Jahren perfekt sein könnte. Keinen Phantasietag, sondern einen Tag, von dem Sie sich reell vorstellen könnten, daß er in fünf Jahren so

ablaufen wird, einen Tag, der in bezug auf Arbeit, Beziehungen zu Familie und Freunden und räumliche Umgebung völlig zufriedenstellend verläuft. Dieser Tag kann eine Art Hochrechnung Ihres gegenwärtigen, im Grunde zufriedenstellenden Lebens darstellen oder aber große Veränderungen gegenüber Ihrer gegenwärtigen Situation einschließen.

Listen Sie Ihre Ziele auf, so wie sie in diesem Tagesablauf deutlich werden. Wenn Sie sich auf dem Lande sehen, halten Sie das fest. Wenn Sie sich französisch sprechend in einer kosmopolitischen Umgebung sehen – notieren Sie es. Das sind Ihre wesentlichen Ziele.

Nun versuchen Sie festzustellen, welche Informationen Sie brauchen, um zu entscheiden, ob Sie diese Ziele tatsächlich ernsthaft verfolgen sollten. Wer sich für das Landleben interessiert, sollte die Landwirtschaft in Erwägung ziehen und über das ländliche Sozialleben und die Jobmöglichkeiten im ländlichen Raum nachdenken. Der/die gebildete französisch Sprechende könnte sich mit Französischkursen, Jobs in der Touristikbranche, Übersetzungen und Diplomatie und den dafür erforderlichen Qualifikationen näher auseinandersetzen.

Sobald Sie mit Sicherheit wissen, daß Sie an einem bestimmten Ziel ernsthaft interessiert sind, übertragen Sie Ihre Zieleliste in Ihre Generalliste. Beginnen Sie die Tagesliste für den nächsten Tag mit einem konkreten Schritt, mit dem Sie die Dinge ins Rollen bringen. Schreiben Sie sich zum Beispiel in einen Kurs ein. Vielleicht ist es auch an der Zeit, einige Aktivitäten fallenzulassen, die Ihrem Ziel nicht dienlich sind. Nehmen Sie nun zumindest zwei- oder dreimal wöchentlich eine konkrete, zielgerichtete Aktivität in Ihre Tagesliste auf. Natürlich können Sie Ihre Ziele jederzeit revidieren oder fallenlassen, wenn sie Ihnen unrealistisch erscheinen oder wenn Sie glauben, sie nicht mit Ihrem Lebensstil in Einklang bringen können.

Die Saboteure: Hinauszögern, Perfektionismus und Irritationen

Es gibt zwei Arten von Saboteuren, die mitunter ihre häßlichen Häupter erheben. Sie sind imstande, Ihnen den Tag zu ruinieren und vielleicht sogar Ihre Leistungsfähigkeit zu unterminieren. Das Interessante an ihnen ist, daß der eine durch den anderen verursacht wird – und dieser letztere von Ihnen.
Die Saboteure, die von außen einwirken, sind die Kräfte, die Sie zu unterbrechen oder von Ihrem Kurs abbringen drohen. Die Frage, wie man mit Unterbrechungen durch andere Personen umgehen soll, wird auf den Seiten 119-127 diskutiert. Aber die Frage, die wir hier und jetzt beantworten müssen, lautet, wie wir diese gewieften inneren Schweinehunde außer Gefecht setzen, die da heißen Hinauszögern, Perfektionismus und vermeidbare Irritationen.

Hinauszögern

Das Verschieben oder Verzögern einer Arbeit verursachen Sie oft nicht zuletzt durch überhöhte Ansprüche an sich selbst. In dem Wissen, daß die Aufgabe nicht so einfach erledigt werden kann, versuchen Sie, sie zu ignorieren oder ins Unendliche hinauszuzögern. Wenn Sie nun versuchen, Ihre Handlungsunfähigkeit durch Selbstbeschuldigungen – das »Ich-bin-eben-ein-Faultier«-Syndrom – zu rechtfertigen, geraten Sie nur noch weiter in den Verzögerungssumpf. Sie geben sich dadurch ja förmlich Anweisungen, nicht zu handeln!
Wie können Sie erkennen, daß Sie dazu neigen, Dinge hinauszuzögern? Das ist ganz einfach: Indem Sie »einfach nicht anfangen« können; wenn Sie bemerken, daß Sie am Morgen mehr Zeit mit sinnlosem Herumtrödeln als mit ernsthafter Arbeit verbringen; wenn Projekte, an denen Sie arbeiten, meistens zu spät fertig werden, oder wenn Sie das Projekt zwar rechtzeitig fertigstellen,

jedoch nur unter Aufbietung der allerletzten Kräfte, unter Hektik, Panikanfällen und in allerletzter Minute. Genau das ist Hinauszögern.

Wie ausgefeilt Ihr Plan auch immer sein mag – durch das Hinauszögern wird er wertlos, und Sie bekommen das unangenehme Gefühl, Ihr Leben nicht im Griff zu haben. Sie haben jedoch immer die Möglichkeit, sich selbst neue Instruktionen zu geben und so die alte Verzögerungstaktik außer Kraft zu setzen.

Möglicherweise sind Sie ein Opfer der altbewährten Selbstblockierungstechnik »Ich räume die Werkstatt auf, sobald ich ...« Die einzige Lösung ist hier, sich durch eine Willensanstrengung dazu zu zwingen, in bezug auf andere mögliche Projekte Scheuklappen anzulegen und zwei *winzig kleine* Schritte zu setzen: Im Fall der Werkstatt beginnen Sie, indem Sie ein Werkzeug vom Regal nehmen, sich überlegen, was Sie damit anfangen sollen, und dann das nächste Werkzeug aufheben. Wenn Sie einmal so weit gekommen sind, ist dies meist Anstoß genug, mit der Sache zu beginnen. Sollten diese kleinen Schritte jedoch nicht ausreichen, um Sie in Gang zu bringen, dann versuchen Sie es am nächsten Tag nochmals. Wenn Sie die Arbeit aber fallenlassen, so tun Sie es *tatsächlich* und gestatten Sie ihr nicht, schwer auf Ihrem Gemüt zu lasten oder Ihr ohnehin überfrachtetes Schuldbewußtsein noch weiter zu verstärken.

Der Zeitmanagement-Spezialist Alan Lakein schlug vor, in umfangreiche Projekte zunächst sozusagen »Löcher« zu bohren, und zwar durch die Ausführung von »Instant-Arbeiten« von fünf Minuten Dauer oder weniger: von einem Bericht eine kurze Skizze anfertigen; ein Telefonat führen, um vorläufige Informationen einzuholen.

Eine weitere effektive Methode, »Löcher« in umfangreiche Aufgaben zu bohren, besteht in der Anwendung *»Wenn-ich-nun-schon«*-Technik: »Wenn ich diese Mappe nun schon einmal geöffnet habe, kann ich sie ebensogut gleich ordnen.« »Wenn der Kühlschrank nun schon mal offen ist, kann ich ebensogut ein

Fach auswischen.« Zu dem Zeitpunkt, an dem Sie sich ein Projekt dann sozusagen offiziell vornehmen, bemerken Sie vielleicht, daß es sich praktisch schon erledigt hat.

Die folgenden Techniken sind zwei Beispiele für grundlegende Abhilfemaßnahmen gegen das Hinauszögern: Man kann umfangreiche Aufgaben in kleine »Päckchen« unterteilen. Meiner Erfahrung nach wird eine Aufgabe in den meisten Fällen dann hinausgezögert, wenn man sich angesichts ihres Umfangs und ihrer Komplexität völlig gelähmt fühlt. So kann es zum Beispiel passieren, daß jemand, inspiriert von dem löblichen Bestreben, seinen Kleiderschrank aufzuräumen, dessen ganzen Inhalt auf den Boden wirft, dann ächzend des ganzen Durcheinander wieder hineinstopft und am Ende schlimmer dran ist als vor diesem Anfall von Ordnungswut.

Unter Organisationstalent verstehen wir, daß diese lobenswerten Tendenzen, Großtaten zu verrichten, manchmal in kleinere und übersichtliche Einheiten unterteilt werden müssen. Diese einzelnen »Arbeitseinheiten« oder »Päckchen«, die Teil jeder Arbeit sind, sei es nun die Erledigung von Papierkram, Schrankaufräumen oder effiziente Haushaltsführung, werden in den Kapiteln besprochen, die den jeweiligen Themen gewidmet sind. In diesem Abschnitt geht es darum, wie man mit bestimmten Verzögerungstaktiken, die in vielen Situationen auftreten, am besten fertig wird.

Eine Möglichkeit, eine größere Aufgabe zu unterteilen, besteht darin, sie zu »zerstückeln«. Dazu notieren Sie sie in Ihrer Generalliste und führen dann direkt unter der Hauptüberschrift die Einzelaspekte oder Teile dieser Aufgabe an. Elaine, die Fitneßtrainerin, trug in ihre Generalliste das Projekt »Fitneßhandbuch zusammenstellen« ein. Dann, immer noch in der Generalliste, trug sie folgende Subaufgaben ein: »Groben Entwurf anfertigen«, »Alte Kursaufzeichnungen nach interessanten Anekdoten durchsehen« oder »Mit befreundeter Autorin über mögliche Zusammenarbeit sprechen«.

Martin Ellison wandte das Zerstückelungskonzept auf eine andere Art von Projekt an: Martin war Hobbytischler und hatte kurz vorher einen Tischler- und Möbelkurs für Fortgeschrittene absolviert, der ihn, wie er hoffte, in die Lage versetzen würde, für seine Wohnung eine ganze Einbauwand mit Regalen, Kästen, Laden und ausziehbarer Bar zu bauen. Das war ein ziemlich aufwendiges Projekt, dessen Umfang ihn ziemlich einschüchterte. Also setzte er sich eines Abends zum Brainstorming hin; dabei ging er jeden einzelnen Aspekt seiner Aufgabe durch, vom Vermessen des Raums angefangen über das Zeichnen einer groben Skizze bis hin zum Anschrauben der Griffe an die Laden. Er versuchte nicht, sich die Arbeiten in der richtigen Reihenfolge vorzustellen, sondern so, wie sie ihm einfielen.

Erst als er eine einigermaßen vollständige Liste der nötigen Arbeiten erstellt hatte, machte er sich daran, Ordnung hineinzubringen, die Materialien und Werkzeuge aufzulisten, die er für jeden Teil des Projekts benötigen würde, und zum Schluß trug er alles auf drei Seiten seiner Generalliste ein. Nun versuchte er, ebenso wie Elaine dies mit den spezifischen Arbeiten auf ihrer Tagesliste getan hatte, jeden Abend zumindest eine oder zwei der aufgelisteten Arbeiten zu erledigen. An den Wochenenden reservierte er sich nach Möglichkeit immer mehrere Stunden für sein Projekt, und so konnte er bald eine ganze Menge Punkte in seiner Liste abhaken.

Das Projekt nahm einschließlich der letzten Schleif- und Polierarbeiten und der Installation vier Monate in Anspruch. Am Ende dieser Zeit konnten Martin und seine Familie sich über ein äußerst attraktives Möbelstück freuen, das ihr Heim verschönerte und Martins ganzer Stolz war.

Eine andere Technik, die uns hilft, sehr umfangreiche Projekte in unüberschaubare Einheiten zu gliedern, ist die Methode *sechs von einem, ein halbes Dutzend vom anderen.* Das bedeutet nichts anderes, als daß Sie jeden Tag beziehungsweise auf einer anderen regelmäßigen Basis eine bestimmte Zahl von Elementen der jeweiligen größeren Aufgabe in Angriff nehmen oder bewältigen. Wenn Sie etwa ein Ordnersystem neu organisieren, könnten Sie sich vornehmen: »Ich werde jeden Tag drei alte Ordner durchgehen und neu ordnen.« Wenn Sie vor kurzem geheiratet haben und viele Dankschreiben aussenden müssen, wäre es hilfreich und auch zu bewältigen, jeden Tag fünf oder sieben zu schreiben.

Andere, ähnliche Arten der Unterteilung sind jene nach geographischen Aspekten (»Zuerst gehe ich die Klientenlisten von Iowa durch, dann die von Ohio und zum Schluß die von Nebraska«) oder chronologischen (»letztes, dieses, nächstes Jahr«).

Willkürlich eine feste Zeitspanne festzulegen, in der man ein großes Projekt in Angriff nehmen will, ist eine äußerst effektive Methode, mit einer ansonsten unbewältigbar scheinenden Aufgabe fertigzuwerden. Die Gesundheitsredakteurin der *New York Times,* Jane Brody, schrieb ein 500-Seiten-Buch, indem sie wochentags zwischen 5 und 7 Uhr morgens daran arbeitete. Eine Unternehmerin stellte jeden zweiten Sonntagmorgen zwischen 6 und 8 Uhr – ihrer einzigen »freien« Zeit – die Unterlagen für einen Bankkredit zusammen.

Da die Arbeiten, bei denen Sie zum Hinauszögern neigen, in der Regel schwierige und/oder streßauslösende Aufgaben sind, sollten Sie sie unbedingt als erstrangige Aufgaben einstufen, die Sie zu Ihren persönlichen »Spitzenzeiten« erledigen sollten.

Wenn Ihr Widerstand gegen eine bestimmte Arbeit übermächtig ist, überlegen Sie, ob es nicht möglich ist, sie überhaupt fallen zu lassen. Können Sie irgend jemand anderen dafür gewinnen, sie zu erledigen? Oder sie delegieren? Sie eventuell gegen eine Gefälligkeit, die sie jemand anderem erweisen, austauschen? Um sich zusätzlich in Schwung zu bringen, können Sie sich Belohnungen in Aussicht stellen, wenn Sie mit einer Arbeit fertig werden – kleine Belohnungen für kleine Arbeitselemente (eine Nascherei, eine fünfzehnminütige Yogapause oder einen Spaziergang um den Häuserblock) – und eine große Belohnung für das Erreichen des großen Ziels: einen Kinobesuch, neue Schuhe oder sogar einen Tag bei Pferde- oder Autorennen. Zögern Sie nicht, von »Tauschgeschäften« Gebrauch zu machen, »Serviceleistungen« in Anspruch zu nehmen oder Arbeiten zu »delegieren«. Nehmen Sie nicht den Märtyrerstandpunkt ein, der da lautet: »Das muß ich Ärmste/r also tun«, sondern versuchen Sie, sich zu einem effektiveren Verhalten zu motivieren, indem Sie sich sagen: »Ich muß Mittel und Wege finden, damit das erledigt wird«, wodurch sich Ihnen eine ganze Fülle anderer Optionen eröffnen. Wenn diese nicht realistisch sind, ist es trotzdem keine Zeitverschwendung zu überlegen, was die Blockierung bedeuten könnte: Sind Sie wütend auf Ihren Chef? Bietet Ihnen das Chaos, das in Ihrem familiären Bereich herrscht, eine Art Sicherheit? Sind Sie unzufrieden mit Ihrem Job? Lakein schlägt eine interessante Möglichkeit vor, der unmittelbaren Untätigkeit zu Leibe zu rücken, bis es Ihnen gelingt, den darunter liegenden Problemen auf die Spur zu kommen: Setzen Sie sich ruhig mit geschlossenen Augen hin und sagen Sie sich: »Nun gut, ich tue es nicht, aber so würde ich darangehen, wenn ich es machen würde.« Erledigen Sie die Arbeit in Ihrer Phantasie, und sehr oft ist das genug Anstoß, um in Gang zu kommen.

Perfektionismus

Perfektionismus ist ein wichtiger Faktor, der Sie veranlassen kann, Ihr Vorhaben hinauszuzögern: Übertriebene Korrektheit, übergroße Reinlichkeit, übermäßige Gewissenhaftigkeit. Der neu aufgeräumte Kleiderschrank wird ein Muster an Perfektion sein – das heißt, falls Sie jemals dazu kommen, ihn aufzuräumen. Die Schreibstifte werden parallel zu der Tischkante ausgerichtet daliegen. Jede Pappschachtel wird mit einer genauen Beschriftung versehen sein und im rechten Winkel zu den Schreibstiften liegen. Es ist schon sehr anstrengend, sich das vorzustellen – aber das ist es nicht, worum es bei der Organisation geht.

Der Perfektionismus-Test

Um festzustellen, ob Ihre Standards eher einem perfektionistischen Ideal als funktionaler Effizienz entsprechen, stellen Sie sich die folgenden Fragen:

1. Läßt Sie schon der Gedanke an eine Arbeit, die Sie planen, in Erschöpfung versinken, weil sie Ihnen unbewältigbar erscheint?
2. Ist es wahrscheinlicher, daß Sie die Bleistifte oder Kugelschreiber alle an einen Platz auf dem aufgeräumten Schreibtisch legen, anstatt neben das Telefon, wo Sie sie viel wahrscheinlicher brauchen werden?
3. Klassifizieren Sie die folgenden Aussagen mit »Ja« oder »Nein«: Für mich gilt immer »Alles oder Nichts«. Wenn ich etwas nicht ganz richtig machen kann, wenn ich den Traum oder die Vorstellung, die ich habe, nicht genau so verwirklichen kann, dann tue ich lieber überhaupt nichts.
4. Ich möchte meine Schränke aufräumen, und am Ende sind alle Regale mit adretten Spitzendecken ausgelegt – aber inzwischen ist so viel Zeit vergangen, daß für die Arbeit, die ich mir eigentlich vorgenommen habe, keine Zeit mehr übrig ist und die Schränke so chaotisch bleiben wie zuvor.
5. Wenn ich mir einen Mitbewohner aussuchen müßte, würde ich Felix, die ordentliche Figur aus dem Film *Ein verrücktes Paar,* gegenüber Oscar bevorzugen.
6. Wenn Sie daran denken, Ihre Gewürze in alphabetischer Reihenfolge zu ordnen, schwebt Ihnen dann eher ein perfektionistisches als ein funktionelles Ideal vor?
7. Empfinden Sie die Vorstellung, bestimmte Plätze im Kühlschrank bestimmten Dingen vorzubehalten – zum Beispiel die Schachtel für den Käse immer auf das zweite Regal vorne rechts zu legen – als perfektionistisch oder eher als funktionell?

Wenn Sie die Fragen 1–5 mit »Ja« oder »trifft zu« beantwortet haben, sind Sie wahrscheinlich bis zu einem gewissen Grad perfektionistisch. Vielleicht haben Sie auch die Fragen 6 oder 7 mit »Ja« beantwortet. Aber diese beiden Fragen sind dazu gedacht, die eigentlichen Unterschiede zwischen Perfektionismus und Funktionalität herauszuarbeiten.

Natürlich klingt es ein bißchen übertrieben, Gewürze zu alphabetisieren. Aber diese verflixten kleinen Döschen können nur allzu leicht förmlich unauffindbar sein, und es ist recht sinnvoll, sie in alphabetischer Reihenfolge aufzubewahren. Die Döschen mit roten oder grünen Deckeln zu versehen, ist andererseits unfunktionell, weil sich daraus kein praktischer Nutzen ergibt.

Auch den Käse an einem bestimmten Ort aufzubewahren, macht Sinn. Wenn im Kühlschrank an der Stelle, an der Sie den Käse normalerweise aufbewahren, plötzlich ein Loch gähnt, dann wissen Sie auf den ersten Blick, daß Sie Käse kaufen müssen. Bitten Sie einmal Ihren Ehepartner, der über derartige Regeln vielleicht die Nase rümpft, für ein paar Wochen das Einkaufen und Einordnen zu übernehmen, und er/sie wird bald zu der Erkenntnis gelangen, daß der Erbsendosenstapel immer höher wird (»Oh, ich wußte gar nicht, daß wir die noch zu Hause hatten!«), während die weißen Bohnen ausgehen.

In diesem gesamten Buch geht es darum, die überzogenen Anforderungen, die aus Perfektionismus entstehen, herunterzuschrauben und eine realistische, leistbare und völlige funktionelle Ordnung an ihre Stelle treten zu lassen.

Vielleicht liegt die effektivste Technik zur Überwindung eines destruktiven und manchmal lähmenden Perfektionismus darin, zwei Fragen zu stellen: die »Lohnt sich's«-Frage und die »Blockade-Frage«. Die »Lohnt sich's«-Frage lautet:

> Ist das jeweilige Projekt die Zeit wert, die ich investiere (oder vielleicht eher zu investieren *gedenke*), gemessen an den sich letztendlich ergebenden Vorteilen? Lohnt sich die Sache?

Und zweitens – auch wenn die Vorteile eine aufwendigere oder »perfekte« Lösung rechtfertigen würden, stellt sich immer noch die »Blockadefrage«:

> Während ich auf die Chance warte, das perfekte oder ideale Ziel zu erreichen, blockiere ich damit nicht eine bescheidenere, aber leichter realisierbare Lösung, und erreiche damit nur, daß sich unangenehme Gefühle und Verwirrung länger breitmachen als nötig?

Irritationen

Es kann sich sehr positiv auswirken, die vielen, immer wieder vorkommenden Irritationen und die kleinen Ärgernisse, die Ihnen den Alltag vergällen, zu beseitigen oder zumindest zu bekämpfen. So kann es zum Beispiel sein, daß Sie den täglichen Weg zu Arbeit, der durch eine regelrechte Industriewüste führt, als deprimierend empfinden. Vielen Leuten ist es ein Greuel, sich in einer Schlange anstellen zu müssen. Nehmen Sie sich ein paar Minuten Zeit und versuchen Sie festzumachen, welche kleinen Irritationen Ihnen das Leben schwer machen; ändern Sie dann nach Maßgabe der Möglichkeiten Ihren Zeitplan oder Ihre Umgebung entsprechend, um die negativen Auswirkungen zu lindern.
Eine Klientin, eine junge Journalistin, konsultierte mich, weil sie Probleme mit den Fristen hatte. Ihr Arbeitssystem war gut, und sie wurde für die Schwierigkeiten offensichtlich nicht zur Rechenschaft gezogen. Aber als sie zufällig erwähnte, wie sehr ihr der Weg zu ihrem Arbeitsplatz verhaßt war – sie mußte zwei U-Bahnlinien und einen Bus benutzen – fragte ich sie, ob es nicht vielleicht diese Route sein könnte, die sie nervös machte, und ich schlug ihr einen anderen Weg vor, bei dem sie nur einmal umsteigen mußte. Nun brauchte sie zwar zehn Minuten länger, aber das Ganze war ihr viel angenehmer. Meiner Klientin war

nicht bewußt gewesen, daß ihre ganze Arbeitseinstellung durch diese morgendliche Qual in Mitleidenschaft gezogen war.

Der Spruch »Ich mache das so, weil ich es immer schon so gemacht habe«, ist nicht in Steintafeln gemeißelt. Versuchen Sie, alte Gewohnheiten und Prioritäten immer wieder zu überprüfen, um festzustellen, ob sie Ihnen immer noch entsprechen.

Der Schlüssel heißt flexibles Denken und Analysieren von Alternativen: Wenn Schlangestehen Ihr Problem ist, planen Sie Bankbesuche am besten so, daß Sie die Stoßzeiten vermeiden, oder wählen Sie die Nachmittagsvorstellung, wenn Sie sich den neuesten Kassenschlager im Kino ansehen wollen. Eine Frau, die die drängelnden Menschenmassen zu den Stoßzeiten verrückt machten, handelte mit ihrem Arbeitgeber andere Dienstzeiten aus, um so diesem Problem aus dem Weg zu gehen.

Die Aufgabe, alte Einstellungen zu überprüfen und nötigenfalls über Bord zu werfen, bezieht sich nicht nur auf die großen Fragen, sondern gilt auch für kleine. So sollten Sie zum Beispiel Platitüden wie den Satz: »Alles, was gut gemacht werden soll, muß man selbst tun«, einer sorgfältigen Überprüfung unterziehen und gegebenenfalls verwerfen.

Die Raumgestaltung oder Ihre Umgebung können starke psychologische Auswirkungen auf Ihre Stimmungen und Arbeitsgewohnheiten haben. Finden Sie sich nicht einfach mit dem Büro ab, das Ihnen zugeteilt wurde, sondern gestalten Sie es so, daß es Ihnen gefällt: Hängen Sie ein paar Bilder auf, malen Sie es nach Ihrem Geschmack neu aus oder überziehen Sie Ihren Sessel neu. Tun Sie alles, was Ihnen Ihr Arbeitgeber gestattet. Das Büro ist für so viele Stunden Ihr »Heim«, daß sich der Aufwand an Zeit und Geld sehr wohl lohnt, um es so ansprechend wie möglich zu gestalten. Und vielleicht werden Sie bemerken, daß Sie in einer Umgebung, die Sie nach *Ihren* Vorstellungen gestaltet haben, einfach besser arbeiten können.

4

Wie Sie den Papiertiger besiegen

Meiner Erfahrung nach ist Papier – Briefe, Rechnungen, Kommunikations- und Informationsmaterial von unendlicher Vielfalt – der größte einzelne Störfaktor für den Menschen. Trotzdem gibt es nur drei Dinge, die man mit Papier tun kann: Man kann es wegwerfen, man kann mit ihm zweckgemäß umgehen, wie etwa einen Brief schreiben; oder man kann es für eine bestimmte Zeit weglegen. Das gilt ebenso für Privatpersonen mit einem mittelgroßen Maß an persönlichem Aufwand wie für IBM – nur muß IBM mit größeren Papiermassen fertigwerden.

Die Schwierigkeiten im Umgang mit Papier treten dann auf, wenn man sich entscheiden muß, welche Papiere nun von Wert sind und welche nicht. Es kommt gar nicht so selten vor, daß jemand förmlich einen Zwang verspürt, Papier oder Akten aufzubewahren, und die Vorstellung, irgend etwas wegzuwerfen, kann geradezu bedrohlich werden.

Ich erinnere mich an eine Klientin, eine ältere Frau, deren kleine New Yorker Wohnung mit all dem Papier vollgestopft war, das sich im Laufe ihres Lebens angesammelt hatte. Sie war verzweifelt bemüht, sich von diesem erstickenden Dschungel zu befreien. Als ich sie jedoch zu Hause besuchte, zitterte sie und war den Tränen nahe. »Ich weiß einfach«, sagte sie, »daß Sie mir meine Vergangenheit nehmen werden. Mein ganzes Leben, meine Geschichte sind in all diesem Papier verborgen.«

Ich erklärte ihr, daß ich versuche, den Leuten bei der Entscheidung zu helfen, was für sie von Bedeutung ist, und daß sentimentale und persönliche Werte genau so hoch zu schätzen sind wie finanzielle. Ich zwang diese Frau in keiner Weise dazu, irgend etwas wegzuwerfen, sondern ich versuchte einfach, sie in der

Entscheidung zu unterstützen, was für sie von Wert war und was nicht; so half ich ihr, mehr Ordnung in ihr Leben zu bringen.
Im Laufe unserer Arbeit erkannte meine Klientin, daß ein Großteil der in ihrer Wohnung gestapelten Papierberge ihr überhaupt nichts bedeutete. Wir behielten nur jene Papiere, die tatsächlich ein Stück ihrer Lebensgeschichte darstellten. All das andere modrige Papier, das sie – wie sie sagte – hortete, weil es ihr »eines Tages nützlich sein könnte«, warfen wir weg. Am Ende des Tages hatte sie zwischen wertvollen und wertlosen Papieren zu unterscheiden gelernt, und so konnte sie einen großen Teil des Papierberges guten Gewissens wegwerfen.
Bei anderen Leuten haben sich zwar vielleicht noch nicht solche Papiermassen angesammelt, aber sie haben dafür niemals gelernt, Papier als Mittel zur Meisterung des täglichen Lebens zu benutzen. Hierin liegt ein weiterer Zweck dieses Kapitels: Es soll Ihnen zeigen, wie Sie erreichen können, daß das Papier seiner eigentlichen Aufgabe als Orientierungshilfe und Aktionsauslöser gerecht wird, statt daß die Papiermassen zu einem Hemmschuh in Ihrem Leben werden.
Um zu verstehen, worum es hier geht, verfolgen wir doch einmal das Schicksal der Post eines imaginären Tages. Wir werden diesen Stapel Post durch alle Stadien seines Lebens verfolgen, bis wir am Ende dieses Kapitels schließlich imstande sein werden, es mit einer beliebig großen oder kleinen Menge von Papier aufzunehmen, weil wir wissen, wie wir es in unser Leben integrieren können.

Vom Briefkasten zum Papierkorb, und was dazwischen liegt

Sie haben gerade die Post geholt; noch bevor Sie einen ersten Blick darauf werfen, sollten Sie die Post am besten sofort in Ihre Büroräume/Ihren Arbeitsbereich bringen. Möglicherweise können Sie sich aufgrund Ihrer Tageseinteilung nicht sofort darum

kümmern, und das ist auch ganz in Ordnung. Legen Sie sie in diesem Fall einfach auf Ihren Schreibtisch. Setzen Sie sich nicht auf die Wohnzimmercouch und beginnen Sie nicht sofort damit, die Briefe zu öffnen. Wenn Sie die Post an anderen Orten als im dafür vorgesehenen »Büro« öffnen, erfordert dies zusätzliche körperliche Aktivitäten und zusätzliche Gedankenarbeit. Wenn Sie einmal von aufgerissenen Umschlägen und deren Inhalt umgeben sind, müssen Sie das Ganze erst wieder einsammeln und zu Ihrem Schreibtisch bringen, wo Sie es sortieren und weiterbearbeiten. Oder, was wahrscheinlicher ist, Sie bringen die Post erst gar nicht zurück zum Schreibtisch und sortieren sie auch nicht. Stattdessen wird überall eine solche Unordnung herrschen, daß Sie davon Magenkrämpfe bekommen und Sie die Post eines Tages – und vielleicht auch die mehrerer anderer Tage – im wahrsten Sinn des Wortes von sich schieben.
Indem Sie die Post zu Ihrem Schreibtisch bringen, »durchqueren« Sie bereits einmal das Ablaufsystem, das genau für diese Art von Aktivitäten gedacht ist. Eigentlich ist diese »Durchquerungs«-Idee auch bei vielen anderen Gelegenheiten anwendbar. Die hier vorliegende spezielle Variante läßt sich so ausdrücken:

4. Prinzip: Führen Sie Handlungen immer an den dafür vorgesehenen Orten aus.

Phase eins: Sortieren

Sie sitzen jetzt bequem an Ihrem Schreibtisch, und ein Stapel Post liegt vor Ihnen.
Sie besteht aus siebzehn einzelnen Schriftstücken:

1. Stromrechnung,
2. Kaufhausrechnung,
3. persönlicher Brief an Sie,
4. persönlicher Brief an Ihren Partner/Ihre Partnerin,

5. Brief Ihres Anwalts, in dem Ihr Partner und Sie aufgefordert werden, einen Besprechungstermin wegen einer Liegenschaft zu vereinbaren, die Sie vor kurzem gekauft haben,
6. der Kaufvertrag für diese Liegenschaft,
7. Ausverkaufsbroschüre Ihres lokalen Fotogeschäftes,
8. Einladung zu einer Überraschungsparty Ihrer Nachbarin nächste Woche,
9. Postwurfsendung Ihres/Ihrer Bundestagsabgeordneten, in dem steht, was er/sie alles zuwege bringt,
10. Spielplan Ihres lokalen Theaters für die kommende Spielzeit,
11. Brief von der örtlichen Jugendgruppe, in dem Sie aufgefordert werden, beim jährlichen Flohmarkt zu helfen,
12. Benachrichtigung Ihres Hausarztes, daß es Zeit für die jährliche Polio-Auffrischungsimpfung Ihres Kindes ist,
13. Information über ein Zeitschriftenabonnement,
14. Versandhauskatalog,
15. Volkshochschulprogramm,
16. zwei Zeitschriften,
17. Zeitung,

Alle diese verschiedenen Arten von Papieren fallen in eine der zu Beginn dieses Buches erwähnten drei großen Kategorien:

- solche, die Aktionen bedingen,
- solche, die weggeworfen werden
- und solche, die man in Ordnern ablegt, um später auf sie zurückzukommen.

Um Ihren Papierkram zu sortieren, brauchen Sie:

- einen Papierkorb,
- Mappen mit den Aufschriften:
- »Zu erledigen«,
- »Ablage«,
- Name Ihres Partners/Ihrer Partnerin (falls Sie kein Single sind),
- »Finanzen«.

Die beiden letzten Kategorien sind spezielle, aber notwendige Unterteilungen der Rubrik »Zu erledigen«. Sie können anstelle der Mappen auch hübsche Körbe oder Schachteln verwenden, aber meiner Erfahrung nach sind Mappen am praktischsten. Sie können sie in eine eigene Schublade oder in ein Fach legen und so aus dem Weg räumen, oder Sie können sie auf dem Schreibtisch in einem aufrecht stehenden Tischordner aufbewahren.
Gehen wir den Stapel nun Stück für Stück durch:

1. *Stromrechnung.* Diese kommt in die Mappe mit der Aufschrift »Finanzen«. Alle Schriftstücke, die mit Geld zu tun haben, sollten in dieser Mappe abgelegt sein, damit sie alle auf einen Griff verfügbar sind. Darunter fallen Rechnungen, Kontoauszüge, Überweisungsformulare, Unterlagen über Kapitalanlagen usw.
2. *Kaufhausrechnung.* Ebenfalls in die »Finanz«-Mappe.
3. *Persönlicher Brief an Sie.* Legen Sie ihn nach dem Lesen – vorausgesetzt, Sie wollen ihn beantworten – in der Mappe mit der Aufschrift »Zu erledigen« ab.
4. *Persönlicher Brief an Ihren Partner/Ihre Partnerin.* Legen Sie ihn in der Mappe mit dem Namen Ihres Partners ab.

5/6. *Brief vom Anwalt und Kaufvertrag.* Das sind eigentlich zwei Dokumente. Über den Brief müssen Sie mit Ihrem Partner/Ihrer Partnerin sprechen, also kommt er in die mit dessen Namen beschrifteten Mappe. Der Kaufvertrag kommt in die Mappe oder in den Korb mit der Aufschrift »Ablage«.

7. *Ausverkaufsbroschüre Ihres lokalen Fotogeschäftes.* Vielen Leuten fällt die Entscheidung, was sie mit derartigen Postwurfsendungen tun sollen, überaus schwer. Da hier ein bißchen Ambivalenz im Spiel sein kann, sollten wir die Alternativen sorgfältig durchgehen. Stellen Sie sich die Fragen: »Ist mir das wichtig? Ist es jemand anderem in Ihrem Haushalt wichtig?« Überlegen Sie folgende Möglichkeiten:

a. Ihr Partner ist ein Foto-Freak. In diesem Fall wäre die Partner-Mappe am besten geeignet.

b. Sie sind der Foto-Freak, und es gibt einige Komponenten, die zu kaufen Sie bereits vorhatten. Legen Sie die Broschüre in die Mappe »Zu erledigen«.

c. Sie fotografieren zwar, brauchen aber derzeit keine neue Ausrüstung. Wenn Name und Adresse des Ladens eine wertvolle Information für Sie darstellen, legen Sie die Broschüre in die Mappe »Ablage«.

d. Sie fotografieren nicht, haben es niemals getan und gedenken es auch in Zukunft nicht zu tun; eines Tages könnten Sie aber vielleicht etwas über diesen Laden wissen wollen. Dann werfen Sie die Broschüre weg. Ja, Sie haben richtig gelesen. Diese Information hat keinerlei aktuelle Bedeutung für Sie; sie aufzuheben bedeutet also nur unnötigen Ballast. Wenn Sie wirklich einmal ein Fotogeschäft brauchen sollten, dann sehen Sie einfach im Branchenverzeichnis nach oder lassen sich eines von Ihren Freunden empfehlen. Denken Sie daran, daß es selbstdestruktiv ist, sich Dinge für einen Regentag aufzuheben oder sie nur deshalb aufzubewahren, weil man sie vielleicht eines Tages brauchen könnte. Angst ist hier nämlich die treibende Kraft, die die Leute dazu bringt, sich an Dingen festzuklammern, die keinen Wert für sie haben. Lernen Sie, mit dieser Angst fertig zu werden, indem Sie entscheiden, was echten Wert für Sie hat und was nicht. Dann sind Sie in Ihren Bemühungen, Ordnung in Ihr Leben zu bringen, ein gutes Stück vorangekommen!

8. *Einladung zur Überraschungsparty in der kommenden Woche.* Müssen Sie darüber mit Ihrem Mann/Ihrer Frau sprechen? Wenn ja, dann kommt die Einladung in seine/Ihre Mappe. Wenn Sie gesellschaftliche Entscheidungen eigenständig treffen, legen Sie die Einladung in Ihre Mappe »Zu erledigen«.

9. *Postwurfsendung Ihres Bundestagsabgeordneten.* Interes-

sieren Sie sich dafür? Auch hier kommt es auf nichts anderes an. Wenn Sie aktiv am politischen Leben teilnehmen, wollen Sie sie vielleicht lesen und sogar aufbewahren, weil Sie sich mit einem Thema befaßt, mit dem Sie sich gerade beschäftigen. Wenn Sie sie behalten wollen, kommt sie in den Ordner »Ablage«. Wenn Sie sich jedoch nicht besonders dafür interessieren, werfen Sie sie weg.

10. *Spielplan Ihres Lokaltheaters.* Stellen Sie sich wiederum die Frage, ob diese Information irgendeinen Wert für Sie hat. Wenn das der Fall ist, wollen Sie vielleicht Pläne mit Ihrem Partner/Ihrer Partnerin machen. In diesem Fall kommt der Spielplan in seine/ihre Mappe. Oder vielleicht wollen Sie nur Karten für sich selbst oder einige Freunde besorgen? Dann legen Sie den Spielplan in der Mappe »Zu erledigen« ab. Wenn Sie nicht wirklich interessiert sind – weg damit!
11. *Brief des Jugendclubs.* Wenn es ein persönlicher Brief ist, auf den Sie in irgendeiner Form reagieren müssen, kommt er in die Mappe »Zu erledigen«. Wenn es sich aber um einen Serienbrief handelt, können Sie ihn wegwerfen, wenn Sie nicht interessiert sind.
12. *Polio-Auffrischungsimpfung.* »Zu erledigen«.
13. *Information über ein Zeitschriftenabonnement.* Wenn Sie es nicht wollen, werfen Sie es weg. Wenn doch, kommt es in die Mappe »Zu erledigen«.
14. *Versandhauskatalog.* Sehen Sie ihn rasch durch, damit Sie entscheiden können, ob Sie irgend etwas daraus kaufen möchten. Treffen Sie nicht sofort eine Entscheidung, aber wenn Ihnen etwas ins Auge sticht, reißen Sie die Seite und das Bestellformular heraus, entnehmen Sie den Umschlag, klammern Sie alles zusammen und legen Sie es in die Finanzmappe. Werfen Sie den restlichen Katalog weg. So können Sie, nachdem Sie Ihre anderweitigen Rechnungen bezahlt haben, zuerst kontrollieren, wie es um Ihre Finanzen bestellt ist und Ihre Bestellungen dann darauf abstimmen.

15. *Broschüre der Volkshochschule.* Sehen Sie sie rasch durch und buchen Sie alle Kurse, von denen Sie sicher sind, daß Sie sie besuchen wollen. Gibt es noch ein paar Fragezeichen? Reißen Sie die betreffenden Seiten heraus und markieren Sie in Ihrem Kalender das Datum, bis zu dem spätestens eine Entscheidung getroffen werden muß. Legen Sie die ausgeschnittenen Seiten in Ihre Mappe »Zu erledigen« und werfen Sie die restliche Broschüre weg.
16. *Zwei Zeitschriften.* Legen Sie alle ungelesenen Zeitschriften an einen bestimmten Ort und sorgen Sie dafür, daß sie regelmäßig gelesen und dann weggeworfen werden. Wenn Sie bemerken, daß der Stapel ungelesener Zeitschriften immer höher wird, kündigen Sie das Abonnement.
17. *Zeitung.* Im Grunde genommen sind Zeitungen in die Mappe »Zu erledigen« zu legen, weil sie rasch gelesen werden sollten. Die Menschen gehen mit Tageszeitungen auf verschiedene Weise um. Die meisten Leute lesen sie und werfen sie dann weg, manche bewahren sie aber auch auf. Ich habe schon mit vielen Klienten gearbeitet, in deren Wohnungen Zeitungsstapel das Eindringen von Licht und Luft blockierten. In einem solchen Fall müssen Sie beim Wegwerfen sehr konsequent sein. Werfen Sie alle Zeitungen bis zu der vom Vortag weg, wenn Sie sie noch nicht gelesen haben, und erweitern Sie die Liste Ihrer zu lösenden »Lebensprobleme« um den Punkt »Habe keine Zeit, um die Zeitung zu lesen!« Sorgen Sie dafür, daß möglichst alle Zeitungen – wie auch das andere Papier, das Sie wegwerfen – in der Altpapiersammlung landen!

    Schließlich bleibt noch die Frage der Zeitungsausschnitte zu klären. In Zeitungen findet man eine Menge wertvoller Informationen über verschiedene Läden, Dienstleistungen, Reisen, Restaurants, Gesundheitsinformationen usw. Schneiden Sie unbedingt alles Interessante aus und legen Sie die Ausschnitte in die »Ablage«-Mappe.

Sobald Sie mit dem Sortierprozeß einmal gut vertraut sind, werden Sie dafür nicht einmal halb so lang brauchen wie für das Durchlesen dieser Informationen. Es folgt eine kurze Zusammenfassung des eben Besprochenen. Wenn Sie an Ihrem Schreibtisch sitzen und die Post ordnen, können Sie hier jederzeit nachsehen, bis Ihnen das Sortieren automatisch von der Hand geht:

Checkliste: sortieren

1. Sortieren Sie die Post nach dem Kriterium, was für Sie von Wert und Interesse ist und was nicht.
2. Werfen Sie den Stapel »Uninteressant« weg.
3. Sortieren Sie die verbleibenden Poststücke in den Stapel »Nachsehen« und »Tun«. Legen Sie den Stapel, auf den Sie später noch einmal zurückkommen wollen, in die Schachtel oder Mappe mit der Aufschrift »Ablage«.
4. Das Material, das unter »Tun« fällt, kann noch weiter unterteilt werden.

   Papiere, die mit Geld zu tun haben – Rechnungen, Bankbelege, Kontoauszüge – kommen in die Finanzmappe, die einmal pro Monat bearbeitet wird. Es gibt eine spezielle Mappe für die Dinge, die Sie mit Ihrem Partner/Ihrer Partnerin besprechen wollen. Ansonsten kommt das gesamte Material in die Mappe »Zu erledigen«.

Phase zwei: »Zu erledigen« und Nachbearbeitung

Sobald einmal alles sortiert und in der richtigen Mappe verstaut ist, können Sie mit der eigentlichen Arbeit beginnen.

Wenn Sie sofort mit Ihrem Partner sprechen können, schlage ich vor, mit der Partnermappe zu beginnen, so daß Sie diese Angelegenheiten in Ihre Hauptmappe »Zu erledigen« einordnen können. Wenn das möglich ist, sorgen Sie dafür, daß Sie die Mappe mit ihm/ihr zu Beginn oder vor Ihrer nächsten »Bürositzung« durchgehen.* Dann legen Sie die Dinge, die weitere Aktionen erfordern – wie zum Beispiel das Bestellen von Theaterkarten – für die nächste »Bürostunden«-Sitzung in die Mappe »Zu erledigen«; den Rest können Sie wegwerfen oder in die Mappe mit der Aufschrift »Ablage« einordnen.

Nehmen Sie nun die Mappe »Zu erledigen« zur Hand. Führen Sie die Telefonate, schreiben Sie die Briefe, tun Sie all die Dinge, die Sie sich vorgenommen haben. Damit Sie verstehen, wie das alles funktioniert und wie Sie es mit den anderen Elementen Ihres Papierbearbeitungssystems vereinbaren können, sollten wir zuerst noch über einige Bestandteile der Morgenpost sprechen, die in der Mappe »Zu erledigen« gelandet sind:

Persönlicher Brief an Sie,
Broschüre des Fotogeschäfts,
Einladung zur Überraschungsparty,
Spielplan des Theaters,
Aufforderung zur Auffrischungsimpfung.

* Legen Sie einen regelmäßigen Termin für persönliche und familieninterne »Bürostunden« fest. Die meisten Leute kommen mit zwei Stunden pro Woche, entweder in einem Block oder in mehrere Einheiten unterteilt, aus. Versuchen Sie nicht, in dieser Zeit andere organisatorische Arbeiten zu erledigen, die sich angesammelt haben – sie ist für die aktuellen Angelegenheiten reserviert. Gehen Sie älteres Material in der Zeit durch, die Sie für organisatorische Arbeiten reserviert haben (Kapitel 2, Seite 35-36).

Nachdem Sie den persönlichen Brief beantwortet haben, möchten Sie ihn vielleicht aufbewahren; in diesem Fall kommt er in die Mappe »Ablage«. Anderenfalls werfen Sie ihn weg. Was die Broschüre des Fotogeschäfts anbelangt, so machen Sie sich eine Notiz in Ihrem Notizbuch (das Sie natürlich immer bei sich haben!), daß Sie das nächste Mal beim Einkaufen in diesem Geschäft vorbeischauen wollen. Wenn die Broschüre selbst Informationen enthält, die Sie interessieren oder die Sie brauchen, stecken Sie sie zusammengefaltet in Ihr Notizbuch oder an die Pinnwand.

Die Partyeinladung erfordert zwei Aktionen: erstens eine Antwort und zweitens – vorausgesetzt, Sie wollen hingehen – eine Notiz in Ihrem Terminkalender. Ähnliches gilt für den Theaterspielplan: Bestellen Sie Ihre Karten und markieren Sie die Daten auf dem Kalender. Was die Aufforderung zur Impfauffrischung anbelangt, so rufen Sie Ihren Hausarzt an und vereinbaren Sie einen Impftermin, notieren Sie ihn im Kalender und stecken Sie die Benachrichtigung in die »Ablage«.

Es gibt noch einen Bereich, über den wir noch nicht gesprochen haben. Wie geht man vor, wenn man beabsichtigt, irgendein Projekt zu *initiieren?* Nehmen wir zum Beispiel an, daß Sie daran denken, einen Kostenvoranschlag für den Umbau der Garage in einen Familienraum einzuholen. Halten Sie die Idee sofort an Ort und Stelle in Ihrem Notizbuch fest. Das heißt, daß Sie in Ihren Bürostunden nicht nur die hereinkommende Post bearbeiten, sondern auch Ihr Notizbuch nach selbstinitiierten Projekten durchforsten, die Ihre Aufmerksamkeit beanspruchen. Wenn Sie sich dazu entschließen, bei einer Baufirma einen Kostenvoranschlag einzuholen, tun Sie das schriftlich, nicht telefonisch. Telefonische Anfragen gehen oft unter, weil nicht alle Leute so gut organisiert sind, wie Sie das bald sein werden! Behalten Sie ein Duplikat des Briefes und legen Sie es in einer neuen Mappe mit der Aufschrift »Unerledigt« ab oder heften Sie es an die Pinnwand. Dann markieren Sie – und das ist wirklich wichtig, um Ihr

Checkliste: »Zu erledigen«

1. Gehen Sie jedes Stück Papier in dem Stoß »Zu erledigen« durch und reagieren Sie in irgendeiner Weise darauf – schreiben Sie einen Brief, telefonieren Sie oder tun Sie, was sonst zu tun ist.
2. »Verfolgen« Sie jedes Stück Papier, nachdem Sie es bearbeitet haben, bis zu seinem endgültigen Bestimmungsort: Papierkorb, »Unerledigt« oder »Ablage«.
3. Wenn Sie irgendwann nachfragen müssen, markieren Sie das Datum in Ihrem Kalender.
4. Durchforsten Sie Ihr Notizbuch nach Projekten, die Sie in Gang bringen wollen, und leiten Sie die erforderlichen Schritte ein.
5. Sehen Sie in Ihrem Terminkalender nach, ob für diesen Tag irgendwelche Termine vereinbart wurden, und wenn ja, halten Sie sie ein.

Nach einiger Zeit wird Ihnen dieser Rhythmus so sehr in Fleisch und Blut übergehen, daß Sie sich zu fragen beginnen, wie Sie jemals Schwierigkeiten damit haben konnten.

System funktionstüchtig zu erhalten – in Ihrem Terminkalender ein Datum, bis zu dem Sie vernünftigerweise eine Antwort erwarten können. Wenn Sie den Brief zum Beispiel am Montag dem 18. aufgeben und schätzen, daß die Firma etwa anderthalb Wochen brauchen wird, um die Sache zu durchdenken, schreiben Sie am Mittwoch, den 27., in Ihrem Kalender »Baufirma?«. Diese kryptische Frage erinnert Sie daran nachzufragen, falls Sie bis zu diesem Tag noch nichts gehört haben sollten.
Wenn sich die Baufirma mit Ihnen in Verbindung setzt, machen Sie sich auf Ihrem Briefumschlag Notizen über alle Gespräche,

tragen Sie alle vereinbarten Termine in Ihren Kalender ein und legen Sie die Briefe in die Mappe »Ablage«.

Phase drei: Die hohe Kunst des Ablegens und Wiederfindens

Sobald Sie mit der Mappe »Zu erledigen« fertig sind, brauchen Sie nur noch alles, was abgelegt werden muß, in die »Ablage«-Mappe einzuordnen. Diese Vorstellung versetzt viele Leute in Angst; sie fürchten, die Dinge niemals wiederfinden zu können. Lassen Sie sich durch solche Ängste jedoch nicht zu allzusehr aus dem Gleichgewicht bringen. Denken Sie stets daran, daß wir es mit nichts weiter als einzelnen Papieren zu tun haben, die wir genau so ablegen werden, daß wir sie sicher wiederfinden.
Der Prozeß ist ganz einfach. Sehen Sie sich jedes Stück Papier an, stellen Sie den Grund fest, warum es sich gerade in dieser Mappe befindet (der Grund dafür stellt den Schlüssel zu seiner Kategorisierung dar) und legen Sie das Papier dann in die Mappe mit der einen oder anderen Aufschrift. Der Trick besteht natürlich darin, die Dinge in den richtigen Mappen abzulegen, so daß Sie sie später auch wiederfinden können. Sehen wir uns den imaginären Stapel von Schriftstücken an, der in der Mappe »Ablage« gelandet ist:

1. *Persönlicher Brief.* Persönliche Briefe haben Sie im allgemeinen aufgehoben, weil sie einen emotionellen Wert für Sie besitzen. Wie kategorisiert man ein Stück Papier? Der erste Schritt besteht darin, sich eine Mappe für die allgemeinste Kategorie anzulegen, der ein Stück Papier angehören kann. In neunzig Prozent der Fälle sind solche groben Kategorien völlig ausreichend für die Beschriftung einer Aktenmappe. Nehmen Sie in diesem Fall eine Aktenmappe und benennen Sie sie »Briefe« oder »persönliche Briefe«. Legen Sie den Brief dann in diese Mappe, und das war's auch schon.

Nun nehmen wir aber an, daß Sie ganze Stapel persönlicher Briefe zu verwahren haben – viel zu viele, als daß sie in eine Mappe passen würden. In diesem Fall ist es günstig, die Briefe in mehrere Kategorien zu unterteilen. Eine Möglichkeit ist, dabei nach dem Datum vorzugehen: »Briefe '91«, »Briefe '92«, »Briefe '93« usw. Sie können die Mappen aber auch mit den Namen der Absender der Briefe beschriften. Hier wird es ein bißchen kompliziert; solche Situationen bringen viele Leute dazu, das Handtuch zu werfen. Sollte nun »Briefe, Susan« oder »Susan, Briefe« darauf stehen, oder was sonst? Wenn es hauptsächlich um die *Person* geht, sollte »Susan« oder »Michael« auf der Mappe stehen und nicht »Briefe, Susan« oder »Briefe, Michael«. Wenn Susan und Michael so wichtig für Sie sind, daß ihre Briefe jeweils eine ganze Mappe füllen, dann gibt es vielleicht auch andere Unterlagen, die in Zusammenhang mit Susan oder Michael stehen und in derselben Mappe abgelegt werden können. Anders ausgedrückt, wenn Sie sich fragen: »Worum geht es bei dieser Mappe?« und die Antwort lautet, um die *Person,* nicht um »Briefe«, dann sollte der Name auf dem Etikett stehen.

2. *Kaufvertrag vom Anwalt.* Hier könnte Verwirrung entstehen. Sollen Sie den Kaufvertrag unter dem Namen des Anwalts ablegen? Oder, angenommen, diese Liegenschaft befände sich in einer kleinen Stadt namens Eastgate, unter dem Namen »Eastgate«? Auch hier geht es wieder darum, die allgemeinste Kategorie zu finden, in die sich dieses Papierstück einordnen läßt. Die Antwort lautet: »Liegenschaft«. Wenn Sie nicht eine ganze Mappe solcher Liegenschaften Ihr eigen nennen, ist die Wahrscheinlichkeit ziemlich hoch, daß die gesamte diese Liegenschaft betreffende Korrespondenz und alle Dokumente in eine einzige Mappe passen.

Vergessen Sie nicht das Begleitschreiben des Anwalts. Derzeit befindet es sich zu Diskussionszwecken gerade in der

Mappe Ihres Partners, aber ich schlage vor, daß Sie das Schreiben, sobald es zur Ablage bereit ist, in dieselbe Mappe legen wie den Kaufvertrag. Dies leitet zum nächsten Ablagetip über: Papiere, die miteinander in Zusammenhang stehen, werden auch gemeinsam abgelegt.

Aber weshalb nicht den Namen des Anwalts oder seines Büros verwenden? Wenn er Sie regelmäßig vertritt, haben Sie vielleicht schon eine Korrespondenzmappe, auf der sein Name steht. Wäre es in diesem Fall nicht angebracht, die Liegenschaftsunterlagen in diese Mappe einzuordnen, ausgehend von dem Prinzip, daß alles möglichst einheitlich sein sollte? Dies ist zwar ein guter Gedanke, ich würde aber grundsätzlich empfehlen, daß Sie eine »Liegenschafts«-Mappe anlegen. Sie werden wahrscheinlich im Laufe der Zeit auch von anderen Stellen als Ihrem Anwalt Schreiben bekommen, die diese Liegenschaft betreffen – Steuervorschreibungen, Rechnungen über Reparaturen und ähnliches – so daß die Liegenschaft und nicht der Anwalt im Mittelpunkt stehen sollte. Das Argument, daß es günstig wäre, den Kaufvertrag unter dem Namen des Anwalts abzulegen, ist jedoch begründet und könnte durchaus zu Diskussionen führen. Ich schlage vor, daß Sie sich eines besonderen Hilfsmittels, eines sogenannten »Querverweises«, bedienen, um Ihre Aufmerksamkeit von einer Mappe auf die andere zu lenken. Schreiben Sie also in diesem speziellen Fall eine Notiz »Material betreffend Liegenschaft siehe ›Liegenschaftsmappe‹«, und legen Sie diese Notiz dann in die Anwaltsmappe.

3. *Prospekt des Fotoladens.* In diesem Fall ist »Fotografie« die auf der Hand liegende und umfassendste Antwort auf die Frage: »Worum geht es in diesem Papier?« Diese Überschrift macht vor allem dann Sinn, wenn Sie *noch anderes Material* haben, das diesem Prospekt Gesellschaft leisten kann: Solches Material könnte zum Beispiel eine Anleitung sein, wie

man Aufnahmen bei schwachem Licht macht, oder ein Zeitungsausschnitt, in dem die jeweiligen Vorteile der verschiedenen Kameramodelle besprochen werden – niemals sollte jedoch in einer Mappe nur ein einziges Papier liegen. Es geht darum, *allgemeine* Kategorien zu finden.

Wenn Sie kein weiteres Ablagematerial haben, das mit Fotografie zu tun hat, dann wählen Sie die nächstgrößere Kategorie, die Ihnen passend erscheint. Dieser Prospekt hat auch mit einem Laden zu tun, was Ihnen die Möglichkeit gibt, als allgemeinere, zweckmäßige Überschrift »Läden« oder »Einkaufen« zu wählen – was immer Ihnen besser gefällt.

4. *Postwurfsendung des Bundestagsabgeordneten.* Wenn Sie sich so sehr für Politik interessieren, daß Ihnen das Aufbewahren der Postwurfsendung gerechtfertigt erscheint, dann wäre »Politik« die passendste Aufschrift für eine entsprechende Mappe. Wenn Sie sich die Postwurfsendung jedoch für ein Gespräch über ein bestimmtes Thema aufheben wollen, zu dem Sie auch andere Materialien sammeln, wie »Umwelt« oder »Außenpolitik«, dann paßt diese Postwurfsendung genau in eine Mappe, die eine dieser Aufschriften trägt.
5. *Aufforderung zur Auffrischungsimpfung.* Hier liegen die Alternativen ganz klar auf der Hand – die eine Möglichkeit lautet »Gesundheit«, und die andere ist der Name des Kindes. In diesem Fall gibt es zwei gleichermaßen eindeutige Antworten auf die Frage: »Worum geht es?« Die Benachrichtigung fällt in den Bereich »Gesundheit«, aber sie wendet sich auch an das Kind. Wählen Sie einfach jene Alternative, die bei Ihnen die stärkere Assoziation auslöst, und dann halten Sie sich auch in Zukunft konsequent daran.

   Wenn Sie sich also für »Gesundheit« entschieden haben, dann sollten Sie die gesamten medizinischen Unterlagen der ganzen Familie in dieser Mappe aufbewahren; das wäre dann das Thema. Wenn Sie es dagegen vorziehen, die medizinischen Informationen für jedes Familienmitglied in einer eigenen Mappe aufzubewahren, dann ordnen Sie die Aufforderung in dieselbe Mappe ein wie alle anderen Papiere, die mit diesem Familienmitglied zu tun haben, darunter auch Briefe. Es macht keinen Unterschied, für welches Vorgehen Sie sich entscheiden, wichtig ist nur, daß Sie konsequent bleiben.

6. *Zeitungsausschnitte.* Ein Tip, wie Sie Ihre Leselast verringern können: Suchen Sie sich im Inhaltsverzeichnis die Zeitschriften- oder Zeitungsartikel aus, die Sie lesen wollen, anstatt die ganze Ausgabe durchzublättern, weil dies unweigerlich dazu fühlen würde, daß Sie alles lesen. Nehmen wir als Beispiel an, daß Sie fünf Zeitungsartikel ausgeschnitten haben, die Sie ablegen, um sie später nachschlagen zu können. Im folgenden wird beschrieben, wie Sie beim Ablegen richtig vorgehen – aber verlieren Sie dabei nie die zentrale Frage aus den Augen: »Worum geht es mir bei diesem Papier?«

   a. Ein Artikel, der die Frage behandelt, wieviel Vitamin C man bei einer beginnenden Erkältung zu sich nehmen soll. Hier lautet der Überbegriff »Gesundheit«, und diese Aufschrift sollte auch die Mappe tragen. Wenn Sie die Gewohnheit haben, Artikel wie diesen auszuschneiden, legen Sie sich eine separate Mappe zu diesem speziellen Thema an. Ansonsten legen Sie den Ausschnitt in die Mappe, in der Sie auch Materialien zu anderen Gesundheitsthemen sammeln.

   b. Ein Artikel, in dem Hoteltips für Tahiti gegeben werden, wohin Sie immer schon fahren wollten. Wie wäre es mit der Aufschrift »Reisen«?

   c. Ein Informationsblatt über Kunstgewerbeschulen. Dieses Thema birgt eine gewisse Ambivalenz, und Sie werden ein bißchen darüber nachdenken müssen. Wenn Sie verschiedenes andere Material zu dem allgemeinen Thema »Kunstgewerbe« haben, dann ist dieser Begriff wahrscheinlich auch die geeignete Überschrift. Wenn Sie aber gerade in der Stimmung sind, einmal etwas für sich selbst zu tun, und Sie schneiden Listen von Kursen aus den verschiedensten Bereichen aus, dann kommt vielleicht eine Aufschrift »Schulen«, »Lernen«, »Kurse« oder etwas ähnliches in Frage, das bei Ihnen eine Assoziation auslöst. Oder vielleicht ist »Weiterbildung« der Begriff, der für Sie persönlich mehrere Punkte abdeckt?

Eine meiner Klientinnen hatte eine ausgezeichnete Idee zur Bewältigung derartiger Probleme. Wir hatten ihre Mappen durchforstet, und dabei waren uns schließlich ein paar Dinge übriggeblieben, die wir nicht richtig einordnen konnten – eine Liste von Kunstgewerbeschulen, eine Anleitung zum Bau einer Lampe aus einer alten Flasche, einige Bücher, die sie irgendwann einmal lesen wollte. Die geringe Anzahl dieser Dinge rechtfertigte das Anlegen eigener Mappen für die einzelnen Bereiche nicht, aber wir mußten zu einer Entscheidung kommen – und zwar *keinesfalls* »Verschiedenes«! Jede Mappe mit der Aufschrift »Verschiedenes« wird sich als der reinste Horror erweisen. Meine Klientin dachte einen Augenblick lang nach und sagte dann: »Wie wäre es mit ›Wünsche‹? Das sind alles meine Wünsche für die Zukunft.« Das war eine maßgeschneiderte Lösung für sie, die vielleicht auch für Sie geeignet sein könnte.

d. Artikel über einen neu eröffneten Nachtklub. Wie wäre es mit »Unterhaltung«?

e. Ein Artikel über die Geschäfte mit der größten Auswahl an Pullovern. Legen Sie ihn in einer Mappe mit der Aufschrift »Geschäfte« oder »Einkaufen« ab, derselben Mappe, die auch den Prospekt des Fotogeschäftes enthält. Wenn Sie das Gefühl haben, daß die Mappe durch all die Artikel über Bekleidung zu dick wird, können Sie sie herausnehmen und in einer eigenen Mappe mit der Aufschrift »Bekleidung«

oder »Mode« aufheben. Wenn Sie weiblichen Geschlechts sind, fällt Ihnen vielleicht auf, daß ein großer Teil Ihrer Einkäufe mit Kosmetika, Friseuren usw. zu tun hat. In diesem Fall wäre es überlegenswert, eine eigene Mappe mit der Bezeichnung »Schönheit« anzulegen. Setzen Sie sich einen Augenblick lang ruhig hin und lassen Sie Ihren spontanen Assoziationen freien Lauf. Wenn Sie sich in der Folge konsequent daran halten, ist alles in Ordnung.

Noch ein abschließender Tip für Ihr persönliches Ablagesystem. Normalerweise ist man gut beraten, die Mappen in genauer alphabetischer Reihenfolge nach ihren Aufschriften zu ordnen und alle Untergruppen zu vermeiden, die einem eventuell einfallen. Eine Klientin schlug zum Beispiel vor, alle Mappen, die mit den Mitgliedern ihrer Familie zu tun hatten – Susan, Mary, Tom – zu sammeln und sie in einem »Familienordner« aufzubewahren. Ich riet ihr von diesem Plan ab und empfahl ihr stattdessen, »Susan« einfach unter »S«, »Mary« unter »M« usw. abzulegen. Solche übergreifenden Kategorien sind im Normalfall keine gute Idee, weil Sie sich, um etwas wiederzufinden, sowohl an die Haupt- als auch an die untergeordnete Überschrift erinnern müssen.

Der Schreibtisch-Check

Sorgen Sie am Ende Ihrer Bürostunden oder am Ende Ihres Arbeitstages dafür, daß Ihnen die Papiere nicht wieder durcheinandergeraten, und treffen Sie Ihre Vorbereitungen für den nächsten Tag, indem Sie einen dreiteiligen Schreibtisch-Check durchführen:

1. Befinden sich alle »Zu erledigen«-Papiere in der Mappe »Zu erledigen«?
2. Liegen alle »Ablage«-Schriftstücke in der »Ablage«-Mappe?

Checkliste: Mappenordnen

Hier finden Sie eine Ablage-Checkliste, die dazu verwendet werden kann, ein System von der Pike auf neu zu entwickeln, ein bestehendes System, das nicht funktioniert, neu zu organisieren oder ein effizientes »von Tag zu Tag«-Ablagesystem zu betreiben.

1. Sammeln Sie jedwedes Material, das abgelegt werden soll, so daß sich alles an einem Ort befindet.
2. Halten Sie einen Papierkorb oder eine Schachtel für den Abfall bereit, aber auch Mappen, Etiketten und einen Schreibstift.
3. Nehmen Sie das oberste Schriftstück des Stapels (oder das erste in der ersten Mappe, wenn sie eine bereits existierende Mappe revidieren) und entscheiden Sie, ob das Papierstück für Sie von Wert ist. Wenn ja, gehen Sie zum nächsten Schritt über.
4. Wenn das Papierstück aufbewahrenswert ist, stellen Sie sich die Frage: »Worum geht es *mir* dabei?« und wählen Sie eine dementsprechende Mappenaufschrift.
5. Nun beschriften Sie die Mappe und legen das Schriftstück hinein. Es folgen einige der häufigsten Aufschriften für private Mappen:
   - Computerinformationen
   - Wohnraumgestaltung
   - Unterhaltung
   - Ausflüge (zum Beispiel Unterhaltungsmöglichkeiten für die Kinder, Wochenendspritztouren)
   - Mode
   - Finanzen
   - Gesundheit

- Haushalt
- Versicherungen
- Sparen und Wertpapiere
- Dokumente
- Briefe oder Korrespondenz
- Ärzte
- Vermögen
- Schulen & Camps
- Servicedienste (Haushaltsservice wie Installateure, Elektriker)
- Steuern
- Reisen
- Gewährleistungen & Garantien (für Geräte, Fernsehgeräte usw.)

6. Nehmen Sie das nächste Stück Papier und gehen Sie in gleicher Weise vor wie mit dem ersten, mit dem einzigen Unterschied, daß dieses Schriftstück vielleicht in eine bereits bestehende Mappe paßt und daher keine neue angelegt werden muß. Vereinheitlichen Sie so weit wie möglich.
7. Wenn Sie unkonzentriert zu werden beginnen, hören Sie für diesen Tag auf.
8. Ordnen Sie Ihre Mappen in genauer alphabetischer Reihenfolge.
9. Ordnen Sie Ihre alphabetischen Mappen in Ihre Mappenlade ein, schließen Sie die Lade, und Sie sind fertig für diese Sitzung!
10. Um diese Ordnung, sobald sie einmal hergestellt ist, auch aufrechtzuerhalten, gehen Sie die Mappen, in denen Sie nachsehen, jedesmal rasch durch, und entfernen Sie den unnötigen Ballast.

3. Alle Papiere, die noch auf dem Schreibtisch liegen, sind noch nicht eingeordnet. Holen Sie dies nach, bevor Sie gehen. Wenn Sie in bezug auf irgendein Papier noch unschlüssig sind, so bedeutet das, daß Sie irgendeine Entscheidung treffen müssen – auch wenn es bei der Entscheidung auch nur darum geht, ob Sie es wegwerfen oder nicht. Eine Entscheidung zu treffen ist aber jedenfalls eine Handlung, und daher gehört das Schriftstück in die Kategorie »Zu erledigen«.

Ihr System für den Umgang mit Papierkram

Nun haben Sie eine gute Ausgangsbasis für den Umgang mit dem ganzen Papierkram, der im Laufe eines Lebens anfällt. Was aber ist mit all den armen Seelen, die ganz von vorn beginnen müssen, deren Leben derzeit in einer solchen Unordnung ist, daß sie nichts weiter haben als eine leere Schreibtischfläche und einige grundlegende Ausrüstungsgegenstände?

Sammeln Sie als erstes alle Ihre Papiere, die im ganzen Haus verstreut liegen, ein. Graben Sie sich durch diese Stapel von Zeitschriften, Finanzpapieren, Ausschnitten und Dokumenten aus Schränken, Laden, vom Küchentisch und all den anderen Orten, an denen sie liegen könnten. Welcher Art die Papiere auch sind und wo immer sie liegen mögen – suchen Sie alle zusammen und sammeln Sie sie auf Ihrem Schreibtisch oder in Ihrem Arbeitsbereich.

Sie brauchen nicht in Panik zu geraten, wenn Ihre Papiere einen, zwei oder auch fünf Kartons füllen. Es mag zwar so aussehen, als ob Sie Jahre brauchen würden, um das alles durchzugehen, aber dem ist nicht so. Die längste Ordnungsarbeit dieser Art, deren Zeugin ich jemals wurde, dauerte nur drei Tage!

Sobald das Material einmal gesammelt ist, beschriften Sie die wichtigsten Mappen, wie wir es besprochen haben – »Zu erledigen«, »Ablage«, »Partner(in)«, »Finanzen«, »Unerledigtes«. Dann beginnen Sie mit dem obersten Schriftstück des Stapels, ebenso wie Sie dies bei unserem Beispiel »tägliche Post« getan haben, und sortieren Sie ein Papier nach dem anderen. Aber Vorsicht: Nehmen Sie sich bei dieser Arbeit für ein Papier nicht allzuviel Zeit, sonst werden Sie verwirrt. Achten Sie nur darauf, daß Sie diese regelmäßigen Termine mit sich selbst einhalten, diejenigen Teile des Tages, von denen Sie sich selbst versprochen haben, sie ausschließlich der Neuorganisation Ihres Lebens zu widmen. Sie werden überrascht sein, wie schnell die Papiere aus den Kartons und in den Papierkorb oder an ihre neuen Bestimmungsorte wandern. Im Nu werden Sie Klarheit und Ordnung in Ihr Chaos gebracht haben.

Zu viele und langfristige Aktenmappen

Zu viele Aktenmappen

Wenn sie mehr Aktenmappen haben, als Sie bequem unterbringen können, dann stehen Ihnen im Grunde genommen vier Möglichkeiten offen, das Problem unter Kontrolle zu bringen.
Aufteilen und Schaffen von neuem Platz. Teilen Sie Ihre Aktenmappen in drei Kategorien ein: Seltene Verwendung, gelegentliche Verwendung und häufige Verwendung. Nehmen Sie die für die seltene Verwendung vorgesehenen Mappen – juristisches Material oder solches mit persönlichem oder sentimentalem Wert (siehe Seiten 101-103) – und lagern Sie sie in einem alten Aktenschrank oder in Kisten, die sich für die Aufbewahrung in der Garage oder auf dem Dachboden eignen. Kleben Sie auf die Außenseite eine Liste mit dem Inhalt der Mappen, für den Fall, daß Sie das Material später einmal benötigen sollten.
Aktenmappen, die Sie etwa ein- bis zweimal wöchentlich zur Hand nehmen oder jedenfalls so oft, daß sie nicht allzu weit weg sein sollten, fallen in die Kategorie »Gelegentliche Verwendung«. Bringen Sie sie in leicht zugänglichen Schränken außerhalb des Bürobereichs unter.

Nun bleiben noch die aktuellen Aktenmappen – solche, in denen Sie häufig nachsehen und die sofort parat sein müssen, wenn Sie sie benötigen. Diese Aktenmappen haben ihren Platz in Ihrem unmittelbaren Bürobereich.

Mit etwas Glück bringt Ihnen die Einteilung der Schriftstücke nach der Häufigkeit ihrer Verwendung einen beträchtlichen Zuwachs an verfügbarem Stauraum.

Zweifach verwendete Aktenmappen. Glücklicherweise lassen sich Aktenschränke – vor allem solche mit zwei Laden – auf die unterschiedlichsten Arten zusammenstellen und bieten Ihnen so viele verschiedene platzsparende Konfigurationsmöglichkeiten. Aus einer Platte, die Sie über zwei Zweiladen-Aktenschränke legen, so daß in der Mitte Raum für die Beine frei bleibt, können Sie einen Tisch zaubern.

Wenn Sie genügend Platz an der Wand haben, können sie sogar drei Aktenschränke unterbringen. Manchmal passen die erwähnten Aktenschränke mit zwei Laden auch unter jene einfachen Tische, bei denen die Tischplatte auf zwei senkrecht stehenden, Elementen liegt.

Sie können Aktenschränke auch vorne an Ihren Schreibtisch stellen und so zusätzliche Stellfläche für Bürogeräte und andere Zwecke gewinnen, oder Sie können sie hinter sich aufstellen.

Freistehende Aktenmappen. Ein System zum Aufhängen von Hängemappen (Pendaflex) kann allein auf einem Regal oder auf einem Aktenschrank oder sogar auf dem Boden stehen. Eigentlich machen frei hängende Aktenmappen in einem Büro zwar einen etwas schlampigen Eindruck, aber wenn der Stauraum knapp ist, können Sie sich auf diese Weise behelfen.

Neuordnung der Aktenmappen. Meiner Erfahrung nach kann eine gründliche Neuordnung das Volumen eines Aktenmappensystems um ein Drittel oder mehr verringern. Eine Anleitung für eine solche Neuordnung finden Sie auf Seite 100.

Langfristige Aktenmappen, wertvolle Papiere

Die ersten Fingerfarbenmalereien, die Jesse im Kindergarten anfertigte, waren zwar Ihr ganzer Stolz, aber nun, ein Jahr später, wo Sie bereits in einem ganzen Meer bunter Kinderzeichnungen schwimmen, ist einiges von dem ersten Glanz verlorengegangen. Wollen Sie Jesses Zeichnungen wirklich behalten? Wenn ja, wie lange, und wie wollen Sie das tun? Um die Wahrheit zu sagen, können Erinnerungsstücke wie Karten, Briefe, Einladungen, Fotos, Fingerfarbenmalereien und persönliche Souvenirs aller Art mit der Zeit zu einer »kostbaren Last« werden.

Dieselben Fragen ergeben sich im Zusammenhang mit wertvollen Schriftstücken, die Sie aus juristischen oder persönlichen Gründen behalten wollen.

Es gibt nur ein Kriterium dafür, ob ein *Erinnerungsstück* aufbewahrt werden soll: Ist es für Sie und Ihre Familie von Wert? Eine Möglichkeit, die Dinge auszuwählen, die Sie behalten wollen, besteht darin, sich zu fragen: »Sollte das Haus brennen und ich müßte hinauslaufen und dies hier zurücklassen, wie sehr würde ich den Verlust bedauern?« Ob es sich um Programme von Theateraufführungen handelt oder um das Ballkleid, das Sie bei Ihrem Abiturball getragen haben, ob es um alte Weihnachtskarten oder Briefe geht … bewahren Sie sie auf, wenn Sie wollen! Das einzig wichtige Kriterium dafür ist, ob Sie ein starkes Bedürfnis danach haben.

Andererseits aber wollen Sie in all dem Zeug nicht untergehen. Eine glühende Verfechterin des Aufbewahrens von Erinnerungsstücken hat eine Art Durchgangsstation in zwei großen Kartons an der Wohnzimmerwand eingerichtet. Dort legen alle Familienmitglieder alles hinein, was sie eventuell aufbewahren wollen. In den Weihnachtsferien oder im Sommer sortieren dann die Chefsammlerin und ihre Kinder den ganzen Haufen, und sie werfen viele Dinge weg, die ihnen nun nicht mehr aufbewahrenswert erscheinen. Der Rest wandert in Mappen oder Umschläge mit der

Aufschrift »Jesse – Kindergarten« und dem Datum, »Geburtstagskarten« usw. (Es empfiehlt sich, das Paket auch seitlich zu beschriften.) Die Mappen kommen dann in die »Familienarchive« – die alten Aktenschränke, die ihr Dasein in der Garage fristen.

Eine Frau namens Marjorie, die ihre Erinnerungsstücke aus früherer Zeit satt hatte, sich aber nicht überwinden konnte, sie tatsächlich wegzuwerfen, packte all ihre alten Papiere in Schachteln und lagerte sie sechs Monate lang im Keller einer wohlmeinenden Freundin. Sie vereinbarten, daß sie in sechs Monaten die Pakete entweder abholen oder aber ihre Freundin sie nach Ablauf dieser Frist wegwerfen würde.

Als die sechs Monate vorüber waren, kam Marjorie zu dem Schluß, daß sie auch ohne die Schachteln weitergelebt hatte, biß in den sauren Apfel und bat ihre Freundin, die Schachteln wegzuwerfen, ohne daß sie sie noch einmal ansah.

Juristische/historische Aktenmappen können in zwei Kategorien unterteilt werden: solche, die aktiv und von aktueller Bedeutung sind, und solche, die vor allem von historischem und archivarischem Interesse sind.

Archivarische Dokumente betreffen unter anderem:

1. *Haus und Besitztümer.* Bewahren Sie Ihre Kaufurkunde und alles, was mit Besitz, Bauplänen und Aufzeichnungen über alle signifikanten Reparaturen, Um- oder Zubauten zu tun hat, auf. Dazu gehören auch Berichte über technische Inspektionen. Diese Aufzeichnungen können für Finanzierung, Steuern, Versicherungsansprüche und den Wiederverkaufswert Ihres Hauses relevant sein.

   Ist es der Mühe wert, auch Aufzeichnungen über Besitztümer aufzubewahren, die Ihnen gar nicht mehr gehören? Möglicherweise. Man kann nie wissen.
2. *Versicherungen.* Verwahren Sie die derzeit in Kraft befindlichen Policen im Wertpapierdepot Ihrer Bank. Viele

Leute bewahren alte Policen zu Informationszwecken auf, obwohl dies wahrscheinlich nicht notwendig ist.

3. *Banken und Finanzen.* Im Zusammenhang mit alten Sparbüchern, früheren Investitionstransaktionen, alten Hypotheken und ähnlichem treten nur selten Fragen auf; es ist aber dennoch keine schlechte Idee, solche Dinge weiter aufzubewahren. Diese Dokumente sagen etwas über Ihre finanzielle Geschichte aus, und das kann oft durchaus interessant und aufschlußreich sein.

Geeignete Orte für die Aufbewahrung solcher historischer Dokumente wären feuerfeste Safes oder Aktenschränke in der Garage, im Keller oder auf dem Dachboden. Schützen Sie sie vor Feuchtigkeit und Schimmel.
Ein Tip: Machen Sie sich eine Liste Ihrer »archivarischen« Aktenmappen und notieren Sie, wo Sie sie aufbewahren. Legen Sie die Liste in der Mappe »Haushalt« ihres allgemeinen Ablagesystems ab.

Nachtrag: Adressen und Sonderdaten

Es gibt zwei Fragen, die mir immer wieder von Leuten gestellt werden: Wie behält man den Überblick über die Geschäfte oder Serviceleistungen, die man eines Tages benötigen könnte, und wie erinnert man sich jedes Jahr an Geburtstage oder spezielle Jahrestage?
Die Lösung des ersten Problems besteht darin, sich ein persönliches, übersichtliches Telefonverzeichnis anzulegen. Nehmen wir an, Sie seien Antiquitätensammler. Tragen Sie alle »Antiquitätenhändler« unter »A« ein und nicht unter den jeweiligen Namen der Firmen. In ähnlicher Weise sollten Sie »Möbelrestauratoren« unter »M« eintragen. Im allgemeinen ist es ratsam, für Ihr persönliches »Branchenverzeichnis« ein eigenes Büchlein zu verwenden, anstatt es mit Ihrem persönlichen Telefonbuch zu kom-

Checkliste: Ihre wichtigsten Dokumente

Bewahren Sie alle rechtlichen Dokumente, Wertpapiere, Versicherungspolicen usw. – also all jene Papiere, deren Verlust große Schwierigkeiten nach sich ziehen würde – in einem Wertpapierdepot oder in einem feuerfesten Safe auf. Bei der Entscheidung, was Sie so gesichert aufheben wollen, ist eine Frage von zentraler Bedeutung: Der Verlust welcher Papiere würde Sie am schlimmsten treffen, wenn das Haus abbrennen sollte? Listen Sie diese Dokumente und ihre Aufbewahrungsorte auf, behalten Sie eine Kopie dieser Liste für sich, senden Sie eine Kopie an einen vertrauenswürdigen Freund oder Verwandten und eine an Ihren Rechtsanwalt. Diese Liste sollte folgendes umfassen:

Informationen über Bankkonten. Schreiben Sie die Namen, Nummern, Zeichnungsberechtigten, Banken auf, mit denen Sie zu tun haben.
Versicherungspolicen. Schreiben Sie für jede Police den Typ (Feuer, Haftpflicht usw.), die Versicherungsgesellschaft, den Vertreter oder eine andere Kontaktperson, Nummer und Datum, die wichtigsten Bestimmungen (nicht unbedingt nötig, aber empfehlenswert) sowie Ablauf- und Erneuerungsdatum, falls vorhanden, auf.
Inventar. Versicherungsspezialisten empfehlen die Erstellung einer vollständigen Inventarliste aller wertvollen Gegenstände in Ihrem Heim wie Möbel, Schmuck oder Antiquitäten. Notieren Sie Datum und Ort des Kaufs sowie den Kaufpreis. Es ist ratsam, besonders wertvolle Artikel zu fotografieren und die Fotos der Inventarliste beizulegen.
Juristische Dokumente. Beispiele hierfür sind Eintragungs- und Partnerschaftsurkunden, Zertifikate, Lizenzen,

Leasingverträge sowie Kaufverträge und Eigentumsurkunden.

Wertpapierdepots. Die folgenden Arten von Dokumenten sollten Sie im allgemeinen in Ihrem Wertpapierdepot aufbewahren: Persönliche Dokumente – Geburts-, Heirats- und Scheidungsurkunden, Adoptionspapiere, Pässe, Ehe- und voreheliche Verträge, Einwanderungspapiere, finanzielle und juristische Dokumente wie Kaufverträge für Autos, Boote, Antiquitäten, Schmuck, andere Wertgegenstände, Effekten, Wertpapiere, Aktien und Anleihen, Versicherungspolicen, Kaufverträge für Häuser und Hypothekardokumente, Leasing- und Mietverträge, Steuerdokumente und ähnliches.

Steuererklärungen und Belege. Sie müssen Ihre Geschäftsunterlagen sechs bzw. zehn Jahre lang aufbewahren; danach dürfen Sie sie wegwerfen oder für unbestimmte Zeit verwahren, wie Sie wollen. Lassen Sie sich die Richtigkeit Ihres Vorgehens von Ihrem Rechtsanwalt oder Steuerberater bestätigen.

Garantien und Kaufbelege für größere Anschaffungen wie teure Kamera- oder Computerausrüstung, andere Geräte, Schmuck, Antiquitäten usw.

Freiberufliche Berater. Notieren Sie Namen und Adressen von Anwälten, Steuerberatern, Maklern, Versicherungsvertretern, Bankberatern usw.

Testament. Hinterlegen Sie das Original bei Ihrem Anwalt und bewahren Sie eine Kopie zu Hause auf. Legen Sie das Original nicht in das Wertpapierdepot.

binieren. Eine meiner Klientinnen kaufte anstelle eines Adressenbüchleins eine hübsche Ringmappe; in die kleinen Plastiktaschen, die eigentlich für Fotos vorgesehen waren, steckte sie einfach die Geschäftskarten der einzelnen Firmen. Wenn Sie Firmen nur ihrem Namen nach im Kopf haben, dann sollten Sie sie auch unter ihrem Namen auflisten – mit einem Querverweis auf ihre Funktion. Sie könnten zum Beispiel »Apollo Reinigung« unter »A« eintragen und dann unter »R« »Reinigung – siehe Apollo« schreiben.

Legen Sie eine Generalliste an, die Sie an die Geburtstage und Jahrestage erinnert. Dann tragen Sie die Namen der einzelnen Personen in Ihren Kalender ein und heften die Liste selbst auf die letzte Seite des Kalenders. Machen Sie sich gegen Ende Dezember eine Notiz, mit der Sie sich daran erinnern, die »Geburtstagsliste und Daten« in den Kalender des nächsten Jahres zu übertragen. Das können Sie Jahr für Jahr tun.

DREI
Die Arbeit zu Hause

5
Zeitplanung: Wie Sie Qualitätszeit für sich herausschlagen

Marsha, eine Computerprogrammierin, blieb einige Jahre zu Hause, während ihre Kinder noch klein waren. Sie versuchte jedoch, beruflich auf dem laufenden zu bleiben, und sobald beide Kinder zur Schule gingen, entschloß sie sich, zu Hause als freiberufliche Computerprogrammiererin zu arbeiten.
Doch binnen zweier Wochen hatte sie sich selbst und alle anderen zur Verzweiflung getrieben. Sie stand morgens um halb sieben auf, schrubbte die Kinder und machte sie für die Schule fertig, packte ihnen ihre Pausenbrote ein, fuhr sie zur Schule, kam zurück nach Hause, machte die Betten und räumte die Küche auf. Um zehn Uhr konnte sie sich schließlich an ihren Computer setzen. Zu diesem Zeitpunkt pflegte allerdings unweigerlich ihre Mutter anzurufen, um einen kleinen Vormittagsschwatz zu halten.
Diese Plaudereien waren Marsha früher sehr willkommen gewesen, aber jetzt bedeuteten sie ihr eher eine Verpflichtung, und sie empfand sie sogar als ein kleines bißchen lästig. Marshas Mutter hatte den gereizten Unterton in Marshas Stimme erkannt und begonnen, ihrerseits Bemerkungen zu machen, und so war das Verhältnis in letzter Zeit ziemlich gespannt.
Um halb elf begann Marsha bereits zu schwitzen, weil sie das Gefühl hatte, mit ihrer Arbeit nicht zu Rande zu kommen.
Um zwölf Uhr kam eines der Kinder von der Schule nach Hause. Bis dahin hatte Marsha es kaum auf eine Stunde Arbeitszeit gebracht; nun bereitete sie Kevins Mittagessen zu, unterhielt sich mit ihm über seinen Schultag und spielte etwa eine halbe Stunde lang irgendein Spiel mit ihm.

Inzwischen war es etwa 14 Uhr geworden, und Marsha konnte nun bis 15 Uhr arbeiten – dann kam Janie nach Hause, und das Ganze ging mehr oder weniger wieder von vorne los, samt Milch und Keksen. Danach begann Marsha mit den Vorbereitungen für das Abendessen.

Joe, Marshas Ehemann, kam etwa um 18.30 Uhr nach Hause und beanspruchte ebenfalls Zeit; er wollte mit Marsha seinen Tagesablauf besprechen. Danach gab es Abendessen, und die Kinder mußten gebadet und zu Bett gebracht werden.

Nun war es also acht oder halb neun Uhr abends geworden, und eigentlich blieb keine Zeit mehr für Dinge wie Wäsche waschen, abstauben, Blumen gießen und all die anderen Kleinigkeiten, die erledigt werden mußten. Mittlerweile hatte Joe bemerkt, daß das Geschirr länger in der Spüle geblieben war, als gut war, und daß sich überall Staub ansammelte. Der Tropfen, der dann das Faß zum Überlaufen brachte, war Joes unschuldige Frage: »Marsha, warum hast du meinen blauen Anzug nicht in die Reinigung gebracht? Das tust du doch sonst immer. Was ist denn passiert?« Die Folge waren eine regelrechte Explosion und ein Nervenzusammenbruch – denn Marsha fühlte sich im Grunde selbst schuldig, keine Super-Mutter und Alleskönnerin zu sein.

So kam es denn, daß sich Marshas Entschluß, nur einige wenige Stunden am Tag zu arbeiten, zu einer bedrohlichen Situation auswuchs, die einen ganzen Rattenschwanz von Auseinandersetzungen, Irritationen und Spannungen nach sich zog.

Das Ganze klingt nach einer unmöglichen Situation. Das ist aber ganz und gar nicht so! Das Problem läßt sich lösen:

Der Schlüssel zur Bewältigung der Schwierigkeiten, die die Heimarbeit mit sich bringt, liegt in der selektiven Kontrolle: Das bedeutet eine Neugewichtung der Schwerpunkte, ein optimales Ausnutzen jener Zeit, die man kontrollieren kann, und den Einsatz von Verteidigungsmechanismen, welche die Auswirkungen der verschiedenen Pflichten und Notwendigkeiten, die sich einer Kontrolle entziehen, auf ein Minimum reduzieren.

Immer mehr Männer und Frauen möchten zu Hause arbeiten. Da sich die Verfügbarkeit relativ billiger, zu Hause einsatzbarer Technologie – Computer und andere Geräte wie Fax- und Kopiergeräte sowie die Möglichkeit, die eigenen Geräte an externe Netzwerke anzuschließen – explosionsartig verbessert hat, kann man es sich heute nicht nur leisten, von zu Hause aus zu arbeiten, sondern es ist auch durchaus vernünftig. Alvin Toffler prognostiziert in seinem Buch *The Third Wave* die Rückkehr der Arbeitskräfte in das »elektronische Ferienhaus«, also zurück nach Hause. Das sind die neuen Arbeitsplätze der neunziger Jahre und der ferneren Zukunft.

Arbeitsplätze im eigenen Haus sind vor allem für Familien mit kleinen Kindern von Vorteil, weil dieses Modell eine flexible Einteilung der Arbeitszeit ermöglicht und weil es der Familie als Einheit im allgemeinen einfach größere Stabilität bietet. Interessanterweise können sich auch finanzielle Vorteile ergeben. Eine meiner Freundinnen, eine Sozialarbeiterin namens Gretta, die jetzt zu Hause eine private Therapiepraxis betreibt, kam nach einer finanziellen Krise zu der Erkenntnis, daß ihre Teilzeit-Privatpraxis zu Hause ihr ein praktisch ebenso hohes Einkommen brachte wie ihr früherer Fulltime-Job.

Dieses überraschende, angenehme Ergebnis resultierte einerseits aus verringerten Kosten beziehungsweise Einsparungen bei den Ausgaben: Die Aufwendungen für Kinderbetreuung verringerten sich; plötzlich waren keine Fahrtkosten mehr zu berücksichtigen, sie fuhr nicht mehr so oft mit dem Auto, und sie konnte sich auch informeller kleiden, was zu einer Senkung der Ausgaben für Kleidung führte; sie aß nicht mehr so oft im Restaurant usw. Der zweite große Einsparungsbereich ergab sich aus substantiellen steuerlichen Abschreibungsmöglichkeiten, die ein Selbständiger, der zu Hause arbeitet, geltend machen kann. Gretta kam zu der Erkenntnis, daß etwa ein Drittel ihrer Gesamtausgaben abzugsfähig war.

Es gibt einige ausgezeichnete Bücher über das Thema, wie man ein Unternehmen von zu Hause aus führt, und so werde ich mich hier auf ein Mindestmaß beschränken. Unsere Aufgabe ist es vielmehr, einen Blick auf die speziellen Anforderungen, Probleme und Fallen zu werfen, die sich aus einer beruflichen Tätigkeit zu Hause ergeben, und nach einer Möglichkeit zu suchen, wie man die Führung eines seriösen, profitablen Unternehmens mit den Ansprüchen und Anforderungen von Heim und Familie in Einklang bringen kann.

In diesem Kapitel wollen wir uns zunächst einmal mit den persönlichen Einstellungen befassen, die für das Funktionieren eines Zeitmanagementprogramms von essentieller Bedeutung sind, und erst dann mit dem eigentlichen Zeitmanagement selbst. Danach werden wir schließlich einen Blick auf die Kräfte werfen, die Ihrem Programm in negativer Art und Weise zusetzen – Unterbrechungen und Selbstablenkung.

Wir werden die Probleme erläutern, sie mit organisatorischen Aspekten in Beziehung setzen und schließlich einen Weg für mögliche Lösungen aufzeigen.

Nehmen Sie Ihre Arbeit ernst

Wenn Sie in einem Büro außerhalb von zu Hause arbeiten, wirkt Ihre ganze Umgebung zusammen, um Ihnen zu helfen und sie bei Ihrer Aufgabe zu unterstützen. Arbeiten Sie dagegen zu Hause, dann verschwört sich Ihre ganze Umgebung gegen Sie. Nicht genug damit, daß zahlreiche Ansprüche an Ihre Zeit gestellt werden – auch Ihre eigenen Erwartungen und Einstellungen bezüglich der Legitimität Ihrer Arbeitsansprüche sind angesichts der oft berechtigten Forderungen von Familie und Freunden häufig von Unsicherheit geprägt. Es ist schwer, andere Leute – und manchmal auch sich selbst – dazu zu bringen, auch Heimarbeit wirklich ernst zu nehmen.

Gleichgültig, wieviel Geld zu Hause arbeitende Menschen verdienen – und manche verdienen ziemlich viel, 100 000 DM und mehr –, ihre Seriositätsaura scheint direkt proportional zu den weniger zurückgelegten Kilometern ihrer Aktentasche abzunehmen. In Wirklichkeit gibt es einen bestimmten Ort und eine bestimmte Zeitspanne, die Ihren Arbeitstag repräsentieren. Die Tatsache, daß Sie zufälligerweise zu Hause arbeiten, untergräbt oder vermindert selbstverständlich in keiner Weise die Seriosität Ihres Anspruchs, Ihre Arbeit möglichst optimal zu erledigen – ganz egal, ob es sich nun um Therapie, Public Relations, Schreiben oder irgend etwas anderes handelt. Sie müssen also vor sich selbst und gegenüber anderen die feste Überzeugung vertreten, daß Ihre Arbeit zu Hause genauso seriös ist wie irgendeine Arbeit in einem externen Büro.

Gretta, die Sozialarbeiterin/Therapeutin, pflegte zu sagen, sie fühle sich wie der amerikanische Komiker Rodney Dangerfield – »Niemand respektiert mich!« Wenn Tom, ihr Mann, am Ende eines harten Arbeitstages nach Hause kam, pflegte er zu sagen: »Warum ist es hier so unordentlich? Wieso sind die Betten nicht gemacht? Weshalb ist das Abendessen noch nicht fertig?«

Als sie sich zu wehren begann, drohten die Dinge zu eskalieren: »Ich wische den Küchenboden auf, sobald du den Boden deines Büros aufwischst, bevor du am Abend heimgehst.«

Natürlich war weder Grettas noch Toms Standpunkt richtig. Tom brachte Grettas beruflicher Tätigkeit und dem daraus erzielten Einkommen nicht den angebrachten Respekt entgegen, und Gretta nahm wiederum Toms Wunsch nach einem sauberen und ordentlichen Haushalt (und Toms Einkommen war das bei weitem höhere) nicht ernst.

Es gelang Gretta und Tom schließlich, ihre Probleme zu lösen und ihr Familienleben in ruhigere Bahnen zu lenken, indem sie sich der auf den Seiten 324-327 beschriebenen Techniken bedienten. Der springende Punkt dabei ist, daß eine produktive Einstellung zur eigenen Arbeit das Kernstück der in diesem Kapitel besprochenen Zeit- und Raummanagementtechniken darstellt. Wie alle anderen Leute, die sich ihren Lebensunterhalt verdienen oder jedenfalls dazu beitragen, haben auch Sie ein legitimes Recht auf Zeit und Platz für Ihre Arbeit. Schuldbewußtsein (»Ich bin ein schrecklicher Mensch«) ist also völlig fehl am Platz. Gleichzeitig müssen Sie Ihre legitimen Ansprüche jedoch mit den gleichermaßen legitimen Ansprüchen Ihrer Familie und anderer Personen in Einklang bringen; daher ist auch eine ablehnende Haltung (»Zum Teufel mit euch!«) nicht das Richtige.

Um sowohl in Ihren eigenen Augen als auch anderen gegenüber eindeutig klarzustellen, daß es sich bei Ihrer Arbeit um eine nüchterne Realität handelt, gibt es drei nützliche Hilfsmittel. So können Sie zum Beispiel zu sich selbst sagen: »Die Uhr ist eingestellt, die Zeit läuft. Meine offizielle Arbeitszeit hat begonnen.« Eine andere Technik, die viele Leute in ihrem Bestreben unterstützt, sich selbst klar zu machen, daß sie nun tatsächlich arbeiten, und die ihnen hilft, besser zwischen Arbeitszeit und Freizeit unterscheiden zu können, ist *sich entsprechend zu kleiden.* Viele Leute können einfach nicht realisieren, daß sie tatsächlich arbeiten, wenn sie noch in demselben Trainingsanzug herumlümmeln, mit dem sie eben erst dem Bett entstiegen sind, oder wenn sie einfach alte Jeans überziehen. Es ist zwar nicht notwendig, sich so anzuziehen, als wollte man in ein Nobelbüro in der City fahren, aber es scheint psychologisch sehr wichtig zu sein, sich gepflegt und ordentlich gekleidet zur Arbeit zu setzen … für eine Frau würde das zwar nicht gerade hochhackige Schuhe, aber etwa gebügelte Hosen, eine frische Bluse und vielleicht ein Halstuch bedeuten.

Ein weiterer, für die Differenzierung wichtiger Faktor ist der Arbeitsplatz selbst: *Grenzen Sie Ihren Arbeitsplatz physisch ab.* Das Auswählen und Beanspruchen eines Büroraums in Ihrem Haus oder Ihrer Wohnung besprechen wir auf den Seiten 142-150.

In jedem Fall fördert es die richtige Einstellung zur Arbeit, wenn es einen Ort gibt, der in irgendeiner Weise vom Rest des Hauses abgetrennt ist, auch wenn sich diese Trennung nur durch einen

kleinen Bücherschrank, eine Trennwand oder eine Zimmerpflanze manifestiert.
Und drittens: *Verwenden Sie* aus praktischen, aber auch aus Gründen der eindeutigen Abgrenzung *nicht das Familientelefon* für Ihre geschäftliche Tätigkeit. Möglicherweise wollen Sie zwar keine eigene Geschäftsleitung, weil die Gebühren dafür doch sehr hoch sind; eine eigene Nebenstelle ist jedoch in jedem Fall empfehlenswert. Margaret, eine Anwältin, arbeitet zwei Tage pro Woche zu Hause. An jenem Tag, an dem ihr Sechsjähriger während eines Telefonats, das sie mit einem Klienten führte, vom Haustelefon im ersten Stock dazwischen schrie: »Mama, ich finde den Farbkasten nicht, den wir für meinen Malkurs gekauft haben!«, kam sie endgültig zu dem Schluß, daß sie wirklich ein eigenes Telefon brauchte. Diese kleine Begebenheit ließ sie im Ansehen ihres Kunden nicht gerade steigen.

Gestalten Sie Ihre Zeit

Die Schriftstellerin Virginia Woolf sprach über die Freude – und eigentlich auch die Notwendigkeit –, ein Zimmer oder zumindest etwas Platz für sich zu haben. Diese Aussage hat zwar keineswegs ihre Gültigkeit verloren, aber in der heutigen Zeit hat sich ein völlig neuer Anspruch herauskristallisiert: der Anspruch auf Zeit für die eigene Person. Es gibt keinen Hinweis darauf, daß wir in irgendeinem Bereich irgendwelche Abstriche machen werden – weder bei unserer großen Arbeitsbelastung oder unseren anstrengenden Fitneßprogrammen noch bei unseren beruflichen und familiären Verpflichtungen, mit denen heute, in den neunziger Jahren, jede einzelne Minute unseres Tages vollgepfropft ist.
Die Gestaltung Ihrer Zeit ist also eine Ihrer wichtigsten Aufgaben, und zwar nicht nur für Geschäftszwecke, sondern weil Sie dort vielleicht auch privat einige ruhige Stunden verbringen wollen.

Kehren wir also zurück und besuchen wir unsere alte Freundin Elaine, die Fitneßtrainerin, die nach vielem Ächzen und Stöhnen ein »Zeitprogramm« zusammengestellt hat, das in zweierlei Hinsicht funktioniert: Sie hat einerseits genug Zeit, um ihr Geschäft in Schwung zu halten und im Laufe des Arbeitstages alles Nötige zu erledigen; daneben kommt aber auch ihre Familie nicht zu kurz, und die Dinge, die im Haushalt erledigt werden müssen, geschehen ebenfalls zeitgerecht.

Legen Sie Ihren produktiven Zeitplan fest

Elaine ist mit Murray verheiratet, dem Manager eines großen Autogeschäftes in der City. Sie haben zwei Kinder – Jennifer, zehn, und Jason, zwölf Jahre alt. Die Kinder brauchen nicht mehr ganz so viel Betreuung, sind aber doch noch so klein, daß Elaine weiterhin eine sehr aktive Mutter ist.

Der erste Punkt auf der Tagesordnung war die Realität des potentiellen Konflikts zwischen Elaines beruflichen und ihren familiären Verpflichtungen. Elaines Fehler bestand darin, daß sie einseitig die Zeit zwischen neun Uhr morgens und fünf Uhr nachmittags zu ihrer Arbeitszeit erklärt hatte, was zu einer Reihe familiärer Konflikte führte. Die Kinder fühlten sich vernachlässigt, der Haushalt verschlampte, und das allgemeine Stimmungsbarometer stand ziemlich tief.

Also berief Elaine eine Familienkonferenz ein. Murray, sie und die Kinder setzten sich bei Kakao und Kuchen zusammen, brüteten ein paar Stunden lang über Elaines Plänen und besprachen alles, was Murray und die Kinder störte. Die Familie beschloß dann gemeinsam, daß Elaine montags bis freitags von neun Uhr vormittags bis drei Uhr nachmittags arbeiten würde. Um jedoch nicht auf das lukrative Geschäft mit den Nachmittags-Kinderkursen verzichten zu müssen, würde sie dienstags und freitags von 15 bis 17 Uhr und am Samstag vormittags von 9 bis 11 Uhr Kinderkurse abhalten.

Gut – damit war also die erste Hürde, nämlich die der Festlegung der Arbeitszeit, genommen. Die nächste, schon etwas komplexere Frage lautete nun, wie der Haushalt organisiert und geführt werden sollte. Glücklicherweise würde Elaine finanziell in der Lage sein, eine Haushaltshilfe einzustellen, andererseits aber verdiente sie nicht so viel, daß sie sich zusätzliche Dienstleistungen leisten konnte. Nun waren ihre ganze Phantasie und Kreativität gefragt. Elaine bediente sich folgender Strategie:

1. *Aufgaben auflisten.* Elaine notierte sich alle familiären und haushaltsbezogenen Aufgaben und Tätigkeiten, die ihr einfielen, vom Bettenmachen über das Blumengießen, bis zu den verschiedenen Terminen und Kursen der Kinder. Wie man derlei Dinge am besten managt, wird in Kapitel 16 besprochen.
2. *Arbeitssparende Optionen.* Sie ging alle Geräte in ihrem Haushalt durch und überlegte, ob es sich dabei wirklich um das jeweils arbeitssparendste Modell handelte – beispielsweise einen selbstabtauenden Kühlschrank, einen selbstreinigenden Ofen usw. Je mehr Aufgaben die Geräte selbst erledigen konnten, desto weniger blieb übrig, worum sich Elaine und ihre Familie kümmern mußten.
3. *Effizienteres Erledigen der Aufgaben.* Als nächstes ging Elaine alle Aufgaben auf ihrer Liste unter folgenden Fragen durch: *Kann die Arbeit in irgendeiner Weise erleichtert werden oder vielleicht ganz unterbleiben?* Elaine hatte die Bettwäsche bisher zweimal pro Woche gewechselt. Von nun an würde sie es nur noch einmal pro Woche tun. Kann die Aufgabe einfacher oder effizienter gestaltet werden? Anstatt die Blumen jeden Tag zu gießen, kaufte Elaine eine automatische Gießvorrichtung, die die Pflanzen drei Wochen lang versorgt. So brauchte sie sie nur noch zweimal wöchentlich einzusprühen. In Kapitel 16 werden viele nützliche Techniken für eine Effizienzsteigerung besprochen, besonders in

bezug auf das Kochen und die Zubereitung von Speisen. Selbstverständlich lautet aber das wichtigste Motto einfach: *Gut organisiert sein!*

4. *»Kann das jemand anders erledigen?«* Der nächste Schritt war »KJAE – Kann Jemand Anders Erledigen« – das bedeutete also, anderen Leuten die Aufgaben zuzuteilen, die sie erledigen konnten.
   - *Tauschgeschäfte.* Elaine handelte mit ihrer Freundin Margery einen Deal aus, bei dem Margery zwei Kursstunden pro Woche im Austausch dafür erhielt, daß sie eine Reihe zeitaufwendiger Aufgaben für Elaine erledigte.
   - *Zusammenarbeit.* Elaine organisierte für Dienstag und Donnerstag, die Tage, an denen sie bis 17 Uhr arbeitete, Mitfahrgelegenheit für die Kinder; an den anderen Tagen übernahm sie selbst den Transport der Kinder und ihrer Freunde. Dadurch wurde eine unerwartete Anpassung ihrer Arbeitszeiten an den anderen Tagen nötig: Sie mußte schon um 14.30 Uhr zu arbeiten aufhören, um rechtzeitig zur Schule zu kommen. Elaine kompensierte das, indem sie ihre Kurse um eine halbe Stunde vorverlegte.
   - *Zusätzliches Personal.* Durch Anrufe bei der örtlichen High School und dem College gelang es Elaine, eine Gruppe junger Leute zu finden, die sie »Heinzelmännchen« nannte und die eine Reihe von geschäftlichen, aber auch privaten Aufgaben zu Diskontpreisen für sie erledigten. Sie tippten, gingen für sie in die Bibliothek, machten Botengänge und die wichtigsten Einkäufe und entlasteten Elaine in vielfältiger Weise. Einige der Jugendlichen waren auch bereit, gröbere Hausarbeiten wie Bodenaufwischen und Kelleraufräumen zu übernehmen.

Es war von Vorteil, wenn mehrere »Heinzelmännchen« zugleich zur Verfügung standen, damit sich Elaine nicht nur auf eine einzige Person verlassen mußte, die dann möglicherweise während der Prüfungszeit oder in den Ferien nicht verfügbar war. Elaine hatte auch das Gefühl, daß es an der Zeit war, eine richtige Reinigungsperson zu beschäftigen, die zweimal pro Woche kommen sollte, statt daß sie, wie sie es in der Vergangenheit getan hatte, die Reinigungsarbeiten selbst erledigte. Ihr Einkommen aus ihrer Arbeit hatte das Taschengeldstadium bereits weit hinter sich gelassen, und sie war der Meinung, daß ein professioneller Reinigungsservice nun durchaus angemessen war.

Delegation von Aufgaben innerhalb der Familie. Nachdem Sie die Liste der Haushaltsarbeiten gründlich durchgegangen waren, beriefen Murray und Elaine eine zweite Familienkonferenz ein, um zu besprechen, wie die verbleibenden Aufgaben unter den Familienmitgliedern aufgeteilt werden sollten. Wie eine solche Aufgabenteilung funktioniert, besprechen wir in Kapitel 16.

Nun gut – Elaine war gut gerüstet. Das System war in Ordnung, und tatsächlich funktionierte alles ziemlich reibungslos. An diesem Punkt fehlt nur noch ein kleines Puzzleteilchen: Wenn ein System einmal etabliert ist, muß man es vor Eindringlingen von außen schützen.

Verteidigen Sie Ihre Zeit und Ihren Platz

Unterbrechungen gehören zu den am schwierigsten zu bewältigenden Problemen im Zeitmanagement, weil sie zu einem gewissen Grad unkontrollierbar sind.

Wenn schrillende Telefone Ihr Problem sind, kann ein automatischer Telefonanrufbeantworter ein wahrer Segen sein. Wählen Sie jedoch ein Gerät, bei dem Ihre Nachricht sehr kurz sein kann. Viele Anrufer hängen schon während der bei einigen Geräten einstellbaren dreißig- oder sechzig-Sekunden-Sprechzeiten auf. Anstatt einen Anrufbeantworter zu verwenden, können Sie Ihre Freunde auch bitten, nur zu bestimmten Zeiten anzurufen.

Ein Anrufbeantworter kann für Sie auch ein Mittel sein, um sich selbst ein bißchen ungestörte Zeit zu verschaffen, falls Sie zu den vielen Leuten gehören, die sich von einem Telefongespräch einfach nicht losreißen können oder wollen. Eine weitere Möglichkeit, telefonische Unterbrechungen zu Hause zu unterbinden, besteht darin, sich die Zeit, die Sie im Auto verbringen, als Telefonzeit zunutze zu machen. Funktelefone bzw. Autotelefone sind ein wahrer Segen für alle vielbeschäftigten Menschen, egal, ob sie zu Hause oder anderswo arbeiten. Wenn Sie oft unterwegs sind, ob aus geschäftlichen Gründen oder weil Sie Ihre Kinder chauffieren müssen, und Sie viel Zeit am Telefon verbringen, können Sie sich einige dieser Telefonate für die Zeit aufheben, in der Sie unterwegs sind. Eine befreundete Journalistin führt zum Beispiel Interviews ausschließlich per Autotelefon. Ein spezielles Interview, an das sie sich erinnert, führte sie mit einer vielbeschäftigten Psychologin, die nur auf dem Weg vom Büro zur Masseuse Zeit für das Gespräch hatte. Also vereinbarten sie das Telefonat für diese Zeit, und so wurde das Auto in diesem Fall zum Büro.

Solche Situationen werden immer häufiger. Sie können sich auch Sprach- oder andere Kurskassetten im Auto anhören, um ein Optimum aus Ihrer Zeit herauszuholen.

Es gibt auch viele Möglichkeiten, die Zeit während eines ausgedehnten Telefonates sinnvoll zu nutzen, vor allem dann, wenn Sie eine Schulterhalterung oder ein Telefon mit Freisprecheinrichtung besitzen und so die Hände frei haben, um sich Notizen zu machen, zu kochen oder auch nur zu putzen. Es macht wirklich Sinn, sich einige kleinere Arbeiten – Knöpfeannähen, Schecks ausstellen, Nägel feilen – für die Zeit aufzuheben, in der man telefoniert. Mit Schnurlostelefonen können Sie sowohl innerhalb als auch außerhalb des Hauses telefonieren. Ansonsten können Sie sich in der Küche und im Arbeitsbereich Telefonsteckdosen montieren lassen – aber achten Sie dabei darauf, daß das Kabel lang genug ist, damit Sie mobil sind.

Ein Telefonat zu beenden, ist bei redseligen Freunden oder Kollegen oft sehr schwierig. Es gibt einige Standardsätze, die Ihnen dabei helfen: »Entschuldige bitte, in fünf Minuten kommt ein Klient zu mir.« Dieser hier ist auch recht nett: »Ich muß unbedingt noch nach London telefonieren, bevor die Bürozeiten dort vorüber sind.« Oder komplimentieren Sie langatmige Anrufer einfach elegant hinaus: »Jim, das Gespräch war mir ein Vergnügen. Laß mich nur rasch die Punkte zusammenfassen, über die wir gesprochen haben: 1., 2., 3. – auf Wiederhören!«
Ich kenne jemanden, der es haßt, in endlose Telefonate verwikkelt zu werden; er wickelt möglichst viele Telefonate von öffentlichen Telefonzellen aus ab, wenn er unterwegs ist. Die meisten Leute fassen sich sehr knapp, wenn sie Straßengeräusche und das Klicken öffentlicher Telefonleitungen hören. Er sagte, diese Methode funktioniere so gut, daß er schon versucht war, sich in seinem Büro ein Zahltelefon installieren zu lassen, aber er fürchtete, daß ihm dann die Besucher auf die Schliche kommen würden.

Es ist eine Kunst für sich, Telefongespräche mit hartnäckigen Vertretern zu führen, die Ihnen Sumpfland in Florida verkaufen wollen, oder mit dem freundlichen Mann vom Kabelfernsehen. Meine Freundin Marilyn saß eines Tages, ungeduldig da, mit den Füßen auf dem Boden scharrend und von heftigem Selbsthaß ob ihrer Feigheit erfüllt, während ein Vertreter ihr zwanzig Minuten lang einzureden versuchte, sie solle doch ein Grundstück in irgendeinem gottverlassenen Winkel der Erde erwerben. Irgendwie konnte sie sich einfach nicht zu einem »Nein danke, ich bin derzeit nicht interessiert, auf Wiedersehen« durchringen; sie wollte nicht grob sein oder die Gefühle des Verkäufers verletzen.

Als Marilyn schließlich den Eindruck hatte, daß sie nun lange genug höflich gewesen war, und sagte, daß sie nicht interessiert sei, wurde der Verkäufer böse auf sie, weil sie seine Zeit verschwendet hatte!

Hier gilt es vor allem zwei Dinge im Auge zu behalten: Erstens hat niemand das Recht, Ihnen ohne Ihre Zustimmung Ihre Zeit zu stehlen. Und zweitens sollten Sie immer daran denken, daß es sich bei Vertretern um Profis handelt, die oft gelernt haben, Sie in Situationen zu treiben, die Sie als peinlich empfinden und in denen Sie sich einschüchtern lassen. In keinem Fall sind Sie für die Karriere dieser Leute verantwortlich, die darauf vorbereitet sind, mit Zurückweisungen fertig zu werden. Sie verletzen oder beleidigen sie in keiner Weise persönlich.

Marilyn lernte durch die Anschuldigung des Verkäufers, die in gewisser Weise ja auch berechtigt war, ihre Lektion. Von diesem Zeitpunkt an unterbrach sie den Redeschwall der Verkäufer, indem sie sagte: »Sehen Sie, ich will ja nicht unhöflich sein, aber ich bin sicher, es ist Ihnen lieber, wenn Sie sich gleich an Ihren nächsten Kunden wenden können, anstatt Ihre Zeit mit mir zu verschwenden. Also, danke schön und Wiederhören.« Die Verkäufer waren meist dermaßen perplex, daß sie einfach selbst auf Wiederhören sagten, aber auch wenn das nicht der Fall war, hatte Marilyn trotzdem das Gefühl, daß sie das ihre getan hatte, und hängte einfach auf.

Manchmal muß man sich physisch von Ablenkungen losreißen. Die Leseräume von Bibliotheken haben eine angenehme Atmosphäre, in der man sich gut konzentrieren kann. In manchen Bibliotheken gibt es eigene Studierkabinen und sogar Schreibmaschinen. Universitätsbibliotheken haben fast immer Arbeitsbereiche.

Eine zweite Möglichkeit, sich von allem loszumachen, ohne dabei das Haus zu verlassen, besteht darin, sich die Zeit neu einzuteilen. Manche Menschen gehen früh zu Bett und stellen sich den Wecker auf Mitternacht, um sich einige ungestörte Arbeitsstunden zu verschaffen.

Wenn Unterbrechungen unvermeidbar sind, dann stellen Sie sich vor, Ihr Projekt sei ein Magnet, der Sie zurückzieht, sobald es die Umstände gestatten. Machen Sie es nicht wie jemand, der zuerst auf Diät geht und dann sagt: »Gut, ich habe es nicht geschafft, also stopfe ich mich wieder voll wie früher.« Kehren Sie nach einer Unterbrechung erneut mit Zielstrebigkeit zu Ihrem Projekt zurück.

Die obigen Vorschläge beziehen sich vor allem auf übliche, unwichtige Unterbrechungen durch Fremde. Unterbrechungen durch Familienmitglieder, Freunde und nahestehende Personen stellen einen allerdings vor Probleme besonderer Art, für deren Lösung man auch besondere Fähigkeiten benötigt.

Wie Sie mit Familie und Freunden über Unterbrechungen verhandeln

Eines der immer wiederkehrenden Probleme, die die Leute mit Unterbrechungen haben, ist in ihrer Unfähigkeit begründet, einfach Nein zu sagen beziehungsweise anderen Grenzen zu setzen. Es macht nämlich eigentlich keinen Unterschied, ob es sich um die Nachbarin, die Schwiegermutter oder um den Versicherungsagenten handelt, der vorbeikommt und Ihnen eine Police zu verkaufen versucht – es ist immer schwer, Nein zu sagen. Aber es ist auch eine subtile Kunst.

Das Wesentliche ist, seine eigenen Grenzen abzustecken und sich vor Störungen zu schützen, damit man seine Arbeit beenden kann, während man gleichzeitig bedacht ist, andere, nahestehende Personen nicht vor den Kopf zu stoßen.

Anhand von drei Situationen stelle ich Ihnen drei verschiedene Möglichkeiten vor, Unterbrechungen während der Arbeitszeit zu unterbinden:

Situation 1. Nehmen wir an, daß Sie zu Hause arbeiten, und Betty ruft an, eine gute Freundin, die eine ganze Menge Probleme hat. Ihr letzter Liebhaber hat seine Siebensachen genommen und die Tür hinter sich zugemacht, und nun ist sie am Boden zerstört. Allerdings befindet sie sich mittlerweile bereits seit zwei Monaten in diesem Zustand; Sie haben ihr zu helfen und sie aufzurich-

ten versucht, und nun reicht es – das gilt zumindest für Ihre Arbeitszeit.
So reagieren Sie am besten: »Betty, du weißt, daß ich wirklich mit dir fühle, und ich würde mich auch liebend gerne mit dir unterhalten und mich dir widmen. Aber während meiner Arbeitszeit – also zwischen 8 und 15 Uhr – kann ich dir einfach nicht aufmerksam genug zuhören. Und wenn ich mit diesem Job nicht fertig werde, dann passiert ein Unglück. Also meine Liebe, du bist die erste auf meiner Liste, wenn meine Arbeitszeit vorüber ist … Küßchen, bis bald.«

5. Prinzip: Machen Sie Ihre Freunde mit Ihren Arbeitszeiten vertraut.

Viele Leute, darunter Ihre Freunde und nahestehenden Personen, denken: »Ach, sie arbeitet zu Hause. Ich kann sie ruhig unterbrechen. Sie kann ja fünf Minuten später sofort wieder an ihre Arbeit zurückkehren.«
Das stimmt nicht. Gerade wenn es sich um Freunde oder Verwandte handelt, können Sie von Ihnen verlangen, Ihre Arbeit zu respektieren und anzuerkennen, daß es sich um Ihr Büro und um Ihre Arbeitszeit handelt, genauso als ob Sie jeden Tag zu IBM gingen. Diese kleinen »Nur-Fünf-Minuten«-Unterbrechungen können sehr störend sein. Deshalb ist es besonders wichtig, daß Sie Ihren Freunden Ihre Arbeitszeiten bekanntgeben und ihnen klar machen, daß sie, wann immer es möglich ist, Ihr Bedürfnis nach Ungestörtheit während dieser Zeiten respektieren mögen.
Situation 2. Ralph arbeitete zu Hause auf Vollzeitbasis; er analysierte Rohmarktdaten, die er dann zu Berichten verarbeitete und an Abonnenten verkaufte. Seine Mutter, die in der Nähe lebte, hatte jedoch keine Hemmungen, mehrmals in der Woche vorbeizukommen, frische Tomaten aus ihrem Garten zu bringen oder anzurufen und zu fragen, ob sie ihm etwas aus dem Supermarkt mitbringen könnte.

Ralph hatte es bereits auf die direkte Art versucht, indem er sagte: »Mutter, ich freue mich über deinen Besuch, aber zwischen neun und fünf Uhr arbeite ich, komm also während dieser Zeit bitte nicht vorbei.« Das funktionierte aber nicht. Das Problem ist, daß nicht nur Ralphs Mutter, sondern auch viele andere Leute glauben, jemand, der zu Hause arbeitet, arbeite zwar irgendwie, aber eigentlich nicht wirklich. Wenn er zu Hause war, warum sollte sie dann nicht vorbeikommen? Es zeugt einfach von einem Mangel an Verständnis, daß die Arbeit, die man zu Hause leistet, als nicht gleichwertig mit der Arbeit anderer Leute betrachtet wird, die außer Haus arbeiten.

Ralph fand eine wirksame Lösung, indem er die Kommunikation zwischen ihnen als eine Art Schachspiel betrachtete. So konnte er mit einem Gegenzug antworten, der lautete: »Mutter, ich würde ja liebend gern mit dir plaudern, aber ich arbeite jetzt. Wir haben mehrere Möglichkeiten: Du kannst gern nach oben gehen und fernsehen oder mit Susie spielen, wir können uns ein bißchen später unterhalten, oder wir können uns für heute abend um 18 Uhr verabreden.«

6. Prinzip: Bieten Sie auf freundliche Art verschiedene Alternativen an, aber kapitulieren Sie unter keinen Umständen.

Wenn es einmal ganz dick kommt, dann sollten Sie sich der Tatsache bewußt sein, daß das Problem nicht nur auf der Organisationsebene zu suchen ist, sondern daß es tiefer geht und auf der Beziehungsebene gelöst werden muß – das heißt also, wie stellen Sie sich wechselseitig die Beziehung vor, und wie lassen sich auffällige Differenzen lösen?

Situation 3. Unterbrechungen durch Ihre Kinder sind in gewissem Maße unvermeidlich, aber sogar kleine Kinder können lernen, einen Elternteil zu bestimmten Zeiten, oder wenn die Tür geschlossen ist, nicht zu stören, ausgenommen in Notfällen.

Richten Sie es sich so ein, daß die Kinder Sie für die Befriedigung ihrer tagtäglichen Bedürfnisse nicht brauchen. So kann sich auch ein Vierjähriger selbst ein Glas Milch eingießen, wenn sowohl die Milch als auch das Glas in Reichweite stehen.

Wenn Ihre Kinder Ihnen dauernd damit in den Ohren liegen, daß Sie kleine Dinge für sie erledigen sollen, analysieren Sie das Problem und versuchen Sie, eine kindgerechte Lösung zu finden, so daß das Kind die Aufgabe selbst erledigen kann. Wenn es dann immer noch weiterjammert, liegt das Problem vielleicht nicht darin, die Sache kindgerecht aufzubereiten, sondern es kann auch sein, daß Sie eben einfach nicht genug Zeit für das Kind haben und es in Wirklichkeit nach mehr Zuwendung verlangt.

Es gibt eine gute Methode, um Sie beide glücklicher zu machen: Dabei handelt es sich um fünfzehnminütige Pausen, etwa alle zwei Stunden. So haben Sie beide etwas, worauf Sie sich freuen können, und Ihr Kind wird Ihre Aufmerksamkeit während Ihrer Arbeitsstunden nicht mehr so sehr beanspruchen.

Barbara, eine Gemeindeaktivistin, deren Tagesplan bis zum Platzen mit Meetings, Telefonaten und ähnlichem vollgestopft ist, kam zu der Erkenntnis, daß diese Viertelstundenpausen, die sie mit ihrem Sohn Jamie verbrachte, willkommene Erholungsoasen für beide darstellten.

Sie machte sich also eine Liste von Fünfzehn-Minuten-Projekten. Dann ließ sie den Wecker der Küchenuhr zur vereinbarten Zeit, »Jamie-Zeit«, läuten, und stellte eine Viertelstunde ein. Sie war zu der Erkenntnis gekommen, daß es für einen Vierjährigen leichter ist, das Prinzip der beschränkten Zeit zu begreifen, wenn sie durch etwas Konkretes wie das Läuten eines Weckers begrenzt wird.

Barbara und Jamie verwendeten diese Zeiten, die sie miteinander verbrachten, auf vielfältige Weise. Barbara fand lustige Projekte, an denen man gemeinsam arbeiten konnte, großartig. Achten Sie nur darauf, daß Sie eine solche Aktivität auch in irgendeiner Weise abschließen können. Bevor Barbara sozusagen die Spiel-

regeln lernte, begannen sie zum Beispiel, Monopoly zu spielen, und dann war Jamie frustriert und wütend, weil er mit sich allein gelassen wurde, nur weil der Wecker läutete. Andererseits konnte man sehr wohl einen Teil eines größeren Projekts in Angriff nehmen, so lange dieser Teil nur in sich abgeschlossen war. »Wenn man zum Beispiel ein Puzzle legt«, erklärt Barbara, »sollte man sagen: ›Diesmal arbeiten wir an dieser Ecke‹, und darauf achten, daß sich das Kind ohne Schwierigkeiten von dem Projekt abwenden kann, wenn die Zeit vorüber ist. Auf diese Weise fühlt es sich nicht im Stich gelassen und frustriert.«
Um die Zeit nicht zu abrupt enden zu lassen, ist es auch sehr hilfreich, eine Art »Zwei-Minuten-Warnung« einzuführen und zu sagen: »O.K., wir haben noch zwei Minuten. Sollen wir dieses eine Puzzleteilchen noch suchen, oder sollen wir das Puzzle wegräumen und noch ein bißchen über das Buch sprechen, das du gerade liest? Was sollen wir in diesen zwei Minuten tun?«

Finden Sie Ihren optimalen Arbeitsstil

Pogo: »Wir haben den Feind gesehen – wir sind es selbst.«

Oft liegt die Schuld dafür, daß zeitabhängige Ziele nicht erreicht werden, nicht so sehr in den Ansprüchen der Außenwelt, sondern in den destruktiven Auswirkungen eines negativen persönlichen Umgangsstils mit der Zeit. Sehen wir uns zwei zu Hause berufstätige Personen an, deren persönliche Zeitmanagementsysteme sich schädlich auf ihre Produktivität und Seelenruhe auswirkten.
Eleanor oder die Selbstablenkung. Jeden Morgen setzt sich Eleanor, die spezielle Mathematik- und Physikkurse für besonders begabte Kinder abhält, an ihren Schreibtisch. Sie ist auf drei Stunden konzentrierter Arbeit eingestellt, in denen sie ihre Notizen über die einzelnen Schüler überprüfen will und ähnliches mehr. Im Haus ist es ruhig – ihr Mann ist zur Arbeit gegangen,

die Kinder sind in der Schule, und sie hat genügend Zeit für sich, bis sie zum Mittagessen nach Hause kommen.

Aber dann ruft eine Freundin an, sie beginnen zu plaudern, und schon ist es zwanzig nach neun. Plötzlich erinnert sich Eleanor an eine Bemerkung ihres Mannes über einen Artikel in der Morgenzeitung über innovative Lernmethoden, die sie interessieren könnten, also sucht sie die Zeitung, liest den Artikel und noch einige andere, und dann erinnert sie sich, daß der Wäsche-Räumungsverkauf bei Bloomingdale's am Sonnabend beginnt. Sie brauchen einige neue Laken, also ruft sie ihre Freundin Georgia an, um sie zu fragen, ob sie sie am Sonnabend zum Einkaufen begleiten möchte.

Inzwischen ist es bereits zehn Uhr geworden, und wenn wie immer eins das andere ergibt, kann Eleanor zufrieden sein, wenn sie insgesamt auch nur anderthalb Stunden richtig arbeitet. Aber jemand, der zu Hause arbeitet, muß wissen, daß er oder sie wie jeder andere Mensch seiner Aufgabe in bestimmtem Maße verpflichtet ist, und daß er dieser Verpflichtung entsprechen muß.

Selbstablenkung, Verzögerung und der andere wichtige Sabotagemechanismus namens Perfektionismus, die auf den Seiten 73-74 besprochen werden, sind sehr hartnäckig, weil sie oft von der Persönlichkeit und vom Temperament bestimmt werden oder nur die Spitze eines ganzen Eisberges von darunter verborgenen Problemen darstellen.

Mit dieser Erkenntnis allein ist es jedoch bei weitem nicht getan. Wir haben drei praktische Techniken gefunden, die den Druck, der durch diese oft sehr schädlichen Mechanismen entsteht, verringern oder sogar eliminieren können:

1. *Das Zweilisten-Basisprogramm, bestehend aus Generalliste/Tagesliste,* mit dem wir uns in Kapitel 3 beschäftigt haben. Durch dieses Programm bekam Eleanors Tag Struktur, etwas, was ihm vorher gefehlt hatte. Ihr war nun klar,

was zu geschehen hatte und wann, wodurch sie in die Lage versetzt wurde, ihre Zeit viel gezielter zu kontrollieren.

2. *Das Finden eines optimalen Arbeitsstils.* Die Tatsache, daß Eleanor so leicht abzulenken war, deutete auf ein mentales Muster hin, das am besten in kurzen Aktivitätsschüben funktionierte, während lange, ununterbrochene Phasen von Konzentration einfach gegen ihre Natur waren. Also sorgten wir dafür, daß sie ihre Aufmerksamkeit während ihres Arbeitstages problemlos und oft verlagern konnte. Nehmen wir zum Beispiel an, daß sie Aufzeichnungen über drei Schüler durchgehen sollte. Für einen brauchte sie fünfzehn bis zwanzig Minuten. Dann stand sie auf, machte einige Dehnübungen, ging ein bißchen spazieren, goß die Blumen, oder telefonierte (kurz!) und ähnliches. Sie stellte sich die Zeit dafür auf der Küchenuhr ein, da sie ihre Neigung kannte, sich von diesen Dingen völlig ablenken zu lassen.
Dann war sie bereit, sich wieder an die Arbeit zu setzen und die Unterlagen des zweiten Schülers durchzugehen.
Wir unterteilten ihre Pflichten, um sicherzugehen, daß keine einzige Arbeitsperiode länger als fünfzehn oder zwanzig Minuten dauerte. Obwohl die Unterrichtseinheiten eine ganze Stunde dauerten, trat dieses Problem während des Unterrichts nicht auf, weil die Unterrichtsstunden mit ganz verschiedenen und abwechslungsreichen Aktivitäten ausgefüllt waren, von der Lösung von Mathematikbeispielen über Übungen bis hin zur Überprüfung von Hausaufgaben.
3. *Belohnen.* Eleanor gönnte sich für jeden Job, den sie zu ihrer Zufriedenheit ausgeführt hat, eine Belohnung. Nachdem sie während einer täglichen Arbeitssitzung ein paar Einheiten lang durchgehalten hatte, ohne dabei auf Nebengeleise zu geraten, machte sie sich eine Tasse ihres Lieblings-Kräutertees. Nach einer ganzen produktiven Arbeitssitzung nahm sie sich die Zeit, einige Kapitel eines Buches, das sie interessierte, zu lesen, sie besuchte einen Yogakurs

oder gestattete sich eine andere kleine Belohnung. Den Abschluß einer produktiven Woche feierten ihr Mann und sie mit einem Theaterbesuch.

Sarah: Der Tag, der kein Ende nimmt. Sarahs Problem ist genau diametral zu dem Eleanors: Sie kann keine Grenzen setzen. Sarahs Persönlichkeitsstruktur sorgt dafür, daß sie sich in die Dinge, die sie tut, gänzlich vertieft. Sarah arbeitet als unabhängige Managementberaterin. Sie verbringt viel Zeit mit Kunden, und wenn sie nach Hause kommt, erledigt sie den Papierkram, schreibt Klientenberichte usw. An anderen Tagen arbeitet sie den ganzen Tag zu Hause. Und weil ihr Arbeitstag kein »natürliches« Ende hat, sie also nicht zum Verlassen des Büros gezwungen ist und keine Kinder Anforderungen an sie stellen, endet ihr Arbeitstag nie. Sarahs Bürostunden erstrecken sich über 24 Stunden täglich. Es gibt immer noch etwas zu tun, und sie tut es auch immer, oft bis 11 oder 12 Uhr abends. Diese übermäßige Konzentration auf ihre Arbeit erschöpft sie nicht nur, sondern führt auch dazu, daß sich ihr Freundeskreis zusehends verkleinert, weil sie für niemanden Zeit hat, und ihr Mann, der stets versuchte, viel Verständnis aufzubringen, wird langsam ungeduldig, was sich mittlerweile bereits auf ihre Ehe auszuwirken beginnt.

Es ist also ein legitimer Aspekt des Zeitmanagements, Zeitbegrenzungen vorzusehen, das heißt also, zu wissen, wann und wie man aufhören soll.

Interessanterweise verbirgt sich die Lösung für Sarahs Probleme in genau denselben drei Punkten, die auch Eleanor halfen, aber hier liegen das Ziel und der Schwerpunkt ganz woanders.

1. *Generalliste/Tagesliste.* Der Nutzen, den Sarah aus dem Zweilisten-System zog, bestand darin, daß sie sich bei ihren Aktivitäten gewisse Grenzen setzte. Obwohl ihre Tagesliste durchschnittlich dreizehn Punkte anstatt wie üblich höchstens zehn umfaßte, bedeutete die Einführung dieser Tages-

liste für sie, daß ihr Arbeitstag nun ein fixiertes Ende hatte – das Ende der Liste bedeutete, daß sie es für diesen Tag gut sein lassen konnte.

2. *Finden ihres optimalen Arbeitsstils.* Offensichtlich war es Sarahs persönlicher Stil, sich stundenlang in einer bestimmten Arbeit zu vergraben. Sie konnte sich ohne Probleme acht bis zehn Stunden lang ununterbrochen konzentrieren.
   Unsere erste Idee bestand darin, ihren Tag in Drei- oder Vierstundenblöcke zu unterteilen, aber diese Art der Zeitunterteilung war ihr unangenehm und irritierte sie.
   So kamen wir auf die Idee, nicht ihre Tage, sondern ihre Woche zu unterteilen. Auf diese Weise hatte sie »Intensivarbeitstage«, an denen sie so lange sie nur wollte an ihrem Schreibtisch sitzen und arbeiten konnte, und andererseits »Unterwegs«-Tage, an denen sie Kundenbesuche oder Besorgungen machte, in die Bibliothek ging, telefonierte und alle beruflichen Arbeiten erledigte, die so anfielen.
   Sie vereinbarte mit ihrem Mann, daß er sich an den drei Tagen der Woche, die ihre Intensivarbeitstage waren, selbst um sein Abendessen kümmern sollte, so daß sie in dieser Zeit durcharbeiten konnte, während sie an den anderen Tagen tatsächlich zusammensein würden.
3. *Belohnung.* Offensichtlich brauchte Sarah für ihre Arbeit keine speziellen Belohnungen, weil sie sie aus der Arbeit selbst bezog. Was sie aber sehr wohl brauchte, waren Anreize für ihre »Unterwegs«-Tage.

Also plante Sarah für jeden dieser Tage eine besondere Belohnung ein: An einem Tag kaufte sie sich einen extravaganten und vielleicht auch ein bißchen zu teuren Strohhut, an einem anderen Tag ging sie eine Stunde lang ins Fitneß-Center, und am dritten Tag besuchte sie die große Cézanne-Ausstellung im Museum. Sie nutzte diese Tage auch, um die Kontakte zu ihren Freunden wieder herzustellen, indem sie sich mit ihnen zum Mittagessen oder zum Museumsbesuch verabredete.

6
Der Arbeitsplatz: Wie Sie zu Hause Ihr Büro einrichten

Beim Umgang mit Papier kommt es stärker als bei den meisten anderen Tätigkeiten darauf an, daß man eine ansprechende räumliche Umgebung hat – »ansprechende Umgebung« sei hier als ein angenehmer und praktischer Ort definiert, der mit einer bequemen Arbeitsfläche und einer ausreichenden Zahl von Arbeitsutensilien für alle voraussehbaren Zwecke ausgestattet ist. Dieses Büro wird zu einer permanenten Einrichtung, in der Sie einerseits rein geschäftliche Dinge abwickeln, wo Sie andererseits aber auch einen Teil Ihres Lebens verbringen. Es sollte leicht zugänglich und mit allen nötigen Utensilien ausgestattet sein; alle Akten müssen sich in unmittelbarer Reichweite befinden, und andere Haushaltsbelange sollten nicht in diesen Arbeitsbereich vordringen und störend einwirken können.
Da die Einrichtung eines eigenen Büros etwas so Grundlegendes und Essentielles ist, finden Sie in diesem Kapitel eine Anleitung, wie Sie sich Schritt für Schritt eine effektive Arbeitsumgebung schaffen können.

Ihr Büroprofil: eine Bedürfniserhebung

Um zu einem Büro zu kommen, das Ihren Wünschen und Erwartungen gerecht wird, sollten Sie zunächst versuchen, mit Hilfe einer Bedürfniserhebung ein »Büro-Profil« zu erstellen. Bei einer solchen Bedürfniserhebung gilt es vier grundlegende Fragen zu berücksichtigen: Was werde ich in diesem Bereich tun? Wieviele Stunden lang? Zu welcher Zeit – untertags, nach der Schule, am Abend? Welche Hilfsmittel und wieviel Platz, Ruhe und Rücksichtnahme auf die Bedürfnisse anderer sind erforderlich, damit ich arbeiten kann?

Beginnen Sie, indem Sie schriftlich den primären Zweck Ihrer Arbeit fest halten. Zum Beispiel: »Ich brauche Unterrichts- und Büroraum, um zwanzig Nachhilfestunden pro Woche geben zu können. Der Schwerpunkt wird in der Zeit zwischen dem Unterrichtsende und den frühen Abendstunden liegen, und auch an Sonnabendvormittagen werde ich arbeiten.«

Nehmen Sie nun ein Blatt Papier, und unterteilen Sie es in drei Spalten: *»Jetzt«, »In sechs Monaten«, »In einem Jahr«.* Tragen Sie dieses Blatt während der Zeit, in der Sie Ihre Bedürfniserhebung durchführen, bei sich. Wenn Ihnen ein Projekt oder eine Aufgabe einfällt, notieren Sie sie in der entsprechenden Spalte.

Ein Projekt oder eine Anschaffung gehört in die Spalte »Jetzt«, wenn Sie Ihre berufliche Tätigkeit ohne dieses Hilfsmittel oder diese Annehmlichkeit nicht weiterführen können. Die Spalten »In sechs Monaten« oder »In einem Jahr« sind für Erweiterungsprojekte vorgesehen, die auf später verschoben werden können. Natürlich brauchen Sie, wenn Sie Schreibdienste anbieten, sofort einen Computer. Wenn Sie aber davon träumen, zusätzliche Schreibkräfte einzustellen, könnten Sie planen, in sechs Monaten einen weiteren Computer zu kaufen und es innerhalb eines Jahres auf drei oder vier Maschinen zu bringen.

Das heißt, daß durch eine »Bedürfniserhebung« nicht nur eine Liste der zu erledigenden Aufgaben entsteht (die Sie schrittweise über Ihre Generalliste abarbeiten können, wenn Sie möchten, oder auch auf einmal, sozusagen in einem Generalangriff), sondern sie hilft Ihnen auch, Prioritäten zu setzen und die Richtung festzulegen, in die sich Ihr Unternehmen in Zukunft entwickeln soll.

Aktivitäten und Geräte

1. *Telefon.* Verbringen Sie viel Zeit mit Telefonieren? Wird das Telefonieren die Hauptkomponente Ihrer Geschäftstätigkeit sein? Wird eine normale Telefonleitung ausreichen, oder brauchen Sie mehrere? Oder benötigen Sie Sonderleistungen wie Warteschaltung, Anrufweiterleitung, Kurzrufnummer, automatische Wiederwahl oder Konferenzschaltung? Welche Art von Anrufbeantworter brauchen Sie?
2. *Tippen.* Produzieren Sie nennenswerte Mengen an getippten Materialien? Wenn das der Fall ist, brauchen Sie einen Computer, oder würde eine elektronische Schreibmaschine Ihren Bedürfnissen eher gerecht? Auf diese Frage gehen wir auf den Seiten 153-157 näher ein.
3. *Fax, Kopiergerät.* Besitzen Sie diese Geräte bereits, oder beabsichtigen Sie sie in naher Zukunft zu kaufen? Siehe die Seiten 153-157.

Lagerung und Infrastruktur

4. *Aktenmappen.* Wie viele Aktenmappen verwenden Sie derzeit? Erhöhen Sie ihre Zahl um ein Drittel, um eventuellen Zuwächsen Rechnung zu tragen. Sie können die Zahl Ihrer Ordner zwar substantiell verringern, wenn Sie sie neu ordnen, setzen sie aber einstweilen die höhere Aktenmappenzahl auf Ihre Liste.
5. *Lagerung und Vorratshaltung.* Brauchen Sie einen Schrank oder irgendein Möbelstück, um Ihre Vorräte an Papier und anderen Materialien zu lagern? Wenn Sie Gymnastikkurse geben, wo wollen Sie die Matten aufbewahren? Verwenden Sie Materialien für Ihre Schüler, für die Sie Stellfläche auf Regalen benötigen?
6. *Infrastruktur.* Wieviele Steckdosen brauchen Sie, und wo sollen sie sich befinden? Wird Ihr Haushaltsstromnetz Ihren beruflichen Bedürfnissen gerecht? Sollten Sie einen Elektriker zu Rate ziehen? Dieselben Fragen können sich in bezug

auf das Telefon stellen, wenn Sie ein komplexes Telefonsystem benötigen.

Müssen irgendwelche speziellen Anpassungen vorgenommen werden? Wenn man beispielsweise einen bisher wenig verwendeten Kellerraum zu einem Büro ausbaut, müssen unter Umständen Heizung, Beleuchtung oder Belüftung adaptiert werden. Oder aber Sie wollen Gymnastikkurse im Keller abhalten – dann brauchen Sie möglicherweise ein stabileres Treppengeländer oder einen strapazierfähigen Belag auf dem Betonboden.

Angestellte, Klienten, Schüler oder Patienten

7. *Wenn andere Leute für Sie arbeiten.* Wo sollen sie sitzen? Zu welchen Geräten (Telefon, Computer oder Schreibmaschine) und Utensilien müssen sie Zugang haben? Wenn Sie derzeit keinen zweiten Computer kaufen wollen: Werden Sie Ihr Gerät während der Arbeitsstunden Ihrer Helfer entbehren können? Und was tun Sie selbst während dieser Zeit?
8. *Wenn Klienten, Schüler oder Patienten zu Ihnen kommen.* Wo werden sie sitzen? Wenn Sie Nachhilfeunterricht geben, brauchen Sie einen Arbeitstisch? Brauchen Sie audiovisuelle Hilfsmittel? Wie werden Sie diese zusammenstellen, wo werden Sie sie aufbewahren? Wenn Sie Gymnastikkurse geben, wieviel freien Raum benötigen Sie? Und wo kann sich die Gruppe während der Pausen ausruhen? Wie ist es um die Infrastruktur bestellt, wenn sich die Teilnehmer umziehen müssen?
9. *Verkehrsmuster.* Brauchen Angestellte, Klienten, Schüler oder Patienten einen Empfangsbereich? Wollen Sie, daß die Leute durch Ihr Wohnzimmer gehen? Am Zimmer des Babys vorbei? Wohin werden sie ihre Mäntel hängen und ihre Schirme und nassen Schuhe stellen?

Familie und Haushalt

10. *Zugang.* Wenn Sie Kinder haben, können Sie sie hören, wenn es nötig sein sollte? Können Sie die Türglocke hören und die Eingangstür leicht erreichen, wenn jemand kommt?
11. *Privatsphäre.* Die Privatsphäre läßt sich entweder räumlich oder zeitlich abgrenzen. Das heißt, daß eine Psychotherapeutin, die während ihrer Arbeitszeit absolute Ruhe braucht, entweder einen abgesonderten Raum und eventuell eine Person für die Beaufsichtigung ihrer Kinder benötigt, oder aber, daß sie ihre Praxisstunden auf Zeiten verlegen muß, zu denen niemand zu Hause ist. (Manche Therapeuten legen sogar Wert auf einen separaten Eingang, so daß die Klienten keinen Familienmitgliedern begegnen.)
    Für die meisten anderen Tätigkeiten ist eine so strikt abgetrennte Privatsphäre nicht unbedingt erforderlich, aber Sie wollen es vielleicht vermeiden, von Haushaltsgeräuschen abgelenkt zu werden. In diesem Fall gibt es zwei Möglichkeiten, wie Sie das Gewünschte erreichen können: Entweder Sie reservieren Privatraum für sich, oder Sie arbeiten dann, wenn die anderen Familienmitglieder außer Haus sind.
12. *Das Wohlbefinden anderer.* Werden vielleicht andere Personen durch das Gehüpfe zu einem ohrenbetäubenden Beat gestört? Wenn dies der Fall ist, sollten Sie einen schalldämpfenden Bodenbelag in Erwägung ziehen. Werden die Nerven Ihrer Familienmitglieder strapaziert, weil das Telefon dauernd läutet und das Faxgerät klickt? Auch in diesem Fall sollten Sie eine Schalldämmung in Erwägung ziehen.

Diese Bedürfniserhebung soll Ihnen als eine Art Navigationshilfe für das schwierige Manöver der Planung Ihres Büros dienen.

Die Wahl des Ortes

Die Erhebung Ihrer Bedürfnisse hatte den Zweck, einige allgemeine Parameter festzulegen, und nun heißt es, einen geeigneten Ort für Ihr Büro auszuwählen. In einer idealen Welt könnten Sie natürlich einen ganzen Raum für sich okkupieren, aber selbst wenn dies nicht möglich ist, können Sie sich doch wenigstens eine Ecke in Ihrem Haus oder in Ihrer Wohnung reservieren, die Ihnen ganz allein gehört.

Ergreifen Sie in diesem Stadium noch keine Maßnahmen wie etwa eine genaue Analyse des verfügbaren Platzes. Diese Version stellt nur eine Art Entwurf für die endgültige Inbesitznahme Ihres Arbeitsbereiches dar. Behalten Sie jedoch die umfangreichen Anforderungen im Auge. Wenn aus Ihrer Bedürfniserhebung beispielsweise hervorgeht, daß Sie sich in der Nähe der Eingangstür aufhalten müssen, weil häufig Boten kommen oder Ihnen oft etwas zugestellt wird, dann können Sie sich nicht im Keller einnisten.

Wählen Sie niemals einen Platz, der Ihnen unsympathisch ist, nur weil Sie fälschlicherweise der Ansicht sind, er sei »praktisch«. Die Erfahrungen eines meiner Klienten sollen Ihnen verdeutlichen, warum dies nicht ratsam ist: John Davidson, ein zu Hause arbeitender Freelance-Autor, benötigte eine umfangreiche Büroausrüstung und Aktenordner. An dem Tag, an dem ich vorbeikam, um mir alles anzusehen, zeigte er mir stolz einen Raum, den er als »echtes« Büro eingerichtet hatte: mit elegantem Schreibtisch, Computer, Fax, Kopiergerät, Aktenschränken und seinen Arbeiten. Es war sehr beeindruckend. Das Problem war allerdings, daß er, obwohl er so viel Zeit und Geld in sein Büro investiert hatte, kaum dort anzutreffen war.

Erstens war das Büro von den Hauptaktionsbereichen des übrigen Haushalts abgetrennt. John brauchte für seine Arbeit zwar Ruhe, aber er fühlte sich einsam, wenn er seine Frau und seine vier Kinder nicht im Hintergrund hörte. Es war ihm wichtig, sich als Teil seiner Familie zu fühlen und nicht isoliert zu sein; sein elegantes Büro lag jedoch an einer Stelle des Hauses, wohin sich ohne zwingenden Grund keine Menschenseele verirrte. Die zweite Ursache, warum sich John in seinem Büro nicht wohl fühlte, bestand darin, daß er nicht hinausschauen konnte. Der Raum war so angelegt, daß keine Bäume, kein Gras, keine spielenden Kinder im Blickfeld lagen. John pflegte sich in einen leeren Raum in der Mitte des Hauses zu stehlen, dessen großes Fenster eine Aussicht auf den Rasen und ein paar Bäume bot. Er warf immer wieder einmal einen Blick nach draußen, während er an einem wackeligen Schreibtisch auf einer alten elektrischen Schreibmaschine werkte.

Natürlich war es nicht lange zu vermeiden, daß sich im ganzen Haus kleine Papierstapel anzusammeln begannen, die er von einem Ort zum anderen transportierte und dann irgendwo unterwegs liegenließ, abgesehen davon, daß die Büroklammern, die Briefmarken, die Heftmaschine und die anderen Büroutensilien niemals an ihrem Platz lagen. Seine Arbeitsgewohnheiten machten ihn wahnsinnig, und darum heuerte er mich an, damit ich ihn dazu bewegen sollte, wieder in sein »richtiges« Büro zurückzukehren und es wie vorgesehen zu benutzen.

Ich überzeugte John davon, daß sein Ansatz der falsche war, und daß er sich in seinem schönen, teuren Büro niemals wohlfühlen würde, weil er es innerlich ablehnte. Anstatt in dem alten Büro Veränderungen vorzunehmen, half ich ihm dabei, alles in den Raum zu transportieren, in dem er sich wohl fühlte. Die Moral der Geschichte ist, daß der praktischste Ort letzten Endes der ist, der Ihnen der sympathischste ist!

Nur wenige von uns befinden sich aber in einer Wohnsituation, die Raum für so viele Alternativen läßt. Es kommt also darauf an, externe Realitäten – Raum, die anderen Mitbewohner, die verfügbare Geldsumme – gegen interne Realitäten wie diejenigen abzuwägen, mit denen Mr. Davidson konfrontiert war: sein Bedürfnis, sich in der Nähe seiner Familie aufzuhalten, und sein

Wunsch, aus dem Fenster blicken zu können. Um bezüglich des Bürostandortes zu einer gangbaren Lösung zu kommen, stellen Sie sich folgende Fragen:

1. Ziehen Sie einen sonnigen oder einen schattigen Raum vor, und arbeiten Sie lieber morgens oder nachmittags? Diese beiden Fragen stehen in engem Zusammenhang, weil in verschiedenen Räumen zu verschiedenen Tageszeiten jeweils unterschiedliche Lichtverhältnisse herrschen.
2. Arbeiten Sie gern in der Nähe von Fenstern, oder werden Sie von ihnen abgelenkt?
3. Haben Sie das Bedürfnis nach Abgeschiedenheit, oder brauchen Sie Leute in Ihrer Nähe?

Die Beachtung dieser drei Fragen wird Ihre Alternativen sofort beträchtlich einschränken. Gehen Sie nun durch Ihr Heim und machen Sie sich eine Liste aller Orte, die Ihren Ansprüchen gerecht werden, z. B.: »Fensterecken des Wohnzimmers«, »nicht benutztc Frühstücksecke«.

Als nächstes überlegen Sie, welche Alternativen Ihnen am attraktivsten erscheinen. Damit meine ich, daß Sie sich fragen müssen, ob der Gedanke, an einem bestimmten Ort zu arbeiten, bei Ihnen angenehme Gefühle, sozusagen »grünes Licht« auslöst – oder fühlen Sie im Gegenteil innere Spannungen oder Nervosität? Bewerten Sie alle Alternativen nach den positiven Assoziationen, die sie bei Ihnen auslösen. Ein sehr angenehmes Gefühl bekommt eine 1, 2 ist zufriedenstellend, und 3 ist gerade noch tolerierbar. Alles, was unter 3 liegt, sollte sofort unter den Tisch fallen.

Es wäre natürlich ideal, sich sofort auf die 1. Wahl festzulegen, aber *jetzt* beginnen auch die Fragen der Bequemlichkeit und Zweckmäßigkeit in die Sache hineinzuspielen. Um auch damit zu Rande zu kommen, gibt es noch eine zweite Liste zweckmäßiger Fragen:

1. Würden Sie – über den Daumen gepeilt, ohne nachzumessen – sagen, daß es an dem von Ihnen gewählten Ort genügend Platz für einen Schreibtisch, Aktenordner und die nötige Ausrüstung gibt?
2. Befindet sich der Raum in einem guten Allgemeinzustand? Kaputte Böden und abblätternde Farbe an den Wänden sind keine optimalen Voraussetzungen.
3. Gibt es an dem Ort Steckdosen und einen Telefonanschluß?
4. Ist dieser Bereich zu den Zeiten, zu denen Sie ihn zu nutzen gedenken, frei, oder werden Ihnen andere Haushaltsaktivitäten in die Quere kommen? Lassen sich Zeit und Ort dieser Aktivitäten verlegen?

Um diese Fragen zu klären, machen Sie sich in Ihrem Notizbuch eine grobe Tabelle – ähnlich Abbildung 1 –, in der Sie alle Möglichkeiten nach ihrem Präferenzwert auflisten und feststellen, wie gut die einzelnen Alternativen bei den zuletzt gestellten Fragen abschneiden.

So bietet die Frühstücksecke beispielsweise genügend Platz, so daß sie in dieses Kästchen eine »1« schreiben können. Der Zustand ist zufriedenstellend, aber nicht perfekt – also Kategorie »2«. Es gibt dort weder Steckdosen noch Telefonbuchsen, also »x«. Der Faktor »sonstige Haushaltsaktivitäten« könnte sich dort als problematisch erweisen. In der Frühstücksecke wird zwar nicht gegessen, aber die Kinder laufen oft durch. Sie würden ihnen beibringen müssen, Sie nicht zu stören, wenn Sie arbeiten, und die Finger von Ihren Geräten zu lassen. Also tragen Sie eine »3« in dieses Kästchen ein.

Der Vorratsraum erhält andererseits lauter Einsen. Also muß er's auch werden, richtig? Nein! Wie man an der Reihenfolge der Optionen sieht, rangiert der Vorratsraum nur an vierter Stelle der Beliebtheitsskala. Wenn Sie ihn wählten, würden Sie sich ins selbe Dilemma hineinmanövrieren wie Davidson. Beginnen wir statt dessen mit der Alternative, die Ihnen am sympathisch-

Alternativen	Raum	Zustand	Strom/ Tel.	Haus- halt
1. Fensterecke des Wohnzimmers	X	1	1	3
2. Frühstücksraum	1	2	X	3
3. Schlafzimmernische	2	1	X	1
4. Lagerraum	1	1	1	1

Heimbüro – Eignungstabelle

sten ist, und überprüfen wir, wie es hier um den Komfort bestellt ist.

Bei Ihrem Lieblingsort handelt es sich um die Fensterecke des Wohnzimmers, aber da die Platzsituation dort beengt ist, scheidet diese Alternative leider aus. Listenzweiter ist die Frühstücksekke, und diese Wahl werden Sie nicht bereuen. Der Platz ist zwar nicht perfekt, und Sie werden ein paar Ausbesserungsarbeiten vornehmen und einige neue Steckdosen montieren müssen, aber das ist durchaus zu schaffen. Die Frühstücksecke ist Ihnen als Arbeitsplatz sympathisch, und sie ist praktisch; dies ist ein Ort, an dem Sie arbeiten und sich wohlfühlen können. Dieses Kriterium ist bei der Auswahl von Arbeitsorten und ganz allgemein bei der Erstellung von Aktionsplänen sehr wichtig.

7. Prinzip: Wenn Ihnen mehrere Alternativen zur Auswahl stehen, wählen Sie eine, die einen Kompromiß zwischen Ihrer instinktiven Präferenz und der »praktischsten« Alternative darstellt.

Wie Sie sich ein Büro schaffen und es einrichten

Ein Fotograf braucht eine Dunkelkammer, vielleicht auch ein Studio, Platz für die Aufbewahrung von Fotos und alle nötigen Geräte und Hilfsmittel für die Buchhaltung und das Vereinbaren von Terminen. Ein Fitneßtrainer braucht wahrscheinlich einen Raum, der groß genug für den Gruppenunterricht ist, und einen einfachen Schreibtisch oder Arbeitsbereich. Für andere, konventionellere Beschäftigungen ist nur der Platz für einen Schreibtisch und einen Stuhl erforderlich.

Die Auswahl eines Arbeitsplatzes und der dafür benötigten grundlegenden Einrichtungsgegenstände sowie die Ausstattung sind der Schlüssel zu einer produktiven geschäftlichen Tätigkeit. Wieviel Geld können Sie für dieses Projekt erübrigen? Die Summe, die Sie ausgeben, wird davon abhängen, was Sie bereits an Möbeln und Ausrüstung haben und was Sie erst kaufen müssen, bzw. davon, inwieweit Sie bereit sind, mit Provisorien zu leben. Es ist eine gute Idee, sich ein Ausgabenlimit zu setzen und Aufzeichnungen über die Ausgaben zu führen.

Die nächste Herausforderung besteht darin herauszufinden, wie Sie den vorhandenen Raum optimal nutzen können.

Definieren Sie Ihre Parameter, indem Sie sich einen Lageplan machen.

Wie Sie Ihren Lageplan erstellen

1. Vermessen Sie Länge und Breite Ihres Bürobereichs und markieren Sie die Abmessungen in Ihrem Notizbuch.
2. Vermessen Sie Länge, Breite und Höhe aller Ausrüstungsgegenstände. Dazu gehören der Computer (Tastatur, Bildschirm, Central Processing Unit (CPU) mit Diskettenlaufwerken), Drucker, Schreibmaschine, Fax, Kopiergerät, Telefon und viele andere Geräte. Vermessen Sie auch die Spezialausrüstungsgegenstände, die Sie brauchen – wenn

Sie Grafiker sind, also beispielsweise Ihren Zeichentisch und eine Fläche, auf der Zeichengeräte aufgelegt werden können. Geht aus Ihrer Bedürfniserhebung hervor, daß Sie Geräte wie einen Computer zwar derzeit noch nicht besitzen, sie in näherer Zukunft aber anschaffen werden? Schätzen Sie in diesem Fall auch die Abmessungen solcher Dinge.

3. Messen Sie Länge, Breite und Höhe Ihrer Aktenschränke ab. Wie in der Bedürfniserhebung besprochen, sollten Sie davon ausgehen, daß Sie ein Drittel mehr Laden brauchen werden; kalkulieren Sie diese erhöhte Zahl in verschiedenen Aktenschrankkombinationen ein. Wenn zum Beispiel »ein Drittel mehr Laden« in Ihrem Fall vier weitere bedeutet, dann notieren Sie, daß sie in zwei zusätzlichen Zweiladen-Schränken untergebracht werden könnten, in einem Vierladen-Schrank im Hoch- oder Querformat, oder in zwei Zweiladen-Seitenschränken. Notieren Sie die Abmessungen dieser zusätzlichen Schränke.
   Überprüfen Sie in ähnlicher Weise auch die Diskettenlagerung. Welche Abmessungen haben Ihre derzeitigen Diskettenbehälter? Wie würde die Sache aussehen, wenn Sie um ein Drittel mehr Disketten hätten?

Die Planung des Bürogrundrisses

Sie kennen jetzt einerseits die Abmessungen des Ihnen zur Verfügung stehenden Raumes und andererseits den Platzbedarf Ihrer verschiedenen Ausrüstungsgegenstände. Überlegen Sie jetzt die verschiedenen Möglichkeiten der Anordnung. Es stehen hier grundsätzlich vier verschiedene Varianten zur Auswahl: *linear, L-förmig, Rücken-an-Rücken oder korridorförmig.*

Die lineare Variante

Wird der Raum, der Ihnen zur Verfügung steht, von einer langen Wand beherrscht? Wenn das der Fall ist, dann ist für Sie die lineare Version wahrscheinlich am besten geeignet: Sie besteht im Grunde genommen – je nach der Länge der Wand – aus einer oder zwei auf Zweiladen-Aktenschränken aufliegenden Platten. Vergleichen Sie die Länge der Wand mit den Abmessungen Ihrer Ausrüstung, um zu sehen, ob Sie grundsätzlich alles unterbringen könnten. Wenn Sie alle Ihre Ausrüstungsgegenstände in einer Reihe nebeneinander aufstellen (normalerweise steht der Computermonitor auf der Rechnereinheit), so daß zwischen den einzelnen Gegenständen jeweils ein paar Zentimeter Zwischenraum bleiben, und wenn Sie einen knappen Meter offene Arbeitsfläche mit etwas Platz für Utensilien wie Klebebänder, Heftmaschine und Schreibstifte, einen senkrechten Aktenständer, ein paar Nachschlagebücher und vielleicht eine Ablage für die Post mit einkalkulieren, kommen Sie dann bis auf etwa einen Meter an Ihre Wandlänge heran?

Haben Sie auch noch genug Platz für Ihre Aktenschränke? Vergessen Sie auch nicht den Platz für einen Drehsessel mit Rädern, der es Ihnen erlaubt, rasch vom einen Ende Ihres langen Schreibtisches zum anderen zu gelangen.

Wenn der für die Unterbringung der Akten nötige Raum und die Ausrüstung eine Nummer zu groß sind, dann schlagen Sie gleich auf Seite 148 nach, wo es darum geht, wie Sie zu viele Dinge auf

Langer Schreibtisch

zu engem Raum unterbringen und wie Sie Ihre Geräte und Ausrüstungsgegenstände in den verfügbaren Raum hineinpacken können. Wenn die Platzdifferenz aber zu groß ist – weit über einen Meter –, so müssen Sie sich vielleicht für einen anderen Ort entscheiden oder eine der drei anderen Einrichtungsvarianten in Erwägung ziehen.

Die L-Form

Die L-Form ist eine traditionelle Form der Büroeinrichtung, bei der ein Ausziehteil oder ein Tisch im rechten Winkel zu einem Schreibtisch aufgestellt wird. Ihr Sitzplatz befindet sich in dem Winkel.
Ein Winkel kann sich auf beiden Seiten des Schreibtisches befinden; wenn es die Platzverhältnisse gestatten, können Sie sogar zwei Verlängerungsteile aufstellen – einen auf der linken und einen auf der rechten Seite des Schreibtisches. Achten Sie darauf, daß Sie genügend Beinfreiheit haben.
Das Doppel-L ist besonders nützlich, wenn aus Ihrer Bedürfnis-

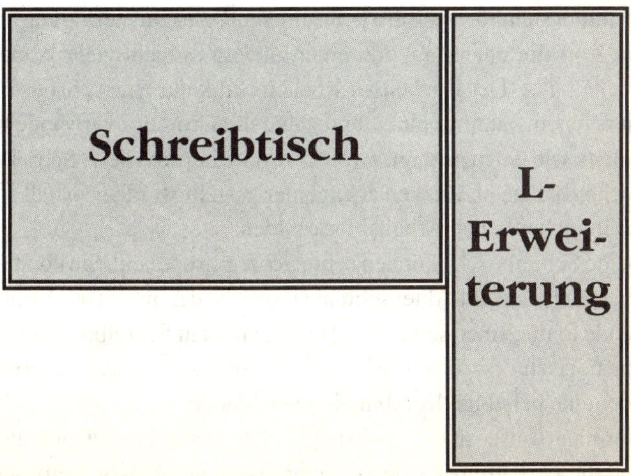

erhebung hervorgeht, daß Sie auch Arbeitsraum für Mitarbeiter benötigen. Eines der Ls läßt sich als Arbeitsfläche für einen Mitarbeiter gestalten. Das ist zwar eng, aber für einen kleinen Raum eine praktikable Lösung.
Normalerweise wird der Schreibtisch vor allem als Arbeitsfläche verwendet, wobei der Computer und andere Ausrüstungsgegenstände auf der L-Erweiterung untergebracht sind. Machen Sie sich beim Telefonieren Notizen oder nehmen Sie Aufträge über das Telefon entgegen? In diesem Fall ist die Position des Telefons wichtig. Für Rechtshänder ist es günstig, das Telefon links aufzustellen, damit Sie mit der linken Hand den Hörer halten können, während Sie die Rechte zum Schreiben frei haben.
In der L-Konfiguration kommt dem Bürostuhl besondere Bedeutung zu; er muß sich leicht drehen lassen. Ein guter Stuhl ist ein wertvoller Ausrüstungsbestandteil, der oft unterschätzt wird. Wenn Sie zu Problemen mit der Wirbelsäule neigen, ist ein ergonomisch optimaler Drehstuhl auf jeden Fall eine lohnende Investition.

Rücken-an-Rücken-Stil

Mitunter steht für das Büro kein anderer Raum zur Verfügung als ein Korridor oder ein Vorzimmer, in dem es nicht viele Wandflächen gibt. Der Rücken-an-Rücken-Stil kann einen ansonsten zu offenen Raum in einen brauchbaren Büroraum verwandeln, indem, wie unten gezeigt, zwei echte oder improvisierte Schreibtische Rücken an Rücken aneinander gestellt werden, so daß sie einen einheitlichen Arbeitsblock bilden:
Beide Schreibtische können echte Schreibtische sein. Sie können aber auch eine auf Aktenschränken oder anderen Stützen aufliegende Platte, einen seitlichen Aktenschrank in Schreibtischhöhe, einen Tisch oder einen Schreibtisch mit irgend etwas anderem oder eine beliebige Kombination verwenden.
Normalerweise sind Arbeitsplatz, Schreibmaschine/Computer und die am häufigsten verwendeten Akten auf dem Schreibtisch

untergebracht, an dem Sie die meiste Zeit verbringen, und die restlichen Ausrüstungsgegenstände und Akten auf dem anderen Tisch.

Die Rücken-an-Rücken-Konstellation ist aus zwei Gründen nicht optimal: Erstens müssen Sie sich wahrscheinlich ziemlich häufig von einem Tisch zum anderen bewegen, was unter Umständen mit der Zeit unangenehm werden könnte. Allerdings ist manchen Leuten die Bewegung gar nicht unwillkommen. Jedenfalls würde ich empfehlen, zwei Stühle zu kaufen, also einen für jeden Tisch, und nicht zu versuchen, von einer Seite zur anderen zu rutschen. Das zweite Problem hat mit den elektrischen Kabeln zu tun. Um zu verhindern, daß Kabel und Drähte auf dem Boden herumliegen, was sowohl gefährlich als auch unzweckmäßig ist, sollten Sie einen Elektriker damit beauftragen, sie an weniger sichtbare und gefährliche Stellen zu verbannen.

Korridorstil

Die Büroeinrichtung im Korridorstil, die oft in Büros von Führungskräften anzutreffen ist, eignet sich besonders für quadrati-

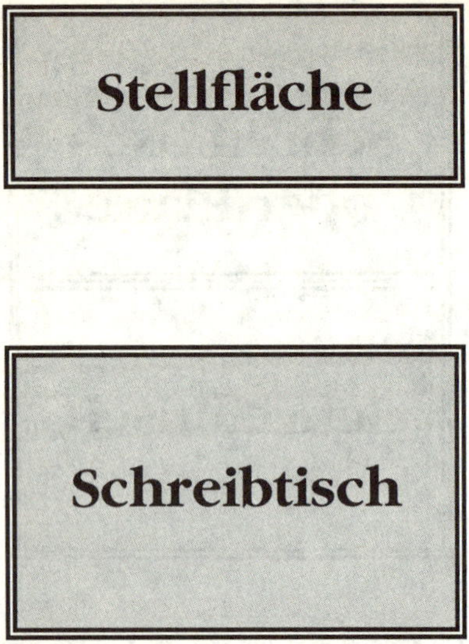

sche oder rechteckige Räume. Dafür brauchen Sie einen Schreibtisch vor sich und einen Tisch, eine Stellfläche oder einen zweiten Schreibtisch hinter sich, wie unten gezeigt:
Sie sitzen in dem so entstandenen »Korridor«. Dieses Arrangement gestattet es Ihnen, sich rasch zwischen dem Schreibtisch vor Ihnen und Ihrem »Ausrüstungszentrum« hinter Ihnen hin- und herzudrehen.

Wie Sie zu viele Dinge auf zu engem Raum unterbringen

Nun haben Sie also jene Bürokonfiguration ausgewählt, die den Raumverhältnissen Ihres zukünftigen Büros am besten entspricht, Sie haben die Abmessungen Ihrer Utensilien und Ihren Bedarf an Aktenstauraum genau mit dem verfügbaren Raum verglichen, und – wer hätte das gedacht – der Platz reicht nicht aus. Es paßt nicht alles hinein.

Manchmal lassen sich durch kreativen Umgang mit dem verfügbaren Raum wahre Wunder in bezug auf Bequemlichkeit und Effizienz bewirken. Wenn Sie meinen, einfach zu viele Dinge und zu wenig Platz zu haben, versuchen Sie, wie folgt mehr Platz zu gewinnen:

Stapeln. Wie bereits gesagt, haben wir den Bildschirm auf den Rechner gestellt. Haben Sie noch andere Dinge, die sich übereinanderstellen lassen?

Regale und Lagerung. Nutzen Sie die Wandflächen, indem Sie Regale und Schränke aufstellen. Sie sind ausgezeichnet für die Unterbringung kleinerer Ausrüstungsgegenstände und für Lagerzwecke geeignet – vor allem für Papier- und Schreibwarenvorräte.

Der Platz »unterhalb.« Eine Klientin wandelte das Stapelprinzip ein wenig ab und kaufte einen offenen Schrank auf Rädern mit zwei übereinanderliegenden Fächern für ihr Kopiergerät und ihr Fax. Sie stellte das Kopiergerät auf ein Regalbrett und das Fax auf das zweite. Der Schrank steht normalerweise unter dem Schreibtisch; bei Bedarf kann sie ihn herausziehen. Es folgen nun in bunt gemischter Reihenfolge einige Vorschläge, wie sich Platz einsparen läßt:

1. Verwenden Sie ein zusätzliches Bücherregal als Stellfläche für eine tragbare Schreibmaschine, einige Akten und Körbe für andere Utensilien.
2. Dekorative Objekte sind gut zur Aufbewahrung von Dingen geeignet. So kann etwa ein Keramikkrug einen schönen Schreibstifthalter abgeben.
3. Papier, Schreibstifte und andere Utensilien lassen sich in stapelbaren Würfeln aus Plastik oder Plexiglas aufbewahren, die unter dem Schreibtisch stehen. Oder verwenden Sie Kästen auf Rollen oder Schienen, die dann effektiv als Laden dienen.
4. Erweitern Sie die klassischen Plastikablagefächer für Ein-

und Ausgang um beliebig viele stapelbare Plastikkisten. Es gibt kleine für Schreibwaren und Papier und größere – ursprünglich für Gemüse gedacht –, die das Stapeln von Zeitungen und Magazinen erlauben.

5. Wandordner – geformte Plastikbehälter, die an der Wand hängen und sich ausgezeichnet für die Aufbewahrung von Blöcken, Stiften, Kalendern und anderen Utensilien eignen.

Ihr Privatbüro zu Hause

Die Einrichtung eines Büros für berufliche Zwecke ist zwar wichtig, ebenso wichtig ist es aber auch, sich einen angenehmen und praktischen Arbeitsplatz zu schaffen, an dem man Einkaufslisten und persönliche Briefe schreiben oder Überweisungsformulare ausfüllen kann. Der einzige Unterschied besteht darin, daß das Privatbüro kleiner und daher weniger aufwendig ist.

Ihr »Schreibtisch« braucht natürlich kein echter Schreibtisch zu sein. Sie benötigen nichts weiter als eine Arbeitsfläche, auf der Sie schreiben können. Sie wären überrascht, wenn Sie wüßten, was alles als Schreibtisch dienen kann. Eine meiner Klientinnen ist Theateragentin. Sie arbeitet zu Hause, genauer gesagt eigentlich von ihrem Bett aus. Bis zu Mittag im Bett zu liegen, ist für sie so etwas wie ein Glaubensbekenntnis, aber das heißt nicht, daß sie in dieser Zeit nicht arbeitet! Gemeinsam entwarfen wir einen Schwenktisch, der leicht zu bewegen ist, auf dem man gut schreiben kann und der Platz für die wichtigsten Utensilien bietet. Er wurde für ihre ganz speziellen Anforderungen maßgefertigt. Ihr persönlicher Schreibtisch sollte ebenso gut auf Ihre Bedürfnisse abgestimmt sein.

Sehen Sie sich bei sich zu Hause einmal um, ob Sie einen Schreibtisch oder einen anderen Tisch entdecken, der in Ihren Arbeitsbereich passen könnte. Wenn Sie einen solchen Tisch finden, sollte er nicht nur stabil sein und groß genug, um alles Nötige darauf unterbringen zu können. Wenn Sie anstelle eines

richtigen Schreibtisches einen normalen Tisch wählen, so muß außerdem genügend Platz für einen Aktenschrank und vielleicht noch einen Schreibmaschinentisch vorhanden sein.
Sollten Sie in Ihrem Haushalt keinen passenden Schreibtisch oder Tisch finden, kaufen Sie einen Schreibtisch. Das ist eine Investition, die Sie nicht bereuen werden. Es gibt so viele verschiedene Schreibtischmodelle, daß Sie keine Probleme haben werden, eines zu finden, das die praktischen Merkmale eines Büromodells aufweist, gleichzeitig aber auch dekorativ ist. Folgende Voraussetzungen sollte Ihr Schreibtisch erfüllen:

1. *Arbeitsfläche.* Wie ein idealer Tisch sollte Ihr Schreibtisch stabil und komfortabel sein, und die Tischplatte darf auf keinen Fall wackeln.
2. *Platz für Utensilien.* Ein moderner Büroschreibtisch besitzt normalerweise eine Lade mit schrägen Fächern für Schreibpapier, Kohlepapier und ähnliches, wobei diese Fachunterteilungen in einem Winkel von etwa 45 ° angebracht sind. Das ist ideal, aber Sie können sich auch ohne speziell konstruierte Lade behelfen, wenn Sie zumindest über eine große Lade verfügen, in der Schreibpapier und Umschläge in Mappen aufbewahrt werden können. Der Schreibtisch sollte auch mit einer flachen Lade mit einzelnen Fächern für Papierklammern, Gummiringe und verschiedene Kleinigkeiten ausgestattet sein.
3. *Akten und Aufzeichnungen.* In einem Privatbüro braucht man kaum mehr als eine oder zwei Aktenladen. Wenn Ihr Schreibtisch zumindest eine Lade hat, die groß genug ist für die Mappen, die Sie verwenden, werden Sie wahrscheinlich keine Probleme haben, Ihre Akten unterzubringen.

Andere Möbel und Ausrüstungsgegenstände

Ein komplett ausgestatteter Schreibtisch ist eine wunderbare Sache, aber wenn Sie nur einen Tisch, einen schlecht ausgestatteten Schreibtisch oder eine Platte auf zwei Aktenschränken zur Verfügung haben, brauchen Sie für die Lagerung zusätzlicher Gegenstände möglicherweise noch andere Möbelstücke:

1. *Platz für Schreibwaren, Kohlepapier, Post-it-Blöcke, Umschläge usw.* Ich verwende hierfür ein tragbares Schreibwarenregal aus Metall von der Art, wie sie in vielen Bürobedarfsläden erhältlich sind. Es hat mehrere offene Fächer und eignet sich für die Unterbringung verschiedener Schreib- und Papierwaren.
2. *Aktenschrank.* Ein Aktenschrank mit zwei Laden, vorzugsweise in einem für A4-Briefpapier passenden Format, müßte für die Ablageerfordernisse der meisten Leute ausreichen. Sie können ihn als Einbauschrank wählen, wenn er nicht sichtbar sein soll. Heute gibt es aber schon Aktenschränke in hübschen Farben, die durchaus dekorativ sind.
3. *Schublade mit einer Einteilung für kleine Gegenstände* wie Füller, Büroklammern, und Radiergummi. Jeder Lieferant für Bürobedarf hat diese Schubladen in einer Vielzahl von Materialien und Farben.
4. *Stuhl.* Verwenden Sie keinen Stuhl, der bereits an anderer Stelle des Hauses in Gebrauch ist. Sie sollten für Ihren Arbeitsbereich einen eigenen Stuhl haben, und zwar einen bequemen. Ein Drehstuhl eignet sich besonders gut, weil Sie sich damit auf Ihrem Arbeitsplatz von einer Seite zur anderen drehen können, ohne aufstehen zu müssen.

7

Computer und andere Hilfsmittel

Auf meinen Streifzügen durch Büros aller Arten sehe ich immer wieder verlorene Computer herumstehen, ungenutzt und ungeliebt, die von ihren Besitzern nur deshalb erstanden wurden, weil diese das Gefühl hatten, man sei ohne Computer heutzutage einfach nicht »in«. Bald stellte sich jedoch heraus, daß der stolze Eigentümer entweder überhaupt keinen Computer brauchte oder aber nicht damit umzugehen wußte.
Es folgt nun ein kleiner Abstecher ins Reich des Computer, und ich werde versuchen herauszuarbeiten, unter welchen Umständen ein Computer nützlich sein kann. Diese Diskussion ist natürlich nicht für Leute gedacht, die professionell mit Computern umgehen können oder die mit speziellen Funktionen wie Tabellenkalkulationen oder Datenbanken arbeiten. Sie haben meine Ratschläge nicht nötig. Ich hoffe jedoch, jenen ein bißchen helfen zu können, die von all dem Computerwirrwarr traumatisiert sind, vor allem in bezug auf Textverarbeitung.

Computer, Fax und Kopiergeräte

Textverarbeitung ist ein anderes Wort für Tippen. Der einzige Unterschied zwischen Text»verarbeitung« und einfachem Tippen besteht darin, daß bei der Textverarbeitung die getippten Worte nachträglich verändert oder »verarbeitet« werden können. Man kann sie entweder einzeln oder in Blöcken ändern, löschen, verschieben, in einen anderen Text übertragen, reproduzieren oder alles mögliche andere mit ihnen anstellen – durch einfaches Drücken einiger Tasten.
Es gibt vier Faktoren, die als Indikatoren dafür dienen können,

ob die Textbearbeitungsfunktion eines Computers wirklich ein wertvolles Arbeitsinstrument darstellt.

- Das *Textvolumen* ist ein Schlüsselfaktor. Es macht einen gewaltigen Unterschied, ob man ellenlange Texte in einen Computer eingibt oder ob man sie auf der Schreibmaschine tippt. Ich weiß das sehr gut, denn ich habe meine ersten Bücher noch auf einer Schreibmaschine getippt, während ich die überarbeitete Auflage dieses Buches und ein neues Buch über Organisationsstrategien für Führungskräfte auf Computer geschrieben habe. Das war eine echte Befreiung. Neuschreiben, Ausschneiden und Zusammenkleben gehören damit der Vergangenheit an.
- Der zweite Faktor, den man berücksichtigen sollte, ist das *einfache Korrigieren.* Natürlich werden Korrekturen immer komplizierter, je länger der Text ist, aber die Textverarbeitungsprogramme traten ihren Siegeszug nicht so sehr wegen der großen Textvolumina an, die sie bewältigen können, sondern vielmehr deshalb, weil Rechtsanwälte perfekte Texte ohne Ausbesserungen benötigten. Die Anwaltsbüros waren es, die die Entwicklung vorantrieben, weil juristische Dokumente peinlich korrekt ausgeführt sein müssen. Früher mußte die Sekretärin eine ganze Seite neu tippen, wenn sie einen Fehler gemacht hatte, oder der Anwalt nachträglich eine Änderung wünschte. Sie können sich also vorstellen, welche Erleichterung die neuen Korrekturmöglichkeiten bewirkten.
- Der dritte Faktor ist die *Reproduzierbarkeit.* Wenn Sie viele »Originale« versenden wollen oder ein- und derselbe Brief an verschiedene Leute geschickt werden soll, dann liegen Sie mit einem Computer genau richtig.
- *Mischen und abstimmen* ist ebenfalls ein wichtiger Faktor, der berücksichtigt werden sollte. Sie können Teile bestehender Dokumente neu kombinieren und dabei gleichzeitig neues Material einfügen. Nehmen wir zum Beispiel an, Sie

bereiten Schüler auf das Abitur vor. Sie arbeiten einen grundlegenden Unterrichtsplan aus und kombinieren die entsprechenden Einheiten für jeden einzelnen Studenten, können nach Bedarf aber auch neues Material in Ihren Lehrplan aufnehmen.

Ratschläge darüber zu erteilen, welchen Computer Sie kaufen sollten, würde den Rahmen dieses Buches sprengen. Ich würde empfehlen, zwei oder drei Computerläden aufzusuchen und sich von kompetenten Verkäufern beraten zu lassen. Fragen Sie auch fachkundige Freude und lesen Sie einschlägige Publikationen. Ergänzend kann ich Ihnen zwei Tips geben: Kaufen Sie erstens keinen Computer, dessen Kapazitäten über die Anwendungsbereiche hinausgehen, für die Sie ihn vorgesehen haben. Für reine Textverarbeitungsaufgaben brauchen Sie zum Beispiel kein Gerät, das blitzschnell komplizierte mathematische Berechnungen ausspuckt. Und greifen Sie zweitens nur dann zu einem Sonderangebot oder einem gebrauchten Computer, wenn Sie sich Ihrer Sache wirklich sicher sind. Aller Wahrscheinlichkeit nach werden Sie wie die meisten anderen Computerbenutzer den umfassenden Service und die Unterstützung brauchen, die große Computerfirmen anzubieten imstande sind.

Es gibt aber eine Menge Leute, die auch ohne Computer geschäftlich sehr erfolgreich sind. Viele Führungskräfte kommen ohne Computer aus und würden auch um keinen Preis einen anrühren. Sie müssen also nicht glauben, daß Sie unbedingt einen Computer brauchen, nur weil alle anderen einen haben.

Viele kleine Geschäftsleute entscheiden sich dafür, anstelle eines PCs eine elektronische Schreibmaschine beziehungsweise eine Schreibmaschine mit Speicher zu verwenden.

Eine elektronische Schreibmaschine ist eine Schreibmaschine und kein Computer. Sie spannen ein Blatt Papier ein, genau wie früher. Eine solche Schreibmaschine verfügt allerdings über eine Reihe computerisierter Funktionen wie Unterstreichen, Zentrieren und Randeinstellung, die sich durch ein paar Tasten aktivieren lassen.

Zusätzlich verfügt eine Schreibmaschine mit Speicher über eine Speicherkapazität von einigen Seiten Text, so daß Dokumente mehrfach ausgedruckt werden können. So habe ich zum Beispiel – normalerweise in Serien zu fünfzehn Stück – hundert Briefe verschickt, in denen ich Manager um ein Interview für ein neues Buch bat.

Sehr umfangreiche Texte bedeuten auf einer elektronischen Schreibmaschine offen gestanden mehr Arbeit als gerechtfertigt ist, aber gewöhnliche Tippfehler lassen sich mit einer solchen Schreibmaschine ganz leicht korrigieren.

Obwohl ich selbst meine Buchmanuskripte heute auf dem Computer schreibe, empfinde ich die elektronische Speicherschreibmaschine für den tagtäglichen Papierkram als gelungene Mischung zwischen High Tech und Altbewährtem.

Wie steht es mit einem Fax? Das Fax ist bis zu einem gewissen Grad eine Modeerscheinung. Die Leute mit kreativen Berufen, deren Klienten oder Kollegen schon sehnsüchtig auf ihre Texte oder Grafiken warten, wären ohne Fax wahrscheinlich schlecht dran. Auch in Gegenden, in denen Botendienste oder Expreßzustellung nicht immer klaglos funktionieren, sind sie auch von unschätzbarem Wert. Ansonsten sind jedoch Botendienste, die Post oder Expreßzustellung wahrscheinlich auch ausreichend. Wenn Sie aber gerne faxen und die anderen Sie gerne anfaxen, warum nicht?

Ob ein Kopiergerät für Sie von Nutzen ist, hängt davon ab, wieviel und was Sie kopieren. Wenn Sie in regelmäßigen Abständen jeweils Hunderte von Seiten zu kopieren haben, werden Sie sich wahrscheinlich kein modernes Kopiergerät anschaffen wollen, sondern weiterhin den Copyshop benutzen. Wenn Sie jedoch an den meisten Tagen nur fünf oder zehn oder zwanzig Seiten zu kopieren haben und Sie es zu anstrengend finden, nur dafür immer zwischen Copyshop und Büro hin- und herzulaufen, werden Sie ein eigenes kleines Kopiergerät sicherlich als Wohltat empfinden.

Arbeitsmaterial

In diesem Abschnitt geht es im Grunde darum festzustellen, welche Dinge Sie brauchen, damit Ihr Arbeitsbereich reibungslos funktioniert.
Wo immer dies möglich ist, würde ich empfehlen, Dinge en gros zu kaufen – genug für den aktuellen Verbrauch und zusätzliche Vorräte. So reichen zum Beispiel 500 Blatt weißes Schreibpapier, eine ganze Schachtel Kohlepapier und zwei Schachteln Kugelschreiber eine ganze Weile. Diese Vorräte können Sie in einen Schrank oder an einem anderen, etwas abgelegeneren Ort aufbewahren, wenn Sie nicht so viel Platz haben. Wenn Ihre Vorräte anfangen zur Neige zu gehen, notieren Sie die betreffenden Dinge in Ihrem Notizbuch und besorgen Sie bei Gelegenheit Nachschub.

- Adressenbuch oder Rolodex.
- Terminkalender. Der Terminkalender stellt einen sehr wichtigen Faktor in Ihrem persönlichen geschäftlichen Organisationssystem dar. Idealerweise sollte der Terminkalender klein genug sein, damit Sie ihn nicht nur am Schreibtisch benutzen, sondern auch gemeinsam mit Ihrem Notizbuch bei sich tragen können. Wenn Sie in Schreib- oder Bürowarengeschäften lange genug suchen, finden Sie vielleicht eine Kombination aus Notizbuch und Kalender, die handlich genug ist, um sie in der Akten- oder Handtasche bei sich zu tragen. In jedem Fall sollten die einzelnen »Terminfelder« groß genug sein, um Termine tatsächlich bequem eintragen zu können.
- Pinn-Wand. Wenn Sie in Ihrem Arbeitsbereich eine Pinn-Wand unterbringen können, so ist dies eine ideale Möglichkeit zum Sammeln von Notizen und Anbringen von Merkzet-

teln. Eine Korktafel, wie es sie in vielen Bastel- und Möbelgeschäften zu kaufen gibt, erfüllt diesen Zweck ausgezeichnet. Zum Befestigen gibt es dazugehörige Stifte.

- Kohlepapier, wenn Sie mit Schreibmaschine arbeiten. Ich empfehle, daß Sie sich von allen Geschäftsbriefen, die Sie schreiben, Kopien machen. Am bequemsten ist »Copyset«-Kohlepapier, bei dem das Durchschlagpapier mit dem Kohlepapier kombiniert ist. Nach dem Schreiben wird das Kohlepapier abgerissen und weggeworfen.
- Disketten und Diskettenbehälter.
- Computerpapier und Vorräte.
- Kopierpapier und Vorräte.
- Schreibtischlampe.
- Wörterbuch.
- Faxpapier und Vorräte.
- Aktenmappen. Aktenmappen im A4-Format sind einfacher zu handhaben als größere Formate. In jedem Fall empfehle ich Mappen, deren Reiter versetzt angebracht sind, so daß alle gut sichtbar sind.
- Etiketten für die Aktenmappen.
- Hängemappen (Pendaflex). Viele Leute ziehen sie vor; sie sind aber nicht unbedingt nötig und brauchen viel mehr Platz als normale Mappen.
- Brieföffner.
- Leuchtstifte. Man sollte sie in verschiedenen Farben bereit haben.
- Papierklammern, Normal- und Übergröße. Jeweils eine kleine Schachtel.
- Bleistiftspitzer. Wenn Sie oft Bleistifte benutzen, empfehle ich einen elektrischen Spitzer.
- Bleistifte und Kugelschreiber.
- Briefwaage (klein). Für große Poststücke.
- Manuskripthalter, um Texte während des Schreibens festzuhalten.

- Gummiringe. Kaufen Sie eine kleine Schachtel mit Gummiringen in verschiedenen Größen.
- Stempel und Stempelkissen. Diese Dinge müssen Sie nicht unbedingt haben, sie sind aber eine nette Idee. Viele Bürobedarfsläden fertigen Ihnen einen Stempel mit Ihrem Namen und Ihrer Adresse an, und Sie sparen teures Briefpapier mit persönlichem Briefkopf.
- Lineal.
- Schere.
- Konzeptpapier. Kaufen Sie einige linierte Blöcke für Briefentwürfe und Ideen.
- Klebeband und Halter.
- Briefmarken. Zusätzlich zu den normalen Briefmarken sollten Sie die richtige Frankierung für Sondergrößen zur Verfügung haben, wenn solche regelmäßig anfallen.
- Klammergerät, Klammermaschine, Klammerentferner.
- Briefpapier und Umschläge. Für die meisten Zwecke sind normales weißes Papier im A4-Format (Leinenbeimischung sorgt für bessere Qualität) und dazu passende Umschläge im Querformat ausreichend. Wenn Sie Briefpapier mit persönlichem Briefkopf verwenden, kaufen Sie trotzdem normales weißes Papier als Reserve und für allgemeine Zwecke. Kaufen Sie auch einige gepolsterte Kuverts in Übergrößen, wenn Sie umfangreiche Manuskripte, Zeitschriften usw. verschikken. Gepolsterte Kuverts für empfindliche Dinge können ebenfalls nützlich sein.
- Telefon. Lassen Sie bei Ihrem Schreibtisch eine Nebenstelle installieren oder besorgen Sie sich ein Schnurlostelefon.
- Papierkorb.
- Tippex.

VIER
Geld

Dieses Kapitel befaßt sich – für ein aus dem Amerikanischen übersetztes Buch zu diesem Thema naturgemäß – mit finanziellen Alltagsfragen in den USA. Nicht alle Ratschläge können wegen der unterschiedlichen Gebräuche oder Vorschriften ohne weiteres auf deutsche Verhältnisse übertragen werden (z. B. Schulgeld, Scheckverkehr, steuerliche Abschreibungsmöglichkeiten, Termine für Steuererklärungen usw.). Dieses Kapitel sollte daher als Anregung gelesen werden, wie die persönlichen Organisationsprobleme unter hiesigen Verhältnissen in abgewandelter Form bewältigt werden können. Im übrigen sind zahlreiche preiswerte Ratgeber zum Umgang mit Finanz- und Steuerfragen im Buchhandel erhältlich (Anm. d. Übers.)

8

Der Generalplan

»Ich weiß nicht, wohin mein Geld verschwindet. Ich verdiene doch gar nicht so schlecht. Ich lasse mir weder Kostüme schneidern noch fliege ich mit der Concorde nach Paris – wie kommt es also, daß ich immer knapp an der Armutsgrenze lebe?« Das ist das ewige Lied des lamentierenden Konsumenten. Spontane Extravaganzen sind aber gar nicht so sehr das eigentliche Problem. Die täglichen Fragen, auf die wir keine Antwort wissen, kommen der Sache schon näher: »Wohin verschwindet mein ganzes Geld?«– »Warum können sich andere Leute, die nicht mehr verdienen als ich, einen viel tolleren Urlaub leisten?«– »Wie kann ich mein Geld so verwalten, daß ich meine Lebensqualität verbessern kann?«

Die Antwort liegt in bewußten Entscheidungen: Setzen Sie Prioritäten, teilen Sie Ihre Ressourcen bewußt genau definierten Zwecken zu. Leider ist es überaus schwierig, finanzielle Prioritäten zu setzen. Die Kalamitäten, die sich schon einstellen, wenn man zwischen irgendwelchen simplen Alternativen wählen soll, multiplizieren sich angesichts der verlockenden und schier endlosen Möglichkeiten, die unsere Konsumgesellschaft uns allen täglich bietet.

Befriedigende Entscheidungen zu treffen, ist jedoch kein Ding der Unmöglichkeit. Wenn Sie oft von Geldsorgen geplagt sind, finden Sie in diesem Kapitel den Rahmen für einen Finanzplan, der sich für Ihre Familie und Sie selbst als äußerst nutzbringend erweisen wird. Das Durcharbeiten des folgenden privaten »finanzpolitischen« Leitfadens ist eine interessante und nützliche Übung, die Ihnen helfen wird, mit Ihrem Geld besser auszukommen, indem Sie gezwungen werden zu entscheiden, was Ihnen wichtig ist. Anderen Leuten mögen die Optionen, die für Sie höchste Priorität haben, seltsam oder eigentümlich erscheinen, aber solche persönliche Faktoren zu akzeptieren, ist eine unabdingbare Voraussetzung für einen wirklich funktionierenden Finanzplan.

Nehmen Sie einen Taschenrechner zu Hilfe, wenn Sie Ihren Finanzplan ausarbeiten. Ein einfaches Modell ist für diesen Zweck völlig ausreichend.

Ihr Finanzplanungsleitfaden

Notieren Sie auf einem Blatt Papier das Jahreseinkommen Ihres Haushalts – entweder das Nettoeinkommen, also das, was Ihnen von Ihrem Lohn oder Gehalt tatsächlich bleibt, oder das Bruttoeinkommen, wenn Sie Ihre Einkünfte aus anderen Quellen beziehen. Auf demselben Blatt listen Sie Ihre verschiedenen Ausgaben auf.

1. *Fixe Ausgaben.* Zu bezahlende Festbeträge. Dazu gehören:
   - Schuldenrückzahlungen (Bankkredite, Ratenzahlungen),
   - Versicherungsprämien,
   - Miet- oder Hypothekenzahlungen,
   - Steuern (das gilt nur, wenn die Steuer nicht einbehalten wird oder wenn Sie einkommensunabhängige Steuern wie Vermögenssteuer zahlen müssen).
2. *Flexible Ausgaben.* Ausgaben, über die Sie mehr Kontrolle haben. So muß man zum Beispiel zwar auf jeden Fall Lebensmittel kaufen, man hat bei den Ausgaben jedoch einen beträchtlichen Spielraum. Dasselbe gilt für die Haushaltskosten. Die wichtigsten flexiblen Ausgabenbereiche sind:
   - Auto,
   - Spenden,

- Bekleidung,
- Unterhaltung,
- Essen,
- Haushalt (Möbel, Geräte, Reparaturen etc.),
- Kapitalanlagen,
- persönliche Ausgaben,
- Ersparnisse,
- Schulgebühren,
- Reiseausgaben,
- Energiekosten.

Diese Aufzählung erhebt keinen Anspruch auf Vollständigkeit. Einige weitere Möglichkeiten sind: Bücher und Schallplatten, Geschenke, Arzt- und Zahnarztrechnungen (die von der Versicherung nicht gedeckt sind), Hobby- oder Sportausrüstungen. Achten Sie darauf, daß Sie die Kategorien ziemlich breit anlegen. Notieren Sie beispielsweise »Kosmetika« unter »Bekleidung« und Haushaltsartikel – Wasch- und Putzmittel, Küchenrollen usw. – unter »Lebensmittel«.

Sehen wir uns als Beispiel den Finanzplan einer »typischen« amerikanischen Familie an, bestehend aus John und Mary Michael mit ihrem kleinen Sohn Jimmy. John hat als stellvertretender Filialleiter einer Bank ein Bruttoeinkommen von 45 000 Dollar jährlich, und Mary, die im Einkauf eines Warenhauses beschäftigt ist, verdient 22 500 Dollar. Ihr gemeinsames Nettoeinkommen nach Steuern und Sozialversicherungsbeiträgen beträgt etwa 50 000 Dollar.[*])

* John und Mary sind beide Gehaltsempfänger, das heißt, daß ihnen die Steuer vor Auszahlung des Gehalts abgezogen wird. Sie müssen für diesen Zweck also kein Geld zur Seite legen. Wer die Steuern direkt zahlt, kann die entsprechenden Summen seinen Steuerabrechnungen entnehmen und sollte einen »Inflationsmalus« von 5 % aufschlagen.

Fixkosten

Als erstes notieren John und Mary die Beträge, die sie jedes Jahr für fixe Zahlungen aufwenden müssen. Die entsprechenden Zahlen sind unten aufgelistet. Sie ziehen von den 50 000 Dollar 13 030 Dollar ab – also die Fixkosten von ihrem gemeinsamen Nettoeinkommen – und haben danach noch 36 970 Dollar für flexible Ausgaben zur Verfügung.

Fixe Kosten	**jährlich**
Schulden – $ 278 monatlich für das Auto ($ 15 000 zu 11 % auf 5 Jahre)	$ 3300
Versicherungsprämien – Lebens-, Haushaltsversicherung usw. (Die Kranken- und Rentenversicherung ist vom Bruttoeinkommen schon abgezogen)	$ 3000
Hypothek – $ 308 monatlich ($ 100 000 zu 11 % auf 30 Jahre)	$ 3700
Steuern – Einkommensteuer von $ 3000 jährlich	$ 3000
Gesamte Fixkosten	**$ 13 030**

Flexible Ausgaben

Stufe 1: Schätzungen

Nun beginnt der unterhaltsame Teil. Aus der Liste der flexiblen Ausgaben wählen John und Mary jene Bereiche, die ihnen *besonders* am Herzen liegen – die Kategorien, denen sie im Bereich »Wichtig für mich« erste Priorität eingeräumt haben. Sie schreiben eine »1« neben jede dieser Kategorien und setzen unter Rücksichtnahme auf ihren aktuellen Einkommensrahmen fest, wieviel Geld sie jeweils dafür gerne aufwenden würden. Natürlich muß man das Einkommen dabei stets im Auge behalten; Sie können nicht $ 12 000 für Haushaltsausgaben einsetzen, wenn Ihr verfügbares Einkommen nur $ 15 000 beträgt. Aber lassen Sie Ihrer Phantasie dabei im Rahmen des Möglichen ruhig freien Lauf.

Beim Durchgehen der Liste in alphabetischer Reihenfolge stellt Mary fest, daß Bekleidung für sie ein Punkt erster Priorität ist. Sie zieht sich gern gut an, und ihr Job als Einkäuferin verlangt ein gepflegtes Erscheinungsbild. $ 2500 scheint für ihr Bekleidungsbudget nicht zu hoch angesetzt. John hingegen interessiert sich nicht für Kleidung. Ein neuer Anzug pro Jahr und ein paar Accessoires sind für ihn völlig ausreichend, also werden seine Ausgaben für Kleidung mit $ 1500 festlegt. Der siebenjährige Jimmy wächst sehr schnell, also schätzen John und Mary, daß er etwa $ 600 für Kleidung brauchen wird. Insgesamt wollen sie für Kleidung also 4600 Dollar ausgeben.

Als nächstes kommen die Schulausgaben. Jimmy ist überdurchschnittlich intelligent, und seine Lehrer haben empfohlen, daß er eine Schule für besonders begabte Kinder besuchen soll; in den USA muß dafür kräftig gezahlt werden. John und Mary sind sich einig, daß Jimmy diese Chance bekommen sollte, also räumen sie den $ 7000 Schulgebühren erste Priorität ein.

John bewertet die Ausgaben für gelegentliche Reisen als erstrangige Priorität für sich. Er meint, daß ein Tapetenwechsel ab und zu ein bißchen Erholung von seinem anstrengenden Job ermöglicht. Die Familie Michael fuhr bisher immer einmal im Jahr mit dem Auto auf Urlaub, und John machte meist zusätzlich eine oder zwei Kurzreisen allein. Sie vereinbaren daher, eine Gesamtsumme von $ 5000 für Reisen zu reservieren.

Als nächstes sind die Punkte mit zweiter Priorität an der Reihe, also jene Kategorien, für die sie gerne Geld ausgeben möchten, die ihnen aber nicht ganz so sehr am Herzen liegen. Der erste sind Spenden, also beschließen sie, dafür $ 1500 pro Jahr zu veranschlagen. Unterhaltung ist der nächste Punkt mit Priorität 2. John und Mary gehen nicht nur gerne aus und amüsieren sich, sondern

John ist auch der Meinung, daß ihm die Gastgeberrolle bei Parties dabei hilft, viele wertvolle geschäftliche Kontakte zu knüpfen. Sie überlegen, daß zwei größere Parties (die Ausgaben dafür können zum Teil von der Steuer abgesetzt werden) jeweils $ 600 kosten. Die Bewirtungskosten für Gäste belaufen sich auf etwa $ 1500. Daraus ergibt sich für den Unterhaltungsbereich eine Gesamtsumme von $ 3000.

Die Haushaltsausgaben sind die nächste Kategorie mit Priorität 2. Obwohl die Michaels für das kommende Jahr keine größeren Anschaffungen planen, findet Mary, daß das Wohnzimmer eine kleine Verjüngungskur gebrauchen könnte, und John will endlich einmal seine Werkstatt in Ordnung bringen. Sie vereinbaren, diese Ausgaben auf höchstens $ 4800 zu beschränken. Nach weiteren $ 1200 für Reparaturen und unerwartete Ausgaben bleibt eine »Haushalts«-Gesamtsumme von $ 6000.

Persönliche Ausgaben sind für John eine Kategorie zweiter Priorität. Er fühlt sich nicht wohl, wenn er weniger als $ 100 bei sich hat. Also setzt er sein persönliches Taschengeld mit $ 125 pro Woche an. Das ergibt eine Jahresgesamtsumme von $ 6500. Mary legt auf das Taschengeld nicht so viel Wert – also stellt sie es als Priorität 3 zurück.

Schließlich kommen John und Mary zu den verbleibenden Bereichen, die alle mit Priorität 3 eingestuft sind. Diese Kategorien können zwar objektiv gesehen von entscheidender Bedeutung sein – so muß jedermann essen, und für viele Leute ist ein Auto beinahe ebenso wichtig. Aber der entscheidende Faktor ist hier, wieviel Ihnen – abgesehen von ihrer objektiven Notwendigkeit – an einer Sache liegt.

Der erste Punkt mit Priorität 3 auf der Liste der Michaels ist das Auto. Für John und Mary ist ein Auto nichts weiter als ein Transportmittel. Ihr Auto ist nicht neu – im vergangenen Jahr fielen etwa $ 3000 an Servicekosten an – aber sie sind der Meinung, daß es für die 25 Meilen, die John täglich auf dem Weg zur Arbeit zurücklegen muß, völlig ausreicht. Eine Summe von

$ 1095 für Benzin und Servicekosten (die Versicherung fällt in die Kategorie »Versicherungsprämien« in der Fixkostenliste) scheint ihnen auszureichen.

Das Essen ist kein so großes Problem, da die Michaels gern einfach essen. Sie vereinbaren also, innerhalb ihres derzeitigen Rahmens von $ 150 pro Woche für die ganze Familie zu bleiben. Das ergibt eine Jahresgesamtsumme von $ 7800.

Sie beschließen, alle Kapitalanlagen und die Aufwendungen für das Sparen gemeinsam zu behandeln. (In einem detaillierteren Finanzplan könnten Sparen und Kapitalanlagen zwei verschiedene Kategorien sein, weil sie geringfügig anderen Zwecken dienen). John und Mary fühlen sich relativ gut abgesichert – sie haben ausreichende Versicherungen abgeschlossen, sie sind im Rahmen ihrer beruflichen Tätigkeit rentenversichert, und sie haben einige Tausend Dollar auf ihrem Bankkonto. Es ist ihnen bewußt, daß sie in einigen Jahren intensiv für Jimmys Collegeausbildung und ihre eigene Zukunft zu sparen beginnen müssen, aber noch kommen sie mit ihrer derzeitigen Sparquote von $ 150 pro Monat oder $ 1800 pro Jahr so einigermaßen über die Runden.

Marys persönliches Taschengeld, das vorher unter den Tisch fiel, wird nun mit $ 75 angesetzt. Davon bezahlt sie das Mittagessen in der Firmenkantine und beteiligt sich mit $ 15 an einer Fahrgemeinschaft. Die Jahresgesamtsumme beträgt $ 3900.

Zum Schluß bleiben noch die Haushaltskosten, der Punkt, der John und Mary am wenigsten interessiert. Dafür sind monatlich durchschnittlich $ 200 aufzuwenden (einschließlich Telefon, Strom, Gas und Wasser), jährlich also insgesamt $ 2400.

Es folgt eine Aufzählung der flexiblen Ausgaben:

Priorität	Posten	Betrag
3	Auto	$ 1095
2	Spenden	$ 1500
1	Bekleidung	$ 4600
2	Unterhaltung	$ 3000
3	Essen und Trinken	$ 7800
2	Haushaltausgaben (Möbel, Geräte usw.)	$ 6000
3	Sparen/Kapitalanlagen	$ 1800
2	Persönliches Taschengeld (John)	$ 6500
3	Persönliches Taschengeld (Mary)	$ 3900
1	Schulgeld für Jimmy	$ 7000
1	Reisen	$ 5000
3	Haushaltsbetriebskosten	$ 2400
	Gesamt	**$ 50 595**

»Mein Gott, das ist ja furchtbar«, sagte John völlig perplex zu Mary, »wir haben doch nur $ 36 970 verfügbares Einkommen – uns fehlen also $ 13 625.«

Mary ließ sich nicht so leicht aus der Ruhe bringen. »Trotzdem war es gut, daß wir diese Aufstellung gemacht haben. Nun wissen wir, wieviel Geld wir gern ausgeben würden, und zweitens haben wir festgelegt, welche Bereiche uns wirklich wichtig sind. Nun können wir uns auf diese Unterlagen stützen und versuchen, unsere Wünsche mit unserem tatsächlichen Einkommen in Einklang zu bringen, und zwar so, daß uns trotzdem noch Geld für die Dinge übrigbleibt, die uns wirklich wichtig sind.«

Stufe 2: Kostenreduzierungen

Der nächste Schritt für die Michaels besteht darin, die Punkte dritter Priorität durchzugehen und zu versuchen, die dafür vorgesehenen Beträge um gut ein Drittel zu kürzen. Danach wollen sie besprechen, wie die Kosteneinsparung verkraftbar werden soll.

- *Auto.* Sie beginnen, indem sie ihre ursprüngliche Kostenschätzung von \$ 1095 um ein Drittel auf \$ 730 reduzieren. Die \$ 1095 gehen davon aus, daß John täglich einen Arbeitsweg von 25 Meilen zurückzulegen hat. Dafür braucht er durchschnittlich 30 Liter Benzin pro Woche, was bei einem Benzinpreis von etwa 30 Cents pro Liter \$ 475 pro Jahr ergibt. Sie schätzen, daß sie für Privatfahrten weitere \$ 338 (etwa 25 Liter pro Woche) brauchen. Die verbleibenden \$ 282 entfallen auf Servicekosten. John hat nun die Idee, bei einer Fahrgemeinschaft seiner Kollegen mitzumachen. Bei diesem Arrangement fährt er nur jede dritte Woche mit seinem eigenen Wagen. Dadurch sinken seine Fahrtkosten auf \$ 317. Da das Auto nicht mehr so oft benutzt wird, kann der Serviceposten um \$ 52 auf \$ 230 reduziert werden. Außerdem vereinbaren sie, wesentlich weniger Privatfahrten zu machen. Die Familie geht gern fischen, und bis jetzt sind sie beinahe jedes freie Wochenende zu einem 80 km entfernten See gefahren. Aber nun wollen sie zu einem anderen See fahren, der nur 20 km entfernt ist, und nur alle zwei Monate als besonderes Vergnügen zu dem weiter entfernten See. Das würde gemeinsam mit weniger Autofahrten an Wochenenden eine Kostenersparnis von \$ 750 bedeuten.
- *Essen und Trinken.* Eine Reduktion der Aufwendungen für diesen Posten von \$ 7800 auf \$ 5200 – eine Einsparung von \$ 2600 – scheint auf den ersten Blick sehr gravierend. Die sich ergebenden Einsparungen von \$ 50 pro Woche scheinen da schon weniger bedrohlich. Es bleibt ein wöchentliches Lebensmittelbudget von \$ 100. Die Michaels sind zuversichtlich, daß sie damit durchkommen werden. Sie vereinbaren, verschiedene Möglichkeiten auszuprobieren: billigere Lebensmittel zu kaufen, Sonderangebote in großen Mengen einzufrieren, selbst einzukochen und zu konservieren, kreativ zu sein und womöglich direkt beim Großhändler einzukaufen, einer Lebensmittelkooperative beizutreten und Obst und

Gemüse teilweise im eigenen Garten zu ziehen. Durch solche Tricks läßt sich ziemlich viel Geld sparen, aber sie sind auch zeitintensiv. Fertiggerichte und das schnelle Steak zum Abendessen kommen in diesem Fall praktisch nicht mehr in Frage. Das heißt, daß die Vor- und Nachteile gegeneinander abgewogen werden müssen. (Tips für rationelle Ernährungsplanung und kostengünstige Kochrezepte finden Sie in Kapitel 16, Seite 336).

- *Sparen/Kapitalanlagen.* John und Mary sind der Meinung, daß es unklug sei, weniger als $ 120 monatlich zu sparen. Also senken sie ihre Sparquote auf $ 1440, anstatt sie radikal auf $ 1200 zu kürzen.
- *Persönliches Taschengeld (Mary).* Marys wöchentliches Taschengeld von $ 75 auf $ 50 zu reduzieren, erscheint den beiden zu extrem. Also einigen sie sich auf $ 65 oder eine Jahressumme von $ 3380.
- *Haushaltsbetriebskosten.* Die ursprüngliche Summe von $ 2400 basiert auf den aktuellen Teilzahlungen von $ 125 monatlich für Strom, Gas, Wasser und einer durchschnittlichen Telefonrechnung von $ 75. John und Mary versuchen, Strom zu sparen, und sie beschließen, in Zukunft noch mehr Stromspartips zu befolgen. Durch solche kleinen Einsparungen könnte die Stromrechnung auf $ 100 pro Monat gesenkt werden.

Das eigentliche Problem ist jedoch die Telefonrechnung. Mary führt jeden Monat Ferngespräche mit ihrer Schwester Louise, was mit etwa $ 40 zu Buche schlägt. Aber als John meint, sie solle die Telefonate reduzieren und statt dessen Briefe schreiben, wird Mary ärgerlich. Offensichtlich haben die Telefonatee ine höhere Priorität als ursprünglich angenommen. Sie überlegen, ob sie Louise bitten sollen, sich an den Kosten zu beteiligen, aber da Louise ihrerseits Mary etwa ebensooft anruft, ist ihre Telefonrechnung wahrscheinlich gleich hoch. Also beschließen sie, die Ferngespräche beizubehalten, aber die verbleibenden $ 35 zu kürzen, indem sie Ortsgespräche auf eine Einheit beschränken. So können sie die monatliche Telefonrechnug auf $ 60 hinunterschrauben. Das bedeutet, daß die Betriebskosten auf nur $ 1920 anstatt der angestrebten $ 1600 gesenkt werden können.

Bei den zweitrangigen Prioritäten gehen John und Mary in gleicher Weise vor. Diesmal reduzieren sie die Summen allerdings nur um ein Viertel anstatt um ein Drittel, da sie bei den wichtigeren Kategorien mehr Spielraum haben möchten.

- *Spenden.* Mary kommt zu der Erkenntnis, daß sie ihre Barspenden (auf die sie schon deshalb nicht verzichten wollen, weil sie steuerlich absetzbar sind) von derzeit $ 1500 auf $ 1125 reduzieren können, weil sie ohnehin selbst an ihren Lieblingsprojekten mitarbeitet und karitativen Einrichtungen Second-Hand-Kleidung und gebrauchte Geräte spendet.
- *Unterhaltung.* Durch die 25%ige Einsparung wird das Unterhaltungsbudget um $ 750 auf $ 2250 gekürzt. John und Mary hatten für das Jahr ursprünglich zwei Parties geplant, aber nun entscheiden sie, daß eine auch genug ist. Den Rest sparen sie ein, indem sie billigere Theaterkarten kaufen und sich auch sonst ein bißchen einschränken.
- *Haushaltsausgaben.* Um die Haushaltskosten von derzeit $ 6000 auf $ 4500 zu senken, müssen die Michaels den »Haushaltsreservefonds« von $ 1200 auf $ 1000 kürzen. Sie beschließen, einige nötige Reparaturen selbst durchzuführen, und Mary wird eine alte Freundin, die Näherin ist, bitten, die Polstermöbel neu zu beziehen. Als Gegenleistung wird sie von Mary in modischen Dingen beraten. Sie verschieben den Kauf der weniger wichtigen Einrichtungsgegenstände für das Wohnzimmer auf nächstes Jahr.
- *Persönliches Taschengeld (John).* John gibt zu, daß er möglicherweise mit etwas weniger als $ 125 pro Woche auskom-

men kann. Also vereinbaren sie als Kompromiß $ 100, wodurch sich dieser Posten auf insgesamt $ 5200 reduziert.

Bei den erstrangigen Prioritäten ist es besser, mit Kreativität und Flexibilität ans Werk zu gehen, anstatt sich feste Einsparungen vorzunehmen.

- *Bekleidung.* John glaubt, für Kleidungszwecke mit $ 1100 anstatt mit $ 1500 auskommen zu können. Auch Jimmy wird von $ 600 auf $ 450 hinuntergestuft. Wie viele Paar Jeans und Turnschuhe kann ein kleiner Junge auftragen? Bei Mary ist das Problem ein bißchen gravierender, weil Kleidung für sie eine Priorität ersten Ranges ist. Sie senkt ihr Kleidungsbudget durch sorgfältige Garderobeplanung und kreatives Einkaufen auf $ 2000. Sie wird nicht nur die günstigen Einkaufsmöglichkeiten in dem Warenhaus nützen, in dem sie arbeitet, sondern sie wird auch mit unkonventionellen Möglichkeiten wie Second-Hand-Shops, Discountläden und Ab-Fabrik-Verkauf experimentieren. Das Kleidungsbudget der Michaels schrumpft so auf $ 3550.
- *Jimmys Schulgebühren.* Es gibt zwar eine fixe Schulgebühr von $ 7000, aber John und Mary erwägen die Möglichkeit, einen Studienkredit oder ein Stipendium zu bekommen.
- *Reisen.* Autotouren sind eine relativ kostengünstige Form des gemeinsamen Reisens, aber John fährt dann und wann gerne einmal allein weg. Wenn die Familie mit Rucksack und Kanu unterwegs ist, was nicht mehr als $ 1500 kostet, kann John eine exquisite Dreitagesreise um $ 1500 und einen weiteren Ausflug um $ 750 unternehmen. Auf diese Weise wird das Reisebudget von $ 5000 auf $ 3750 gekürzt.

Nach der ersten Runde derartiger Budgetkürzungen sieht die neue Liste der Michaels so aus:

Posten	Betrag
Auto	$ 730
Spenden	$ 1125
Kleidung	$ 3550
Unterhaltung	$ 2250
Essen und Trinken	$ 5200
Haushaltsausgaben (Möbel, Geräte usw.)	$ 4500
Sparen/Kapitalanlagen	$ 1440
Persönliches Taschengeld (John)	$ 5200
Persönliches Taschengeld (Mary)	$ 3380
Jimmys Schulgebühren	$ 7000
Reisen	$ 3750
Haushaltskosten	$ 1920
Gesamt	**$ 40 045**

Nun liegen sie $ 3075 über ihrem verfügbaren Einkommen von $ 36 970. Das ist schon viel besser als die ursprüngliche Differenz von $ 13 625, aber trotzdem ist eine zweite Kürzungsrunde erforderlich.

Stufe 3: Die letzten Einsparreserven

- *Auto.* In dieser Kategorie sind keine weiteren Einsparungen möglich.
- *Spenden.* Widerwillig senken die Michaels ihr Spendenbudget auf das absolut für sie vertretbare Minimum von $ 900.
- *Kleidung.* Marys Budget von $ 2000 scheint immer noch zu hoch zu sein. Sie kann auch mit $ 1500 auskommen. Auch John und Jimmy müssen kleine Einbußen hinnehmen. So kann das gesamte Kleidungsbudget auf $ 2750 gesenkt werden.
- *Unterhaltung.* John und Mary beschließen, an den $ 2750 festzuhalten.

- *Haushaltsausgaben.* Eine Kürzung auf $ 4000.
- *Sparen/Kapitalanlagen.* Keine Reduktion möglich.
- *Persönliches Taschengeld.* John und Mary beschließen eine Senkung ihrer gemeinsamen Taschengeldausgaben um $ 1000.
- *Jimmys Schulgeld.* Keine Kürzung möglich.
- *Reisen.* Um diesen Punkt gibt es einige Diskussionen, da es für John so viel bedeutet, sich ein paar Mal im Jahr einen Tapetenwechsel zu leisten. Da Reisen Mary ziemlich kalt lassen, beschließen die Michaels, dieses Jahr auf den gemeinsamen Familienurlaub zu verzichten. Jimmy kann an einem Tagescamp für Kinder teilnehmen, das $ 500 kostet. John wird jedoch auf seine beiden Reisen, die $ 1500 und $ 750 kosten, nicht verzichten. Auf diese Weise schrumpft das Urlaubsbudget auf $ 2750.
- *Haushaltsbetriebskosten.* Keine weiteren Einsparungen möglich.

Durch die letzten Kürzungen ist das Budget der Michaels nun noch schlanker geworden. Ihr Budget beträgt nun $ 36 520 und liegt damit um $ 450 unter ihrem verfügbaren Einkommen von $ 36 970! John und Mary beschließen auch, sich um ein Stipendium für Jimmys Schule zu bemühen. Sollten sich hier irgendwelche Einsparungen ergeben, werden sie auf das Sparkonto fließen.

Bei der Erstellung Ihres persönlichen Finanzplans sollten Sie daran denken, daß die Entscheidungen, die John und Mary getroffen haben, keineswegs auch für Sie gelten müssen. Vielleicht finden Sie sie überhaupt nicht gerechtfertigt! Möglicherweise sind Sie der Meinung, John sei egoistisch, weil er auf seinen Reisen besteht, aber da er in allen anderen Bereichen Flexibilität gezeigt hat, sollten man ihm in diesem für ihn wichtigen Punkt ruhig Zugeständnisse machen.

Posten	Betrag
Auto	$ 730
Spenden	$ 900
Kleidung	$ 2750
Unterhaltung	$ 2250
Essen und Trinken	$ 5200
Haushaltsausgaben (Möbel, Geräte usw.)	$ 4000
Sparen/Kapitalanlagen	$ 1440
Persönliches Taschengeld (John u. Mary)	$ 7580
Jimmys Schulgebühren	$ 7000
Reisen	$ 2750
Haushaltskosten	$ 1920
Gesamt	**$ 36 520**

Gleichgültig, wie unlogisch Ihre Prioritäten anderen Leuten auch erscheinen mögen – Sie haben ein gutes Recht darauf, solange Sie kompromißfähig und dazu bereit sind, sich in anderen Punkten einzuschränken, um die relative Freiheit, die Sie in einem für Sie besonders wichtigen Bereich genießen, wieder wettzumachen.

Dies sind die Voraussetzungen für die nun folgende kurze Zusammenfassung des Finanzplanungsverfahrens.

Schritt für Schritt

1. Notieren Sie das Jahreseinkommen Ihres Haushaltes – entweder netto (also das, was Sie herausbekommen), wenn Sie Ihr gesamtes Einkommen aus Löhnen oder Gehältern beziehen, oder brutto, wenn es aus anderen Quellen stammt.
2. Teilen Sie Ihre gesamten Ausgaben in zwei Hauptkategorien ein: »Fixkosten« und »flexible Ausgaben«.
3. Addieren Sie die Jahresausgaben der Kategorie »Fixkosten«

und ziehen Sie sie von den Gesamteinkünften ab. Die verbleibende Restsumme steht für die flexiblen Ausgaben zur Verfügung.

4. Gehen Sie die Liste der »flexiblen Ausgaben« durch und stellen Sie fest, welche Kategorien für die einzelnen Haushaltsmitglieder am wichtigsten sind. Markieren Sie diese mit »Nr. 1« und überschlagen Sie unter Berücksichtigung Ihres verfügbaren Einkommens rasch, wieviel Geld Sie für die einzelnen Posten aufwenden wollen.
5. Ermitteln Sie die zweitrangigen Prioritäten und setzen Sie die Wunschbeträge für diese Posten fest.
6. Gehen Sie bei den Punkten mit dritter Priorität in gleicher Weise vor.
7. Addieren Sie alle »flexiblen Ausgaben«. Wenn die Gesamtsumme unter Ihrem verfügbaren Einkommen, wie es in Stufe 3 ermittelt wurde, liegt, dann herzlichen Glückwunsch! Sie werden mit Ihrem Geld zurechtkommen. Wenn die Gesamtsumme Ihr verfügbares Einkommen jedoch überschreitet, gehen Sie zum nächsten Schritt über:
8. Verfahren Sie mit allen drittrangigen Prioritäten wie folgt:

   a. Ziehen Sie von der ursprünglich vorgesehenen Summe ein Drittel ab. Wenn Sie zum Beispiel für eine drittrangige Priorität $ 900 vorgesehen hatten, kürzen Sie die entsprechende Summe auf $ 600.

   b. Überlegen Sie, was Sie bei diesen Posten konkret einsparen könnten, damit Sie diese Summe nicht überschreiten.
9. Verfahren Sie mit allen zweitrangigen Prioritäten wie folgt:

   a. Ziehen Sie ein Viertel von allen ursprünglich festgesetzten Summen ab. Wenn Sie zum Beispiel für eine zweitrangige Priorität ursprünglich $ 1000 vorgesehen hatten, kürzen Sie die Summe nun auf $ 750.

   b. Überlegen Sie, was Sie bei diesem Posten einsparen könnten, damit Sie mit dieser Summe auskommen.
10. Verfahren Sie mit allen erstrangigen Prioritäten wie folgt:

Nehmen Sie keine radikalen Kürzungen vor, sondern überlegen Sie, wie Ihre Bedürfnisse auch innerhalb eines bescheideneren finanziellen Rahmens befriedigt werden können.

11. Ermitteln Sie die Gesamtsummen für die Prioritäten 1., 2. und 3. Ranges. Wenn Sie nun innerhalb Ihres verfügbaren Einkommenrahmens (der in Stufe 3 ermittelten Gesamtsumme) liegen – wunderbar. Sie haben es geschafft! Falls nicht:
12. Gehen Sie die Liste nochmals durch und nehmen Sie so viele Einsparungen vor wie möglich, verlieren Sie aber dabei Ihre Prioritäten niemals aus den Augen. Versuchen Sie, das Budget für Ihre erstrangigen Prioritäten, also für diejenigen Punkte, an denen Ihnen am meisten liegt, so großzügig wie möglich zu halten. Machen Sie weiter, bis Sie innerhalb Ihrer Einkommensgrenze liegen.

Sie haben nun einen grundlegenden Finanzplan ausgearbeitet, der für lange Zeit seine Gültigkeit behalten wird. Ich empfehle, daß Sie jedes Jahr eine Anpassung vornehmen, und zwar am besten zur Zeit der Steuererklärung, weil Sie dann den besten Überblick über Ihre finanzielle Situation haben. Dabei werden Einkommenserhöhungen und -senkungen, zurückgezahlte Kredite oder veränderte Prioritäten berücksichtigt. Das Budget ändert sich mit den sich wandelnden Lebensbedingungen.

9

Die Finanzverwaltung

Viele Leute beginnen zu verzagen, wenn es um die Bewältigung ihrer eigenen finanzbürokratischen Arbeiten geht. Eine meiner Klientinnen pflegte ständig ihre Rechnungen zu verlegen, sie kannte nie ihren Kontostand und lebte unter der ständigen Bedrohung, daß ihr jeden Moment der Strom abgedreht werden konnte. In ihrer Verzweiflung entschloß sie sich schließlich zu folgendem System: Sie überwies der Elektrizitätsgesellschaft von Zeit zu Zeit $ 100, in der Hoffnung, daß damit ihre Rechnungen bezahlt sein würden. Wir entwickelten jedoch ein einfacheres und verläßlicheres System für sie, und Sie können dasselbe für Ihre Zwecke tun. Ein Zeitaufwand von einigen Stunden einmal pro Monat ist völlig ausreichend für die Abwicklung aller finanziellen Transaktionen.

Wer kümmert sich um die Rechnungen?

Vor gar nicht allzu langer Zeit schien es, als ob der Mann aufgrund seiner genetischen Determination für Dinge wie die Verwaltung des Geldbeutels und das Hinaustragen von Mülleimern prädestiniert sei, während es den Frauen aufgrund ihrer genetischen Anlagen bestimmt sei, das Geld auszugeben und sich ihrer Schönheit zu widmen.

Glücklicherweise haben sich die Zeiten geändert, und heute hindert uns nichts mehr daran, nach Belieben aus den althergebrachten Rollenbildern auszuscheren und unser Leben nach unseren unterschiedlichen Fähigkeiten und Neigungen auszurichten.

Bei Ehepaaren sollte ein Partner die Rolle des »Controllers« der gemeinsamen Familienausgaben übernehmen. Bevor wir nun bestimmen, wer das sein soll, wollen wir uns die Rechte und Pflichten dieser Kontrollperson kurz ansehen, um feststellen zu können, welcher Partner besser für diese Aufgabe geeignet ist.

Erstens ist der Controller für das Sammeln und Aufbewahren von Bankauszügen und Rechnungen etc. verantwortlich, und er/sie muß sie auch zeitgerecht bezahlen und ablegen. Zweitens muß er/sie die Schecks bzw. Überweisungen ausstellen und das gemeinsame Scheckbuch verwalten bzw. die Überweisungsbelege abheften. Seine/ihre Aufgabe besteht darin, die Auszüge und Kapitalanlageempfehlungen zu überprüfen, um sicherzustellen, daß alle Transaktionen ordnungsgemäß abgewickelt wurden.

Bei der Wahl des Controllers sollten Sie daran denken, daß es durchaus einen Unterschied macht, ob jemand über das Talent verfügt, in Kapitalanlagefragen gewieft zu agieren, oder ob er imstande ist, verläßlich Rechnungen einzuzahlen und Bankauszüge zu kontrollieren, was ja ganz andere Fähigkeiten erfordert. Es ist auch kein Eignungskriterium, wer am Monatsende den größeren Scheck nach Hause bringt.

Der Controller ist in der Praxis der Verwalter des Geldes, aber er ist nicht unbedingt derjenige, der die finanziellen Entscheidungen trifft – es sei denn, beide Partner hätten vereinbart, einer von ihnen sei für die finanziellen Entscheidungen verantwortlich. In jedem Fall sollten größere Entscheidungen in bezug auf das Einkaufs- und Schuldenverhalten von beiden Partnern gemeinsam getroffen werden. Ein ausführliches Gespräch darüber, was Geld für jeden von Ihnen bedeutet, ab welcher Höhe Ihnen Schulden Kopfzerbrechen machen und wie Sie Ihre Geldangelegenheiten im allgemeinen abwickeln und organisieren wollen, ist von größter Wichtigkeit.

Gleichgültig, wem die Rolle des Controllers letzten Endes zufällt – ich empfehle auf jeden Fall nachdrücklich, daß beide Parteien nach jeder monatlichen Abrechnung die Ausgaben und abgewickelten Transaktionen gemeinsam durchgehen. Es ist nicht die eigentliche Aufgabe des »Prüfers«, buchhalterische Fehler festzustellen (obwohl das natürlich in keinem Fall von Nachteil ist). Der Prüfer sollte vor allem mit Informationen versorgt werden, und zwar aus drei Gründen:

- Erstens: Wenn nur ein Haushaltsmitglied mit Geldangelegenheiten befaßt ist, so besteht die Gefahr, daß diese Person Kürzel oder Codes entwickelt, die für Außenstehende nicht verständlich sind. Marianne kennzeichnet zum Beispiel jede mit Kreditkarte getätigte Ausgabe getreulich mit Buchstaben: »A« steht für Haushaltsausgaben (weil sie in der Ahornallee wohnen), »U« für Unterhaltung, »S« für steuerabzugsfähige Posten nebst einigen anderen Kategorien. Diese Summen werden von einem aus verschiedenen Konten – je nach Art der Rechnung – gespeisten Rechnungskonto bezahlt. Sollte Marianne jemals von einem Zugunglück oder einer anderen Katastrophe hinweggerafft werden, würde sie in den Kreditkartenhimmel eingehen, ohne daß ihre Codes jemals entschlüsselt werden könnten.

An diesem Beispiel können Sie sehen, wie wichtig es ist, daß der Partner dem Controller über die Schulter blickt und fragt: »Was soll dies sein? Was soll das hier heißen?«

- Zweitens liegt es im Wesen der menschlichen Natur, daß jemand, dessen Aktivitäten nicht kontrolliert werden, mit der Zeit davon ausgeht, daß dies der Normalzustand sei. Das heißt, es besteht die Gefahr, daß Entscheidungen immer autokratischer gefällt werden, wenn der Kontrollperson niemand auf die Finger sieht.
  Greg und Anita beschlossen zum Beispiel, daß Greg der Controller sein sollte. Bereits nach einem halben Jahr hatte Anita völlig den Überblick über die finanziellen Transaktionen verloren, denn Gregs Antwort auf ihre Fragen lautete

unweigerlich: »Hör mal, ich kann dir das jetzt nicht erklären, aber ich hab' alles unter Kontrolle.« Dem war allerdings nicht so, denn Greg hatte Kredite aufgenommen, die ihre finanziellen Möglichkeiten überstiegen, und so gerieten sie sich mehrmals in die Haare, bevor es ihnen schließlich gelang, alles wieder in Ordnung zu bringen.

- Der dritte Grund, warum man es unbedingt vermeiden sollte, die finanziellen Familienangelegenheiten zur Gänze einem Partner zu übertragen, liegt darin, daß man auch an die Zukunft denken muß. Viele meiner Klientinnen sind ältere Frauen, deren Männer kürzlich verstorben sind. Obwohl viele von ihnen wohlhabend sind, haben sie oft keinerlei Vorstellung davon, wo ihr Geld liegt, wie man Rechnungen oder Steuern bezahlt oder andere alltägliche Geldangelegenheiten erledigt! Nicht genug damit, daß sie ihren Mann verloren haben und unter großer emotionaler Belastung stehen, fühlen sie sich zu allem Überfluß auch noch völlig hilflos und desorientiert.

Der Aufbau des Systems

Wenn Sie nach der Anleitung in Kapitel 8 einen Finanzplan ausgearbeitet haben, sollten Sie sich nun eine monatliche Tabelle erstellen, anhand derer Sie überprüfen, ob Ihre tatsächlichen Ausgaben mit den Richtlinien Ihres Plans übereinstimmen. Auch hier orientieren wir uns am Beispiel von John und Mary Michael.

1. Dividieren Sie das Gesamtjahresbudget durch zwölf und runden Sie es ab. Nachstehend ist die Aufschlüsselung der Michaels aufgelistet:

Ausgaben	Jährlich	Monatlich
Auto	$ 730	61
Spenden	$ 900	75
Kleidung	$ 2750	230
Unterhaltung	$ 2250	188
Essen & Trinken	$ 5200	433
Haushaltsausgaben		
(Möbel, Geräte, etc.)	$ 4000	333
Sparen/Kapitalanlagen	$ 1440	120
Persönliches Taschengeld		
John und Mary)	§ 7580	632
Jimmys Schulgebühren	§ 7000	584
Reisen	§ 2750	230
Haushaltskosten	§ 1920	160
Gesamt	$ 36 520	3046

2. Listen Sie die Kategorien Ihrer *flexiblen* Ausgaben in einer »Ermessenstabelle« auf. *Das gilt nur für Leute, die mit einem Finanzplan arbeiten;* es ist außerdem eine gute Methode, um auf monatlicher Basis einen Überblick die flexiblen Ausgaben zu behalten. Nehmen Sie das Budget für einen Monat – sagen wir, $ 32 für Autokosten, und tragen Sie es in der oberen Hälfte des Januar-Kästchens ein. Die untere Hälfte lassen Sie frei. Verdoppeln Sie die Summe und tragen Sie $ 64 in die obere Hälfte des Februar-Kästchens ein. Weitere $ 32 für März machen $ 96, und so weiter für alle restlichen Monate des Jahres. Nehmen Sie dazu einen Taschenrechner zu Hilfe.
   Tragen Sie die geschätzten monatlichen Summen rot ein, damit Sie sie von den tatsächlichen Ausgaben, die dann in die untere Hälfte der Kästchen eingetragen werden, unterscheiden können.

Die Ausgaben der Michaels sind in Tabelle 1 dargestellt.

	Jan	Feb	Mär	Apr	Mai	Juni	Juli	Aug	Sep	Okt	Nov	Dez
Auto	61	122	183	244	305	366	427	488	549	610	671	732
Spenden	75	150	225	300	375	450	525	600	675	750	825	900
Kleidung	230	460	690	920	1150	1380	1610	1840	2070	2300	2530	2760
Unterhaltung	188	376	564	752	940	1128	1316	1504	1692	1880	2068	2256
Essen & Trinken	433	866	1299	1732	2165	2598	3031	3464	3897	4330	4763	5196
Haushalt	333	666	999	1332	1665	1998	2331	2664	2997	3330	3663	3996
Reisen	230	460	690	920	1150	1380	1610	1840	2070	2300	2530	2760
Haushaltsbetriebskosten	160	320	480	640	800	960	1120	1280	1440	1600	1760	1920

Tabelle 1: Die Tabelle der Michaels für flexible Ermessungsausgaben

3. *Ob Sie mit einem Finanzplan arbeiten oder nicht* – machen Sie sich eine zusätzliche Tabelle, in die Sie die monatlichen oder vierteljährlichen Fixkosten eintragen (siehe Tabelle 2). In diese Tabelle werden all jene Ausgabenposten eingetragen, die in regelmäßigen Abständen und in bestimmter Höhe zu bezahlen sind, wie beispielsweise Schuldenrückzahlungen oder Kreditraten, regelmäßige Sparbeträge, Miet- oder Hypothekenzahlungen, Steuern und Versicherungsprämien. Die Sternchen in den Spalten für »Steuern« und »Versicherungen« kennzeichnen die Monate, in denen die entsprechenden vierteljährlichen Zahlungen zu leisten sind. Die Daten für die Bezahlung der Versicherungsprämien richten sich natürlich nach den jeweiligen Policen. Wie diese Tabelle verwendet wird, erfahren Sie weiter hinten in diesem Kapitel.

Verschiedene Methoden für den Umgang mit Geld

Ich empfehle, daß Sie mindestens drei Bankkonten unterhalten:

1. *Sparen.* Wenn Sie verheiratet sind, sollten Sie ein gemeinsames Sparkonto haben. Wenn ein Partner aus irgendeinem Grund ausfällt, hat der andere unmittelbaren Zugang zu dem Geld; wenn das Konto dagegen nur auf einen Namen lautet, kann es Probleme geben.

2. *Girokonto.* Sie sollten ein Girokonto haben, das nur einmal pro Monat für die Bezahlung von Rechnungen benutzt wird. Bei Ehepaaren sollte das ein gemeinsames Konto sein, damit beide Partner Schecks ausstellen können. Obwohl im Normalfall nur ein Partner für die Finanzen zuständig ist, sollte es dem anderen Partner ebenfalls möglich sein, Rechnungen zu bezahlen, wenn es die Umstände erfordern.

	Jan	Feb	Mär	Apr	Mai	Juni	Juli	Aug	Sept	Okt	Nov	Dez
Auto ($278)												
Hypothek ($308)												
Sparen ($120)												
Taschengeld John und Mary ($632)												
Steuern ($250)	*			*		*			*			
Versicherung* ($250)	*			*			*			*		

*Sehen Sie für jede Versicherungspolice, die Sie haben (Lebensversicherung, Krankenversicherung etc.) ein eigenes Kästchen vor.

Tabelle 2: Fixkosten der Familie Michael

3. *Ausstellen von Schecks.* Jeder Partner sollte für normale Barausgaben sein eigenes Girokonto haben. Überweisen Sie Ihr persönliches Taschengeld auf dieses Konto. Bei Paaren sollte ein Partner für Lebensmitteleinkäufe zuständig sein, und das dafür vorgesehene Budget sollte auf das Konto dieses Partners überwiesen werden. Wenn man Ausgaben mit Scheck tätigt, kann man besser verfolgen, wohin das Geld fließt.

In den meisten Fällen werden Sie wahrscheinlich eine Bank wählen, die eine Filiale in Ihrer Nähe hat. Wenn Sie jedoch zwischen ein paar gleichwertigen Alternativen wählen können, sollten Sie jene Bank wählen, die den besten Service bietet und am kundenfreundlichsten ist. Zu den Serviceleistungen gehören:

- Automatisierte Geldauszahlung,
- Computer-Banking,
- Überziehungsrahmen (dabei handelt es sich de facto um einen Privatkredit),
- Telefonservice – Abfragen des Kontostandes, der aktuellen Zinssätze etc.,
- Spezielle Serviceleistungen – Wertsachendepots, Traveller-Schecks, Geldwechsel, Kreditkarten (manche Banken verlangen dafür eine Gebühr, andere nicht), Wohnraum-Finanzierungsplanung. Fragen Sie auch nach anderen Dienstleistungen.

Manchmal bietet eine kleine Bankfiliale in Ihrer Nähe mehr Vorteile als eine große Bank im Zentrum. Da Sie das dortige Personal kennen, ist es Ihnen möglicherweise in Problemzeiten nicht so peinlich, nach Sonderleistungen wie einer einmaligen größeren Kontoüberziehung zu fragen. Angestellte kleinerer Filialen sind in den meisten Fällen auch eher bereit, sich Zeit zu nehmen, selbst wenn es sich nur um kleine Beträge handelt. Sie unterstützen Sie meist auch bereitwillig bei Ihrer Finanzplanung und informieren Sie über Sonderleistungen, die die Bank eventuell anbietet. Wahrscheinlich ist auch die persönliche Kreditberatung besser.

Die monatlichen Routinearbeiten

Dieses Verfahren hat allgemeine Gültigkeit, ob man nun mit einem Finanzplan arbeitet oder nicht. Wie bereits zuvor besprochen, sollte ein Mitglied des Haushalts zum »Controller« ernannt werden. Seine Aufgabe ist es, Schecks auf das Rechnungskonto auszustellen und die Rechnungen zu bezahlen. Am oder um den Monatsersten sollten Sie Ihre Schecks abrechnen und die offenen Rechnungen bezahlen. Lassen Sie alle Rechnungen, die später eintreffen, bis zum nächsten Monatsersten liegen. Wenn Sie das Gefühl haben, die ganze Prozedur um das Scheckabrechnen und das Einzahlen von Rechnungen sei an einem Tag nicht zu bewältigen, sollten Sie die Bankauszüge einen oder zwei Tage vor dem Zeitpunkt abrechnen, an dem Sie die Rechnungen bezahlen. Auch dieser Termin sollte ein Fixtermin sein. Halten Sie sich an folgende monatliche Vorgangsweise:

1. Sorgen Sie dafür, daß Sie alle Dinge haben, die Sie für Ihre Arbeit brauchen:
   a. Finanzmappe (Tischordner). Dies ist die Mappe, über die wir in Kapitel 5, Seite 81, gesprochen haben. Alle Rechnungen, Bankauszüge, Eingangsbestätigungen und Kapitalanlagezertifikate, die im Laufe eines Monats einlaufen, sowie alles, was in irgendeiner Weise mit Geld zu tun hat, kommen in diese Mappe. Nur in Notfällen sollten Sie Ihre Finanztransaktionen vor Ihrem monatlichen Fixtermin durchführen.
   b. Kassenzettel. Achten Sie darauf, daß Sie für alle Einkäufe Kassenzettel erhalten, und bewahren Sie sie auf. Für Lebens-

mittelrechnungen ist eine Küchenschublade ein geeigneter Aufbewahrungsort. Kleidungsrechnungen können Sie in einer Lade des Kleiderkastens aufbewahren oder direkt in der Finanzmappe, wenn Ihnen das angenehmer ist. Wenn Sie mit Ihren Finanzarbeiten beginnen, sammeln Sie alle Kassenzettel und Rechnungen und bewahren Sie sie in der Nähe der Finanzmappe auf.

c. Tabellen der flexiblen und der Ermessungsausgaben. Bewahren Sie beide Tabellen immer in der Finanzmappe auf.

d. Zahlscheine für Bankkredite und Ratenzahlungen für den Autokredit. In der Finanzmappe aufbewahren.

e. Taschenrechner.

f. Scheckbuch für Rechnungskonto. Immer in oder in Nähe der Finanzmappe aufbewahren.

g. Weiße Umschläge und Briefmarken.

2. Aussortieren. Unterteilen Sie den Inhalt der Finanzmappe in fünf Stapel.

   a. Bankverkehr: Kontoauszüge, Belege, Eingangsbestätigungen und alle anderen Bankunterlagen.

   b. Rechnungen, Benachrichtungen über Verlängerungen (Zeitungsabonnements, Klubgebühren usw.) und jedwede Korrespondenz, die eine Zahlung per Scheck erfordert.

   c. Zahlscheine für Schuldrückzahlungen (Bankkredite, Ratenzahlungen) oder andere fixe Verpflichtungen.

   d. Alle bezahlten Rechnungen und Kassenzettel.

3. Alles andere, wie Dokumente über Kapitalanlagen. Überprüfung der Kontoauszüge. In der Regel wird zwar alles reibungslos ablaufen, auch wenn Sie Ihre Kontoauszüge nicht überprüfen, aber auch Banken machen Fehler. Einem meiner Klienten wurden einmal irrtümlich $ 500 000 auf sein Konto *gutgeschrieben!* Leider wurde dieser Fehler von der Bank nur allzubald bemerkt. Wenn Sie Ihre Kontoauszüge bisher nie überprüft haben und damit praktisch ein Neuling in solchen Dingen sind, werden Ihnen die Erklärungen auf dem

Kontoauszug oder Umschlag nicht viel sagen. Vielleicht kann Ihnen ein Bankangestellter ein paar wertvolle Tips geben, die Ihnen weiterhelfen. Wenn Sie's aber auf eigene Faust versuchen wollen, sollten Sie nicht in der Vergangenheit stöbern, sondern sich auf die neuesten Auszüge konzentrieren:

a. Ordnen Sie die eingelösten Schecks in numerischer Reihenfolge. Wahrscheinlich gibt es Lücken, weil einige Schecks noch nicht eingelöst wurden. Der Bankauszug sollte ebenfalls vor Ihnen liegen.

b. Notieren Sie die Summe auf dem obenauf liegenden Scheck – nur die Summe, nicht den Empfänger – und suchen Sie den Betrag auf dem Kontoauszug. (Achtung: Die meisten Banken ordnen die Schecks selbst in numerischer Reihenfolge). Markieren Sie die Summe auf dem Kontoauszug und fahren Sie so fort, bis Sie alle Schecks abgehakt haben.

c. Nun überprüfen Sie die eingelösten Schecks anhand Ihrer eigenen Aufzeichnungen in Ihrem Scheckbuch. Beginnen Sie beispielsweise mit Scheck Nr. 801, indem Sie die Eintragung 801 markieren. Gehen Sie auch bei allen weiteren eingelösten Schecks so vor. Wenn Sie auf eine Lücke stoßen – Nr. 811 fehlt –, so streichen Sie die Nr. 811 in Ihrem Scheckbuch noch nicht aus. Der Scheck wurde noch nicht eingelöst, und er wird voraussichtlich auf dem Kontoauszug des nächsten Monats auftauchen. Streichen Sie auch die Summen aus, die Sie gerade für Kontoführungsgebühren und allfällige Strafzahlungen abgezogen haben.

d. Suchen Sie die Eingangsbestätigungen, die auf dem Kontoauszug des Monats aufscheinen, und streichen Sie sie in Ihrem Kontoauszug aus, wie Sie es mit den Schecks getan haben. *Streichen Sie keine Eingänge aus, die auf Ihrem Kontoauszug nicht auftauchen.* Legen Sie die eingetragenen Eingangsbestätigungen zu den eingelösten Schecks.

e. Nacharbeiten. Nun kann man normalerweise die Bücher

bis zum folgenden Monat schließen, aber es gibt Situationen, die nachfassender Arbeiten bedürfen:
Wenn zwischen Ihren Berechnungen und denen der Bank eine signifikate Diskrepanz besteht, gehen Sie mit Ihren Unterlagen zur Bank und gehen Sie dem Problem auf dem Grund. Auch wenn in dem Bankauszug eine ungeklärte Summe enthalten ist, gehen Sie mit ihm zur Bank.
Wenn sich der Verbleib eines Schecks nicht innerhalb eines Monats aufgeklärt hat, setzen Sie sich mit dem Scheckempfänger in Verbindung, um festzustellen, ob er ihn bereits eingelöst hat. An manchen Orten ist ein Scheck nur dreißig Tage ab Ausstellungsdatum gültig.
Wenn eine Eingangsbestätigung auch nach einem Monat noch nicht aufgetaucht ist, gehen Sie mit Bestätigung und Bankauszügen zur Bank.
f. Wenn alle Schecks korrekt eingelöst sind, stecken Sie den Kontoauszug, die eingelösten Schecks, die Eingangsbestätigungen und die Benachrichtigungen in den Bankumschlag, schreiben Sie außen Monat und Jahr darauf und legen den Umschlag in eine Schublade oder eine kleine Faltmappe. Eingangsbestätigungen, die auf dem Auszug dieses Monats nicht aufscheinen, sollten für den nächsten Monat in die Finanzmappe gelegt werden. Achtung: Wenn Sie die Absetzposten für die Einkommensteuer einzeln anführen, sollten Sie erwägen, Ihre Schecks zu diesem Zeitpunkt zu ordnen; Sie müssen es aber nicht so machen.

4. Nun geht es an das Bezahlen von Rechnungen. Vergleichen Sie die Summen der Warenhausrechnungen und der Kreditkartenkäufe mit den einzelnen Posten auf der Rechnung und klammern Sie die Zettel an die Kontrolldurchschläge, die Sie aufbewahren. Stellen Sie für jede Rechnung einen Scheck aus (tragen Sie alle Schecks in Ihre Scheckliste ein – das ist wichtig für die Abrechnung und für die Steuer).
5. Sammeln Sie alle Kassenzettel und Kontrolldurchgänge –

den Teil, den Sie aufbewahren –, legen Sie sie in einen Umschlag, schreiben Sie Monat und Jahr auf die Vorderseite und legen Sie den Umschlag zum Kontoauszug.

6. Wer in Aktien oder andere Wertpapiere investiert, erhält Transaktionsbestätigungen und andere Papiere. Zum Jahresende erhalten Sie eine Aufstellung der erhaltenen Dividenden. Alle diese Unterlagen sollten für die Berechnung des Dividendeneinkommens und von Kapitalgewinnen und -verlusten aufbewahrt werden.
7. Feststehende Verpflichtungen. Nehmen Sie Tabelle 2 (Seite 187) und Ihr Zahlungsheft. Stellen Sie für alle aufgelisteten Posten (Kredite, Ratenzahlungen, Spareinlagen, persönliches Taschengeld etc.) Schecks aus und kreuzen Sie das entsprechende Kästchen an. Wenn es sich *nicht* um einen Zahlungsmonat für vierteljährlich zu bezahlende Steuern handelt, streichen Sie das Kästchen durch. Wenn es aber ein Zahlungsmonat ist, stellen Sie Ihren Scheck aus und kreuzen Sie das entsprechende Kästchen an. Gehen Sie bei der Zahlung von Versicherungsprämien ebenso vor.
8. Ablage. Am einfachsten legt man Kontrolldurchschläge und Bankauszüge nach Monaten geordnet in einer Faltmappe ab. Manche Leute, die einzelne Absetzposten von der Einkommensteuer geltend machen, ziehen es jedoch vor, die einzelnen Posten zu dem betreffenden Zeitpunkt in ihre Absetzkategorien – Spenden, Geschäftsausgaben usw. – zu sortieren. Die nicht absetzbaren Rechnungen und Schecks würden dann einfach nach Monat abgelegt. Das kann man durchaus so machen, aber ich persönlich würde es vorziehen, diese Papiere einmal jährlich auszusortieren.

   Manche Leute tun zu viel des Guten, indem sie eigene Ordnerabschnitte etwa für den Elektrohändler, jedes einzelne Warenhaus, die Telefongesellschaft usw. anlegen. In den meisten Fällen ist auch ein bißchen weniger Präzision für die Abwicklung der finanziellen Angelegenheiten ausreichend.

9. Wenn Sie nichts absetzen können, sehen Sie sich in diesem Monat die Rechnungen vom Vorjahr durch, um festzustellen, ob es Rechnungen über größere Anschaffungen gibt, die Sie aufbewahren möchten. Wenn dies der Fall ist, legen Sie sie unter Ihrem normalen Ablagesystem unter »Haushalt« oder »Garantien« ab, wenn es sich um ein Gerät handelt, oder unter »Kunst«, wenn es ein Gemälde oder eine Fotografie war. Werfen Sie die restlichen Rechnungen weg. Wenn Sie etwas von der Steuer absetzen können, bewahren Sie die Rechnungen dafür auf, bis Sie Ihre Steuererklärung erstellen.
10. Wenn Sie mit einem Finanzplan arbeiten, lesen Sie auf den folgenden Seiten.

Die Verwendung des Finanzplans

Wenn Sie praktischen Nutzen aus Ihrem Finanzplan ziehen wollen, brauchen Sie die Tabelle für Ermessensausgaben (siehe S. 185), Taschennotizbuch, Taschenrechner, persönliches Scheckbuch (nicht das Rechnungskonto) und alle Kassenzettel und Rechnungsdurchschläge. Gehen Sie folgendermaßen vor:

1. Schreiben Sie jede Kategorie Ihrer Ermessensausgabentabelle als Überschrift auf eine Seite des Notizbuches.
2. Nehmen Sie die Rechnung eines Warenhauses mit dem angehefteten Kassenzettel. Nehmen wir an, daß diese Rechnung drei Posten umfaßt – ein Rock-Pullover-Ensemble, eine Sportjacke und ein Schachspiel. Tragen Sie die Summe für das Ensemble auf der Seite »Kleidung« ein (nur die Summe – hier sind keine anderen Informationen nötig) und auch die für die Sportjacke. Wenn mehrere Personen Kleidung kaufen, notieren Sie auch die Initialen des Käufers. Beim Schachspiel haben Sie mehrere Möglichkeiten; Sie können es entweder auf der »Hobby«-Seite oder unter »Unterhaltung« oder »Geschenke« eintragen, am besten in der

Checkliste: Finanzielles

1. Setzen Sie einen festen monatlichen Termin für die Abwicklung aller finanziellen Verpflichtungen fest.
2. Bereiten Sie alle nötigen Unterlagen und Hilfsmittel vor.
3. Sortieren Sie alle Unterlagen in der Finanzmappe in fünf Stapel:
   a. Bankunterlagen
   b. offene Rechnungen,
   c. Zahlungshefte für fixe Verpflichtungen,
   d. Kaufbelege und Kassenzettel,
   e. alles andere wie Unterlagen über Kapitalanlagen.
4. Stellen Sie fest, ob die Summe Ihrer Bankauszüge mit den Aufzeichnungen in Ihrem Scheckbuch übereinstimmt. Legen Sie die überprüften Bankauszüge in eine Schreibtischschublade oder in einen Ordner.
5. Stellen Sie Schecks für die Rechnungen aus und legen Sie Ihren Anteil an den Rechnungen auf eine Seite.
6. Sammeln Sie alle Kontrolldurchschläge und Kassenzettel in einem Umschlag, schreiben Sie Monat und Jahr darauf und legen Sie diesen in dieselbe Lade oder denselben Ordner wie die Bankauszüge.
7. Gehen Sie die Unterlagen über Aktiengeschäfte durch.
8. Stellen Sie Schecks für fixe Verpflichtungen aus Tabelle 2) und streichen Sie sie in der Tabelle aus.
9. Wenn Sie Ihre steuerlichen Absetzposten nicht einzeln geltend machen, werfen Sie die Kontrolldurchschläge und eingelösten Schecks vom Vorjahr weg; anderenfalls bewahren Sie sie für die Steuererklärung auf.
10. Wenn Sie mit dem Finanzplan arbeiten, zählen Sie diese Summen zusammen.

Kategorie, in der Sie es am leichtesten unterbringen. Verfahren Sie mit den übrigen Warenhaus- und Kreditkartenrechnungen entsprechend.

3. Arbeiten Sie alle anderen Rechnungen nach demselben Muster durch. Tragen Sie die Strom- und Telefonrechnung unter »Betriebskosten« ein, die Erneuerung eines Zeitschriftenabonnements unter »Bücher«, »Hobby« oder »Unterhaltung. Eine Arztrechnung gehört natürlich in die Kategorie »Gesundheit«, und eine Installateur-Rechnung fällt unter »Haushalt«.
4. Tragen Sie alle restlichen Kassenzettel und Rechnungen auf der Seite der entsprechenden Kategorie ein. Überprüfen Sie auch die Eintragungen in Ihrem *persönlichen* Scheckbuch (nicht das, mit dem Sie die Rechnungen bezahlen). Barausgaben – ein Kinobesuch fällt beispielsweise unter »Unterhaltung« – sollten bei dieser Gelegenheit in dem Buch gekennzeichnet werden.
5. Addieren Sie die Zahlen auf jeder einzelnen Kategorieseite. Sie können Monat für Monat dieselbe Seite verwenden, bis Sie voll ist; achten Sie aber darauf, alle vorhergehenden Monate auszustreichen, um Verwirrung zu vermeiden. Hier geht es nur um Berechnungen, nicht um permanente Aufzeichnungen.
6. Tragen Sie in Ihrer Tabelle der Ermessensausgaben die tatsächlich in diesem Monat ausgegebene Summe, die Sie durch Addition Ihrer Notizbuchliste ermitteln, in die untere Hälfte der Kästchen ein. Die obere Zahl in den Kästchen ist die Summe, die Sie zu diesem Zeitpunkt gemäß Finanzplan *hätten* verbrauchen sollen. Diese beiden Summen – die Idealsumme und die tatsächlich ausgegebene – werden nicht immer übereinstimmen. Der Kleidungskauf konzentriert sich im allgemeinen auf Frühling und Herbst, so daß die tatsächlichen Ausgaben im Juli das »Limit« vielleicht nicht voll ausschöpfen, im August oder September aller Voraus-

sicht nach jedoch sehr wohl. Dasselbe gilt für Lebensmittel-Großeinkäufe, durch die in manchen Monaten hohe Ausgaben entstehen, die aber durch die entsprechend geringeren Ausgaben in anderen Monaten dann wieder ausgeglichen werden.

Die in der Ermessensausgabentabelle vorgesehenen Summen sind Richtlinien, die Sie kontinuierlich anpassen können. Wenn zum Beispiel die tatsächlichen Unterhaltungsausgaben bis Juni $ 1500 betragen, die Tabelle aber nur $ 1248 – ausweist, ist das noch kein Grund zur Verzweiflung. Sie können ruhig weiter an den Abenden ausgehen und die Vorgaben dann ab September wieder einhalten. Solange Sie prinzipiell wissen, wohin Sie steuern, können Sie ruhig ein paar interessante »Seitensprünge« unternehmen, auch wenn Sie dadurch ein bißchen vom rechten Weg abweichen. Wichtig ist nur, daß Sie danach wieder auf den Pfad der Tugend zurückkehren.

7. Wenn Sie Ratenzahlungen abgeschlossen oder eine Einkommenssteigerung oder -einbuße zu verzeichnen haben, passen Sie Ihren Finanzplan der neuen Situation entsprechend an.

Geld-Profis

Es kann ein Tag kommen, an dem Sie die Dienste eines Finanz-Profis in Anspruch nehmen wollen oder müssen. Es folgt eine kurze Zusammenfassung der verfügbaren Serviceleistungen:

- *Steuerberater:* Die wichtigste Aufgabe eines Steuerberaters besteht darin, Ihre Steuern zu überprüfen, die jährliche Steuererklärung auszufüllen, die vierteljährliche Steuervorauszahlung zu errechnen und die diesbezüglichen Unterlagen für Sie aufzubewahren.
- *Banker:* Ein gutes Verhältnis zu ihrer Bank ist wichtig für Menschen, die sich regelmäßig Geld leihen und/oder mit

Darlehen und ähnlichen komplexen Finanzinstrumenten zu tun haben.

- *Buchhalter:* Manche Menschen ziehen es vor, alle Buchhaltungsangelegenheiten einem Buchhalter zu übertragen, anstatt sie selbst zu erledigen. Ihr Steuerberater kann Ihnen hier wahrscheinlich die beste Empfehlung geben.
- *Budget-, Kredit- und Schuldenberater:* Wenn Ihre Ausgaben Ihre finanziellen Möglichkeiten übersteigen und Sie zu der Erkenntnis gekommen sind, daß Sie eigentlich hoffnungslos über Ihre Verhältnisse leben und bis über den Hals in Schulden stecken, brauchen Sie vermutlich dringend Hilfe bei der Erstellung eines realistischen Budgets und für die Wiedererlangung Ihrer Kreditwürdigkeit.

  Die Schuldenberatung für Konsumenten ist eine Non-Profit-Organisation, die Ihnen kostengünstig bei der Ausarbeitung eines Plans für Ihre Zukunft hilft.
- *Finanzberater:* Menschen, die über erhebliche finanzielle Mittel verfügen, können oft vom Rat eines Finanzberaters profitieren, dessen Aufgabe es ist, Ihnen bei all Ihren finanziellen Transaktionen Hilfestellung zu leisten. Es ist allgemein ratsam, einen unabhängigen Finanzberater zu engagieren, der nicht versucht, Ihnen ein bestimmtes Kapitalanlageprodukt oder eine Versicherung zu verkaufen. Lassen Sie sich von Ihrem Makler, Steuerberater oder Anwalt einen Finanzberater empfehlen.
- *Anwalt:* Möglicherweise ist es empfehlenswert, einen Steueranwalt zu Rate zu ziehen, wenn Ihre Finanztransaktionen so komplex sind, daß rechtliche Fragen eine Rolle spielen. Wenn Sie zum Beispiel eine private Firma gegründet haben, wenn Sie einen komplizierten Ehevertrag geschlossen haben, komplexe Zahlungsvereinbarungen getroffen haben oder wenn Ihre Steuerangelegenheiten besonders verwickelt sind, kann Ihnen ein Anwalt sicherlich gute Dienste leisten. Auch wenn Sie durch eine Erbschaft plötzlich in den Besitz einer

großen Geldsumme kommen, sollten Sie sich von einem Anwalt beraten lassen.

- *Börsenmakler:* Er berät Sie beim Kauf von Wertpapieren (Aktien und Anleihen) und wickelt die Transaktionen für Sie ab.

Ordnung für das Finanzamt

Irgendwann im Frühjahr, wenn die Leute händeringend vor Bergen von Bestätigungen, Rechnungen, eingelösten Schecks und anderen Finanzunterlagen stehen, die für die Steuererklärung bearbeitet werden müssen, breitet sich eine allgemeine Panik aus. Obwohl es sicherlich nie Spaß macht, Steuern zu zahlen, gibt es eine gute Nachricht: Sie können den Prozeß so organisieren, daß er ganz einfach abzuwickeln ist und mit einem Minimum von Streß bewältigt werden kann.

Die Organisation ist unterschiedlich und hängt vor allem davon ab, ob Sie einzelne Absetzposten anführen oder nicht. Bevor Sie sich an die Arbeit machen, kaufen Sie entweder eine oder zwei (wenn Sie selbständig sind, brauchen Sie wahrscheinlich zwei) ausklappbare Mappen mit Schlitzen und mindestens zwölf Sichtfenstern. Mappen im Halbformat sind praktischer als solche im Ganzformat. Halten Sie auch Etiketten für die Beschriftung der Mappen bereit.

Aufgepaßt – los geht's!

Wenn Sie nichts abzusetzen haben

Viele Leute, die ihr Einkommen als Lohn oder Gehalt beziehen und eventuell zusätzlich noch über bescheidene Einkünfte aus Kapitalanlagen verfügen, führen ihre Absetzposten häufig nicht einzeln auf, da sie durch die schon eingebauten Pauschalen ohnehin berücksichtigt sind.

1. *Bereiten Sie Ihre Tischordner-Mappe vor.* Beschriften Sie die ersten fünf Abteilungen in Ihrer Mappe wie folgt: »Steuerformulare und Lohnsteuerkarte«, »Kapitalanlagen« (oder »Zinsen«), »Finanzamt«, »Hypothek«, falls Sie eine haben, und »Größere Ausgaben«.

   Beschriften Sie die restlichen Taschen mit »Januar« bis »Dezember«. Da Sie bereits einige Taschen verbraucht haben, müssen Sie zwei Monate in einer Tasche unterbringen.

2. *Monatliche Prozedur.* Nach der monatlichen Abrechnung Ihrer Kontoauszüge und der monatlichen Bezahlung der Rechnungen legen Sie alle Kapitalanlage- und Transaktionspapiere in die mit »Kapitalanlagen« beschriftete Abteilung. Gehen Sie nun Ihre eingelösten Schecks durch und stecken Sie alle, die mit dem Finanzamt und den Hypothekenzahlungen zu tun haben, in die entsprechenden Taschen.

   Die Abteilung »Größere Anschaffungen« ist für Zahlungen reserviert, die mit dem Kauf eines Autos, von größeren Geräten, Möbeln, Schmuck, Antiquitäten, Pelzen und ähnlichem in Zusammenhang stehen. Es ist immer ratsam, zu Informationszwecken trotzdem eine Kategorie »Größere Anschaffungen« zu führen.

   Legen Sie die übrigen Schecks in die zusammengefalteten Bankauszüge und stecken Sie das Paket in den Schlitz für den entsprechenden Monat.

3. *Zum Steuertermin.* Nehmen Sie eines Abends Ihre ausklappbare Mappe zur Hand, während Sie mit einem Auge das Fußballspiel im Fernsehen verfolgen, und beginnen Sie mit dem Aufaddieren der einzelnen Posten. Addieren Sie dann die Schecks in anderen Abteilungen.

   Vielleicht wollen Sie auch einen raschen Blick auf die noch nicht abgelegten eingelösten Schecks werfen, nur um sicherzugehen, daß Sie nichts übersehen haben, und dann diese Schecks und Kontoauszüge wegwerfen.

   Nehmen Sie die Rechnungen und eingelösten Schecks von

größeren Anschaffungen und legen Sie sie in der Mappe »Haushalt« Ihres allgemeinen Ablagesystems ab. Das ist nützliches Material im Zusammenhang mit Versicherungen, Garantieleistungen, Kaufbelegen und Preisvergleichen.

Haben Sie sonstige steuerbezogene Dokumente, die Sie ebenfalls an anderer Stelle ablegen wollen? Eventuell empfiehlt es sich, im Rahmen Ihres allgemeinen Ablagesystems eine Mappe »Finanzamt« anzulegen, um einen Überblick über die Steuerzahlungen zu behalten, die Sie im Laufe der Jahre leisten. Kopieren Sie in diesem Fall Ihre Steuerdokumente und Schecks für die Mappe »Finanzamt« und legen Sie die Originale den Steuerdokumenten bei.

Ob Sie Ihre Steuererklärung selbst ausfüllen oder ob Ihr Steuerberater das für Sie erledigt – Sie haben nun alles optimal vorbereitet, und Ihr Steuerberater wird begeistert sein.

4. *Aufzeichnungen.* Machen Sie gleich nach Fertigstellung der Steuererklärung zwei Kopien von Ihrem ausgefüllten Steuerformular. Legen Sie eine Kopie in der Mappe »Steuern« Ihres allgemeinen Ablagesystems ab, und die andere in einem mit dem Steuerjahr beschrifteten Umschlag; stecken Sie Ihre Rechnungen und die eingelösten Schecks, die die Unterlagen Ihrer Steuererklärung bilden, in den Umschlag, und legen Sie diesen ganz oben auf den allerhöchsten Schrank. Von dort brauchen Sie ihn nur herunterzunehmen, wenn Sie von einer Steuerprüfung heimgesucht werden.

Wenn Sie etwas absetzen wollen

Wenn Sie Ihre Absetzposten einzeln anführen, gehen Sie im wesentlichen gleich vor wie jemand, der dies nicht tut. Der einzige Unterschied besteht darin, daß Sie mehr Posten zu addieren und abzuziehen haben:

1. *Bereiten Sie Ihren Tischordner vor* (eventuell brauchen Sie

jetzt zwei). Zusätzlich zu den zuvor erwähnten Kategorien »Steuerformulare«, »Kapitalanlagen«, »Finanzamt«, »Hypotheken«, und »Wichtige Anschaffungen«, brauchen Sie im Normalfall Abteilungen für die diversen steuerlichen Absetzposten usw.

Wenn Sie selbständig sind, können Sie viel dazu beitragen, daß Ihre Absetzkategorien blühen und gedeihen. Als erstes erstellen Sie die oben beschriebenen Kategorien, mit dem Unterschied, daß Sie die Tasche anstatt mit »Steuerformulare« mit »Einnahmen« beschriften. Sammeln Sie alle Rechnungen an Klienten und andere Unterlagen über Beträge, die Sie eingenommen haben, aber auch Ihre Steuerformulare, wenn Sie außerdem noch angestellt sind. Als Selbständiger haben Sie vermutlich auch eine private Pensionsversicherung, für die Sie ebenfalls ein eigenes Fach benötigen.

Beschriften Sie dann die Abteilungen der aufklappbaren Mappe nach den abzugsfähigen Kategorien des auf Sie zutreffenden Steuerschemas. Dazu gehören typischerweise Reise- und Spesenabrechnungen, Promotionskosten, rechtliche und fachliche Beratung, Büroaufwendungen, Postgebühren, Material und Ausstattung.

Wenn Sie mit Bankauszügen zu tun haben, denken Sie daran, daß Sie vielleicht sogar hier absetzbare Posten finden – Bank- und Scheckgebühren, spezielle Serviceleistungen, Mahnspesen. Bewahren Sie sie also gemeinsam mit den nicht absetzbaren Schecks an einem separaten Ort oder in einigen Abteilungen Ihrer ausklappbaren Mappe auf.

2. *Monatliche Routine.* Teilen Sie die Rechnungen, eingelöste Schecks und Kontoauszüge auf die entsprechenden Kategorien auf, während Sie Ihre Kontoauszüge überprüfen und Ihre Rechnungen bezahlen.
3. *Zum Steuertermin.* Es macht kaum einen Unterschied, ob Sie Ihre Absetzposten einzeln anführen oder nicht; wenn Sie es tun, müssen Sie sie nur noch addieren. Haben Sie genü-

gend Ausdauer für eine Arbeit, für die Sie einen ganzen Tag lang brauchen? Wenn ja, heben Sie sich das ganze Additionsprojekt für ein regnerisches Wochenende auf.
Ansonsten teilen Sie sich das Ganze in drei oder vier Dreistundenblocks auf, oder addieren Sie die Posten nach Gelegenheit über das ganze Jahr verteilt. Sie können auch in jeder Abteilung eine laufende Liste führen und die neuen Posten gleich beim Eintragen addieren. Vielleicht wollen Sie diese Arbeit für ein paar Dollar in der Stunde auch von jemand anders erledigen lassen, eventuell von einem Studenten. Warum sollte man Steuerberaterstundensätze für etwas bezahlen, das nicht mehr ist als einfaches Addieren?
Sie kennen sich selbst am besten, also wissen Sie auch, welche Lösung die richtige für Sie ist.

4. *Die Aufbewahrung der Aufzeichnungen.* Machen Sie sich wie zuvor zwei Kopien Ihres Steuerformulars, eine für die Mappe »Steuern« im allgemeinen Ablagesystem und die andere für den Umschlag, in dem Sie Ihre Steuerunterlagen aufbewahren. Stecken Sie alle Ihre Steueraufzeichnungen in den Umschlag, schreiben Sie das Jahr darauf und verstauen Sie ihn gut.
   - Ein Tip: Es gibt in jedem Jahr eine Übergangsperiode, in der Sie bereits für das neue Jahr zu sammeln und abzulegen beginnen müssen, das Material für das alte Jahr aber noch nicht sortiert haben. Um hier Verwirrung zu vermeiden, empfiehlt es sich, die ausklappbaren Mappen in zweifacher Ausführung zu kaufen und abwechselnd zu verwenden. Das heißt, daß Sie zu Jahresbeginn die leere Mappe für die Ablage dieses Jahres verwenden, während die Aufzeichnungen für das vorhergehende Jahr noch in ihrer Faltmappe bleiben, bis Sie Zeit für sie finden, hoffentlich irgendwann im Februar.

FÜNF
Die Wohnung

10

Wohin die Dinge gehören

Wir alle tendieren dazu, Kleidungsstücke, Spiele, Papier, Fotos, Spielsachen, Werkzeug und andere Dinge zu sammeln, die uns als Kindern des zwanzigsten Jahrhunderts zur Selbstverständlichkeit geworden sind. Wenn sich solche Sammlungen nun aber von der kleinen Marotte zum anarchischen Chaos auszuwachsen beginnen, wird die Neuorganisation des Lebens- und Speicherraums zu einer Priorität ersten Ranges. In diesem Kapitel geht es um die Grundlagen des Durchforstens und Neuordnens von häufig benutzten Kästen, Schränken und anderen Aufbewahrungsorten. Außerdem finden Sie hier Tips, wie Sie neuen Speicherraum schaffen und dazu noch dafür sorgen können, daß Sie alles Verstaute auch wiederfinden. (Kleiderschränke und ähnliches werden im nächsten Kapitel behandelt.)
Dieses Kapitel ist so angelegt, daß Sie in Einheiten von jeweils einer oder zwei Stunden arbeiten können. Das ist wichtig. Nehmen Sie sich für die nächsten Wochen feste Zeiten vor, zu denen Sie sich mit Ihren Schränken befassen, und tragen Sie diese Termine auch in Ihrem Kalender ein. Es könnte eine Stunde pro Tag sein oder auch eine Stunde zweimal wöchentlich, oder was immer Sie eben an Zeit erübrigen können. Am wichtigsten aber ist, daß Sie wirklich aufhören, wenn die festgesetzte Zeit abgelaufen ist! Auf diese Weise werden Sie nicht frustriert, und in Ihre Schränke wird Ordnung einkehren.

Bringen Sie Ordnung in Ihre Schränke

Stufe 1: Nehmen Sie sich einen Schrank vor

Juckt es Sie schon lange in den Fingern, einmal Ordnung in irgendeine bestimmte Kategorie von Dingen zu bringen – Spielsachen, Vasen und Nippes oder Werkzeug? Wenn das der Fall ist, sollten Sie beginnen, indem Sie einen bestimmten Schrank oder Kasten ins Auge fassen, in dem diese Dinge am besten untergebracht werden könnten, vorzugsweise in der Nähe des Ortes, an dem sie am häufigsten gebraucht werden. Befindet sich beispielsweise der Schrank, in dem das Spielzeug untergebracht werden soll, im Kinderzimmer oder in dessen Nähe? Ist der für die Fotoausrüstung vorgesehene Kasten von der Dunkelkammer aus leicht erreichbar? Ist er mit allen Fächern und/oder Haken ausgestattet, die Sie brauchen? Sie können einen Schrank auch umbauen, bevor Sie ihn einräumen, aber Ihre Aufgabe ist einfacher, wenn er Ihren spezifischen Anforderungen von vornherein entspricht. Versuchen Sie in diesem Stadium noch nicht, alles zusammenzutragen, was Sie in diesem Schrank unterbringen möchten; suchen Sie vorerst nur einen geeigneten Ort.

Andererseits kann aber auch ein bestimmter *Schrank* das Problem sein. Wenn *das* der Fall ist, ist dieser Schrank Ihr »Projektschrank«, und Sie beginnen dort mit dem Organisieren. Falls Sie sich nicht ohnehin bereits entschieden haben, weisen Sie dem Schrank jetzt eine bestimmte Funktion zu, indem Sie sich fragen: »Wohin geht man normalerweise, wenn man an diesem Schrank vorübergeht?« Ein Schrank zwischen Küche und Speisezimmer, der derzeit mit Koffern, alten Fotografien, Spielen und Skianzügen vollgestopft ist, könnte für die Aufbewahrung der Dinge verwendet werden, die Sie in der Küche nicht mehr unterbringen können, beispielsweise für Geschirr. In ähnlicher Weise wäre ein Schrank, der zwischen zwei Schlafzimmern steht, optimal als Wäscheschrank geeignet.

8. Prinzip: Bewahren Sie die Dinge an dem Ort auf, an dem sie gebraucht werden, oder in dessen Nähe.

Wenn Sie sich von der Aufgabe überfordert fühlen, einen Projektschrank auszuwählen, dann ist es tatsächlich die beste Lösung, eine Münze zu werfen oder sich mit geschlossenen Augen in die Mitte eines Raumes zu stellen und irgendwohin zu zeigen. Überlegen Sie dann, welche Funktion der betreffende Schrank hat. Letzten Endes können ganz verschiedene Dinge ihren Platz in diesem Schrank finden; zunächst bestimmen Sie jedoch, welchen primären Zweck er haben soll.

Stufe 2: Ausmisten

Sorgen Sie dafür, daß Sie eine ausreichende Zahl von Kartons zur Hand haben. Beschriften Sie einen mit »Wegwerfen« und einen zweiten mit »Verschenken« und misten Sie Ihren Projektschrank aus. Sie gehen dabei am besten folgendermaßen vor: Nehmen Sie jeden einzelnen Gegenstand zur Hand und unterziehen Sie ihn dem »Behalten-oder-nicht-behalten«-Test. Hierfür stellen Sie sich die berühmten drei Fragen:

1. Habe ich diesen Gegenstand im vergangenen Jahr verwendet? Wenn nicht,
2. hat er einen Wert für mich, sei es in sentimentaler oder materieller Hinsicht? Wenn die Antwort Nein ist, Sie aber immer noch nicht wissen, ob Sie das Ding nun behalten wollen oder nicht, stellen Sie sich die entscheidende Frage:
3. Könnte ich diesen Gegenstand eines Tages vielleicht noch einmal brauchen?

Wenn Ihre Antworten auf diese dritte Frage Ja lautet, legen Sie das Ding in den Karton »Wegwerfen« oder »Verschenken«. Ein

Ja auf diese dritte Frage deutet fast immer nur darauf hin, daß Sie sich nicht von Ihrer Unordnung trennen wollen.
Arbeiten Sie immer nur an einem kleinen Teilbereich. Räumen Sie *auf keinen Fall* den ganzen Kasteninhalt auf einmal aus. Diese Warnung ist wirklich wichtig, denn das entstandene Chaos würde Ihnen sicher einen Rückschlag versetzen oder Sie gänzlich entmutigen. Konzentrieren Sie sich statt dessen für eine oder zwei Stunden auf die beiden Fächer links unten. Am nächsten Tag nehmen Sie sich die beiden rechten unteren Fächer vor, und so weiter. Im Zuge des manchmal schmerzhaften Prozesses des Wegwerfens ist es mitunter hilfreich, eine Freundin oder eine/n Verwandte/n einzuladen, die/der Ihnen Gesellschaft leistet und Sie dazu anhält, konsequent zu Ihren Entscheidungen, was Sie behalten und was Sie wegwerfen wollen, zu stehen. Wenn Sie, wie dies manchmal der Fall ist, nach einem Monat meinen, Sie müßten einen weggeworfenen Gegenstand nun doch ersetzen, sollten Sie daran denken, daß aufgeräumte Schränke diese zusätzliche Ausgabe mit Sicherheit aufwiegen.
Legen Sie die Dinge, die Sie im Projektschrank aufbewahren möchten, in Kartons mit der Aufschrift »Projektschrank«. Legen Sie alle anderen Sachen auf einigermaßen ordentliche Stapel – Bücher, Kleider, Spielzeug usw. – oder in die entsprechend beschrifteten Kartons. Wickeln Sie zerbrechliche Dinge entweder in alte Laken bzw. Handtücher oder in Haushaltspapier oder Zeitungen.
Fünfzehn Minuten, bevor Sie Ihre Arbeitssitzung für diesen Tag beenden, stellen Sie die Kartons wieder in den Projektschrank zurück (damit Sie sie aus dem Weg haben) und versuchen Sie, möglichst viele der verbleibenden Stapel oder Kartons in der Nähe ihres endgültigen Bestimmungsortes unterzubringen. Stellen Sie Bücher in irgendwelche Bücherregale oder stapeln Sie sie zumindest in deren Nähe, legen Sie Papiere zum Sortieren in den Bürobereich, Kleidungsstücke in einen anderen Kleiderschrank und Spielsachen in das Kinderzimmer. Versuchen Sie jedoch

nicht, in diesen Kästen oder Regalen Ordnung zu schaffen. Dazu haben Sie später Gelegenheit. Suchen Sie für die Dinge, von denen Sie nicht wissen, wo Sie sie letzten Endes unterbringen werden, irgendeinen entlegenen Winkel, den Sie als Sammellagerplatz betrachten.

Es bringt doppelten Nutzen, wenn Sie eine grobe Ordnung schaffen, bevor Sie die Kastenaufräumungsarbeiten für diesen Tag beenden: Erstens werden dadurch Ihre Fortschritte sichtbar, was Sie dazu ermutigt, die Arbeit zu beenden; und zweitens stellen Sie Ihre Tagesarbeit auf diese Weise in einen – wenn auch groben – Rahmen. Zweifellos müssen Sie eine Zeitlang inmitten von Stapeln und Kartons leben, aber solange sie ordentlich sind und nicht im Weg herumstehen, werden Sie sich nicht so leicht entmutigen lassen.

Setzen Sie das Ausmisten täglich fort, bis der Projektschrank völlig aufgeräumt ist.

Stufe 3: Zusammensuchen

Viele Dinge, die eigentlich in den Projektschrank gehören, liegen vielleicht in anderen Kästen oder stapeln sich in irgendwelchen versteckten Winkeln. Ihre nächste Aufgabe liegt darin, diese Dinge zu finden. Damit nicht der ganze Haushalt durcheinandergerät, sollten Sie das Problem wie folgt in Angriff nehmen: Beginnen Sie in dem Raum, in dem der Projektschrank steht, und suchen Sie in allen anderen Schränken, Regalen und Lagerbereichen nach weiteren Dingen, die in den Projektschrank gehören. *Räumen Sie den Kasten, aus dem Sie die Sachen nehmen, aber nicht völlig aus und versuchen Sie auch nicht, ihn jetzt gleich zu ordnen!* Ihre »Schatzsuche« sollte sich auf jene Dinge beschränken, die leicht zugänglich sind. Alles, was irgendwo tief vergraben liegt und nur erreicht werden kann, wenn der gesamte Schrankinhalt auf den Boden geworfen wird, soll ruhig vergraben bleiben, bis dieser Schrank geordnet wird. Gehen Sie alle Kästen,

Schränke und andere Aufbewahrungsorte im Raum durch, legen Sie die »Fundsachen« in die entsprechenden Kartons und sortieren Sie währenddessen alles aus, was Sie wegwerfen oder verschenken wollen. Stellen Sie am Ende Ihrer Arbeitssitzung alle »Projektschrank«-Kartons in den Projektschrank.

Arbeiten Sie sich nun systematisch Zimmer für Zimmer vor, bis Sie eine klar definierte Gruppe von Dingen gesammelt haben, die im Projektschrank aufbewahrt werden sollen.

Stufe 4: Wie man im Schrank Ordnung schafft und sie erhält

Überlegen Sie zuerst, ob der Schrank funktionell strukturiert ist. Bietet er genügend Hängeraum und Ablagefläche, um alle gesammelten Gegenstände unterbringen zu können? Benötigen Sie eventuell noch zusätzlichen Aufbewahrungsraum außerhalb des eigentlichen Schranks? Wenn die bestehenden Raum- oder Einrichtungsverhältnisse eindeutig unzulänglich sind (mit eindeutig ist hier gemeint, daß es sich nicht nur um ein paar fehlende Haken oder ein oder zwei Fächer handelt), lesen Sie auf Seite 217 unter »Hätte ich doch mehr Platz« nach. Nehmen Sie im Schrank und außerhalb alle Verbesserungen vor, die Sie für nötig halten. Bevor Sie den Schrank dann einräumen, können Sie ihn noch putzen, anstreichen, auskleiden oder anderweitig aufpeppen.

Die Grundregel für das Einräumen von Schränken lautet, daß man häufig benutzte Dinge eher weiter unten und an leicht zugänglichen Stellen aufbewahren sollte, während man weniger oft verwendete Sachen in die oberen Fächer räumt; legen Sie nie mehr als drei Dinge, die nicht zusammengehören, übereinander. Für die Aufrechterhaltung einer systematischen Ordnung ist es günstig, Dinge, die gemeinsam verwendet werden, auch nebeneinander aufzubewahren, wie beispielsweise Lockenwickler, Haarspray und Fön oder Tennisschläger, Bälle, Tennisdreß und die Mitgliedskarte des Tennisklubs.

Wenn der Schrank unbeleuchtet ist, sollten Sie eine Taschenlampe fest an einen Haken anbinden, so daß Sie von niemanden, auch nicht von Ihnen selbst, »ausgeborgt« werden kann.
Es gibt zwei Techniken, die Ihnen helfen, Ihren Schrank in Ordnung zu halten: Weisen Sie allen neuen Dingen, die Sie gekauft haben, sofort einen Platz zu. Wenn Sie Ihre Meinung später ändern, in Ordnung! Aber Sie fordern das Chaos heraus, wenn Sie etwas herumliegen lassen, um irgendwann später eine Entscheidung darüber zu treffen, wo Sie es aufbewahren wollen. Zweitens sollten Sie im Frühjahr und im Herbst alle Kästen und Schränke nach Sachen durchstöbern, die Sie in der vergangenen Saison nicht gebraucht haben. Halten Sie sich an die Richtlinien von Seite 209 und werfen Sie alle Dinge weg, die Sie nicht mehr brauchen.

Der Mantelschrank

Um zu zeigen, wie man einen Schrank dank einiger kleiner Verbesserungen, also ohne strukturelle Veränderungen, optimal nutzen kann, sehen wir uns den Mantelschrank einer Familie mit kleinen Kindern an. Der Mantelschrank ist meist einer der chaotischsten Schränke im ganzen Haushalt, weil er so viele einzelne Dinge beherbergt und so häufig benutzt wird.
Das erste Ziel (vor allem, wenn man Kinder hat) besteht darin, alle Haushaltsmitglieder dazu zu bewegen, ihre Mäntel, Mützen, Schals und Handschuhe wegzuräumen. Die Lösung: Das Wegräumen so einfach machen, *daß es schwieriger wird, die Dinge liegenzulassen, als sie wegzuräumen.*
Eine Familie (bestehend aus den Eltern und drei Kindern) montierte an der Innenseite der Schranktür, wie in derAbbildung auf der nächsten Seite gezeigt, fünf stabile Haken für Schals und Mützen. Die beiden kleineren Kinder hängten Schal und Mütze an die untersten Haken, dem ältesten Kind wurde der mittlere Haken zugeteilt, und die beiden oberen waren für die Eltern reserviert. Zusätzliche Schals und Mützen wurden in den Seiten-

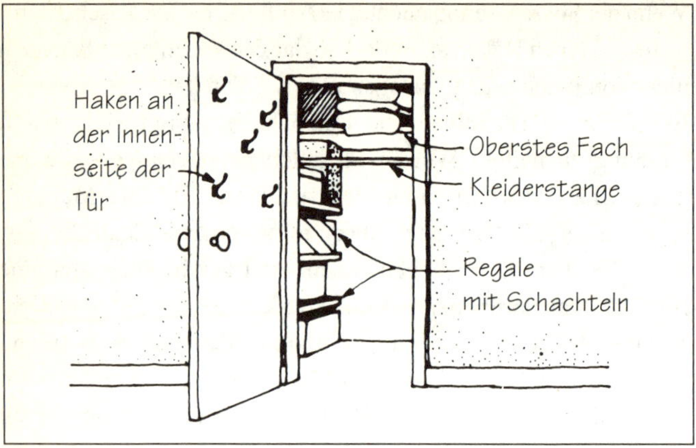

regalen in eigenen Kartonschachteln aufbewahrt, aus denen eine Seite herausgeschnitten wurde (Schuhschachteln haben etwa die richtige Größe). Solche Behältnisse sind übersichtlich, und Ihr Schrank ist gut zugänglich, ohne daß dabei der restliche Schrank in Unordnung gebracht wird. Wenn sich die Schranktür nicht zum Anbringen derartiger Haken eignet, dann montieren Sie ein Wandregal in der Nähe der Tür, wobei Sie wieder die Körpergröße des kleinsten Kindes berücksichtigen sollten. Als Alternative kommt jede geeignete Schublade oder jedes beliebige Regal in der Nähe in Betracht: ein leeres Regal in einem Seitenbord, ein kleiner Schubladenkasten in der Nähe des Schrankes, ein Regal in der nahegelegenen Küche.

Handschuhe können ebenfalls in diesen Laden aufbewahrt werden; man kann sie aber auch in einen kleinen Korb legen, der auf einem Regal oder im Schrank steht oder an der Wand befestigt ist. Die Winterfäustlinge Ihrer Kinder können Sie mit Wäscheklammern auf einer an der Innenseite der Schranktür gespannten Wäscheleine aufhängen. Die anderen Handschuhe kommen in die Schachtel, in der auch die zusätzlichen Schals und Mützen liegen.

Die Mäntel der Erwachsenen werden an die Kleiderstange gehängt. Montieren Sie an der Innentür des Schrankes für kleine Kinder Haken in der passenden Höhe. Ein Kleiderständer, entweder von der altmodischen, freistehenden Art oder in Form einer hübschen Wandgarderobe, an einer nahegelegenen Wand montiert, stellt eine gute Ergänzung dar. Gästemäntel hängt man besser dort auf, anstatt sie in den Kasten zu stopfen. Wenn der Haushalt nur aus einer oder zwei Personen besteht, kann ein Kleiderständer für alles verwendet werden: Mantel, Kopfbedeckung, Handtasche, Aktentasche.

Ein Schirmständer in der Nähe der Tür kann sich ebenfalls als nützlich erweisen. Zum Aufhängen nasser Mäntel legen Sie einen Streifen unempfindlichen Teppichbodens unterhalb einiger Haken gleich neben die Eingangstür. Bewahren Sie Stiefel und Überschuhe entweder in einer hübschen Schachtel oder in einem Korb beim Eingang auf, oder aber in einer Schachtel im Schrank. Wenn der Schrank immer noch zu vollgestopft ist, lassen Sie nur die am häufigsten getragenen Mäntel dort und bringen Sie alle übrigen in einem Schlafzimmerschrank oder einer Truhe unter, oder lesen Sie sich die Seiten 219-224 durch, auf denen Sie Vorschläge finden, wie Sie neuen Platz in Ihren Schränken schaffen.

Stufe 5: Die nächsten Projektschränke

Suchen Sie sich nun einen neuen Projektschrank und wiederholen Sie den oben beschriebenen Vorgang. Der einzige Unterschied besteht darin, daß Sie in Stufe 4, dem Zusammensuch-stadium, auch den in Stufe 3 eingerichteten Sammellagerplatz durchsuchen.

Wenn Sie mit allen Schränken fertig sind, wenden Sie Ihre Aufmerksamkeit den bunt zusammengewürfelten Stapeln und Sammellagerplätzen zu. Bringen Sie die dort gefundenen Dinge an den Plätzen unter, die durch Ihre Aufräumarbeiten freigewor-

Checkliste: Schrankorganisation

1. Nehmen Sie sich einen bestimmten Schrank vor, den Sie organisieren wollen, und weisen Sie ihm eine Funktion zu.
2. Räumen Sie den Schrank aus; sortieren Sie dabei Dinge zum Wegwerfen und Verschenken aus und verteilen Sie die anderen Dinge entsprechend.
3. Arbeiten Sie sich systematisch vor, Raum für Raum und Schrank für Schrank, und sammeln Sie alle Dinge, die in den Schrank gehören, an dem Sie gerade arbeiten. Versuchen Sie einstweilen nicht, den Schrank, aus dem Sie die Sachen nehmen, zu ordnen. Sortieren Sie Dinge zum Verschenken oder Wegwerfen aus.
4. Überlegen Sie, ob an Ihrem Projektschrank größere Veränderungen vorgenommen werden müssen. Wenn dies der Fall ist, halten Sie sich dabei an die Richtlinien, die Sie in dem Abschnitt »Hätte ich doch mehr Platz« finden.
5. Verschönern Sie den Schrank gegebenenfalls und räumen Sie ihn ein.
6. Gehen Sie zum nächsten Schrank über und machen Sie weiter, bis alle Schränke und die verschiedenen »Sammellager« geordnet sind.

den sind. Unterkategorien sollten wenn möglich einigermaßen zu der Gesamtkategorie des Kastens passen, in dem Sie sie unterbringen. So könnte beispielsweise der Spielzeugkasten, wenn darin noch Platz frei geblieben ist, auch andere Kindersachen beherbergen: Kleidungsstücke, die noch zu groß sind, zusätzliche Schulsachen. Oder, wenn der Spielzeugschrank nicht im Schlafzimmer der Kinder steht, könnten dort auch die Erwachsenenspiele ihren Platz finden: Spielkarten, Pokerwürfel, Scrabble.

»Hätte ich doch mehr Platz«

Das Problem der Überfüllung unserer Wohnungen ist zu etwa 80 % auf die ineffiziente Nutzung des vorhandenen Raums zurückzuführen und nicht auf einen tatsächlichen Platzmangel. Neue oder erweiterte Aufbewahrungsmöglichkeiten schaffen oft nur neuen Raum für Unordnung. Versuchen Sie also zunächst immer, Ihren bestehenden Stauraum zu organisieren, bevor Sie an Erweiterungen oder Veränderungen denken. Sollten Sie aber nach einer Neuorganisation immer noch zu wenig oder für Ihre Zwecke ungeeigneten Stauraum haben, so können Sie ihn mit Hilfe der verschiedenen hier besprochenen Techniken erweitern oder modifizieren.
Dieses Kapitel stellt einen allgemeinen Leitfaden für das Lagern und Aufbewahren von Dingen dar. Näheres über die Aufbewahrungstechniken für spezifische Zwecke finden Sie in den entsprechenden Kapiteln.

Nützen Sie, was Sie haben

Die Hänge- und Legetechniken, über die wir weiter hinten in diesem Kapitel sprechen werden, könnten eine Lösung für Sie sein, aber zuerst sollten Sie es mit der »einfachen Lagerung« versuchen, das heißt also, daß Sie nur Orte einbeziehen, die bereits eine Funktion haben und nur wenig bzw. gar keine Adaptierungsarbeiten benötigen. Dies ist ein Prinzip:

9. Prinzip: Je weniger Aufwand ein Projekt – in bezug auf Einrichtung oder Adaptierung – erfordert, desto eher läßt es sich durchführen.

Weder Möbelstücke noch sonstige Haushaltsobjekte müssen unbedingt immer im Sinne des Erfinders verwendet werden: So kann auf einem leeren Bücherregalbrett ohne weiteres ein tragbarer Saunaofen stehen oder auch irgendein beliebiges Haushaltsgerät. Wenn Sie einen Raum unterteilen möchten, so können Sie dafür einen Vorhang verwenden, Sie können aber auch eine hübsche Schirmwand aufstellen. Oder verwenden Sie dekorative Objekte als Aufbewahrungsbehälter: Eine meiner Klientinnen bewahrte kleine Haushaltsartikel (Klebstoff, Schmieröl, Zange) in einer irdenen Schüssel auf, die gerade so hoch stand, daß die darin befindlichen Dinge nicht zu sehen waren. In Körben jeder Größe können verschiedenste Dinge untergebracht werden. Als Faustregel in bezug auf Möbelstücke und andere Objekte gilt, daß *jeder Hohlraum ein potentieller Behälter* ist. Weitere Ideen dazu, wie Sie Möbelstücke als Stauraum nutzen können, finden Sie in Kapitel 15, Seite 313-314.

Vergessen Sie auch nicht, daß der Freiraum zwischen einzelnen Objekten ebenfalls als Stauraum dienen kann. Paßt die zusammenklappbare Leiter in die Lücke zwischen Waschmaschine und Spüle? Wie wäre es mit einem Regal für Zeitungen oder Müllsäcke? Der schmale Raum zwischen einer offenen Tür und der dahinterliegenden Wand kann als Aufbewahrungsort für einen zusammenfaltbaren Wäschetrockner, das Bügelbrett oder Klappstühle dienen. Auch unter den Möbeln haben Sie potentiellen Stauraum. Eine meiner Klientinnen bewahrte die Tasche, an der sie gerade stickte, unter dem Fernsehsessel auf, so daß sie beim Fernsehen jederzeit sticken konnte, wenn sie Lust dazu hatte. In diesem Fall hatte der Fauteuil einen Volant, so daß die Tasche nicht zu sehen war.

Überlegen Sie auch, ob Sie die Ecken nicht besser nutzen könnten. Hinter einem dekorativen Wandschirm oder einem Vorhang können sich ein Wägelchen mit Putzzeug, Spiele, Winterkleidung und viele andere Dinge verbergen. Das ist ein Beispiel für das allgemeine Prinzip »aufteilen und aufbewahren«. In jedem Teil eines Raumes läßt sich durch das Anbringen eines Wandschirms oder eines Vorhangs ein Staubereich schaffen, und das

Ganze kann dabei sogar hübsch aussehen. Eine meiner Klientinnen änderte einfach die Proportionen ihres langen und schmalen Wohnzimmers, indem sie einen bodenlangen Vorhang über die ganze Breite des Zimmers aufhängte; so gewann sie einen neuen Stauraum. Eine weitere einfach umzusetzende Idee ist die Verwendung von Organisationshilfen, wie man sie in vielen Läden zu kaufen bekommt. Bevor Sie jedoch eine kaufen, überlegen Sie sich genau, wie Sie die Organisationshilfe verwenden wollen, denn mit dem Kauf allein ist noch gar nichts getan. Es gibt sie auf dem Markt in allen möglichen Variationen – Kunststoffwürfel, Gemüsekisten aus Kunststoff und Körbe, die an die Wand montiert werden. Weiter hinten in diesem Buch finden Sie spezifische Tips für die Verwendung dieser Behältnisse.
Wenn verschiedene Dinge an verschiedenen Orten untergebracht sind, sollten Sie sich die Aufbewahrungsorte vielleicht notieren und die Liste in Ihrer »Haushaltsmappe« ablegen, so daß Sie alles auf einen Blick wiederfinden.

Erweiterung oder Modifizierung von Schrankraum

Tragen Sie zunächst alle Sachen zusammen, die Sie aufbewahren wollen (siehe »Zusammensuchen«, Seite 210). Wenn Sie sich über Größe und Anzahl dieser Dinge im klaren sind, wenn Sie also wissen, ob es sich um eine Ansammlung kleiner Werkzeuge und Haushaltsutensilien oder um große Gegenstände wie Gepäckstücke oder Reservebettzeug handelt, dann können Sie gezielt zwischen den beiden wichtigsten Techniken für die Erweiterung oder den Umbau von Stauraum wählen und sich entscheiden, ob Sie die Gegenstände lieber hängen oder legen wollen.

Regale

1. Bauen Sie auf einer oder auf zwei Seiten eines Kleiderschranks Regalbretter ein.

2. Bauen Sie einen schmalen Kleiderschrank zu einem reinen Legeschrank um, indem Sie von oben bis unten Regalbretter einbauen. Tiefe Schränke sind hierfür nicht so gut geeignet, weil die hinteren Bereiche schlecht zugänglich sind – es sei denn, die Regale lassen sich herausziehen. Das erfordert allerdings ein bißchen mehr Aufwand.
3. Wenn Sie besonders geschickt sind, können Sie in Erwägung ziehen, ein drehbares Umlaufregal in den Schrank einzubauen. Dafür sind natürlich tiefe Schränke am besten geeignet.
4. Verwandeln Sie einen breiten Kleiderschrank oder begehbaren Schrank in einen Mehrzweckschrank, indem Sie ihn unterteilen und einen Teil mit Regalbrettern ausstatten.
5. Vermessen Sie den zur Verfügung stehenden Raum sorgfältig und kaufen Sie einen freistehenden Schrank, der entweder mit offenen Regalen oder mit Schubladen ausgestattet ist.
6. Verwandeln Sie einen breiten, tiefen Kasten bzw. einen begehbaren Schrank in einen Kleiderschrank, indem Sie mit Pfosten gestützte Regale einbauen, wie in der Abbildung auf der nächsten Seite gezeigt.
7. Bauen Sie einen begehbaren Schrank zu einem Kleiderschrank um, indem Sie die Regalbretter entfernen und durch Kleiderständer ersetzen.
8. Wenn Ihr Schrank sehr hoch ist und die oberen Bereiche noch nicht genutzt werden, bauen Sie dort Regale für Gepäckstücke und selten verwendete Dinge ein.

Regaltips

1. Verwenden Sie, wenn möglich, verstellbare Regalbretter.
2. Bewahren Sie gleich hohe Dinge auf denselben Regalbrettern auf. Zur Einstellung des passenden Regalabstands messen Sie typische Gegenstände und schlagen ein paar cm zu .
3. Verschwenden Sie keinen Regalraum wegen einiger weniger übergroßer Dinge. Ziehen Sie für kleinere Gegenstände Zwischenbretter ein (siehe Abbildung auf Seite 223).

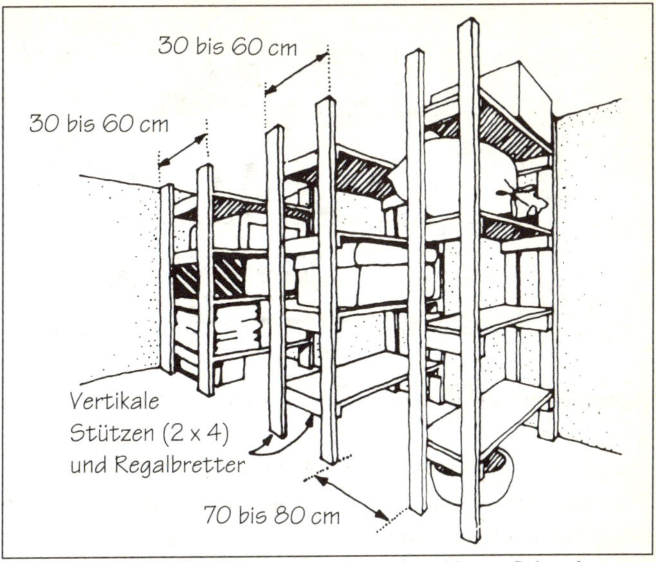

Optimale Nutzung des Stauraums in einem begehbaren Schrank

Man kann Regale auch außerhalb des eigentlichen Schrankraums aufstellen. So können Sie beispielsweise eine Wandnische mit Regalbrettern ausstatten. Im Kinderzimmer eines kleinen Mädchens wurde in einer nur 15 cm tiefen Nische Regale eingezogen, auf denen die Puppen des Mädchens sitzen oder stehen konnten. So wurde diese kleine Nische sinnvoll genutzt, und außerdem gab das Ganze auch ein wirklich hübsches Bild. Jede beliebige Lücke läßt sich auf irgendeine Weise nutzen. So kann eine 50-cm-Nische zwischen Kühlschrank und Herd als wertvoller Stauraum dienen. Neue Regale können an jeder vertikalen Fläche angebracht werden. Eine Fensternische kann mit Regalbrettern für Blumenstöcke ausgestattet werden.

Der Raum in Deckennähe wird meist nur in geringem Ausmaß als Stauraum genutzt. Da man in den meisten modernen Wohnungen über wesentlich weniger Stauraum verfügt als in Altbau-

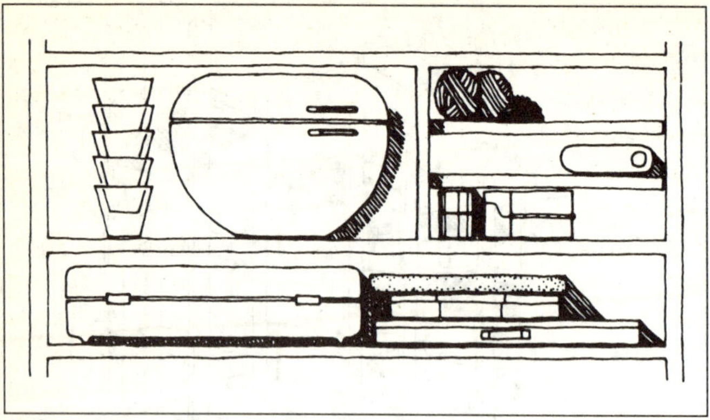

Aufbewahrungseinheit mit abgeteiltem Regalraum

ten, ist es laut dem Dekorateur Milo Baughman »wichtig, für Stauzwecke in die Höhe zu gehen«. Wie wäre es damit, selbst ein Regal für die gerade nicht benutzte Winter- oder Sommerkleidung, Gepäcksstücke usw. zu bauen und dabei schon 50 cm unterhalb der Decke zu beginnen? Eine Möglichkeit, kleine Dinge aus diesen lichten Höhen herunterzuholen, besteht – abgesehen natürlich von der üblichen Trittleiter – in der Verwendung eines »Greifers«, einer an einem langen Stock befestigten Vorrichtung, wie sie in Bibliotheken verwendet wird, um Bücher von hochliegenden Regalen zu herunterzuholen.

Hängeraum

Wenn Sie nicht viel aufzuhängen haben, reichen ein paar einzelne Haken an der Seite des Schranks oder an der Innenseite der Tür aus. Wenn Sie jedoch mehr Platz brauchen, empfehle ich ein Gitter, an dem Sie viele Haken anbringen können, und zwar in beliebigen und jederzeit änderbaren Positionen. Versehen Sie die ganze Schrankwand oder einen Teil davon oder auch die Türinnenseite mit einem solchen Gitter. Eine Kombination von Regalen und Gittern eignet sich für manche Schränke am besten: Versehen Sie die untere Hälfte des Schranks mit Regalen und die

obere mit Gittern, oder bringen Sie an einer Wand Regale an und an der anderen ein Gitter.
Gitter können – ebenso wie Regale – auf jeder stabilen, ebenen Fläche wie etwa einer Schrankwand oder der Rückseite eines freistehenden Bücherregals angebracht werden.
Glatte Fläche lassen sich noch besser nutzen, wenn Sie einer von Kunstmuseen angewandten Praktik, »Skying« genannt, folgen. Anstatt pro Wandabschnitt nur ein Gemälde aufzuhängen, wird eines in Augenhöhe, eines darüber und vielleicht auch noch eines darunter aufgehängt – damit ist der Platz optimal genutzt. Vielleicht könnten Sie Dinge aufhängen, die normalerweise stehend aufbewahrt werden. So kann zum Beispiel ein Fahrrad an Wandhaken aufgehängt werden.
Dafür zeichnen Sie die Umrisse des Rades an die Wand. Das Aufhängen von Rädern empfiehlt sich vor allem in Stadtwohnungen, wenn Sie das Rad nicht im Hausflur oder im Keller stehenlassen wollen. Ein weiteres Beispiel für eine unorthodoxe Hängeidee ist ein Nagel oder Wandhaken in der Nähe Ihres Fernsehstuhls, an den Sie ein Körbchen mit den Flickutensilien oder kleinen Arbeiten hängen, die Sie beim Fernsehen erledigen.

Die »Wohin damit?«-Formel

Möglicherweise haben Sie Dinge oder eine Kategorie von Dingen unterzubringen, die von einem organisatorischen Gesichtspunkt aus betrachtet nicht unbedingt in einen existierenden Schrank oder Stauraum passen. Vielleicht verspüren Sie den Drang, diese Dinge einfach in den nächstbesten Kasten zu stopfen, in dem Platz ist. Aber wenn Sie das einmal getan haben, dann werden Sie es wahrscheinlich immer wieder tun, und Ihr Aufbewahrungssystem endet im altbekannten Chaos. Ersetzen Sie das Syndrom »Aus den Augen, aus dem Sinn« durch eine neue Alternative, die auf einer Mischung zwischen Gesichtspunkten der Wahl des richtigen Aufbewahrungsortes einerseits und verschiedenen Lagertechniken andererseits beruht. Es gibt tatsächlich eine Formel für das Problem »Wohin damit?«, die sich auf jedes Aufbewahrungsproblem anwenden läßt: Ort der Verwendung x Zugang x geeigneter Technik = die richtige Aufbewahrungsoption.

Verwendungsort: Wo verwenden Sie dieses Ding meistens? Ein Staubsauger wird normalerweise im Wohnzimmer gebraucht oder dort zumindest zuerst in Betrieb genommen. Also ist das Wohnzimmer oder ein Platz in dessen Nähe besser zur Aufbewahrung des Staubsaugers geeignet als ein Küchenschrank. Manchmal muß die Frage des Verwendungsortes noch präziser beantwortet werden. Wenn Sie etwa gerne beim Fenster nähen, sollte die Nähschatulle in der Nähe des Fensters aufbewahrt werden.

Oder aber Sie nehmen das Ding mit nach draußen – wo können Sie es am leichtesten erreichen? Das gilt nicht nur für Schlüssel und Mäntel, sondern auch für Fahrräder oder Einkaufstaschen auf Rädern. Suchen Sie für Dinge, die irgendwo verwendet werden – zum Beispiel Haushaltswerkzeuge – einen beliebigen Aufbewahrungsort – aber bleiben Sie dann dabei.

Zugänglichkeit: Wie oft brauchen Sie das betreffende Ding, gemessen auf einer Skala von 1 bis 7? Jeder Tag bedeutet eine 1, einmal pro Jahr eine 7, und der Rest liegt irgendwo dazwischen.

Richtige Aufbewahrungstechnik: Verwendungsort und Zugang sind die beiden ersten Variablen der Gleichung; entscheiden Sie sich nur für eine konkrete Aufbewahrungstechnik sowohl hinsichtlich des Ortes als auch der Zugänglichkeit des Aufbewahrungsortes: Ein mit 1 bewerteter Gegenstand muß sehr leicht zugänglich verwahrt werden, ein Objekt, das Sie unter 7 eingestuft haben, kann dagegen schwer zugänglich gelagert werden.

Von Anfang an Ordnung im neuen Heim

Wenn Sie umziehen, haben Sie Gelegenheit, alle Schränke von Grund auf neu zu ordnen. Dadurch entsteht Ihnen kaum mehr Arbeit, als Sie sowieso durch das Umziehen haben. Die folgenden Vorschläge verstehen sich auch als rationelle Methode für die Neuordnung Ihrer Schränke, wenn Sie nicht umziehen, aber vielleicht renovieren. Die Vorschläge sind allerdings nur dann für Sie geeignet, wenn Sie eine Toleranzgrenze in bezug auf Kartons und langfristiges Durcheinander haben.
Gehen Sie zwei oder drei Wochen vor dem eigentlichen Umzugstermin den Inhalt Ihrer Schränke durch und notieren Sie die grundlegenden Kategorien der Dinge, die Sie darin aufbewahren. Die unten angeführte Liste ist ein typisches Beispiel:

- Kleidung und Accessoires aller Familienmitglieder,
- Spielsachen und Spiele (Kinder und Erwachsene),
- Sportausrüstung,
- Unterhaltung – Partysachen usw.,
- Mäntel und Außenbekleidung,
- Küchenutensilien,
- Porzellan und Glas,
- Bettwäsche und Handtücher,
- Verschiedenes: Koffer, Reservebettzeug,
- Weihnachtsschmuck,
- Souvenirs und Erinnerungsstücke,
- Badezimmerzubehör und Toilettensachen,
- Haushaltsartikel.

Sehen Sie sich die Schränke und Kästen in Ihrem neuen Heim an*, notieren Sie ihren Standort und überlegen Sie, welche Funk-

* Wenn Sie in eine andere Stadt ziehen, besorgen Sie sich einen Plan Ihrer Wohnung, in dem die Maße aller Schränke und Kästen verzeichnet sind. Eine Skizze ist zwar nicht so präzise für eine Planung, aber immer noch ausreichend.

tion sie haben sollen. Numerieren Sie die Schränke und machen Sie sich eine Liste des voraussichtlichen Inhalts, z. B.:

1. Schrank: links von der Eingangstür – Mantelschrank,
2. Schrank: Vorzimmer rechts – Sportausrüstung,
3. Schrank: Einbauschrank im Wohnzimmer – Unterhaltung (Spielkarten, Spiele für Erwachsene, Bargläser, alkoholische Getränke, Eiskübel).

Bestellen Sie vor dem Umzug beim Spediteur mehrere Dutzend verschließbarer Kartons. Numerieren Sie sie entsprechend der Nummer des Schranks, für den ihr Inhalt bestimmt ist – Schrank 1, 2 usw. Beschriften Sie eine zweite Gruppe von Kartons für die Küche, weil es bei Küchen einige Besonderheiten zu beachten gibt (siehe Seite 283). Dann beginnen Sie mit dem Packen. Arbeiten Sie sich in Ihrem alten Heim systematisch von einem Schrank zum anderen vor, legen Sie den Inhalt der einzelnen Schränke in die vorgesehenen Kartons und sortieren Sie dabei Dinge zum Verschenken und Wegwerfen aus. Die Kleidungsstücke verpacken Sie in Koffer, oder Sie bitten die Speditionsfirma um hochkant stehende Kartonschränke. Versehen Sie alle Koffer oder Kartons mit der entsprechenden Schranknummer. Die Speditionsfirmen können auch spezielle Kartons für Bilder immer bereitstellen.
Packen Sie diejenigen Dinge, die Sie in den ersten paar Tagen brauchen werden, in einen oder zwei Koffer. Der Rest kommt in die Kartons (die »1«-Kartons zusammen, die »2«-Kartons zusammen usw.), die von der Spedition abgeholt werden. Wenn Sie in Ihrem neuen Heim ankommen, stellen Sie alle Kartons in die entsprechenden Schränke. Wenn Sie bisher noch keine Gelegenheit hatten, Regale und Hängemöglichkeiten einzubauen, dann tun Sie das jetzt. Räumen Sie den Inhalt der Kartons in die jeweiligen Schränke – und der Umzug ist geschafft!

Checkliste: Umziehen

1. Stellen Sie bereits einige Wochen vor dem Umzug eine ausreichende Zahl von verschließbaren Kartons bereit.
2. Klassifizieren Sie den Inhalt Ihrer Kästen und Schränke nach breiten Kategorien.
3. Gehen Sie in Ihr neues Heim (oder verwenden Sie einen Plan) und überlegen Sie, welche Kategorie von Dingen in welchem Kasten oder Schrank untergebracht werden soll. Numerieren Sie die Schränke, damit Sie sie besser identifizieren können.
4. Entscheiden Sie nach bestem Wissen und Gewissen, welche speziellen Renovierungs- und Einrichtungsarbeiten nötig sind (siehe Seite 212)
5. Versehen Sie beim Packen jeden einzelnen Karton oder Koffer mit der entsprechenden Schranknummer.
6. Sorgen Sie dafür, daß alle erforderlichen Installationen und Einbauten vor dem Einzug abgeschlossen sind.
7. Räumen Sie den Inhalt der einzelnen Karton in die dafür vorgesehenen Schränke in Ihrem neuen Heim.

Die kleinen, aber wichtigen Dinge

Nun kommen wir zu den kleinen, aber wichtigen Dingen, die man immerzu verlegt: Schlüssel, Brille, die Zeitschrift, die man gerade liest usw. Eigenartigerweise sind gerade Schlüssel für viele Menschen ein Problem. Wenn man viele Schlüssel hat – für Keller, Garage, Fahrradschloß, Schließfächer – sollte man neben der Eingangstür ein Schlüsselbrett montieren, also ein Holzbrett mit Reihen von Nägeln. Unter jedem Nagel steht, für welchen Schlüssel er vorgesehen ist. Wenn Sie dazu neigen, Ihre Wohnungsschlüssel zu verlegen, dann bringen Sie gleich neben der Eingangstür einen Haken dafür an, oder stellen Sie eine kleine

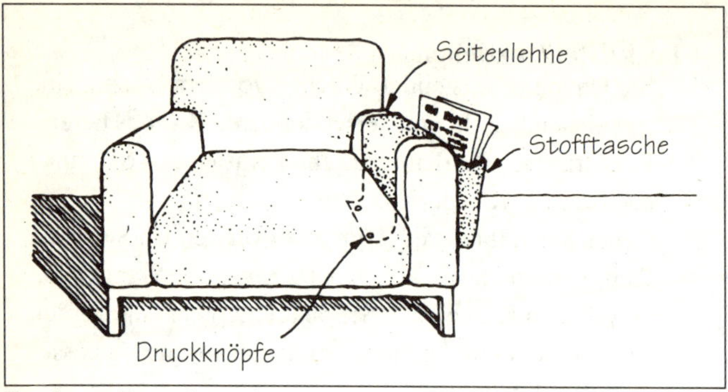

Tasche am Fernsehsessel

Schüssel auf. Dorthin hängen oder legen Sie die Schlüssel, sobald Sie die Wohnung betreten haben.

Eine zweite Variante dieser Idee ist ein »Vorzimmerkorb« oder eine Ecke eines Tisches im Vorzimmer, die für alles reserviert ist, was man mit sich aus der Wohnung nehmen will: die Lampe, die repariert werden soll, die Schuhe, die neu besohlt werden müssen, Bücher, die Sie zurückgeben wollen. Wenn Sie oft kleine Dinge übersehen oder dies befürchten (wenn Sie sich zum Beispiel dauernd fragen, ob Sie das Licht oder den Herd auch tatsächlich abgedreht haben, ob nicht die Katze im Schrank eingesperrt ist oder ähnliches), ist es vorteilhaft, in der Nähe der Wohnungstür eine Checkliste anzubringen, die Sie beim Verlassen der Wohnung rasch durchgehen können. Wenn Ihr Heim zwei Wohnebenen hat, legen Sie die Dinge, die nach oben oder nach unten gehören, in einen Korb in der Nähe der Treppe, so daß Sie sie mitnehmen können, wenn Sie das nächste Mal nach oben/unten gehen.

Für zur Hälfte gelesene Zeitungen und Magazine besorgen Sie sich eine passende Tasche und befestigen sie an Ihrem gewohnten Lesestuhl. Diese Tasche kann aus dem Material des Fauteuilüberzugs oder aus einem anderen, dazu passenden Stoff gefertigt werden. Mit einer langen, mit Druckknöpfen versehenen Lasche wird sie unter dem Sitzkissen am Stuhl befestigt.

Worauf wir hier Wert gelegt haben, ist Bequemlichkeit. Alexandra Stoddard hat das sehr gut ausgedrückt:

»Je besser Ihr Alltagsleben organisiert ist, desto mehr Freizeit haben Sie. Halten Sie an mehreren Orten einen Notizblock bereit, so daß Sie sich spontan Notizen machen können ... Bewahren Sie in der Nähe eines bequemen Stuhls eine Schuhbürste auf. Wann kann man besser Schuhe polieren, als wenn man entspannt ist? Legen Sie eine Kleiderbürste neben den Vorzimmerschrank, so daß Sie noch rasch das letzte Stäubchen von Ihrer Kleidung bürsten können, bevor Sie das Haus verlassen ... Wohin Sie sich auch wenden, Sie sollten von Bequemlichkeit umgeben sein.«*

* Style for Living: How to Make Where You Live You (Doubleday, Garden City, N. Y. 1974).

11

Kleidung und Accessoires

Vielen Leuten geht es wie Lisa, unserer geplagten Heldin aus dem ersten Kapitel: Sie besitzen zwar eine ganze Menge Kleider, aber letzten Endes sind nur wenige Stücke darunter, die sie auch tatsächlich tragen. Der Grund dafür ist einfach, daß in den Schränken und Schubladen ein so heilloses Durcheinander herrscht, daß es viel zu lange dauern würde und auch nicht besonders reizvoll ist, mit irgendwelchen neuen Kombinationen zu experimentieren. In diesem Kapitel werden wir ein brauchbares System für Kleidung und Accessoires entwickeln, das Ihnen hilft, im Umgang mit Ihrer Kleidung kreativer zu werden.

Wenn Sie Ihr Schlafzimmer mit Ihrem Partner teilen, dann wissen Sie wahrscheinlich, wie irritierend es ist, seine Manschettenknöpfe in Ihrer Schublade zu finden oder seine Hemden in Ihrem Schrank. Der erste Schritt besteht also darin, sich hinzusetzen und über eine genau definierte Platzaufteilung zu verhandeln, die beiden Partnern gerecht erscheint. Wenn Sie um jeden Zentimeter feilschen, nehmen Sie sich ein Beispiel an der provisorischen Lösung eines Paares, dem es ähnlich erging: Sie teilten den verfügbaren Stauraum einfach irgendwie in die Hälfte, in dem Wissen, daß ein durchdachtes Ordnungssystem im allgemeinen so viel Raum frei werden läßt, daß sich dadurch alle Platzprobleme praktisch von selbst lösen. Für den Fall, daß der Platz nach dem Schaffen einer grundlegenden Ordnung immer noch knapp sein würde, vereinbarten sie eine neue Verhandlungsrunde.

Wenn Sie den verfügbaren Raum aufgeteilt haben, bringen Sie die Siebensachen jedes Partners in sein/ihr Terrain.

10. Prinzip: Wenn Sie sich Ihr persönliches Ordnungssystem zurechtlegen, grenzen Sie zuerst Ihr »Territorium« ab.

Respektieren Sie auch das Hoheitsgebiet Ihres Partners; wenn er seinerseits in Ihr Terrain eindringt, sollten Sie ruhig auf die festgelegten Grenzen verweisen und darauf bestehen, daß sie eingehalten werden. *Versuchen Sie nicht, Ordnung in die Sachen Ihres Partners zu bringen.*

Als nächstes werfen Sie einen Blick auf ihren Schrank. Möglicherweise ist er im Laufe der Jahre zu einem Sammelplatz für alle möglichen Dinge außer Kleidung geworden: Spiele, altes Kinderspielzeug, uralte Scheckbücher. Misten Sie gründlich aus, durchforsten Sie dann der Reihe nach alle Ihre Schränke und Schubladen und nehmen Sie die Sachen heraus, die Sie im vergangenen Jahr nicht getragen haben, ausgenommen die Stücke, die einen besonderen sentimentalen oder anderweitigen Wert für Sie haben, und geben Sie sie zur Altkleidersammlung. Trennen Sie sich auch von Kleidungsstücken, die Ihnen »irgendwann einmal gute Dienste leisten könnten«. Diese Phrase leistet der unaufhaltsamen Umwandlung Ihres Kastens in eine »Altkleiderdeponie« Vorschub.

Legen Sie Mäntel und Überkleidung für den Mantelschrank zur Seite und bringen Sie die Winter- oder Sommersachen (je nach Jahreszeit) an weniger leicht zugänglichen Stellen unter – bewahren Sie sie eventuell in speziellen Lagerbehältern, wie man sie in Schrankabteilungen der Warenhäuser bekommt, unter dem Bett auf. Diese Behälter eignen sich auch gut für Ihr Reservebettzeug. Eine meiner Klientinnen verpackte die Kleidungsstücke, die in der jeweiligen Saison gerade nicht gebraucht wurden, in Koffer, die sie nur selten verwendete. Ein Schrankfach, das für die reguläre Nutzung zu hoch liegt, ist eine weitere Möglichkeit. Weitere Aufbewahrungsvorschläge finden Sie auf den Seiten 217-223.

Wenn Sie vorhaben, Ihre Schubladen oder Schrankfächer neu zu streichen oder sie mit Schrankpapier auszukleiden, dann ist dies der geeignete Zeitpunkt.

Kleidung

Als erstes müssen Sie entscheiden, welche Kleidungsstücke Sie in Schränke hängen und welche Sie in Schubladen legen wollen. Ich schlage vor, daß Sie so viele Dinge wie möglich hängen, auch Pullover (auf gepolsterte, geformte Kleiderbügel), Blusen und Hemden. Wenn Sie die Kleidungsstücke vor sich hängen haben, fällt es Ihnen leichter, kreativ zu kombinieren. Wenn Sie aber über großzügige Legeflächen verfügen, während Ihre Hängemöglichkeiten beschränkt sind, können Sie die Schubladen auch auf unorthodoxe Weise verwenden. Eine meiner Klientinnen verstaute alle ihre Hosen in Laden; sie legte sie flach zusammen und stapelte sie dann so übereinander, daß von jeder Hose ein Stück hervorlugte – wie bei für eine Patience aufgelegte Spielkarten. So hatte sie einen guten Überblick und konnte die einzelnen Hosen auch leicht herausnehmen.

Beim Ordnen von Schubladen können Sie nach einer einfachen Formel vorgehen, die lautet: »Wie oft verwende ich das?« Die am häufigsten verwendeten Dinge wie Unterwäsche sollten am leichtesten zugänglich sein. Pullover (wenn sie nicht aufgehängt sind), Hemden und Sportbekleidung fallen im allgemeinen in die nächste Kategorie. Nachthemden und Pyjamas, die weniger oft gewechselt werden, kommen in die unterste Lade. Differenzieren Sie innerhalb einzelner Kategorien – zum Beispiel bei den Pullovern oder bei Seidenunterwäsche und normaler Unterwäsche – auch nach »natürlichen« Faktoren wie »häufig getragen« oder »nicht so häufig getragen.«

Wenn Ihre Schlafzimmerlogistik es gestattet, sollte Ihre Kommode in der Nähe Ihres Kleiderschranks stehen, so daß Sie beide Möbelstücke zugleich im Blickfeld haben. Man kann leichter

neue Kombinationen zusammenstellen, wenn man die nötige Übersicht hat.
Wenn Sie zusätzliche Schubladen brauchen, Ihre finanzielle Situation die Anschaffung eines neuen Schubladenkastens aber nicht gestattet, können Sie auch freie Stellflächen auf Bücherregalen verwenden. Sie können diesen Raum mit einem Vorhang oder Wandschirm abgrenzen. Denken Sie auch an stapelbare Körbe aus Kunststoff. Weitere Ideen, wie Sie zusätzlichen Regalraum schaffen können, finden Sie auf der Seite 219.
Ordnen Sie die Kleidungsstücke im Schrank so, daß ähnliche Dinge nebeneinander hängen. Nachstehend sind vier einfache Kategorien aufgelistet:

- Für die obere Körperhälfte: Pullover, leichte Jacken, Blazer, Blusen, Hemden.
- Für die untere Körperhälfte: Hosen, Röcke.
- Für den ganzen Körper: Kleider, Anzüge.
- Kleidungsstücke für besondere Gelegenheiten: lange Kleider, Abendkleidung.

Sie werden bemerkt haben, daß es keine Kategorie »Damenkostüme« gibt. Ich ziehe es vor, die Jacken zu den übrigen Oberteilen zu hängen und die Röcke zu den übrigen Röcken. Das trägt dazu bei, daß wir diese Kleidungsstücke nicht immer nur als festes Ensemble betrachten und ihr Kombinationspotential besser nutzen. Wenn aber die Wissenschaft des Kombinierens von Kleidungsstücken nicht Ihre Stärke ist und Sie sich auch nicht näher damit befassen wollen, hängen Sie die zwei oder drei Kombinationen, von denen Sie wissen, daß sie gut zusammenpassen, als Set nebeneinander.
Eine zweite Möglichkeit, Kleidungsstücke zu ordnen, besteht darin, sich nicht nur nach dem Kleidungstyp, sondern auch nach den Farben zu richten. Marsha zum Beispiel ordnet ihre Blusen von weiß über sehr hell auf der einen Seite über die bunten Farben

in der Mitte bis hin zu den Grautönen und Schwarz am anderen Ende der Palette. Drucke und Muster hängen neben den Uni-Stücken.
Ob Sie Ihre Kleidung nach Farben ordnen wollen, bleibt ausschließlich Ihnen überlassen; empfehlenswert ist diese Methode für ausgeprägt visuelle Typen, die zu Farben gut assoziieren können. Manche Menschen verbinden Rosa und Rot, Blau- und Grüntöne oder Drucke und Streifen mit bestimmten Orten oder Situationen. Andererseits wird ein solches Farbordnungssystem für Menschen, die nicht in Farben und Mustern denken, kaum von Nutzen sein und vielleicht sogar verwirrend wirken.
Sie können Ihre Kleidung aber auch nach Verwendungskategorien ordnen. Ich selbst sortiere Blusen meist danach, ob sie elegant oder salopp sind. Das heißt, daß ich zum Beispiel Seidenblusen oder solche, die ich zu Kostümen trage, von sportlichen Tops und lässigen Freizeithemden getrennt hänge. Für mich sind Farben also kein wichtiger Faktor. Jedem das Seine!
Kleidersäcke sind umständlich, brauchen viel wertvollen Platz und versperren die Sicht auf ihren Inhalt. Ich empfehle sie nur für besonders empfindliche Sachen wie Spitze oder Chiffon. Der Schrank selbst schützt die Kleidungsstücke vor normalem Staub, und die Plastiksäcke der Reinigungsanstalt bieten bei besonders stark fusselnden Stücken genügend Schutz.

Accessoires

Die Schrankdesigner haben noch keine wirklich optimale Lösung für die Aufbewahrung von Accessoires wie Gürteln, Schuhen, Hüten, Handtaschen, Schals, Handschuhen und Schmuck gefunden. Die bittere Enttäuschung ist bereits vorprogrammiert, wenn Sie haufenweise Schachteln, Behälter und Ordnungshilfen aller Art kaufen, in der trügerischen Hoffnung, daß damit automatisch Ordnung in Ihre Schränke einkehrt. Diese an sich hilfreichen Dinge allein können nämlich gar nichts ausrichten.

Wenn Sie sie jedoch planvoll und kreativ einsetzen, können solche Behälter durchaus hilfreich sein. Es folgen einige Tips, wie Sie sie je nach Ihren Platzverhältnissen und je nach der Art der Accessoires, die Sie unterbringen wollen, verwenden und kombinieren können.

1. Wenn Ihr Schrank mit Regalen ausgestattet ist, besorgen oder basteln Sie sich Schachteln, deren Vorderseite nach unten klappt, wenn der Deckel geöffnet wird. Auf diese Weise ist der Inhalt leicht zugänglich. Es gibt auch durchsichtige Schuhschachteln ähnlicher Art, die man in Schrankfächern aufbewahren oder in Zimmerecken stapeln kann.
2. Ein an der Innenseite der Schranktür oder an einer Seitenwand aufgehängter Beutel kann ebenfalls als Aufbewahrungsort für Socken, Schals, Handschuhe oder zusammengerollte Gürtel dienen.
3. Kaufen Sie einen freistehenden Kasten oder ein Regal mit Fächern für Hüte, Taschen und Schuhe.
4. Es gibt Garderoben mit speziellen Taschen für Handtaschen oder Schuhe. Versuchen Sie's damit, wenn Sie viel Hängeraum zur Verfügung haben. Achten Sie darauf, daß die Plastiktaschen stabil sind und nicht so leicht einreißen.
5. Besorgen Sie sich ein Schuhregal für den Schrankboden. So sind die Schuhe immer übersichtlich geordnet, und man kommt nicht so leicht in Versuchung, andere Dinge auf den Boden zu werfen.
6. Kaufen Sie für den unteren Teil des Schrankes ein niedriges Regal, in dem Sie Schals, Handschuhe, Unterwäsche, Strümpfe und Socken oder auch Schmuck – einfach jede Art von kleinen Accessoires – aufbewahren. Wenn Sie Ihre Hosen über Kleiderbügel hängen, anstatt sie in voller Länge aufzuhängen, können Sie ein relativ hohes Regal unterbringen. Lassen Sie seitlich ein bißchen Platz frei, damit Sie lange Abendkleider aufhängen können.

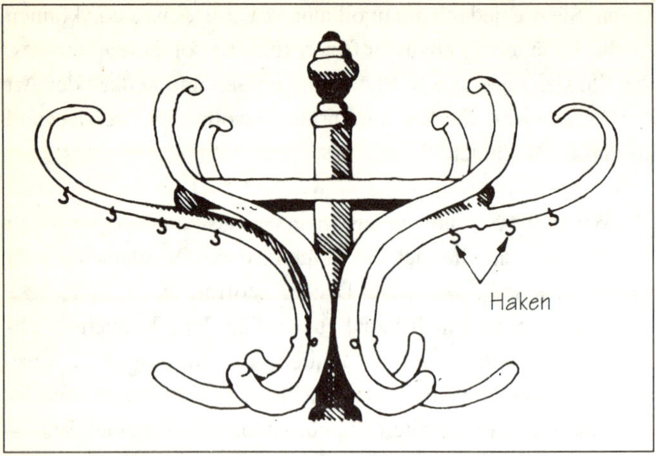

Hängen Sie Ihre Accessoires auf einen Kleiderständer (Haken)

7. Bringen Sie im unteren Teil des Schranks Regalfächer für Schuhe und Taschen an.
8. Versehen Sie die Seitenwände, Türen und Decken Ihrer Schränke mit Gittern, an die Sie Gürtel, Krawatten, Hüte, Einkaufstaschen und Handtaschen hängen können.
9. Kaufen Sie Kleiderbügel mit Haken für Krawatten und Gürtel.
10. Hängen Sie Gürtel, Krawatten, Halsketten, Perlenketten und Hüte an die Sprossen eines dekorativen Mantelständers.
11. Montieren Sie an den Sprossen eines Mantelständers kleine Haken in der Art, wie sie für das Aufhängen von Küchentassen verwendet werden, und hängen Sie daran Ihre Gürtel auf. Solche Haken kann man auch für Halsketten, Schals und Pullover mit »Aufhängern« verwenden.
12. Es gibt spezielle Hänger für Gürtel, Krawatten, Taschen und Halsketten.
13. Hängen Sie Schmuck an Nägeln in Schrankwänden auf, oder, wenn Sie eine Designbegabung haben, direkt an den

Schlafzimmerwänden. Eine Kollektion an der Wand hängender bunter Taschen kann ebenfalls hübsch aussehen.

14. Dekorative Hüte können sich gut machen, wenn sie auf einer freien Tischplatte oder in einem Korb auf dem Boden übereinander gestapelt werden. Sie können aber auch einen Hutständer von der Art verwenden, wie man sie in Hutgeschäften findet.

Halten Sie Ihr System in Bewegung

Ein einmal etabliertes Kleidungssystem ist nichts Statisches, sondern es verändert sich ständig: Neue Dinge kommen hinzu, alte werden ausgemustert. Wenn Sie im Herbst die Sommersachen weglegen, sortieren Sie die Stücke aus, die Sie in dieser Saison nicht getragen haben, und verschenken Sie sie. Die Wahrscheinlichkeit, daß Sie sie auch in der nächsten Saison kaum oder überhaupt nie wieder tragen werden, ist ziemlich hoch. Kleidungsstücke werden mit der Zeit meistens nicht besser. Werfen Sie auch einen kritischen Blick auf Schuhe, Taschen und Accessoires. Mehr ist nicht nötig, um Ihr System in Schuß zu halten.

Wie Sie ein Optimum aus Ihrem Stauraum herausholen

Die entscheidende Frage in diesem Zusammenhang lautet: »Wie kann ich meine Kleidungsstücke effizient so ordnen, daß der verfügbare Platz optimal ausgenützt wird?«

Bekanntermaßen bezahlen New Yorker Wohnungsmieter sogar für New Yorker Verhältnisse exorbitante Preise für Wohnungen, die über genügend Stauraum verfügen, auch wenn das so ziemlich das einzige ist, was für die Wohnung spricht.

Es gibt drei Möglichkeiten, möglichst effizient mit dem vorhandenen Stauraum umzugehen. Die erste ist, den Schrank selbst zu entwerfen, die zweite, vorgefertigte Bauteile im Modulsystem zu

Checkliste: Wohin mit der Kleidung?

1. Teilen Sie sich den Schrank- und Schubladenraum mit Ihrem Partner.
2. Entfernen Sie alles, was nichts mit Kleidung zu tun hat, aus den Schränken.
3. Mustern Sie alte oder kaum getragene Kleidungsstücke aus.
4. Bringen Sie Winter- bzw. Sommerkleidung sowie Überbekleidung an geeigneten Orten unter.
5. Wenn Sie Ihre Schränke verschönern wollen, dann ist jetzt die richtige Gelegenheit dafür.
6. Teilen Sie die Kleidungsstücke auf Schubladen oder Schränke auf.
7. Berücksichtigen Sie bei Schubladen ihre Zugänglichkeit.
8. Ordnen Sie hängende Kleidungsstücke nach Farben oder Typ.
9. Schaffen Sie sich zusätzlichen Schrankraum, falls erforderlich.
10. Ordnen Sie die Accessoires.
11. Sortieren Sie Ihre Kleidungsstücke zweimal jährlich bei Saisonwechsel aus.

kaufen, die Sie in Ihren bestehenden Schrank einbauen, und die dritte Möglichkeit besteht darin, sich einen luxuriösen Schrank nach Maß bauen zu lassen.

Für welche der drei Möglichkeiten Sie sich entscheiden, hängt von Ihrer Zeit, Ihrem Geschmack und von Ihrem Geldbeutel ab.

Entwerfen Sie Ihren persönlichen Schrank

Wenn Sie sich Ihren eigenen Schrank gestalten wollen, müssen Sie zunächst den Schrank vermessen und dann feststellen, wieviel an Kleidung Sie unterzubringen haben. Dabei stellt sich allerdings meistens heraus, daß Sie einfach viel zu viele Kleidungsstücke für einen viel zu kleinen Kasten haben. Dieses Problem läßt sich im Normalfall am besten bewältigen, indem man *mehrere Ebenen* von hängenden Kleidungsstücken schafft. Die genaue Vorgangsweise Schritt für Schritt:

1. Vermessen Sie Höhe, Breite und Tiefe Ihres Schranks. Manche Schränke haben seitlich der geöffneten Schranktüren oder darüber noch freien Platz. Notieren Sie alle solchen »versteckten« Orte.
2. Messen Sie Ihre Kleidungsstücke ab:
   a. Hängen Sie an der Kleiderstange alle »mittelgroßen« Kleidungsstücke wie Blusen, Hemden, Hängepullover und Jacken auf. Vermessen Sie das längste Kleidungsstück dieser Gruppe von der Oberkante des Kleiderbügels bis zur Unterkante des Kleidungsstücks, um herauszufinden, wie hoch der Hängeraum für diese Kategorie sein muß. Messen Sie dann die Breite dieses »Kleiderblocks« ab. Drücken Sie die Kleidungsstücke dabei nicht zusammen, sondern hängen Sie sie locker nebeneinander. Geben Sie 35 cm zu, damit Sie genügend Platz zum Hin- und Herschieben und für neue Kleidungsstücke haben.
   b. Hängen Sie nun alle »Dreiviertel«-Sachen wie Röcke, Herrenanzüge und Damenkostüme und über Kleiderbügel gehängte Hosen zusammen und gehen Sie gleich vor.
   c. Verfahren Sie nun in gleicher Weise mit den Kleidern, also den Stücken mit voller Länge.
   d. Falls Sie lange Abendgarderobe besitzen, messen Sie auch diese ab.

3. Zählen Sie die Accessoires, die Sie auch in dem Schrank unterbringen wollen:
   Schuhe: Wie viele Paar?
   Taschen: Wie viele, und wieviel Platz benötigen sie?
   Zusammengelegte Hemden und Pullover: Wie viele, und wie hoch ist der Stapel in etwa?
   Handschuhe, Hüte, Schals, Krawatten und Gürtel: Wie viele?
4. Anhand dieser Messungen können Sie nun Ihre ideale Schrankeinrichtung entwerfen. Fertigen Sie zuerst eine maßstabgetreue Skizze Ihres Schranks an. Kennzeichnen Sie die Türen durch einen dicken Strich und schattieren Sie möglicherweise vorhandenen »versteckten« Platz seitlich oder oberhalb der Türen.
5. Dividieren Sie das Breitenmaß der mittellangen Kleidungsstücke durch zwei und verdoppeln Sie das Höhenmaß. Es geht darum, zwei horizontale Kleiderstangen übereinander in Ihrem Schrank zu montieren, so daß Sie zwei Ebenen dieser Kategorie unterbringen können. Ist der Schrank dafür hoch genug? Schraffieren Sie in Ihrer Schrankskizze den Block der mittellangen Kleidungsstücke leicht. Wenn Ihr Schrank tief genug ist, können Sie aber auch auf gleicher Höhe eine parallele Stange anbringen und Ihren Hängeraum auf diese Weise verdoppeln. Hängen Sie die Kleidungskombinationen, die Sie am häufigsten tragen, nach vorne, und die weniger oft getragenen nach hinten.
6. Als nächstes sind die »Dreiviertelstücke« an der Reihe. Es ist ziemlich unwahrscheinlich, daß Ihr Schrank hoch genug ist, um Platz für zwei übereinanderliegende Dreiviertelstangen zu bieten. Sie können aber vielleicht trotzdem zwei Ebenen unterbringen, und zwar eine für dreiviertel- und eine für halblange Sachen. Zeichnen Sie den Dreiviertel-Block ein.
7. Kleider und Vollängen-Sachen benötigen die volle Höhe,

aber der zwischen Kleidern und Schrankboden verbleibende Raum läßt sich auf produktive Weise nutzen: Planen Sie hier ein niedriges Regal für Taschen oder ein kleines Schuhregal ein. Zeichnen Sie die Vollängen-Kleider in Ihrer Skizze ein.

8. Überlegen Sie, wo Sie Ihre Accessoires aufbewahren können. Werfen Sie einen Blick auf die Seiten 235-237, wo Sie einige Tips für Aufbewahrungstechniken unter Verwendung von Regalen, Hängevorrichtungen, Kästen usw. finden.

Nun haben Sie im Prinzip Ihre Schrankeinrichtung!

Für handwerklich Geschickte ist es vielleicht interessant, den Schrank selbst zu bauen. Ansonsten beauftragen Sie einen Tischler in Ihrer Nachbarschaft mit der Herstellung Ihres Traumschranks.

Der Schrank im Modulsystem

Eine Entwicklung der letzten Zeit ist der »modulare« oder »Baustein«-Schrank. Dabei werden in bestehende Schränke vorgefertigte Schrankelemente und Bauteile eingebaut. Diese Teile lassen sich auf unterschiedliche Weise kombinieren, und es ist ziemlich wahrscheinlich, daß irgendein Hersteller eine Lösung anbietet, die Ihren spezifischen Anforderungen gerecht wird.
Sehen Sie sich zumindest zwei oder drei solcher Serien an, verlangen Sie Prospekte und stellen Sie Preisvergleiche an. Klären Sie folgende Punkte:

1. Müssen Sie die Teile selbst einbauen, oder sind Montage und/oder Beratung inbegriffen?
2. Welche Serviceleistungen werden geboten? Beratung heißt, daß man Ihnen sagt, wie Sie am besten vorgehen. Schrank nach Maß bedeutet, daß der Fachberater alles vermißt und einen für Sie maßgeschneiderten Plan erstellt. Montage: Werden die Bauteile in Ihrem Schrankraum montiert? Wenn ja, werden die alten Kleiderstangen entfernt? Wer ist für die

Verdoppeln Sie Ihren verfügbaren Schrankraum.

Ausbesserung eventueller Wandschäden verantwortlich, die durch die Entfernung der alten Kleiderstangen entstehen?

3. Können Sie weiterhin normale Kleiderbügel verwenden, oder müssen Sie jene der Firma kaufen? Vorsicht: Schranksysteme, die für jeden einzelnen aufgehängten Gegenstand eine fix montierte Hängevorrichtung haben, sind für die meisten Menschen absolut nicht empfehlenswert. Es kann sehr nervenaufreibend sein, wenn man die Kleidungsstücke nicht hin- und herschieben kann.

Unterziehen Sie auch das im Warenhaus ausgestellte Musterstück einer eingehenden Überprüfung:

1. Achten Sie darauf, daß die Bauteile gut verarbeitet sind, daß sie keine scharfen Kanten haben, stabil sind und keine rauhen

Stellen aufweisen. Bevor Sie die Lieferung zu Hause entgegennehmen, überprüfen Sie stichprobenartig einige Teile, um sicherzugehen, daß sie in Wirklichkeit genauso aussehen wie im Laden.

2. Überprüfen Sie die Stabilität. Ziehen Sie leicht an den Kleiderstangen. Sind sie stabil? Geben Sie auf leichten Druck zu sehr nach? Glauben Sie, daß sie das Gewicht der Kleidungsstücke tragen können?
3. Gleiten die Schubladen glatt und leicht auf ihren Schienen? Bringen Sie ein paar Bücher mit, die Sie in die Laden legen, um festzustellen, ob sich diese auch unter Belastung leicht bewegen lassen. Schubladen, die in leerem Zustand leichtgängig sind, sind unter Belastung oft nicht mehr so leicht beweglich.

Anmerkung: Denken Sie daran, daß ein genau maßgeschneidertes System voraussetzt, daß Sie die Kleidungsstücke, die Sie in der jeweiligen Saison gerade nicht benötigen, stets wegräumen, und daß Sie Dinge, die Sie nicht mehr tragen, regelmäßig ausmustern. Wie effizient und durchdacht Ihr Bausteinsystem auch sein mag, es ist aufgrund seines genau eingeteilten Platzes in mancher Hinsicht störungsanfälliger als ein normaler Schrank.

Der maßgefertigte Schrank

Ein wirklich maßgefertigter Schrank ist ein wundervoller und teurer Luxus. Aus exquisiten Materialien hergestellt und genau auf Ihre Bedürfnisse abgestimmt, bietet er mannigfaltige Freuden: herausziehbare Regalbretter, Schiebetüren, Platz für jedes einzelne Paar Schuhe, jede Tasche und manchmal sogar für jedes Hemd und jeden Pullover. Seufz. Aber es tut gut zu wissen, daß die Aufbewahrungsprinzipien hinter dem maßgefertigten Schrank im wesentlichen mit denen übereinstimmen, die wir besprochen haben.

Tips zur Erweiterung des Schrankraums

1. Die Mehrfachhänger, die das gemeinsame Aufhängen mehrerer Hosen, Röcke oder Hemden gestatten, sind zwar platzsparend, aber ich persönlich finde sie ein bißchen umständlich. Wenn Sie hingegen gut damit zurechtkommen, sollten Sie sie unbedingt benutzen.
2. Wenn Sie Platz im Schlafzimmer haben, kaufen Sie zum Beispiel eine freistehende Garderobe als Reserveaufbewahrungsmöglichkeit.
3. Kaufen Sie einen freistehenden Kleiderständer, wie er in Geschäften verwendet wird. Sie können ihn hinter einem dekorativen Wandschirm verstecken.
4. Wenn Sie über eine Nische mit einer Breite zwischen 1,5 und 2 m verfügen, in der sie einen Schreibtisch oder eine Arbeitsfläche untergebracht haben, montieren Sie dort über Ihrem Kopf ein Regal oder eine Stange, auf der Sie Blusen, Hemden und Jacken aufhängen können.
5. In kleineren Nischen können Sie zwei Kleiderstangen übereinander montieren und so zwei Ebenen Halblängen- oder eine Ebene Vollängenkleider unterbringen. Decken Sie den Alkoven mit einem Vorhang oder einem Wandschirm ab.

Fragen und Antworten

Es gibt einige bestimmte Probleme, die immer wieder zu Verwirrung führen. Mit diesen Fragen werde ich häufig konfrontiert:

F: *Wenn ich es eilig habe, beginne ich, die Dinge in der Gegend herumzuwerfen, so daß mein ganzes System kollabiert.*

A: Da ich selbst dazu tendiere, Dinge einfach irgendwo fallen zu lassen (egal, ob ich es gerade eilig habe oder nicht), habe ich mir selbst geholfen, indem ich einen Stuhl in meinem Schlafzimmer zum »Ablage-Stuhl« ernannt habe. Auf diesen Stuhl lege ich Kleidungsstücke und alle anderen Dinge, die ich im Augenblick nicht wegräumen will. Wenn man all diese Sachen an eine einzige Stelle legt, anstatt sie im ganzen Raum zu verstreuen oder sie willkürlich in irgendwelche Schubladen oder Schränke zu stopfen, ist es leichter, die Kontrolle zu behalten.

Räumen Sie den Stuhl mindestens jeden dritten Tag ab. Wenn es nötig ist, tragen Sie die »Abräumdaten« anfangs in Ihren Terminkalender ein – veranschlagen Sie dafür, sagen wir, zweimal pro Woche eine Viertelstunde –, bis Ihnen das regelmäßige Abräumen zur Gewohnheit wird.

F: *Wohin soll ich neue Kleidungsstücke oder die Wäsche legen, die aus der Reinigung kommen?*

A: Montieren Sie einen Haken an der Schlafzimmerwand, an den Sie alles hängen, was aus der Reinigungsanstalt kommt. Räumen Sie die Sachen dann ein, wenn Sie sich um den »Ablage-Stuhl« und die »Reinwerf-Schale« kümmern (siehe unten). Legen Sie Pakete mit neuen Kleidern auf den »Ablage-Stuhl«.

F: *Wohin lege ich Kleidungsstücke, die zur Reinigung gebracht werden müssen?*

A: Besorgen Sie sich eine hübsche Wäschetruhe oder einen geflochtenen Korb, der zum Schutz der Kleidungsstücke mit Stoff ausgekleidet ist. Stellen Sie sie/ihn in der Nähe der Eingangstür auf und legen Sie laufend alle Sachen hinein, die zur Reinigung gebracht werden müssen. Das ist eine praktische und angenehme Methode, um Kleidungsstücke zu sammeln. Beim Verlassen des Hauses können Sie die Sachen dann leicht mitnehmen oder sie dem Abholdienst mitgeben.

F: *Ich habe die Angewohnheit, kleine Dinge wie Krawattennadeln oder Manschettenknöpfe am Toilettentisch herumliegen zu lassen. Es dauert nicht lange, bis sich eine deprimierende Unordnung breitmacht.*

A: Stellen Sie auf Ihrem Toilettentisch eine kleine Schale auf (die »Reinwerf-Schale«), in die Sie Ihre Manschettenknöpfe, die Uhr, den Schmuck, den Sie an diesem Tag getragen haben, und andere Kleinigkeiten werfen können. Eigentlich handelt es sich um nichts anderes als um die kleine Ausgabe des »Ablage-Stuhls«. Räumen Sie die Schale etwa jeden dritten Tag aus.

F: *Ich habe meine Schränke und Schubladen gut durchorganisiert, habe aber trotzdem Schwierigkeiten, mich am Morgen fertigzumachen.*

A: Das kommt wahrscheinlich daher, daß Sie nach dem Aufwachen noch ein wenig benommen sind. Versuchen Sie also, ein morgendliches Ritual zu entwickeln, das Sie möglichst genau einhalten, so daß Sie kaum Entscheidungen treffen müssen. Legen Sie sich Kleidung und Accessoires schon am Vorabend zurecht. Decken Sie den Frühstückstisch, legen Sie die unverderblichen Nahrungsmittel, die Sie essen wollen, heraus, und bereiten Sie die Kaffeemaschine vor. Oder planen Sie ein sehr einfaches Frühstück, zum Beispiel Fertigmüsli.

F: *Ich habe Berge von Schmuck, viel zu viel, als daß ich ihn in einer einzigen Schublade unterbringen könnte.*

A: Suchen Sie die Stücke heraus, die Sie tragen und geben Sie jene, die Ihnen nicht mehr wichtig sind, weg. Den Rest teilen Sie auf: Die Manschettenknöpfe, Ohrringe und Armbänder, die Sie am häufigsten tragen, bewahren Sie in einer leicht zugänglichen Schmuckkassette oder in einer hübschen Schale auf. Halsketten hängen Sie an Nägel oder auch an Haken an der Wand oder im Schrank. Schmuckstücke, die Sie weniger oft tragen, können Sie in einer Schachtel in einem Regalfach aufbewahren.

F: *Die Schiebetüren meines Schrankes lassen sich nur zur Hälfte öffnen, so daß der halbe Schrank immer blockiert ist.*

A: Bewahren Sie zusammenpassende Kleidungsstücke desselben »Eleganzgrades« auf einer Seite auf. Das heißt, daß elegante Tops und dazu passende Hosen und Röcke auf einer Seite hängen, während Alltagskleidungsstücke – Jeans und T-Shirts – auf der anderen Seite aufbewahrt werden.

F: *Auf Reisen möchte ich möglichst mit ein oder zwei Kombinationen auskommen. Wie kann ich das Packen rationalisieren?*

A: Befestigen Sie am Aufhänger jedes Artikels, der verpackt werden soll, ein Schildchen, auf dem die Kombinationsmöglichkeiten für dieses Stück sowie die dazu passenden Accessoires aufgelistet sind. Auf diese Weise können Sie die gewünschten Ensembles rasch zusammenstellen, und auch das tagtägliche Anziehen wird vereinfacht.

12

Bücher und andere Medien

Man kann richtiggehend Spaß daran haben, Ordnung in seine Bücher und Schallplatten zu bringen. Es ist ein richtiges kleines Erlebnis, ein Buch wiederzufinden, von dem man völlig vergessen hat, daß man es überhaupt besitzt, oder eine erinnerungsträchtige Aufnahme hervorzustöbern. Und sicherlich haben Sie mehr Freude an Ihrer Bücher- oder Plattensammlung, wenn sie übersichtlich geordnet und leicht zugänglich ist.

Bücher

Vorbereitungen

Wählen Sie willkürlich einen Ausgangspunkt: entweder ein Bücherregal, wenn Sie mehrere haben, oder aber mehrere Fächer eines Regals. Wenn Ihre Bücher an mehreren Stellen Ihres Hauses oder Ihrer Wohnung verstreut liegen, suchen Sie sie zusammen, bevor Sie beginnen.
Entscheiden Sie nun, ob Sie bestimmte Bücherkategorien an bestimmten Orten aufbewahren wollen. Großformatige Kunstbücher passen zum Beispiel oft nur in ein besonders hohes, stabiles Bücherregal. Legen Sie die Bücher, die derzeit in diesem »Kunstbereich« aufbewahrt werden, in Kartons, und stellen Sie die Kunstbücher an ihre Stelle. Kochbücher bewahrt man am besten in der Küche oder in deren Nähe auf. Vielleicht findet sich ein Platz in einem Küchenschrank oder auf dem Kühlschrank; Sie können aber auch in Erwägung ziehen, in der Küche ein oder zwei Bücherregale zu montieren. Warten Sie mit den Montagearbeiten, bis alle Bücher geordnet sind.

Um die restlichen Bücher zu ordnen, brauchen Sie einen dicken Markierstift, eine Leiter für die höher liegenden Regale, Schachteln für die Bücher, die Sie verschenken wollen, – und Zeit. Reservieren Sie wenn möglich zwei oder drei ganze Nachmittage, anstatt die Arbeit über eine ganze Woche oder mehr auszudehnen. Angesichts der Bücherberge, die unweigerlich auf dem Boden liegen bleiben, wenn man eine Pause macht, läßt man sich nur allzu leicht entmutigen oder gibt vielleicht sogar ganz auf; deshalb ist es ratsam, die Sache möglichst rasch hinter sich zu bringen. Es ist möglich, wenn auch nicht unbedingt empfehlenswert, eine Stunde pro Tag an dem Projekt zu arbeiten. In diesem Fall sollten Sie zumindest fünf oder sechs zusätzliche Kartons bereithalten.
Zu Beginn zählen Sie dreißig bis vierzig Bücher als »Arbeitspensum« ab; falls die Regale bereits in Fächer unterteilt sind, können Sie sich auch den Inhalt eines Regalabschnitts vornehmen. Beginnen Sie entweder mit dem höchsten oder dem niedrigsten Regalfach ganz links außen. Mit einem eindeutig definierten Ausgangspunkt haben Sie einen klaren Überblick über Ihr bisheriges Werk.

Ordnen

1. Mustern Sie aus Ihrem Arbeitsbereich alle Bücher aus, die Sie nicht mehr behalten wollen. Legen Sie sie in den Karton für zu verschenkende Bücher, der später von einem Krankenhaus, einem Altersheim oder einer karitativen Organisation abgeholt werden kann.
2. Wählen Sie eine Kategorie für das Regalfach, an dem Sie arbeiten. Wenn bereits ein bestimmtes Thema vorherrscht, dann bleiben Sie bei dieser Kategorie, falls Ihnen das Regal auch von seiner Zugänglichkeit her passend erscheint. Das heißt, daß ein leicht zugängliches Regalfach für eine oft frequentierte Kategorie reserviert werden sollte; seltener

benötigte Themenkreise können dagegen an weniger leicht erreichbaren Orten untergebracht werden. Wenn die Zugänglichkeit des Regals den darin aufbewahrten Büchern nicht entspricht oder wenn bisher noch kein bestimmter Themenkreis vorherrscht, dann wählen Sie einfach ein Thema, das für das betreffende Regal geeignet ist. In den meisten Heimbibliotheken gibt es folgende Hauptkategorien:*

- Kunst,
- Biographien,
- Aktuelle Politik,
- Romane,
- Pflanzen & Garten,
- Gesundheit,
- Geschichte,
- Beratungsbücher,
- Politik,
- Psychologie,
- Nachschlagewerke,
- Religion,
- Selbsthilfe,
- Soziale Themenkreise,
- Reisen.

3. Nehmen Sie alle Bücher, die der einmal gewählten Kategorie nicht entsprechen, aus dem Regal und stapeln Sie sie nach Kategorien geordnet auf dem Boden oder auf dem Tisch. Ordnen Sie die Stapel nach Möglichkeit in alphabetischer Reihenfolge, so daß »Psychologie« in der Nähe von »Poli-

* Manchmal kann ein Buch mehr als einer Kategorie zugeordnet werden. So können Biographien von Jane Austen und Thomas Hardy entweder unter die Werke dieser Autoren gereiht werden oder unter die anderen Biographien. Entscheiden Sie sich einfach für eine Kategorie und halten Sie sich dann daran.

tik« zu liegen kommt. Auf diese Weise brauchen Sie später keine Zeit zu verschwenden, wenn Sie nach einem bestimmten Stapel suchen.

4. Gehen Sie das gesamte Bücherregal Buch für Buch durch, nehmen Sie alle Bücher, die zu dem gerade bearbeiteten Themenkreis passen, heraus und legen Sie sie in Ihren Arbeitsbereich. Sollte der freie Platz für diese Kategorie nicht ausreichen, machen Sie ein weiteres Regalfach leer. Wenn Sie mit einer Kategorie fertig sind, achten Sie immer darauf, daß etwas Platz für einige zusätzliche Bücher frei bleibt.
5. Bei größeren Bibliotheken könnte es erhebliche Probleme verursachen, *alle* Bücher einer Kategorie auf einmal aus den Regalen holen und stapeln zu wollen. Nehmen Sie in diesem Fall jeweils immer nur so viele Bücher heraus, wie in ein Regalfach passen. Merken Sie sich dabei aber genau, wo Sie aufgehört haben. Wenn Sie wieder zu arbeiten beginnen, machen Sie sich einen neuen Regalabschnitt frei, mustern Sie Überflüssiges aus, wie in Schritt 1 beschrieben und verteilen Sie die restlichen Bücher auf die jeweiligen Stapel. Machen Sie dann an der Stelle, an der Sie zuvor aufgehört haben, mit der Durchforstung des Bücherregals weiter und nehmen Sie alle Bücher der gewählten Themenkategorie heraus. Sehen Sie auch die gemischten Bücherstapel durch, die Sie zu Beginn aufgebaut haben. Arbeiten Sie sich weiterhin Fach für Fach vor, bis die betreffende Kategorie vollständig versammelt und eingeräumt ist.

   Ich arbeite am liebsten senkrecht nach oben oder unten; andere Leute bewegen sich lieber waagrecht. Wählen Sie die Methode, die Ihnen am angenehmsten ist, aber seien Sie konsequent. Wenn die Bücher einer Kategorie mehr als zwei Regalfächer füllen, können Sie auch einen ganzen Block anlegen, wie in Abbildung auf Seite 253 gezeigt.
6. Nehmen Sie innerhalb umfangreicher Kategorien weitere Unterteilungen vor. Nachstehend einige Vorschläge hierfür:

- Kunstbücher – nach Künstler, Zeit oder Land,
- Kochbücher – nach Autor oder Land,
- Biographien – alphabetisch nach Namen
- Belletristik – alphabetisch nach Nachnamen des Autors; mögliche Subkategorien sind: Roman, »Genre«-Romane (Fantasy, Science Fiction, Liebesromane), Kurzgeschichten, Theaterstücke, Lyrik.

7. Wählen Sie eine weitere Kategorie und entscheiden sie, wohin Sie sie stellen wollen. Die Zugänglichkeit ist dabei das wichtigste Kriterium, berücksichtigen Sie aber auch den Bezug zur vorhergehenden Kategorie. So paßt der Themenkreis »Anthropologie« besser zu »Geschichte« als beispielsweise zu »Pflanzen und Garten«. Machen Sie ab Schritt 3 weiter. Bevor Sie jedoch das gesamte Regal und die einzelnen vermischten Stapel nach Büchern des betreffenden Themenkreises durchforsten, ordnen Sie jene Bücher aus dieser Kategorie ein, die Sie bereits auf dem Boden gestapelt haben.
8. Fahren Sie fort, bis Sie alle Bücher geordnet haben und die Schachteln auf dem Boden leer sind. Wenn sich gegen Ende Ihrer Arbeit abzuzeichnen beginnt, daß der Platz knapp wird, kaufen oder bauen Sie ein neues Bücherregal. Tips, wie Sie mehr Platz schaffen können, finden Sie auf den folgenden Seiten.
9. Falls Sie die Arbeit innerhalb einiger weniger Tage erledigen können, lassen Sie die Bücherstapel liegen, wenn Sie eine kleine Pause einlegen. Sorgen Sie nur dafür, daß soviel Platz freibleibt, daß der Bewegungsraum nicht eingeengt ist. Sollten Sie länger brauchen, legen Sie die Bücher in mit der jeweiligen Kategorie gekennzeichnete Kartons. Wenn in einem Karton mehr als eine Kategorie Platz findet, halten Sie eine alphabetische Reihenfolge ein. Stellen Sie die Kartons in eine wenig frequentierte Ecke.

So bringen Sie Ordnung in Ihre Bücher

Die letzten Handgriffe

Sehen Sie sich Ihr Bücherregal nochmals an und überprüfen Sie, ob die Bücher nicht zu dicht aneinander stehen und ob Sie genügend Platz für Neuzugänge haben. Räumen Sie einige Regale oder nötigenfalls auch ganze Kategorien um, wenn Sie dadurch Verbesserungen erzielen können. Dies ist auch der geeignete Zeitpunkt, um neue Regale zu bauen oder Platz für die Kochbücher oder andere spezielle Bücherkategorien zu schaffen, die nicht in ein gewöhnliches Bücherregal gehören.
Bei großen Bibliotheken empfiehlt es sich, die Regalfächer mit Prägeetiketten zu kennzeichnen.

Der rationelle Plan

Es gibt eine rationelle Methode für das Ordnen von Büchern, die ich in den meisten Leuten aber nicht empfehle, weil man dabei tage- und wochenlang entmutigend hohe Bücherberge auf dem Boden erdulden muß. Wenn die Tatsache, daß es in Ihrem Wohnzimmer eine Zeitlang so aussieht, als ob die Bomben eingeschlagen hätten, Sie jedoch nicht abschreckt, dann sollten Sie sich diesen Alternativplan auf alle Fälle einmal näher ansehen.

Zeichnen Sie eine grobe freihändige Skizze von allen Ihren Regalfächern. Mit dieser Skizze in der Hand gehen Sie nun von einem Regalfach zum anderen und bewerten jedes einzelne Fach nach seiner Zugänglichkeit. Ein Fach in Augenhöhe fällt in Klasse 1, eines, bei dem man sich ein bißchen strecken oder bücken muß, in Klasse 2 oder 3; wenn Sie sich auf die Zehenspitzen stellen oder ganz hinunterbeugen müssen, um das Fach zu erreichen, bewerten Sie es mit 4 oder 5. Tragen Sie alle Werte in Ihre Skizze ein, wie in Abbildung auf Seite 255 gezeigt.

Beginnen Sie dann an der linken unteren Ecke des Bücherregals und nehmen Sie alle Bücher des gesamten Regals heraus. Stapeln Sie sie in grob alphabetischer Reihenfolge nach Kategorien auf dem Boden. Machen Sie weiter, bis das gesamte Regal leer ist. Legen Sie die Bücher der verschiedenen Themenkreise, die Sie im ganzen Haus eingesammelt haben, auf die passenden Stapel. Bewerten Sie die Kategorien danach, wie sehr Sie sich dafür interessieren. Eine Kategorie, an der Sie lebhaftes Interesse haben, bekommt eine 1 usw. Dann ordnen Sie alle Nr. 1-Bücher in die Nr. 1-Regalfächer und so weiter, bis die gesamte Bibliothek neu geordnet und organisiert ist.

Wenn Sie möchten, können Sie die Kategorien nach den Richtlinien von Seite 252 unterteilen.

Wie man zusätzlichen Raum für Bücher schafft

Wenn Sie immer noch mehr Bücher als Regalraum haben, kaufen oder bauen Sie neue Regale, oder überlegen Sie, ob Ihnen folgende Tricks von Nutzen sein könnten:

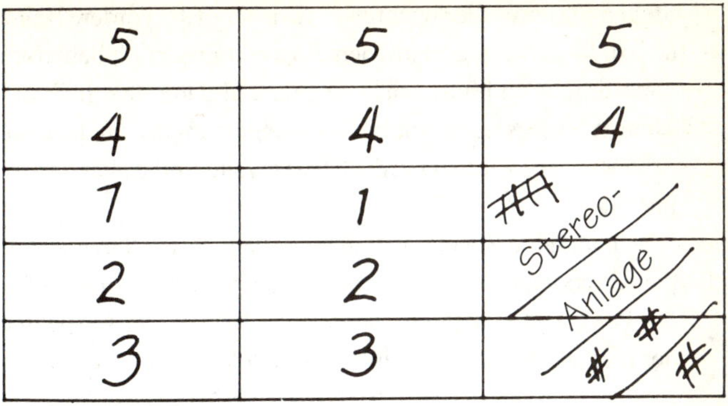

Bücherregale – Zugänglichkeitstabelle

- Kaufen Sie ein freistehendes Bücherregal. Es kann entweder an die Wand gestellt werden oder als Raumteiler fungieren. Wenn Sie bereits ein Bücherregal/einen Raumteiler haben, verleimen oder verschrauben Sie das neue Bücherregal Rücken an Rücken mit dem alten.
- Schrauben Sie ein neues Bücherregal auf ein altes. Kombinieren Sie hübsche, stapelbare Kunststoffwürfel zu einem Regal oder einem Raumteiler. Die Würfel sind wahrscheinlich am besten geeignet, wenn Sie Verschiedenes aufbewahren wollen: Bücher, Pflanzen, Weinflaschen etc.
- Manche Bücher verwendet man so selten, daß sie auch in einem Schrankfach oder sogar in einem freien Fach eines Küchenkastens untergebracht werden können.
- Bei hohen Fächern in übergroßen Regalen wird sehr oft Platz verschwendet. Montieren Sie ein zusätzliches Regalbrett. Vermessen Sie den Platz sorgfältig, um sicherzugehen, daß Sie zwei Bücherreihen übereinander unterbringen können; vergessen Sie dabei auch nicht, die Stärke des Regalbretts selbst zu berücksichtigen (meist etwa 2 cm).
- Schichten Sie Taschenbücher in zwei Reihen hintereinander.

Stellen Sie einige der wichtigsten Bücher in die vordere Reihe und ordnen Sie die restlichen Bücher einfach alphabetisch von vorne nach hinten nach Thema und dann innerhalb des Themenkreises nach Autor. Achten Sie darauf, daß die erste Reihe locker geordnet ist, damit die zweite Reihe gut zugänglich ist.

- Als allgemeine Regel gilt, daß man Bücher nicht liegend aufbewahren sollte. Diese Methode mag zwar als platzsparend erscheinen, aber dadurch werden alle Bücher mit Ausnahme der beiden obersten praktisch aus dem Verkehr gezogen.

Beschränken Sie sich nicht auf die traditionellen Plätze für Bücherregale. Die Leute denken oft, daß Bücher nur in der Bibliothek, im Wohnzimmer oder im Schlafzimmer ihren Platz hätten. Ich habe aber beobachtet, daß Bücher auch auf unkonventionelle Weise eingesetzt werden können:
Eine Familie, deren großes Speisezimmer eher formell wirkte, brachte Wärme in den riesigen Raum, indem sie ihn mit Büchern verschönerte. Obwohl es zunächst ein wenig ungewohnt war, gewann der Raum durch die Bücher doch sehr an Wärme und Charme, und außerdem wurden auf diese Weise auch gleich einige kleine Flecken an den Wänden kaschiert. Als diese Familie umzog, stellte sie entlang der gesamten Wohnzimmerwand aus roten Backsteinen Bücher auf. Dadurch wurde eine äußerst wohnliche und heimelige Atmosphäre geschaffen.
Wer in einer kleinen Wohnung wohnt oder aus irgendeinem anderen Grund wenig Platz für Regale hat, kann Bücher in entlegenen Winkeln, Nischen und Ecken unterbringen. Überlegen Sie, ob Sie Bücher, die Sie nur selten verwenden, nicht ganz hoch oben im Raum aufbewahren wollen. So kann zum Beispiel ein Bücherregal knapp unterhalb der Decke ein hübsches Gestaltungselement sein. Besonders Flure kommen für diese Technik der Stauraumerweiterung in Frage. Ein phantasievoller Hausbesitzer stattete die Wand eines Treppenaufgangs mit Büchern aus.

Checkliste: Ordnen von Büchern

1. Suchen Sie alle Bücher zusammen, die Sie ordnen wollen.
2. Bestimmte Kategorien gehören an bestimmte Orte – Kochbücher in die Küche, Kunstbücher in hohe, stabile Regalfächer. Ordnen Sie die Bücher entsprechend ein.
3. Wählen Sie einen Arbeitsabschnitt (dreißig bis vierzig Bücher oder eine natürliche Regaleinheit) in dem obersten oder untersten Regalfach auf der linken Seite.
4. Mustern Sie die Bücher, die Sie verschenken wollen, aus.
5. Bestimmen Sie eine Kategorie für Ihren Arbeitsabschnitt.
6. Entfernen Sie alle Bücher aus diesem Abschnitt, die nicht zu dem gewählten Themenkreis passen, und ordnen Sie sie auf dem Boden nach Kategorien.
7. Durchforsten Sie das gesamte Bücherregal nach Büchern dieses Themenkreises, und stellen Sie die Bücher an den vorgesehenen Platz.
8. Setzen Sie im nächsten Regalfach mit derselben Kategorie fort, wenn Sie mehr Platz brauchen; mustern Sie aus und ergänzen Sie, bis die Kategorie vollständig ist.
9. Wenn Sie wollen, können Sie eine umfangreiche Kategorie in kleinere Einheiten unterteilen.
10. Wählen Sie für das nächste Regalfach eine neue Kategorie, und beginnen Sie wieder bei Schritt 4.
11. Überprüfen Sie, ob irgendwo noch letzte Handgriffe zu tun sind, und versuchen Sie Ihren Stauraum zu erweitern, falls der Platz immer noch knapp ist.

Wenn Sie über einen leeren oder einen nicht zur Gänze genutzten Schrank verfügen, bauen Sie Regalbretter ein oder benutzen Sie die bereits vorhandenen, um Ihre überzähligen Bücher unterzubringen. Eine kleine Familie in einer New Yorker Wohnung, in deren Dielenschrank eine ganze Wand frei war, baute dort eine ganze Bücherwand ein.

Schallplatten, Kassetten, Cds und die ganze Medienpalette

So mancher Haushalt mit all seinen CDs, Laser-Disks, Videokassetten, Computerspielen, Nintendos usw. erinnert immer stärker an einen Medienrummelplatz; das Medienzeitalter, in dem wir heute leben, hat selbst unsere kühnsten Vorstellungen übertroffen. Die Frage lautet also: Wie können wir all diese neuen Dinge unterbringen, obwohl sich an unseren Raumverhältnissen nichts geändert hat? Wenn Sie nicht wollen, daß Ihr Heim aus allen Nähten platzt, müssen Sie für diese Dinge Platz schaffen und sie so ordnen, daß Sie sie auch finden, wenn Sie sie brauchen.
Die Ordnungsprinzipien für elektronisches Spielzeug aller Art unterscheiden sich nicht grundlegend von den Techniken, deren wir uns in früheren, weniger komplizierten Zeiten beim Ordnen unserer Platten und Musikkassetten bedient haben.
Im Grunde läßt sich die »Mediensoftware« – also die Dinge, die Sie sich anhören, ansehen, oder mit denen Sie spielen – in drei Kategorien unterteilen: Musik, Video und Computerspiele und Zubehör.

Musik

Im Musikbereich gibt es vor allem Langspielplatten, Kassetten und CDs. Diese sind ihrer Form nach so unterschiedlich, daß sie sich kaum gemeinsam aufbewahren lassen; Sie müssen sie also

getrennt unterbringen. Sortieren Sie alles aus, was Ihnen nicht mehr gefällt und verschenken oder verkaufen Sie es.
Die verbleibenden Bestände unterteilen Sie in Kategorien. In vielen Fällen werden Sie mit den unten angeführten grundlegenden Kategorien auskommen:

Unterhaltungsmusik	ernste Musik	anderes
Lieder	Kammermusik	Folk
Volksmusik	Opern	Jazz
Tanzmusik	Orchestermusik	religiöse Musik
Stimmungsmusik	Solisten (instrumental)	Sprechplatten
Rock	Solisten (vokal)	
Filmmusik		

Komplikationen können entstehen, wenn Sie andere Schwerpunkte setzen. Die Tonträger etwa nach Komponisten zu ordnen – zum Beispiel alle Mozartwerke, alle Beethovenwerke – kann sich ebenfalls als problematisch erweisen, weil auf vielen Platten oder CDs Werke verschiedener Komponisten zu hören sind. In solchen Fällen orientieren Sie sich am Namen jenes Komponisten, der Ihnen am wichtigsten ist. Wenn Sie mehrere Komponisten kategorisieren wollen, schreiben Sie eine Referenzkarte mit einem Querverweis »Schubert-Phantasie in F-Moll – siehe Beethoven, Archduke«. Sie können Ihre Tonträger ganz nach Belieben ordnen, also nach Komponisten, Künstlern, Epochen, Instrumenten, oder nach irgendwelchen anderen Gesichtspunkten, so lange Sie nur konsequent bei Ihrem einmal gewählten System bleiben.
Ordnen Sie Ihre Platten-, Kassetten- oder CD-Sammlung nach der Methode, die ich bereits für die Bücher empfohlen habe, also Fach für Fach. Wenn Sie aber mehr als etwa 200 Tonträger zu ordnen haben, können Sie es auch mit dem auf Seite 253-254

besprochenen System versuchen, um die Sache zu beschleunigen. Für die Aufrechterhaltung der Ordnung ist es hilfreich, die Hauptabteilungen auch physisch zu unterteilen. So können Sie beispielsweise die Klassikplatten in weißen Kunststoffwürfeln und die Pop-Platten in gelben aufbewahren. Oder wenn Sie Ihre Platten auf Bücherregalen aufbewahren, können Sie die Regale beschriften oder zwischen den verschiedenen Kategorien Unterteilungen anbringen.

Eine kleine Anmerkung zu Kassetten: Die im Handel erhältlichen Kassetten sind nur selten seitlich beschriftet. Daher lassen sie sich schwer identifizieren, wenn sie aufrecht aufbewahrt werden. Beschriften Sie sie, falls nötig.

Langspielplatten passen im allgemeinen in Bücherregale, und auch in Musikmöbeln ist meist Platz dafür vorgesehen. Es gibt auch spezielle offene Kunststoffbehälter dafür.

Für kleinere Sammlungen von CDs und Kassetten (etwa 20 bis 30 Stück) sind die im Handel erhältlichen Behälter eine gute Sache. Wenn Sie aber mehr CDs oder Kassetten haben, wird es bei einer Vielzahl solcher Behälter schwierig, den Überblick zu bewahren und immer zu wissen, wo was zu finden ist. Eine Möglichkeit wäre die Unterbringung der einzelnen Kategorien in verschiedenen Behältern, also die Verwendung jeweils einer eigenen Box für Klassik-CDs, für Rock usw. In ähnlicher Weise können Sie mit Kassettenbehältern verfahren.

Wenn Ihre Kassetten- oder CD-Sammlung so umfangreich geworden ist, daß Sie mit diesen Systemen nicht länger auskommen, sind maßgefertigte Regale wahrscheinlich die beste Lösung. Das ist nicht so kompliziert, wie es vielleicht klingt. Nehmen Sie sich einen Abschnitt Ihres Bücherregals vor, messen Sie die Höhe Ihrer Kassetten und Ihrer CDs ab und lassen Sie einfach neue Regalbretter zwischen den bestehenden anbringen. Auf diese Weise können Sie zwei oder manchmal sogar drei Kassetten- oder CD-Reihen in einem Regalfach unterbringen.

Video

Die Video-»Software« besteht aus gekauften Videokassetten (meist Filme), Kassetten mit aufgenommenen TV-Sendungen und leeren Bändern (dasselbe gilt auch für Laser-Disks).

Oberstes Prinzip beim Umgang mit Videokassetten ist: *Beschriften Sie jedes Band unmittelbar nach der Aufnahme.* Es gibt letzten Endes nur drei Möglichkeiten, wie Sie Ihr Videoband wiederfinden können: beschriften, beschriften und nochmals beschriften. Anderenfalls müssen Sie die Kassetten immer wieder abspielen, um herauszufinden, was Sie aufgenommen haben. Vertrauen Sie nicht einfach auf Ihr Gedächtnis. Notieren Sie unmittelbar nach den Beispielen des Bandes auf einem kleinen »Post-it«-Zettel das Datum und einige Informationen über den Bandinhalt und kleben Sie diesen Zettel unverzüglich auf die Kassette.

Für jene Videobänder, die Sie in Ihre permanente »Video-Bibliothek« aufnehmen wollen, verwenden Sie das Etikett, das der Kassette beiliegt, oder eines, wie es für Aktenmappen verwendet wird.

Normale VHS-Kassetten lassen sich ganz leicht in Bücherregalen lagern. Unterscheiden Sie sie mit aufklebbaren und wieder abziehbaren Farbstickern. Kaufen Sie Sticker in drei verschiedenen Farben; verwenden Sie beispielsweise gelbe Marker für Heimvideos, grüne für Fernsehsendungen, die Sie sich noch ansehen wollen, und rote für Filme.

Das Ordnen von Heimvideos kann ein wenig knifflig sein. Manche Leute ordnen sie nach Themen: »Klein-Erics erste Geburtstagsparty«, »Klein-Erics erstes Weihnachtsfest«, oder sie stellen alle Weihnachts- oder Geburtstagsfeiern nebeneinander.

Am einfachsten ist es, die Videos in chronologischer Reihenfolge zu ordnen, weil man in der Praxis dazu tendiert, verschiedene Ereignisse auf einem Band aufzuzeichnen. Oft sind auf einer Kassette zehn Minuten Faschingsfest und ein paar Minuten Ge-

burtstagsfeier zu sehen. Das beste ist also, die Heimvideos mit deutlich lesbarem Datum und knapper Inhaltsbeschreibung versehen in chronologischer Reihenfolge aufzubewahren.
Nur zur Sicherheit würde ich auch vorschlagen, daß Sie sich eine Liste aller Heimvideobänder anlegen, die Ihrer Familie lieb und teuer sind. Wenn Sie wollen, können Sie dort auch genauere Informationen über den Inhalt einer Kassette oder das darauf aufgezeichnete Ereignis vermerken, als dies auf dem Etikett möglich ist. Wenn Sie eine solche Liste verwenden, numerieren Sie Ihre Videobänder – 1, 2, 3, 4 – und führen Sie sie der Reihe nach auf der Liste an.

13

Die Küche

Die Küche sollte mehr als jeder andere Raum des Hauses so eingerichtet und organisiert sein, daß sie den Bedürfnissen ihrer Benutzer gerecht wird. Eine vollgeräumte Küche mit unübersichtlich geordneten Utensilien, in der man zu allem Überdruß auch noch ständig zwischen Herd und Anrichte hin- und herlaufen muß, kann sogar den begeistertsten Koch entmutigen. Ein gut durchdachtes Ordnungsschema – eines, das Ihren individuellen Bedürfnissen entspricht – macht dagegen jede Küchenarbeit angenehmer und um so vieles leichter, daß die Aufrechterhaltung dieses Systems schon bald zur Selbstverständlichkeit wird.
Das Ganze beginnt damit, daß Sie sich ein Budget zurechtlegen. Eine begeisterte Köchin wird es sicherlich der Mühe wert finden, sich von ihrer derzeitigen Küche zu verabschieden und ein paar Tausend Dollar zu investieren, um die gesamte Kücheneinrichtung von Grund auf zu erneuern. Die meisten Leute haben allerdings weder genügend Interesse am Kochen noch die erforderlichen Fähigkeiten (geschweige denn das nötige Kleingeld), um eine maßgeschneiderte Küche zu rechtfertigen. Versuchen Sie stattdessen, Ihre bisherige Küche so zu modifizieren, daß Sie Ihren Vorstellungen besser entspricht – denn die meisten Kücheneinrichtungen werden meiner Erfahrung nach nicht nach Gesichtspunkten des Komforts und der Effizienz geplant. Mit ein paar Hundert Dollar kann man schon eine ganze Menge ausrichten, und mit 200 Dollar oder weniger kann man bereits bemerkenswerte Verbesserungen erzielen. Unter den Vorschlägen in diesem Kapitel findet sich für jede Brieftasche etwas; picken Sie sich jene Ideen heraus, die Ihren Bedürfnissen und Ihren finanziellen Möglichkeiten am ehesten entsprechen.

Probleme definieren

Beginnen Sie mit der Beschreibung der Probleme, mit denen Sie in Ihrer Küche konfrontiert sind. Nahezu alle diese Schwierigkeiten lassen sich einer der drei folgenden Kategorien zuordnen: Arbeitsflächen, Lagerung oder Servieren und Abräumen. Innerhalb dieser Kategorien haben wir es vor allem mit folgenden spezifischen Problembereichen zu tun:

Arbeitsflächen:

1. Zu kleine oder zu wenig Arbeitsflächen. Eine meiner Klientinnen, die gerne bäckt, hatte in ihrem Arbeitsbereich keinen Platz für das Abstellen der Rührschüssel; sie mußte die Schüssel quer durch den ganzen Raum tragen, um sie an einer Stelle abstellen zu können, an der sie sie nicht behinderte.
2. Arbeitsplatte in ungünstiger Lage – zu weit vom Herd oder den Küchenschränken entfernt, was dauernde unnötige Wegstrecken bedeutet.
3. Eine Arbeitsplatte mit so ungünstiger Form, daß das Ausrollen von Teig schwierig ist.

Lagerbereich:

1. Ein Regalfach, das so hoch ist, daß auch große Geräte darin Platz finden, ist ansonsten eine große Platzverschwendung.
2. Geschirr, das so hoch oben aufbewahrt wird, daß es praktisch unerreichbar ist.
3. Serviergeschirr und Utensilien, die völlig ohne Ordnung und System gestapelt sind, so daß es schwierig ist, ein einzelnes Stück zu finden und zu erreichen, wenn man es braucht.

Servieren und Abräumen:

1. Zu häufiges Hin- und Hergehen zwischen Eßbereich und Küche ist ein Indikator für ein Problem im Bereich des Servier- und Abräumprozesses.

Wenn Sie Schwierigkeiten damit haben, einzelne konkrete Problembereiche zu definieren, kann es hilfreich sein, die *Arbeitsgänge* zu identifizieren, die Ihnen Schwierigkeiten machen – zum Beispiel Kuchen backen, Vorbereitungsarbeiten für Eintöpfe, oder das Abräumen des Tisches. Gehen Sie nun den Prozeß mit dem Notizbuch in der Hand Schritt für Schritt durch und notieren Sie die einzelnen problematischen Punkte in der Reihenfolge, in der sie auftauchen.
Auf welche Art auch immer Sie zu Ihrer Problemliste kommen mögen – reihen Sie die Probleme danach, wie schwerwiegend sie sind. Wenn Sie sich die entsprechenden Abschnitte durchgelesen haben, in denen beschrieben wird, wie Sie Ihre jeweiligen Schwierigkeiten am besten lösen, beginnen Sie mit der Arbeit, indem Sie zunächst das dringlichste Problem in Angriff nehmen. In diesem Kapitel finden Sie auch einen Leitfaden dafür, wie Sie Ihre Küche rationell durchorganisieren können, wenn Sie umziehen.

Der Arbeitsbereich

Jede Küche, ob klein oder groß, sollte einen zentralen Arbeitsbereich aufweisen, der großzügig bemessen, äußerst kompakt, sicher, komfortabel und pflegeleicht ist. Laut Mimi Sheraton, der ehemaligen Küchenredakteurin von *The New York Times,* sollte »... der tatsächliche Arbeitsbereich mit Herd, Spüle und Kühlschrank eher klein sein, so daß diese drei Herzstücke jeder Küche nicht mehr als einen Schritt oder eine Drehung auseinanderliegen.« Lange Wege sind nicht nur ermüdend, sondern sie »bedeuten eine echte Gefahr, wenn man einen schweren Topf mit kochendem Wasser ausleeren möchte und ihn erst vom Herd zur Spüle tragen muß«.

Wenn Ihre derzeitige Küche diesem Ideal nicht entspricht, sollten Sie Ihren Installateur fragen, ob es möglich ist, Kühlschrank und/oder Herd näher zusammenzurücken. Falls nicht, können Sie dieses Manko bis zu einem gewissen Grad durch Miniaturausführungen der betreffenden Geräte wettmachen. So kann beispielsweise ein Toaster/Grill, eine elektrische Bratpfanne oder ein elektrischer Tauchsieder für Wasser in der Nähe der Spüle als Ersatz für den ungünstig gelegenen Herd dienen, wenn Sie leichte Zwischenmahlzeiten und Snacks zubereiten. Allerdings müssen Sie dafür die nötige Arbeitsfläche zur Verfügung haben oder aber ein spezielles Regal montieren.

Wenn der Hauptherd Ihre einzige Alternative ist, besorgen Sie sich ein kleines Wägelchen mit Rädern, auf dem Sie Töpfe und Geschirr von einem Ort zum anderen befördern können. Wenn der Kühlschrank zu weit entfernt liegt, ist ein kleiner Kühlschrank unterhalb der Spüle, in dem Sie Milch, Obst und einige oft verwendete Dinge aufbewahren, eine teure, aber praktische Lösung.

Die Hauptarbeitsplatte sollte so groß sein, daß Sie die Zutaten darauflegen, sie schneiden, mischen, würzen und zum Kochen vorbereiten können, und sie sollte innerhalb des Dreiecks Spüle-Herd-Kühlschrank liegen. Arbeitsflächen, die außerhalb dieses Dreiecks liegen, sind meist eine Platzverschwendung. Zur Erhöhung der Effizienz der günstig (also innerhalb des Dreiecks) gelegenen Arbeitsfläche sollten Sie diese Fläche nach Möglichkeiten weitgehend von Küchengeräten und Utensilien freihalten. Hängen Sie den Geschirrablagekorb an die Wand und stellen Sie die häufig verwendeten Gefäße auf die Regale. Überlegen Sie die Anschaffung einer Serie von kommerziell erhältlichen »Raumsparern« wie speziellen Mixern, Dosenöffnern und anderen kleinen Geräten, die an den Unterseiten der Küchenschränke aufgehängt werden können. Weitere Aufbewahrungstips finden Sie weiter hinten in diesem Kapitel.

Außerdem können Sie, falls nötig, zusätzliche Arbeitsfläche improvisieren. Besorgen Sie sich ein Brett oder lassen Sie sich eines zuschneiden, das so breit ist, daß es von einer Seite der Spüle zur anderen reicht, aber nicht so tief, daß es die Benutzung des Wasserhahns verhindert. Ein Brett, das etwa halb so tief ist wie die Spüle, ist optimal geeignet.

Eine andere mögliche Lösung wäre das Anbringen eines Klappbretts an der Wand, das bei Bedarf heruntergeklappt werden kann. Ein Wägelchen auf Rädern mit einer massiven Holzplatte als Oberfläche oder ein fix aufgestellter Zusatztisch kann ebenfalls als Erweiterung Ihrer Arbeitsfläche dienen. Auf diese Weise können Sie auch den Platz für Geschirr und andere Utensilien verdoppeln.

Die Arbeitsflächen sollten so hoch sein, daß Sie arbeiten können, ohne sich zu weit bücken zu müssen. Wenn sie zu niedrig sind, besorgen Sie sich ein entsprechend dickes Brett, um Ihre Arbeitsfläche bei umfangreichen Schneid- oder Hackarbeiten bei Bedarf erhöhen zu können. Wenn Sie sich eine Küche nach Maß anfertigen lassen, überlegen Sie, ob die Arbeitsfläche so niedrig sein soll, daß Sie bei der Arbeit sitzen können. In diesem Fall sollte Ihr Stuhl Räder haben, damit Sie durch das ständige Hinsetzen und Aufstehen nicht stärker ermüdet werden als durch dauerndes Stehen.

Wohin man schmutziges Geschirr oder Utensilien stellen soll, wenn die Stellfläche neben dem Arbeitsbereich nicht ausreicht, ist ein chronisches Problem, das die Ursache für eine Menge unnötiger Bewegungen ist. Spülen Sie das Geschirr ab, wenn Sie die Möglichkeit haben, oder stellen Sie es zum Einweichen in die Spüle. Das ist in jedem Fall günstiger, auch wenn Ihr Geschirrspüler angeblich auch eingetrocknete Speisereste entfernt. Stellen Sie gefüllte Schüsseln und Töpfe auf den Herd oder ins Backrohr, wenn dort Platz ist, oder montieren Sie ein eigenes

Wandregal für das schmutzige Geschirr. Sie können auch ein Wägelchen mit Rädern verwenden oder wenn das auch nicht möglich ist, das Geschirr auf einem Stück Zeitungspapier in einer Ecke auf dem Boden abstellen.
Legen Sie schmutzige Löffel, nasse Teebeutel und andere kleine schmutzige Dinge auf ein Tablett mit speziell beschichteter, feuchtigkeitsabweisender Oberfläche. Sammeln Sie Schalen, Blätter und andere Abfälle auf einem Stück Küchenrolle, damit die Arbeitsfläche nicht beschmutzt wird, und werfen Sie dann alles auf einmal weg. Eine meiner Klientinnen befestigte zu diesem Zweck einen Plastik-Blumentopf an der Wand; wenn er voll war, schüttelte sie den Inhalt auf den Komposthaufen.
Eine relativ pflegeleichte Küche ist im Normalfall eine, deren Möbel und Armaturen glatt und einfach geformt sind und in der die Böden und Schränke nur feucht gewischt werden müssen.

Lagerung

Richten Sie es sich so ein, daß Sie etwa eine Woche lang eine Stunde täglich für Probleme der Lagerung und Aufbewahrung in der Küche reservieren. Misten Sie zuerst den alten Plunder aus und gehen Sie dann daran, Lösungen auszuarbeiten und in die Praxis umzusetzen. Gehen Sie jede einzelne Lade und jedes Regal durch und notieren Sie mehrfach vorhandene Dinge (drei Dosenöffner?). Dann stellen Sie mit Hilfe des »Behalten-Oder-Nicht-Behalten-Tests« fest, ob Sie sich von bestimmten Dingen besser trennen sollten:

1. Haben Sie diesen Gegenstand im Laufe des vergangenen Jahres verwendet?
2. Falls nicht, wollen Sie ihn trotzdem behalten, weil er schön ist oder einen (sentimentalen oder materiellen) Wert für Sie hat?

3. Falls nicht, wäre es möglich, daß Sie ihn vielleicht eines Tages gut brauchen könnten?

Lassen Sie sich nicht dazu verleiten, Frage 3 mit »eventuell« zu beantworten. Vergessen Sie den Schneebesen, oder was auch immer. Sie können ja einen neuen kaufen, wenn es wirklich unbedingt nötig sein sollte. Legen Sie die überflüssigen Dinge wie immer in einen Karton zum Verschenken oder Wegwerfen.

Als nächstes überlegen Sie, ob sich mehr Küchenstauraum schaffen ließe, wenn Sie einige Dinge näher an Ihren Verwendungsort heranbrächten. So sollten Sie Teller und Besteck möglichst in der Nähe des Eßtisches aufbewahren, um das Tischdecken zu erleichtern. Stellen Sie einige Ihrer Gläser ins Wohnzimmer und betreiben Sie Ihre Bar in diesem Raum anstatt von der Küche aus. Auf diese Weise läßt sich nicht nur Platz in der Küche sparen, sondern Sie müssen auch nicht mehr so oft zwischen Küche, Wohnzimmer und Eßbereich hin- und herlaufen.

Skizze

Wenn Sie die grundlegende Neuordnung Ihrer Küche in Angriff nehmen, machen Sie sich zunächst eine Skizze von Ihrer Kücheneinrichtung, in der Sie die Zugänglichkeit der einzelnen Stellen bewerten. Wählen Sie als Ausgangspunkt eine der Küchenwände, öffnen Sie alle Schubläden und Schranktüren ober- und unterhalb der Arbeitsfläche auf dieser Seite und fertigen Sie eine sehr grobe, nicht unbedingt maßstabgetreue Freihandzeichnung aller Schrankfächer, Schubladen und Oberflächen an. Zeichnen Sie auch die Wand selbst und die Schranktüren ein. Skizzieren Sie so die gesamte Küche; ein Beispiel für einen solchen Plan ist in der Abbildung auf Seite 270 dargestellt.

Als nächstes strecken Sie Ihre Hand nach allen Schrankfächern, Schubladen und Oberflächen an jeder Wand aus. Stellen, die sich

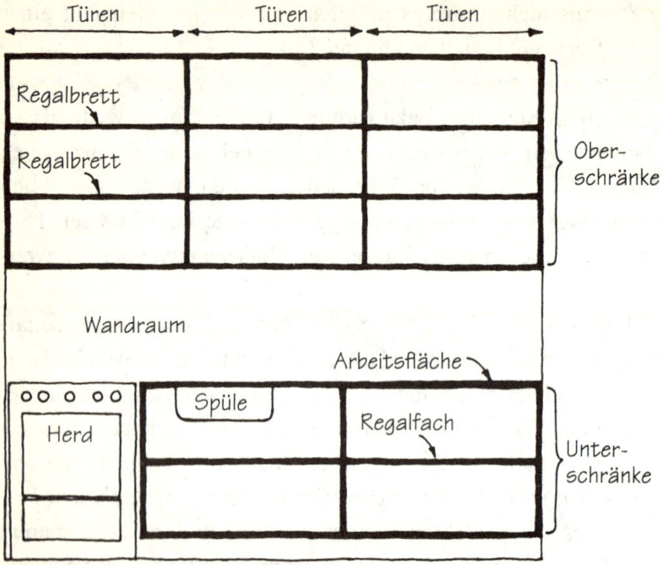

Küche – Zugänglichkeitsskizze I

direkt vor Ihrer Hand befinden, bezeichnen Sie mit »1«. »2« kennzeichnet Orte, die sich durch leichtes Strecken erreichen lassen. Mit »3« bewertete Stellen sind einigermaßen leicht erreichbar, und Orte, die nur mit einer Leiter erreichbar sind, werden mit »10« bezeichnet. Der vordere Teil eines Schrankfaches wäre also vielleicht »1« oder »2«, während der weniger leicht zugängliche hintere Teil mit »3« oder »4« bewertet würde. Stufen Sie die verschiedenen Orte danach ein, wie leicht sie für Sie erreichbar sind, und nicht nach irgendwelchen theoretischen Kriterien. Für eine schlanke, bewegliche Person könnte beispielsweise eine Stelle, die nur durch Bücken erreichbar ist, in die Kategorie »2« fallen, während derselbe Ort von einem weniger agilen Menschen wohl kaum besser als mit »4« oder »5« bewertet würde.

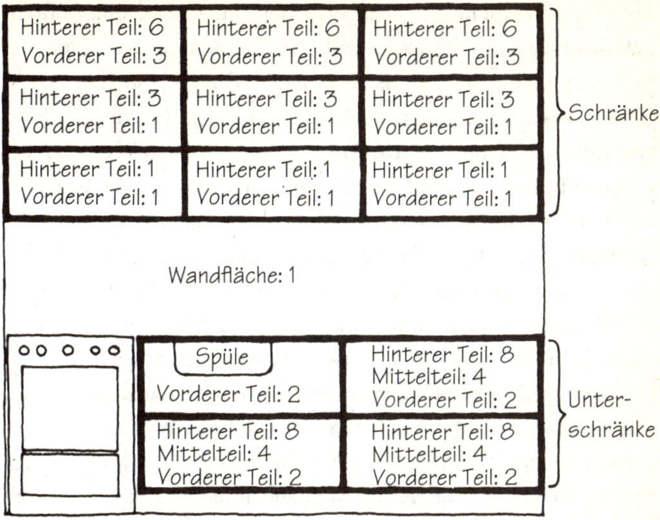

Küche: Zugänglichkeitsskizze II

Tragen Sie die Bewertung jedes einzelnen Regalbretts und jeder Oberfläche in das Diagramm ein. Ein Beispiel hierfür finden Sie in der obigen Abbildung.

Machen Sie das Beste aus dem, was Sie haben

Schaffen Sie erst einmal Ordnung in dem Stauraum, den Sie zur Verfügung haben, bevor Sie an Möglichkeiten zur Schaffung von zusätzlichem Raum denken. In allen Ordnungsfragen ist es im allgemeinen günstig, die bestehenden Einrichtungen so weit als möglich zu nutzen, bevor man sich zu irgendwelchen größeren Veränderungen oder Zubauten entschließt.

Beginnen Sie bei den Schränken. Idealerweise sind die Oberkanten der Oberschränke einer Küche etwa 1,80 m vom Boden entfernt, also nicht sehr weit über der Augenhöhe einer durchschnittlich großen Person, und die Schrankfächer sollten auf Schienen laufen und herausziehbar sein. Das ist jedoch meist nur eine Wunschvorstellung. In Wirklichkeit sind Küchenschränke fast immer eine recht starre Angelegenheit und so hoch, daß die meisten Leute eigentlich nur das unterste Schrankfach uneingeschränkt benutzen können. Die folgenden Ratschläge sind also darauf ausgerichtet, diese klobigen Gebilde mit einem Maximum an Verwendungsmöglichkeiten und Flexibilität auszustatten.

Die erste Aufgabe besteht darin, alle Dinge in Ihren Schränken nach der Häufigkeit ihrer Verwendung neu zu ordnen: Die am öftesten verwendeten Dinge an den am leichtesten zugänglichen Stellen, und so weiter. Suchen Sie sich auf den Wandskizzen das erste Schrankfach mit der Zugänglichkeitsnote »1« und reservieren Sie es für die Dinge, die Sie nahezu jeden Tag verwenden. Nehmen Sie alle Sachen, die Sie nicht mit »1« bewertet haben, heraus und legen Sie sie einstweilen beiseite. Da ist Ihr »unsortierter Stapel«.

Als nächstes gehen Sie der Reihe nach alle anderen Schrankfächer durch, nehmen alle »ler«-Dinge heraus und legen sie in das »ler«-Schrankfach, das Sie vorhin freigemacht haben. Gehen Sie bei allen »ler«-Schrankfächern Ihrer Küche so vor, bis diese nur noch Dinge mit Priorität »1« enthalten und keine »ler«-Dinge mehr an einem falschen Ort liegen. Wenn Sie genügend Platz haben, um sich auszubreiten, tun Sie das, aber machen Sie sich keine Sorgen, wenn die Dinge – und das ist der wahrscheinlichere Fall – in diesem Stadium noch ziemlich eng zusammengedrängt liegen. Mit diesem Problem befassen wir uns später, wenn wir effizientere Methoden des Umgangs mit dem uns zur Verfügung stehenden Platz erarbeiten. Einstweilen ist es nur wichtig, daß die Dinge am richtigen Platz liegen.

Als nächstes wenden Sie sich den Schrankfächern mit Zugänglichkeitsfaktor »2« zu und gehen nach demselben Schema vor:

1. Lassen Sie die »2er«-Dinge – also die, die Sie mehrmals in der Woche benutzen – auf den richtigen Schrankfächern liegen.
2. Nehmen Sie alle Dinge, die nicht in die Kategorie »2« fallen, heraus, und legen Sie sie auf den unsortierten Stapel.
3. Durchsuchen Sie die verbleibenden Schrankfächer nach »2er«-Dingen und legen Sie sie an die richtigen Orte.
4. Nehmen Sie alle »2er«-Dinge, die Sie finden, aus dem unsortierten Stapel und legen Sie sie in die »2er«-Fächer.

Ordnen Sie die verbleibenden Dinge nach folgenden Richtlinien: »3er«-Dinge werden ziemlich regelmäßig verwendet, »4er« einigermaßen oft, »5er« gelegentlich, »6er« selten und so weiter. Bringen Sie die »10er«-Dinge wie zum Beispiel eine riesige Paella-Pfanne an einen »10er«-Ort unter, also etwa ganz oben auf dem Schrank oder in einem hochliegenden Schrankfach.

Stellen Sie sich beim Ordnen aber auch die Frage: »Wo stehe ich, wenn ich diese Dinge benutze?« oder »Wo benutze ich dieses Dinge zuerst?« und grenzen Sie diesen Ort so genau als möglich ein. Bewahren Sie die am häufigsten verwendeten Servierschüsseln, Platten und Schöpfer innerhalb des Dreiecks Herd-Kühlschrank-Spüle auf, so daß Sie die Speisen möglichst leicht vom Kochgeschirr in die Serviergefäße umfüllen können. Wenn Sie im selben Gefäß kochen und servieren, umso besser.

Dinge, die ausschließlich gemeinsam verwendet werden, sollten auch zusammen aufbewahrt werden, zum Beispiel Backzubehör wie Mehl, Teigrolle, Kuchenform. Da Rührschüsseln im allgemeinen auch für andere Zwecke verwendet werden, bewahren Sie sie bei den anderen Schüsseln auf.

Ein Tip: Sie brauchen nicht alle Teile eines Services an ein und demselben Ort aufzubewahren, sondern Sie können es in einzelne Gedecke aufteilen. Wenn Ihre Familie beispielsweise vierköpfig ist und Sie Geschirr für 12 Personen haben, können Sie die Hälfte des Geschirrs in ein höheres Regal stellen oder sogar in einen

Schrank in einem anderen Raum. Sobald Sie nun alle Dinge richtig eingeräumt haben, können Sie darangehen, die Schrankfächer selbst effizienter zu nutzen. Die Fächer sind oft zu tief (eine Tiefe von etwa 30 cm ist etwa richtig) und fast immer zu hoch. Eine Möglichkeit zur Lösung dieses Problems besteht darin, verstellbare Regalaufsätze zu montieren, und auf diese Weise aus einem halbfunktionalen Schrankfach zwei hundertprozentig funktionale zu machen. Sie können den Platz entweder gleichmäßig unterteilen oder niedrige Fächer (für Dinge wie kleine Gläser oder Vorratsbehälter) und höhere (etwa für Krüge oder Kannen) schaffen. Messen Sie die Höhe Ihrer Regalfächer ab und definieren Sie Ihre Bedürfnisse, bevor Sie sich entscheiden, was Sie kaufen. Es gibt auch schwenkbare Schrankfächer, in denen Sie Dosen, Gewürze oder kleine Geschirrteile aufbewahren können.

Mit Geschirrstellen läßt sich der Platz in den Regalfächern meist recht effizient nutzen. Es gibt hier zwei Varianten: Bei der einen, die auch Haken für Tassen vorsieht, werden kleine und größere Teller horizontal in verschiedenen Ebenen gestapelt. Bei der anderen Methode, mit der ich persönlich besser zurechtkomme, werden die Teller senkrecht gelagert.

Andere freistehende Organisationshilfen (also solche, die nicht fest montiert werden müssen) können verschiedenste Aufgaben erfüllen: Bewahren Sie beispielsweise die weichen, formlosen Beutel mit Bohnen, Suppen oder getrockneten Nahrungsmitteln in einem schmalen Karton auf. Es gibt geeignete Halterungen für Topf- und Schüsseldeckel, für Alu- und Plastikfolie und Küchenrollen. Diese Dinge sind auch sehr hilfreich, wenn es darum geht, ungenutzten Platz zu aktivieren, ob es sich nun wie sehr häufig um den Raum unter der Spüle oder um eine freie Ecke handelt. Auch Behälter für Putzmittel und Papierwaren, zur Aufbewahrung von Kartoffeln, Zwiebeln, und Konservendosen und sogar für große Töpfe und Geräte sind kommerziell erhältlich. Manche dieser Behälter passen auf Laufschienen und werden so faktisch zu Schubladen. Natürlich sollten Sie sich bei der Unterbringung nach der Häufigkeit ihrer Verwendung richten.

Für Geschirr, Gläser, Plastik- oder Aluminiumfolien kommen auch stapelbare Behälter aus Plastik oder Plexiglas in Frage, Körbe kann man als Aufbewahrungsort für Konservendosen oder getrocknete Nahrungsmittel verwenden. Stapeln Sie die Körbe in einer Ecke oder stellen Sie sie in großen Küchen als Raumteiler aneinander. Die leeren Fächer in einem freistehenden Weinregal können für zusammengerollte Handtücher, Servietten oder Tischtücher verwendet werden.

Welche Organisationshilfe(n) Sie auch wählen, ein paar ungenutzte Zentimeter in den oberen Regalen werden oftmals übrigbleiben. Schrauben Sie dort ein paar Haken ein, an denen Sie Tassen oder andere kleine Dinge aufhängen können, aber achten Sie darauf, daß Sie alles leicht wieder entfernen können. Überladung führt nur zu Unordnung; wenn Sie also Platz zum Ausbreiten haben, sollten Sie nie mehr als drei Dinge übereinander stapeln.

Anrichten können ebenfalls Lagerflächen bieten, wenn sie groß genug sind. Stellen Sie an der Wand entlang Behälter mit Zucker oder Mehl, Keksdosen oder Behälter für »Sträuße« kleiner Utensilien wie Schöpfkellen oder Kochlöffel auf. Manche Geräte wie Mixer passen ebenfalls auf eine geräumige Anrichte.

Verwenden Sie Schubladen für Besteck, Handtücher, Vorratsgemüse wie Kartoffeln oder Zwiebeln, oder benutzen Sie sie als Brotlade. Bewahren Sie kleine Dinge nur dann in Schubladen auf, wenn dort so viel Platz ist, daß nicht alles völlig durcheinandergerät. Ansonsten hängen Sie sie mit magnetischen Haken oder an Gittern auf, oder bewahren Sie sie in Gläsern auf.

Ordnen Sie Ihren Kühlschrank wie jeden anderen Schrank, indem Sie darauf achten, daß die am häufigsten verwendeten Dinge am raschesten zur Hand sind, und indem Sie ähnliche Nahrungsmittel wie etwa verschiedene Käsesorten gemeinsam aufbewahren. Wählen Sie eine bestimmte Ecke für Reste, so daß sie Ihnen ins

Auge fallen, bevor sie verderben. Wenn Flaschen Ihr hohes Hauptfach nicht ausfüllen, unterteilen Sie den Raum noch weiter. Ein weiteres Regal kann die Aufnahmekapazität eines Kühlschranks ebenfalls erweitern. Wenn Sie einen neuen Kühlschrank kaufen, sollten Sie einen mit herausziehbaren oder schwenkbaren Regalen wählen, so daß auch die hinteren Bereiche leicht zugänglich sind. Die komfortabelsten Tiefkühlfächer, die ich jemals gesehen habe, sind unterhalb oder seitlich des Kühlschranks angebracht, und nicht wie üblich darüber. Auf diese Weise liegt das Gemüsefach oben und wird so leichter zugänglich.

Wie man neuen Stauraum schafft

Wenn Schränke und Schubladen nach all dem Sortieren und Umstellen immer noch überfüllt sind, stehen Ihnen noch zwei platzschaffende Techniken zur Verfügung: Hängen und Legen.
Es gibt eine Reihe von Dingen, die sich hängen lassen, so zum Beispiel Töpfe und Pfannen aller Art, Tassen, Krüge, kleine Utensilien wie Schneebesen, Kochlöffel und Schöpfkellen mit Löchern zum Aufhängen, Scheren, Untersetzer, Küchenrollenhalter und sogar Teller und Platten. Fast alle Dinge lassen sich aufhängen. Ich habe schon in vielerlei Dinge Löcher gebohrt, darunter ein Geschirrtrockengestell aus Plastik, ein flacher Bratentopf und ein kleineres Schneidbrett aus Kunststoff. Bei einem größeren Schneidbrett, für das kein passender Haken zu finden war, führte ich durch das Loch eine Kette, an der ich das Brett dann aufhängte.
Wenn Sie vorhaben, eine Reihe von Dingen aufzuhängen, sind Gitter oder vor allem spezielle Aufhängeplatten, die besonders viel Platz bieten, die effizienteste Lösung. Sie können sie an jeder ebenen Oberfläche anbringen, also etwa an Wänden, Schranktüren innen oder außen, an Seitenwänden von Schränken und Anrichten, und an den Unterseiten der Oberschränke. Man kann sie entweder fertig zugeschnitten kaufen oder sie selbst auf die

richtige Größe zuschneiden. Mit anderen Worten ist jeder Quadratzentimeter Oberfläche ein potentieller Hängeplatz. Es ist hilfreich, die Umrisse jedes einzelnen Objekts auf die Hängeplatte zu zeichnen, damit Sie wissen, wo es hingehört, und ob Sie es schon aufgehängt haben oder nicht!
Hier sind noch einige weitere Hängeideen:

1. Magnetische Haken für kleine Utensilien. Funktionieren Sie die Außenseite des Kühlschrank zu einem Haushalts-Nachrichtenzentrum um, indem Sie mit Magnethaltern kleine Notizzettel befestigen. Sie können auch Plastiktüten trocknen, indem Sie einen kleinen Magneten hineinstecken und die Tüte damit auf einer Metalloberfläche befestigen.
2. Befestigen Sie mit Hilfe einer Stecknadel, eines Hakens oder eines Magneten einen Block und einen Stift an einer leicht zugänglichen Stelle. Notieren Sie dort alle zur Neige gehenden Nahrungsmittel- oder Haushaltsartikel. Nehmen Sie den Zettel gemeinsam mit den Zetteln von Ihren anderen Aufbewahrungsorten (siehe Seite 342 mit in den Supermarkt.
3. Hängen Sie große Töpfe, Pfannen und Körbe an einer an der Decke montierten Halterung aus Gußeisen oder Stahl auf, oder direkt an Deckenhaken. Eine meiner Klientinnen befestigte über ihrer Arbeitsfläche einen Basketball-Korbring, an dem sie eine Reihe von S-Haken anbrachte. Dort hängte sie alle ihre Kochlöffel und anderen kleinen Utensilien auf, so daß sie leicht zugänglich waren.
4. Bringen Sie an der Unterseite der Oberschränke Haken für Tassen, Krüge und andere kleine Dinge an. Es gibt für Weingläser und andere bestielte Gegenstände spezielle Regale, die sich an der Unterseite von Oberschränken anbringen lassen. Die Gläser werden hier kopfüber gelagert und lassen sich leicht herausziehen. Ähnliche Regale sind auch für Tassen erhältlich. Es gibt auch noch andere Methoden der Kopfüber-Aufbewahrung für Gläser, zum Beispiel Systeme,

wie man sie in Bars sieht. Allerdings müßten Sie solche Vorrichtungen speziell anfertigen lassen.

5. Es ist eine gute Idee, Organisationshilfen der verschiedensten Art aufzuhängen: Gewürzregale und Messerständer, Halterungen für Papier- oder Müllsäcke, für Plastikfolie und Wachspapier; ein Drahtgestell, das in dem Schrank unterhalb der Spüle montiert wird und in dem man Spül- und Reinigungsmittel aufbewahren kann. Ein langer, schmaler Weidenkorb, wie er für Gebäck verwendet wird, eignet sich auch ausgezeichnet für die Aufbewahrung von Gewürzen.
6. Ein Tip für Gewürze, der sich auch für Konservendosen eignet: Ordnen Sie sie nach Alphabet! Das klingt ein bißchen übertrieben, aber Sie können auf diese Weise kleine Säckchen oder Dosen sehr rasch finden.

Die Schaffung von zusätzlichen Regalstellflächen ist die andere wichtige Erweiterungstechnik. Bringen Sie zum Beispiel in der Lücke zwischen Anrichte und Küchenschrank oder zwischen Herd und Kühlschrank ein Regal an. Wenn ein Regal ungewöhnlich hoch ist, unterteilen Sie es, indem Sie ein zusätzliches Regalbrett montieren. Verschwenden Sie keinen hohen Regalraum, in dem Sie nur ein oder zwei größere Dinge unterbringen können. Fügen Sie auf einem Teil der Länge ein weiteres Brett ein, damit Sie dort auch kleine Sachen aufbewahren können. Montieren Sie Regalbretter in einem hohen, schmalen Besenschrank und hängen Sie Besen und Kehrichtschaufel an die Wand. Eine meiner Klientinnen brachte in einer 15 cm breiten Wandlücke Regalbretter an und gewann so einen erstklassigen Lagerplatz für Konservendosen.

Vorräte

Wenn Sie über genügend Platz verfügen, können Sie Nahrungsmittel en gros zu einem beträchtlich günstigeren Preis kaufen.

Für die Lagerung verderblicher Güter empfehle ich einen Gefrierschrank anstelle der früher üblichen Gefriertruhe. Um es noch einmal klar zu sagen: Es handelt sich dabei nicht um das Gefrierfach eines Kühlschranks, sondern um ein separates, großes Gerät, in dem man Nahrungsmittel für bis zu einem Jahr einfrieren kann. Achten Sie darauf, daß der Tiefkühlschrank herausziehbare Laden hat, damit die Nahrungsmittel hinten nicht vereisen. Stellen Sie das Tiefkühlgerät möglichst nicht in einem feuchten Keller oder an einem anderen ungeeigneten Ort auf.

Beschriften Sie die einzelnen Laden: »Fleisch«, »Gemüse«, »Obst«. Verwenden Sie Tiefkühlbeutel, auf denen Sie Datum und Inhalt vermerken. Legen Sie die frisch verpackten Nahrungsmittel nach hinten und plazieren Sie die älteren Dinge weiter vorne.

Eine Speise- oder Vorratskammer für trockene Nahrungsmittel und Konservendosen ist etwas sehr Praktisches; wenn Sie große Mengen kaufen, können Sie sie mitunter auch über den Großhandel beziehen. Machen Sie aber zumindest von den Sonderangeboten der Supermärkte Gebrauch, und kaufen Sie auch dort immer die größten erhältlichen Packungen, denn diese sind vergleichsweise am günstigsten. Sie können die Produkte dann gegebenenfalls in Behälter umfüllen, die in Ihre Küchenregale passen. Die Speisekammer selbst sollte genau wie jeder andere Regalraum organisiert sein.

Servieren und Abräumen

Die einfachste Methode, das Geschirr am raschesten von der Küche zu Tisch zu bringen, ist ein fahrbares Servierwägelchen. Sie können es mit sauberem Geschirr beladen, wenn Sie den Tisch decken, und es nach dem Essen mit dem schmutzigen Geschirr zur Spüle schieben. Ein solches Wägelchen ist besonders günstig für Essen im Freien, weil dadurch das viele Hin- und Herlaufen zwischen Küche und Terrasse oder Laube wegfällt.

Manche Leute lösen ihre Probleme mit Essen, Servieren und Abräumen, indem sie eine direkte Verbindung zwischen Küche und Speisezimmer schaffen. Eine solche Durchreiche ist aber nur dann eine mögliche Lösung, wenn diese beiden Räume aneinandergrenzen. Sowohl das Essen als auch das schmutzige Geschirr sind von beiden Seiten her zugänglich und können leicht hin- und zurückgereicht werden.

Eine Durchreiche hat auch noch andere Vorteile: Sie kann als Snackbar, Ablageplatz und manchmal auch als Reserve-Arbeitsfläche dienen. Um in den Genuß dieser zusätzlichen Annehmlichkeiten zu kommen, gehen Sie wie folgt vor:

1. Wenn Sie aus der Durchreiche einen Arbeitsbereich machen wollen, sollten Sie zwei Ebenen einplanen – eine, an der Sie bequem sitzen und kleine Mahlzeiten einnehmen können, und eine, an der Sie stehend arbeiten können. Eine andere Möglichkeit besteht darin, eine auf Schienen bewegliche Eßplatte zu montieren, die man zu den Mahlzeiten herausziehen kann. Wenn Sie keine zusätzliche Arbeitsfläche brauchen, können Sie die gesamte Durchreiche in der niedrigeren Höhe ausführen.
2. Legen Sie die Breite der Durchreiche fest, indem Sie den Abstand zwischen Sprunggelenk und Knie des größten Haushaltsmitglieds abmessen und den Durchmesser Ihrer Eßteller sowie noch einige Extrazentimeter dazuaddieren.
3. Lassen Sie auf der Küchenseite so viel freien Platz (Oberschenkellänge!), daß man sitzen und die Beine bequem unterbringen kann.
4. Verwandeln Sie die Eßzimmerseite der Durchreiche in ein Regal, in dem Sie Geschirr, eventuell auch Wein, und einige andere Utensilien unterbringen können. (Denken Sie daran, oft verwendete Dinge auf der Küchenseite aufzubewahren.) Wenn Sie keinen Platz für das Einnehmen von Zwischendurch-Mahlzeiten brauchen, können Sie sowohl auf der Kü-

chenseite als auch auf der Eßzimmerseite Stauraum schaffen. Oder kombinieren Sie beide Ideen, indem Sie ein Regalbrett anbringen, das sich herausziehen läßt, wenn man Snacks und kleine Mahlzeiten einnehmen will.

Heinzelmännchen in der Küche

Moderne Küchen haben oft Ähnlichkeit mit dem Cockpit der Raumfähre Discovery. Aber garantieren all das Chrom, der Glanz und der Prunk, daß das Ganze auch effizient und ordentlich funktioniert?

Nicht unbedingt. Was die Erhöhung der Effizienz und den Komfort anbelangt, so hält die ganze Pracht oft weniger, als sie auf den ersten Blick zu versprechen scheint. Andererseits können sich viele der modernen Geräte auch als wahrer Segen erweisen, weil sie die Zubereitung der Speisen einfacher, schneller und angenehmer machen. Um jedoch zu vermeiden, daß man sich von Modeerscheinungen blenden läßt, sollten wir uns die Mühe machen und einige der beliebtesten Geräte einer genaueren Prüfung unterziehen, um festzustellen, ob sie unseren Bedürfnissen auch tatsächlich gerecht werden, so wie wir dies von ihnen erwarten:

- *Küchenmaschine.* Die Küchenmaschine ist in vielen Haushalten zu einer Standardausrüstung geworden. Zu einer gut ausgestatteten Küchenmaschine gehören jedoch so viele Schüsseln, Schneidewerkzeuge und Zubehörteile, daß ihre Benutzung und Reinigung zu einer wahren Plage werden können. Wenn Sie meistens nur für eine oder zwei Personen kochen, sind Sie mit einer einfacheren Alternative vielleicht besser bedient. Für manche Funktionen wie etwa Pürieren reicht auch ein einfacher Mixer aus. Andere, wie das Schneiden und Hacken von Gemüsen, können ebensogut einem kleineren Gerät anvertraut werden. Überlegen Sie auch, ob ein elektrisches Messer Ihnen gute Dienste leisten könnte.

- *Handmixer.* Als Zusatzgerät zu dem traditionellen Mixer kann ein Handmixer ein sehr praktisches Gerät sein. Sie führen den Mixer direkt in die Sauce, den Shake oder das Dressing ein, das gemixt werden soll, anstatt umgekehrt das zu mixende Gut in den Mixer zu füllen.
- *Kaffeemaschine.* Wenn es um die Kaffeemaschine geht, werden die Leute sehr emotionell. Wollen Sie guten Kaffee, und das rasch? Dann könnte die Lösung eine Kaltwasserreservoir-Kaffeemaschine sein, bei der Sie am einen Ende die der gewünschten Anzahl von Tassen entsprechende Menge an kaltem Wasser einfüllen und wie durch Zauberei am anderen Ende heißer Kaffee herauskommt. Es gibt auch »digitale« Modelle, die den Kaffee zu einer im voraus eingestellten Zeit zubereiten.
- *Tischgrill/Toastgerät.* Ein praktisches Gerät, mit dem sich nicht nur kleine Mahlzeiten zubereiten oder aufwärmen lassen, sondern das auch zum Grillen verwendet werden kann. Achten Sie darauf, daß das von Ihnen gekaufte Modell schwer und stabil genug ist. Zu leichte Modelle können gefährlich sein; sie kippen leicht um und werden zu heiß.
- *Mikrowellenherd.* Mit einem Mikrowellenherd kann man gefrorene Speisen im Nu auftauen und erhitzen. Ein Koch beschrieb die besonderen Freuden der Mikrowelle so: gefrorene Croissants fertig im Handumdrehen; man kann eine Kartoffel einfach auf ein Stück Küchenrolle legen und garen, ohne daß Unordnung oder Schmutz entstünden oder daß man etwas abwaschen müßte; man kann in einem speziellen Mikrowellengeschirr ein gesundes und wohlschmeckendes Gemüsegericht mit nichts als nur ein paar Tropfen Wasser herstellen. In einer Studie von *USA Today* gaben 78 % der befragten Personen an, daß die Mikrowelle ihr am stärksten zeitsparendes Gerät sei (19. August 1987).

  Manche kritischen Köche vertreten jedoch die Meinung, daß in der Mikrowelle zubereitete Speisen nie ganz perfekt werden, auch wenn andere das vehement bestreiten.

Wenn Sie wegen der Strahlung besorgt sind, sollten Sie vor dem Kauf eines Mikrowellenherdes die Strahlenemissionswerte der einzelnen Modelle vergleichen. Holen Sie sich Informationen bei der Verbraucherberatung. Achten Sie jedoch auf jeden Fall darauf, daß die Tür des Mikrowellenherdes sauber ist. Schmutz und Fettablagerungen können bewirken, daß die Tür nicht gut schließt und auf diese Weise Strahlung austreten kann.

- *Traditionelle Werkzeuge.* Eine Spitzenköchin berichtet, daß sie Gemüse anstatt mit der Küchenmaschine lieber mit einem normalen Messer auf einem herkömmlichen Schneidbrett schneidet oder hackt, weil nach ihrer Ansicht ein Messer, das gerade so schwer ist, daß es gut in der Hand liegt, immer noch das beste Schneidewerkzeug ist. Es macht die Arbeit beinahe von selbst.

  In ähnlicher Weise zieht sie auch den handbetriebenen Dosenöffner seinem elektrischen Pendant vor, denn sie sagt: »Gute, qualitativ hochwertige Werkzeuge sind letztlich nicht zu übertreffen.«

Von Anfang an Ordnung im neuen Heim

Ein Umzug ist eine ausgezeichnete Chance, ihre ganze Küche vollkommen neu zu gestalten. Eigentlich können Sie diese rationelle Technik auch dann anwenden, wenn Sie nicht umziehen; aber versuchen Sie es nur, wenn Sie ganz sicher wissen, daß Sie nicht mitten in der Arbeit ins Stocken geraten werden. Sammeln Sie eine Menge Lebensmittelkartons und kennzeichnen Sie eine Schachtel mit »K 1« (»K« steht für Küche), eine andere mit »K 2« und so weiter bis zu »K 5«. Einen sechsten Karton beschriften Sie mit »K 6 und darüber«. Halten Sie auch Kartons für die Dinge bereit, die Sie verschenken oder wegwerfen wollen. Gehen Sie Ihre Küchenschränke und Schubladen der Reihe nach durch und sichten und bewerten Sie jeden Gegenstand, so wie auf Seite 268 besprochen. Legen Sie eine ausreichende Menge der wichtigsten Dinge zur Seite, die Sie gleich nach dem Einzug in Ihr neues Heim brauchen – zum Beispiel Teller, Dosenöffner, Kaffee usw. Dann verteilen Sie alles andere: Kategorie 1-Dinge in Karton 1, Kategorie 2-Dinge in Karton 2 und so fort. Notieren Sie während des Einräumens auf jedem Karton, was er enthält. Vermeiden Sie es, Dinge unterschiedlicher Kategorien in denselben Karton zu legen, auch dann, wenn Karton 2 voll ist und im Karton 5 noch Platz wäre. Das schafft nur zusätzliche Arbeit.

Wenn Sie in Ihre neue Küche kommen, fertigen Sie eine Skizze an, wie auf Seite 269 beschrieben, und kategorisieren Sie die verschiedenen Orte. Beginnen Sie beim Auspacken mit dem Karton »6 und darüber«. Versuchen Sie, nicht mehr als drei Dinge übereinander zu stapeln, ausgenommen zusammengehörende Sets. Wenn der Platz bei den Dingen der Kategorien 2 oder 3 zu knapp wird, planen Sie Erweiterungen, wie wir sie in diesem Kapitel besprochen haben, und setzen Sie diese Pläne in die Tat um.

14

Räume im allgemeinen

Ihr Wohnzimmer ist das reinste Katastrophengebiet. Die Nachbarn sind da, um sich das Fußballspiel im Fernsehen anzusehen, aber auf Ihrem Sofa haben nicht mehr als zwei Leute auf einmal Platz. Der CD-Spieler steht auf dem Couchtisch, weil Sie sonst nirgends einen Platz dafür finden konnten, und deswegen kann man die Drinks nur noch auf den Boden stellen. Zwei Drinks werden umgestoßen. Eines der Kinder, die durch die ganze Bescherung tollen, stolpert über den Game-Boy und reißt dabei sämtliche Magazine vom Fernsehgerät, das zum ständigen Aufbewahrungsort für Ihre TV-Zeitschrift und die Nachrichtenmagazine geworden ist.
Wenn Ihnen irgendetwas an dieser Geschichte bekannt vorkommt, leiden Sie unter »Raumüberladung«. Das ist die natürliche, wenn auch nicht unausweichliche Konsequenz, wenn ein Raum für mehrere Zwecke genützt wird – egal, ob es sich dabei nun um das sogenannte Wohnzimmer, das Arbeitszimmer, das Familienzimmer oder den Freizeitraum handelt. Die Flexibilität, durch die ein solcher Raum zum Zentrum der familiären Aktivitäten wird, macht ihn besonders anfällig für jene Art Unordnung, die so unpraktisch ist und mit der man nur schwer leben kann.
Wenn Raumüberladung Ihr Problem ist, habe ich einige Tips für Sie, die Ihnen dabei helfen können, einen überschaubaren, praktischen und bequemen Raum zu schaffen. Wenn das Zimmer andererseits nur ein paar einzelne Problembereiche hat, lesen Sie sich das Kapitel einmal durch und springen dann zu Seite 290, wo Sie einige Tips für die Entschärfung von Problemstellen finden.

Schaffen Sie Platz

Um mit dem chaotischen Krimskrams zurechtzukommen, blenden Sie alles andere einmal völlig aus und konzentrieren Sie sich ausschließlich auf einen Bereich in der Größe von etwa 1,5 m^2. Werfen Sie einen kritischen Blick auf alle Dinge (ausgenommen Möbelstücke) in diesem Bereich und entscheiden Sie, ob die Sachen überhaupt in diesen Raum gehören. Wenn ihr Platz in einem anderen Zimmer ist, bringen Sie sie dorthin: Zeitungen und alte Magazine kommen auf den Schreibtisch, damit sie sortiert und in den »Papierprozeß« integriert werden können (siehe Kapitel 4, Seite 98); Spielsachen und Spiele kommen ins Kinderzimmer, Regenmäntel in den Schrank. Beginnen Sie jetzt nicht, den Schrank oder das Regal zu ordnen, in das Sie die Dinge einordnen, sondern bringen Sie sie einfach unter, so gut Sie können. Gruppieren Sie die verbleibenden Dinge, die in den Raum gehören, nach Ähnlichkeitskategorien – stapeln Sie beispielsweise Bücher in der Nähe von Bücherregalen. Überprüfen und verteilen Sie auf diese Weise methodisch den Inhalt des gesamten Wohnzimmers.
Einige Dinge werden Sie frustrieren, weil Sie keine natürliche »Heimstatt« haben, wie zum Beispiel:

- Alkoholische Getränke und Zubehör,
- Tabletts,
- Klappstühle,
- Spiele,
- Magazine,
- Zünder,
- Pflegeartikel für Pflanzen oder Haustiere,
- Serviertabletts,
- Gefäße für Snacks oder Süßigkeiten.

In einer Wohnwand – einer Kombination aus Schränken und

Regalen, die über die ganze oder einen Teil der Wand reicht – könnten Sie die meisten Dinge unterbringen. Wenn Sie eine Wohnwand kaufen, wählen Sie eine, die sich für die Unterbringung der betreffenden Gegenstände eignet. Wenn Sie zum Beispiel Ihre Weinflaschen problemlos im Keller lagern können, braucht in Ihrer Wohnwand auch kein Platz dafür vorgesehen zu sein. Solche Wohnwände sind allerdings im allgemeinen ziemlich teuer und »erschlagen« kleine Räume oft förmlich. Wenn es Ihnen hauptsächlich um den Platz zu tun ist und Sie sich auch für bescheidenere Arrangements erwärmen können, dann finden Sie in Kapitel 10, Seite 217, einige praktische Hinweise zur Aufbewahrung unter beengten Bedingungen. Tips zur Auswahl von Lagereinheiten finden Sie auch in Kapitel 15, Seite 313.

Wozu dient dieser Raum?

Wenn Sie in einem beliebigen Raum Ordnung schaffen wollen, dann besteht ein wichtiger Schritt darin, die eigentlichen Funktionen dieses Raums zu definieren. Manchmal ist die »Raumüberladung« eine Folge der Tatsache, daß in einem einzigen Raum zu viele verschiedene Aktivitäten stattfinden. Eine Durchforstung und Eingrenzung der Liste schafft Platz und bringt den Benutzern des Raums mehr Bequemlichkeit. Die folgende Liste umfaßt einen Großteil der Aktivitäten, die sich in einem Wohnzimmer abspielen können:

- Spiele der Kinder,
- Computer/Spiele,
- Gespräche,
- Trinken (alkoholische Getränke),
- Essen (Mahlzeiten und/oder Snacks),
- Unterhaltungen von Gruppen,
- Gymnastik,
- Spiele (Karten, Scrabble),

- Hobbies,
- Hausarbeiten,
- Reinigungsarbeiten,
- Musik (Klavier, Gitarre),
- Lesen,
- Telefonieren,
- Nähen, Stricken,
- Schlafen (nachts – ausziehbares Sofa oder Bettcouch),
- Schlafen (Mittagsschlaf),
- Platten-, Radio-, CD- oder Kassettenhören,
- Aufbewahren,
- Fernsehen/Videos anschauen,
- Videoaufnahmen machen.

Kreuzen Sie die Aktivitäten an, die in Ihrem Wohnzimmer stattfinden. Notieren Sie weitere, nicht aufgelistete Aktivitäten in den freien Zeilen.

Verlagern von Aktivitäten

Einige der oben angeführten Aktivitäten sollten besser in einen anderen Teil des Hauses verlegt werden, falls irgendwelche der folgenden Kriterien zutreffen:

1. Eine Aktivität stört eine andere. So können beispielsweise spielende Kinder Erwachsene stören.
2. Ein anderer Raum wäre besser geeignet. So stehen zum Beispiel einige Porzellanteller und Gläser im Wohnzimmer, weil Sie sie beim Einziehen dort hingestellt haben. Sie sollten aber im Idealfall eigentlich näher zur Küche oder zum Eßzimmer stehen.
3. Die Aktivität ärgert Sie. So könnten Sie sich zum Beispiel irritiert fühlen, wenn Ihr Mann/Ihre Frau auf der Couch ein Mittagsschlāfchen hält.

Notieren Sie auf einem Blatt Papier unter der Überschrift »Projektliste 1« die Aktivität, die verlagert werden soll, und die dafür nötigen spezifischen Schritte. Zum Beispiel:

1. *Spielende Kinder.* Vielleicht werden sie vom Fernsehgerät ins Wohnzimmer gelockt. Wenn das der Fall ist, könnten Sie den Kindern ein eigenes Fernsehgerät und evtl. einen Videorecorder kaufen oder das Fernsehgerät ins Kinderzimmer/Spielzimmer stellen. Wenn Bücher, Spiele und Spielsachen im Wohnzimmer aufbewahrt werden, könnten Sie vielleicht im Kinderzimmer eine neue Heimstatt finden.
2. *Porzellan und Gläser.* Der wichtigste Schritt diesbezüglich besteht darin, diese Dinge in die Küche oder ins Eßzimmer zu verlegen; listen Sie aber zunächst die erforderlichen vorbereitenden Schritte auf: zum Beispiel durch Aufräumen Platz in den Küchenschränken schaffen, oder einen neuen freistehenden Küchenschrank besorgen. (Nehmen Sie zu diesem Zeitpunkt nur sehr einfache Veränderungen in Ihrer Küche vor, gerade genug, daß Sie die Dinge unter den gegebenen Umständen möglichst gut unterbringen können. Definitiv ordnen können Sie sie, wenn die Küche an der Reihe ist – siehe Seite 271.
3. *Mittagsschläfchen auf dem Sofa.* Wenn es nichts hilft, von der betreffenden Person zu verlangen, daß sie ihr Mittagsschläfchen im Schlafzimmer halten möge, denken Sie daran, das gemütliche, ach so einladende Sofa durch ein spartanischeres zu ersetzen. Die Veränderung kann andererseits aber auch im Schlafzimmer stattfinden. Vielleicht wirkt die Satin-Überdecke als Hindernis für ein gemütliches Schläfchen. Wenn dies der Fall ist, notieren Sie auf der Projektliste 1, was sofort getan werden kann (Wollüberwurf kaufen), und verschieben Sie weiterreichende Planungsmaßnahmen für das Schlafzimmer auf später. Dieses Verschieben ist ein wichtiges Element für alle Ordnungs- und Organisationsarbeiten.

11. Prinzip: Gehen Sie beim Ordnen der Reihe nach vor. Heben Sie sich das Ordnen weiterer Problembereiche für später auf.

Man kann Aktivitäten nicht nur verlagern, man kann auch andere hereinbringen. Eine meiner Klientinnen machte zum Beispiel ihre Gymnastikübungen jeden Morgen in einer engen Schlafzimmerecke, die sie überhaupt nur freibekommen konnte, indem sie einen Stuhl aus dem Weg räumte, obwohl sie im Wohnzimmer einen größeren, bequemeren freien Bereich zur Verfügung hatte. Nach unserem Beratungsgespräch wurde das Wohnzimmer zum Gymnastikraum. Zu diesem Zweck kaufte die Klientin einen großen, zylindrischen Korb, in dem sie die zusammengerollte Tatami-Matte verwahrte, und brachte in dem nahegelegenen Schrank einige Haken an, an die sie ihren Gymnastikanzug und die Springschnur hängen konnte.
Vielleicht fallen Ihnen noch andere Aktivitäten ein. Tragen Sie sie in Ihre Aktivitätenliste ein. Tragen Sie in die Projektliste 1 die spezifischen Maßnahmen ein, die für die Verlagerung der Tätigkeit(en) nötig sind.
Und nun – machen Sie sich an die Arbeit! Führen Sie alle in Projektliste 1 eingetragenen Projekte durch und werfen Sie die Liste weg.

Probleme definieren und lösen

Kehren Sie zu der Aktivitätenliste von Seite 288 zurück und kreuzen Sie all jene Aktivitäten an, für die der Raum nicht sehr gut geeignet ist. Definieren und analysieren Sie die problematischen Aktivitäten, um zu einer Lösung zu kommen. Greifen wir zum Beispiel zwei Funktionen unseres hypothetischen Wohnzimmers heraus: Gespräche/Unterhaltungen kleiner Gruppen und spielende Kinder. Sie brauchen nun ein neues Blatt Papier, um die Projektliste 2, also Ihre Problemliste, zu erstellen.

- *Gespräche/Unterhaltungen kleiner Gruppen.* Stellen Sie sich vor, daß Ihre Familie mit ein oder zwei Gästen in dem Raum sitzt. Sind genügend Sitzplätze für alle vorhanden? Müssen Stühle aus anderen Teilen des Raumes geholt werden? Wenn Sie hier Probleme orten, schreiben Sie auf Ihre Projektliste 2 »Mehr Sitzgelegenheiten«. Sind die vorhandenen Sitzmöglichkeiten bequem? Wie steht es mit der Beleuchtung? Zu hell oder zu düster?
  Ist die Anordnung der Möbel konversationsfördernd? Müssen sich die Leute nach vorne beugen, um einander hören zu können? Können Sie einander ohne Hindernisse sehen? Muß man seine Snacks auf den Knien balancieren, weil es nirgends Platz zum Abstellen gibt? Wenn Sie häufig Gäste haben oder gerne hätten, stellen Sie sich diese Fragen auch in bezug auf eine größere Gruppe. Notieren Sie jedes Problem auf Problemliste 2. Arbeiten sie jetzt noch keine Lösungen aus, sondern nehmen Sie einstweilen nur zur Kenntnis, daß die Probleme existieren.
- *Spielende Kinder.* Wenn Sie es genießen, wenn die ganze Familie zusammen ist und die Kinder dadurch ermutigen, in der Nähe zu bleiben, wird es wahrscheinlich Probleme geben. Am wahrscheinlichsten sind:
  Lärm, störende Geräusche (u. a. von Computerspielen), Zerbrechen wertvoller Gegenstände, Pfützen und Flecken auf Teppichen und Möbeln, Unordnung, Störung der Gespräche und Aktivitäten von Erwachsenen.

Den Raum zum Funktionieren bringen

Für die meisten der im Rahmen der Projektliste 2 definierten Probleme gibt es eine ganze Menge möglicher Lösungen, von schlauen und kostensparenden Tricks bis hin zu kostspieligen neuen Möbelstücken. Überlegen Sie sich bereits im voraus exakt, wieviel Geld Sie für die Verbesserung des Raumes zur Verfü-

Checkliste: Aktivitäten analysieren

Die beiden oben analysierten Aktivitäten illustrieren ein Verfahren, das sich auf praktisch jede schwierige Situation anwenden läßt, ob es sich nun um ein Einzelproblem oder um einen der störenden Faktoren auf Ihrer Aktivitätenliste handelt. Die Schritte dieser Untersuchung fasse ich noch einmal zusammen:

1. Stellen Sie sich die Aktivität im Geiste vor.
2. Werden Ihre Aktivitäten durch andere gestört? Werden Ihre Unterhaltungen beispielsweise von Computergeräuschen behindert?
3. Überprüfen Sie das Szenario und physischen Komfort. Sind zum Beispiel die Stühle beim Tisch hoch genug, damit man bequem essen kann? Können die Leute ungestört miteinander interagieren? Ist das Licht hell genug, und hat es den richtigen Standort?
4. Können sich die Leute in Ruhe mit den Dingen befassen? Können alle Fernsehenden den Bildschirm gut sehen?
5. Sind die Möbel funktional gestaltet? Können die filigranen Beine eines Louis XV-Kanapees einem 100-Kilo-Mann standhalten?
6. Durch welche Accessoires würde die Aktivität angenehmer werden? Ein Lesestuhl kann beispielsweise durch einen Zeitungsständer, ein Snack-Tisch, einen Fußschemel und/oder eine verstellbare Lampe aufgewertet werden.
7. Paßt die Aktivität zu ihrem Umfeld? Ein Eßzimmertisch sollte zum Beispiel in der Nähe der Küche stehen.

Stellen Sie auf der Projektliste 2 eine Liste der Problemkomponenten auf.

gung haben, so daß Sie realistisch zwischen Alternativen wählen können. Beginnen Sie mit einem neuen Blatt Papier, mit »Projektliste 3« betitelt, und listen Sie die Schritte – Einkäufe, Umstellungen, Modifikationen – die Sie für die Lösungen Ihrer Probleme benötigen, genau auf. Jedes Problem, für das Sie eine Lösung gefunden haben, streichen Sie aus Projektliste 2 aus. Wie das funktioniert, wollen wir anhand der beiden zuvor diskutierten Raumfunktionen demonstrieren.

Konversation/Unterhaltung kleiner Gruppen

Nehmen wir einmal an, Ihr derzeitiger Konversationsbereich sei völlig falsch ausgestattet. Dies seien die Probleme, die Sie in der Projektliste 2 angeführt haben:

- Zusätzliche Sitzgelegenheiten erforderlich;
- unbequemer Sessel mit gerader Lehne;
- Glas über dem Gemälde ist nicht entspiegelt;
- Couch und Stühle sind zu weit voneinander entfernt, die Menschen müssen laut sprechen, um einander verstehen zu können;
- die Leute, die auf der Couch sitzen, haben keinen Platz zum Abstellen ihrer Teller und Getränke.

Führen Sie nun die Lösungen für jedes einzelne Problem Schritt für Schritt auf Ihrer Projektliste 3 an.

- *Zusätzliche Sitzgelegenheiten.* Klappstühle sind eine Möglichkeit, aber Sie suchen vielleicht nach einer dauerhaften Lösung, nicht nur für Parties oder große Zusammenkünfte. Sie können den Konversationsbereich erweitern, indem Sie zusätzlich zu den Stühlen eine Couch oder ein kleines Zweiersofa kaufen oder aus einem anderen Teil des Hauses holen. Zwei einander gegenüberstehende Sofas mit Stühlen dazwischen schaffen ebenfalls eine gemütliche Atmosphäre. Sie können sich für traditionelle Sofas oder für eine flexible Sitzgruppe aus einzelnen Sitzmöbeln entscheiden, die sich je nach Bedarf gruppieren lassen. Als Alternative sehen auch große Bodenkissen attraktiv aus, wenn sie zu Ihrer Einrichtung passen. Leichte, stapelbare Stühle aus Rattan oder Stroh, die sich unauffällig in einer Ecke verstauen lassen, eignen sich vorzüglich als Reserve. In einigermaßen großen Räumen können Sie zwei Konversationsgruppen zusammenstellen, indem Sie zwei Sofas Rücken an Rücken stellen und zu jedem Sofa einige Stühle rücken. In einem solchen Arrangement können Sie bequem eine ganze Menge Leute unterbringen.

- *Stuhl mit gerader Rückenlehne: unbequem.* Wie wäre es mit einem Kissen? Als Alternative empfiehlt es sich, für die Konversationsgruppe einen bequemen Stuhl anzuschaffen und jenen mit der starren Rückenlehne nur für Dekorationszwecke zu verwenden.
- *Glas über dem Gemälde nicht entspiegelt.* Kaufen Sie entspiegelte Bilderrahmen. Wenn das nicht ausreicht, hängen Sie das Bild oder die Lampe um.
- *Couch und Stühle zu weit voneinander entfernt.* Bevor Sie sie umstellen – die logische Lösung –, sollten Sie sich fragen, warum Sie sie eigentlich ursprünglich so aufgestellt haben. Wollten Sie zum Beispiel einen Durchgang von einer Zimmerseite auf die andere freilassen? Wenn ja, dann sollte vielleicht der gesamte Konversationsbereich in eine andere Zimmerecke verlegt werden. Oder ist vielleicht ein zu großer Couchtisch für die große Distanz verantwortlich? Nun muß eine Entscheidung getroffen werden: Könnte der Tisch anderswo Verwendung finden? Könnten die Möbel auf zwei aneinandergrenzenden Seiten angeordnet werden? Verzeichnen Sie Ihre Schritte auf Projektliste 3 und notieren Sie auch ergänzende Umstellungsarbeiten, die sich notwendigerweise aus den Veränderungen ergeben – das Umstellen von Ecktischen, Lampen etc.

- *Kleine Snacks und Getränke.* Ecktische, die logische Lösung, können ganz schön ins Geld gehen. Versuchen Sie, selbst einen zu bauen! Sie brauchen nichts weiter als einen Holzkasten in der Breite und Tiefe der Couch, mit einer beschichteten Holzplatte als Tischplatte. Achten Sie darauf, daß die Oberfläche großzügig bemessen ist. Streichen Sie Vorderseite und Seitenwände oder verkleiden Sie sie mit gemustertem selbstklebendem Papier. Eine weitere kostengünstige Möglichkeit besteht darin, kleine runde Masonit-Tische zu kaufen und sie mit Tischtüchern zu bedecken. (Mehr über Ecktische finden Sie auf Seite 313). Wenn Sie nicht genügend Platz für permanente Ecktische haben, ist Ihnen wahrscheinlich mit einigen »Gelegenheitstischen« auf Rädern, die leicht beweglich sind und bei Bedarf zum Abstellen von Snacks dienen können, besser gedient.

Spielende Kinder

In Projektliste 2 wurden alle Nachteile angeführt, die sich ergeben, wenn die Kinder im Wohnzimmer spielen:
Lärm, einschließlich Videospiele, Zerbrechen wertvoller Gegenstände, Pfützen und Flecken auf Teppichen und Möbeln, Unordnung, Störung der Gespräche und Aktivitäten Erwachsener.
Lärm ist ein disziplinäres Problem und hat nichts mit Ordnung zu tun; wenn aber bereits ein normaler Geräuschpegel an Ihren Nerven zerrt, sollten Sie einmal die Akustik des betreffenden Raumes überprüfen. Ein nackter Boden ohne Teppich verursacht oft beträchtliches Hallen. Überprüfen Sie auch die Deckenakustik. Notieren Sie die sich daraus ergebenden Aufgaben auf Projektliste 3.
Um zu verhindern, daß wertvolle Dinge zerbrochen werden, stellen Sie sie an die höchsten Plätze. Stabile Möbel sind ein Muß, und ein Raum voller Antiquitäten empfiehlt sich ebenfalls nicht als Spielzimmer.
Pfützen und Flecken können Sie nicht verhindern, aber Sie

können ihre Auswirkungen in Grenzen halten, indem Sie die Möbel mit Kunststoffdecken oder anderen relativ kindersicheren Materialien schützen. Nähen Sie an unauffälligen Orten (zum Beispiel auf der Rückseite eines Kissens oder eines Stuhls) große Druckknöpfe an, an denen Sie hübsche, aber billige Überwürfe befestigen. Wenn Besuch kommt, können Sie sie abnehmen.
Bis zu einem gewissen Grad nehmen wir die Störung durch Kinder ganz gern in Kauf, aber lassen Sie die Kinder nicht ganz die Oberhand gewinnen. Statten Sie eine Ecke mit Kinderspielzeug, Spielen, Zeichenpapier und Stiften aus und stellen eventuell auch ein Fernsehgerät mit passenden Videos hin. Legen Sie ein leicht zugängliches Regal mit Kork- oder Kunststoffplatten aus, damit Milchgläser darauf abgestellt werden können. In der Kinderecke sollte ausreichend Schrank- und Regalraum vorhanden sein, damit der Nachwuchs seine Habseligkeiten unterbringen kann. (Siehe auch »Kinderzimmer« Seite 349-357).

Planen Sie einen Modellraum

Es bleibt ganz Ihnen überlassen, ob Sie diese Übung mitmachen wollen oder nicht. Vor allem dann, wenn die Probleme so zahlreich sind, daß eine Großoffensive einschließlich des Ankaufs neuer Möbel nötig erscheint, ist es aber grundsätzlich empfehlenswert, sich die Entscheidung zwischen den verfügbaren Alternativen zu erleichtern, indem man alles im voraus auf Papier plant und eine Modellraum entwirft.
Für diesen Plan benötigen Sie einige Blätter Millimeterpapier, etwas buntes Konstruktionspapier (besorgen Sie es in zwei Farben), einen feinen schwarzen und einen bunten Filzstift, ein Lineal, einen Maßstab oder ein Maßband, eine Schere und einen Zirkel für das Zeichnen von Kreisen.
Nachdem Sie Ihren Raum einschließlich aller Nischen und Erker genau vermessen haben, skizzieren Sie ihn mit dem schwarzen Filzstift in einem geeigneten Maßstab (beispielsweise 1:15) auf

Checkliste: Veränderungen vornehmen

Die Beispiele, die wir uns angesehen haben, illustrieren die Überlegungen, die für die Gestaltung eines funktionalen und gemütlichen Raumes nötig sind. Die folgende Checkliste stellt eine kurze Zusammenfassung dieser Schritte dar.

SCHRITT 1:
Überfliegen Sie rasch die Projektliste 2, also Ihre Liste der im Raum stattfindenden Aktivitäten, aufgeschlüsselt nach spezifischen Problembereichen.

SCHRITT 2:
Nehmen Sie ein frisches Blatt Papier zur Hand und versehen Sie es mit der Überschrift »Projektliste 3«.

SCHRITT 3:
Nehmen Sie sich das erste Problem auf Projektliste 2 vor. Wenn die Lösung klar auf der Hand liegt, notieren Sie sie auf Projektliste 3, wenn nicht, stellen Sie sich die folgenden Fragen:

a. Kann ein Ersatzgegenstand dieselben Funktionen effizienter erfüllen? Ein Beispiel ist die Erweiterung einer Sitzgarnitur durch den Austausch von zwei Stühlen gegen eine Couch.

b. Könnte ein Gegenstand oder ein Möbelstück bequemer gemacht oder anderweitig modifiziert werden?

c. Ist der gewünschte Effekt durch ein einfaches Umstellen der Möbel oder anderer Dinge erzielbar?

d. Können neue Möbel oder andere Dinge das Problem lösen?

e. Wenn Ihr Problem eher durch die Frage »Wohin mit all den Sachen?« markiert wird, könnte dann ein größeres Projekt wie ein neuer Wandverbau oder zusätzliche

Regale die optimale Lösung sein, oder sind Sie auch mit bescheideneren Alternativen (siehe Seite 217 zufrieden?

f. Können die Probleme gemildert werden, indem Sie neuen Stauraum schaffen?

g. Würden Schutzüberzüge oder Schutzbeläge helfen?

h. Würden Sie Platz gewinnen, wenn Sie Ihre Möbel durch das Anbringen von Rollen mobiler machten?

SCHRITT 4:

Notieren Sie in Projektliste 3 ganz genau alle Schritte, die erforderlich sind, um alle Problempunkte der beiden ersten Aktivitäten zu lösen.

SCHRITT 5:

Führen Sie alle Änderungen für die ersten beiden Schritte tatsächlich durch.

SCHRITT 6:

Sobald Sie mit Schritt 5 fertig sind, überlegen Sie sich konkrete Lösungen für die beiden nächsten Aktivitäten und verwirklichen Sie sie. Fahren Sie mit dem Muster »Lösungen definieren/durchführen« so lange fort, bis Sie mit dem Raum zufrieden sind.

dem Millimeterpapier. Zeichnen Sie mit dem farbigen Markierstift auch alle Türen, Fenster und baulichen Gegebenheiten wie Heizkörper, Einbauregale oder einen offenen Kamin ein. Notieren Sie, wie weit die Heizkörper in den Raum hineinragen.

Als nächstes messen Sie Länge und Breite jedes Möbelstücks ab, das auf dem Fußboden steht. Bei runden Möbeln messen Sie den Durchmesser. Skizzieren Sie die Möbel im selben Maßstab wie zuvor auf dem Konstruktionspapier; verwenden Sie dazu nur eine

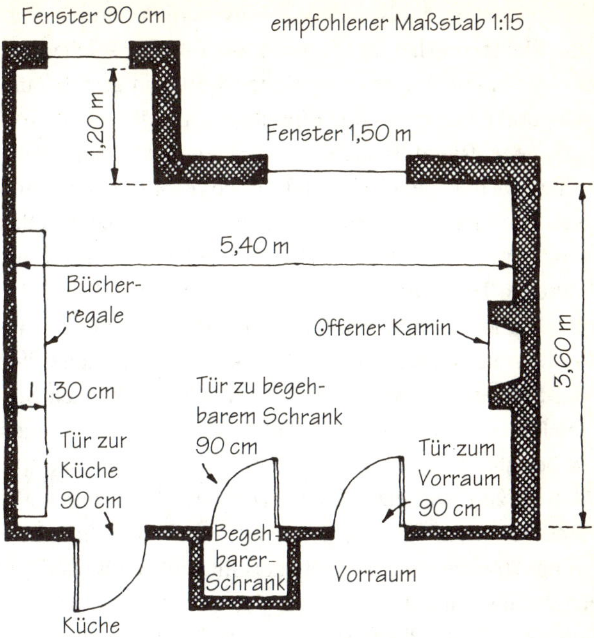

Entwerfen Sie einen Modellraum auf Papier

Farbe. Dann schneiden Sie die einzelnen Stücke aus und beschriften sie.

Sehen Sie in der Projektliste 3 nach, ob es irgendwelche Möbelstücke gibt, die Sie zu kaufen beabsichtigen. Wenn ja, schätzen Sie deren Maße und schneiden Sie sie dann aus dem andersfarbigen Konstruktionspapier aus. Gehen Sie dann Liste 3 Aktivität für Aktivität durch und versuchen Sie, die einzelnen Probleme durch Hin- und Herschieben der ausgeschnittenen Teile auf dem Millimeterpapier zu lösen, und zwar unter Einbeziehung sowohl der bereits vorhandenen als auch der anzuschaffenden Möbel. Manchmal sind Kombinationen und Mehrfachbelegungen mög-

lich – so kann beispielsweise ein Konversationsbereich auch für kleine Mahlzeiten herangezogen werden –, aber solche Kombinationen sind nicht immer wünschenswert. Ein großes Zimmer verlangt oft eine großzügige Einrichtung, um den ansonsten leer scheinenden Raum auszufüllen. Achten Sie darauf, daß die Durchgänge breit genug sind und daß sich die Leute auf dem Weg von einem Raum in den anderen nicht an den Möbeln stoßen.
Wenn Sie mit dem Plan zufrieden sind, befestigen Sie die ausgeschnittenen Teile mit einem Stück Klebeband auf dem Millimeterpapier und lassen Sie das Ganze für einige Tage liegen. In der Zwischenzeit notieren Sie auf Projektliste 3 Ihre neuen Ideen. Wenn Sie den Plan wieder zur Hand nehmen, können Sie die neuen Ideen mit einarbeiten oder auch fallenlassen, wenn sie sich nicht bewähren.
Prüfen Sie zu guter Letzt Ihren Plan, indem Sie ihn ausschließlich danach bewerten, wie ansprechend er ist. Ein funktionaler Plan wird immer auch gut aussehen und sollte ein Gefühl der Ausgeglichenheit vermitteln.
Auch wenn dieser Plan noch nicht perfekt ist – besser ein Spatz in der Hand als eine Taube auf dem Dach! Das ist ein wichtiges Prinzip:

12. Prinzip: Wenn Ihnen die Ideen ausgegangen sind, verwirklichen Sie einstweilen die beste Lösung, die Ihnen eingefallen ist. Irgendwann werden Sie dann sicher die zündende Idee haben.

Gehen Sie nun daran, Ihren Raum tatsächlich so zu gestalten, wie Sie sich es vorgenommen haben.

General-Checkliste: Der übersichtliche Raum

1. Schaffen Sie Platz (Seite 286).
2. Listen Sie alle Aktivitäten auf, die in diesem Raum vor sich gehen (Seite 287.)
3. Entscheiden Sie, welche Aktivitäten in diesen Raum gehören und welche nicht, und unternehmen Sie Schritte, letztere laut Projektliste 1 (Seite 289) zu verlagern. Korrigieren Sie die Aktivitätenliste entsprechend.
4. Unterteilen Sie jede Aktivität in spezifische Problembereiche und listen Sie die Probleme in Projektliste 2 auf (Lesen Sie sich die Seiten 290 bis 291 durch und folgen sie dann den Anweisungen im Abschnitt »Checkliste Aktivitätenanalyse« auf Seite 292.)
5. Überlegen Sie sich, wieviel Geld Sie für die Umgestaltungsarbeiten ausgeben wollen.
6. Arbeiten Sie Lösungen aus und listen Sie sie in Projektliste 3 auf. (Lesen Sie sich die Besprechung auf den Seiten 293 bis 295 durch und folgen Sie dann den Anweisungen der »Checkliste Veränderungen vornehmen« auf Seite 297-298.)
7. Freiwillig. Wenn die Alternativen verwirrend sind, oder wenn Sie größere Veränderungen planen, skizzieren Sie Ihr Modellzimmer auf Papier (Seite 296).
8. Gehen Sie durch das Zimmer, um zu überprüfen, ob Sie ohne Probleme von einem Bereich in den anderen gelangen können. Überlegen Sie sich auch Maßstab und Größenverhältnisse. Sind die Möbel zu groß für den Raum? Gibt es zu viele Möbel oder zu viele andere Einrichtungsgegenstände? Wenn die Harmonie des Raumes gestört ist, lesen Sie sich den Abschnitt über flexible Zimmer durch (Seite 309).

15

Die einzelnen Räume

Einige Räume – Badezimmer, Schlafzimmer, Mehrzweckräume (Atelierwohnungen oder Mansarden und Arbeitszimmer) – werden vorwiegend für ganz bestimmte Zwecke verwendet. In diesem Kapitel sprechen wir über die spezifischen Gestaltungs- und Aufbewahrungsprobleme, die solchen Räumen zueigen sind.

Badezimmer

Viele Menschen fühlen sich restlos überfordert, wenn es um eine Neuorganisation des Badezimmers geht. Was tun mit all den Tiegeln und Fläschchen? Und nicht einmal die Möbel können umgestellt werden! Der geschickte Einsatz der einen oder anderen »Badezimmerhilfe« macht es jedoch möglich, dem fast immer unpraktischen Badezimmergrundriß ein Schnippchen zu schlagen.

Im Bade- und Duschbereich können Sie den Eindruck einer »Shampooflaschen-Invasion« vermeiden, indem Sie alle einschlägigen Utensilien auf eine Badewannenablage, ein Duschwägelchen oder ein Ablagefach im Inneren der Duschkabine stellen. Es gibt auch Duschvorhänge mit Taschen für Shampoo und Seife. Legen Sie eine Gummimatte auf den Boden der Duschkabine oder Badewanne, damit Sie nicht ausrutschen.

Wenn Ihr Badezimmer klein ist und Sie eine große Familie und zu wenig Handtuchstangen haben, können Sie Haken an der Wand anbringen oder sogar auf beengtem Raum mehrere Handtuchstangen unterbringen, indem Sie zwei 30 cm breite Platten in einem Abstand von 1 m an der Badezimmerwand befestigen

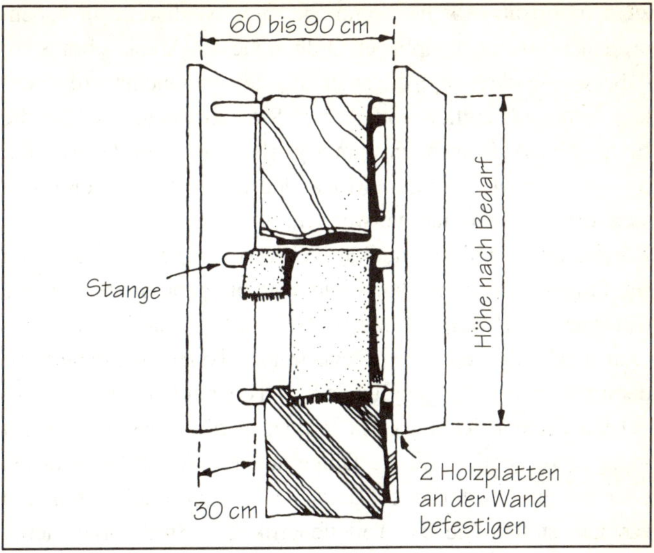

Zusätzliche Aufhängevorrichtungen für Handtücher

und dazwischen versetzte Handtuchstangen montieren, wie in der obigen Abbildung gezeigt.

Kosmetika und Bedarfsartikel

Beginnen Sie, indem Sie sich systematisch vom Arzneischrank über den Spülkasten, die Fensterbänke und die Badewanne bis zu den Regalen vorarbeiten und dabei kompromißlos alle Dinge entfernen, die Sie nicht mehr benutzen, selbst teure Kosmetika. Teilen Sie die verbleibenden Gegenstände in drei Kategorien ein: Gebrauchsartikel, Körperpflege/Kosmetika und Vorratsartikel. Gebrauchsartikel wie Pflaster, Aspirin und Medikamente können gemeinsam mit Deodorants und anderen Körperpflegeartikeln, die nicht hübsch genug aussehen, um offen herumzustehen, im Arzneischrank aufbewahrt werden. Legen Sie Reservebestände zu den Vorratsartikeln. Wenn Sie viele Medikamente haben, ordnen Sie sie nach Alphabet. Ordnen Sie den Arzneischrank so, daß jene Medikamente, die am häufigsten gebraucht werden, am leichtesten zugänglich sind. Achten Sie auch darauf, daß Sie die Erste Hilfe-Anweisungen immer griffbereit haben. Überprüfen Sie den Schrank einmal im Monat und werfen Sie alle Produkte weg, die Sie nicht mehr verwenden.

Körperpflege- und Kosmetikartikel sowohl für Männer als auch für Frauen umfassen Haut- und Haarpflegeprodukte, Eau de Cologne und Parfums, Badezusätze und Make-up. Die Kosmetikartikel können auf einem Regal mit zwei oder drei Fächern auf der am leichtesten zugänglichen Wand oder auf einem Zusatzregal am Fenster dekorativ angeordnet werden. Wenn das nicht möglich ist, stellen Sie die Dinge auf den Toilettenspülkasten oder auf ein Fensterbrett. Damit Sie diese Orte leicht reinigen können, stellen Sie die Toilettenartikel in Strohkörbe, deren Seiten gerade hoch genug sind, damit die einzelnen Gegenstände nicht das Übergewicht bekommen. Bewahren Sie kleine Artikel wie Lippenstifte, Rouge und Lidschatten in kleinen Schachteln oder Körben auf. Höhere Gegenstände lassen sich gut in Plastikbechern unterbringen. (Dasselbe gilt auch für Thermometer, kleine Salbentuben und ähnliches.) Wenn Sie etwa einmal im Monat den Arzneischrank überprüfen, werfen Sie auch einen kritischen Blick auf die Kosmetika und trennen Sie sich von allem, was Sie nicht mehr verwenden.

Vorratsartikel umfassen Reservebestände an Zahnpaste, Seife, Kosmetika und Toilettenpapier, aber auch Badezimmerreinigungsmittel wie Scheuermittel und Toilettenreiniger. Nutzen Sie jeden verfügbaren Ort in der Nähe, der einigermaßen leicht zugänglich ist, wie zum Beispiel einen Wäscheschrank im Flur, ein Wäschefach in einem Schrank oder auch eine freie Lade der Frisierkommode, wenn sie genügend Platz bietet. Einen ad hoc-Stauraum unterhalb des Waschbeckens gewinnen Sie, wenn Sie ein »Schürze« um das Waschbecken drapieren und den so entstandenen Raum mit ein paar »Instant-Regalen« versehen. Derselbe Ort kann auch als Sammelplatz für Textilien verwendet werden; legen Sie eine Gummimatte unter, so daß die Kleidungsstücke nicht direkt auf den Boden geworfen werden. Handtücher und Wäsche werden in Kapitel 16, Seite 343, diskutiert.

Schlafzimmer

Um aus dem Schlafzimmer ein gemütliches Nest zu machen, müssen Sie das Bett in den Mittelpunkt Ihrer Überlegungen stellen. Ein Hochbett in Einzel- oder Doppelausführung bewirkt in einem kleinen Zimmer praktisch eine Verdoppelung des Raums, weil der Platz unter dem Bett als Büroraum, zum Ankleiden oder für einen Schrank oder Sitzbereich genutzt werden kann. Es gibt auch Betten mit integrierten großen Schubladen für Reservebettwäsche oder gerade nicht gebrauchte Kleidungsstücke; solche Schubladen eignen sich hervorragend für Aufbewahrungszwecke. Wenn Sie ein normales Bett haben und der Raum so schmal ist, daß Sie ein Nachtkästchen neben dem Bett nicht mehr gut unterbringen können, stellen Sie das Bett diagonal. In den so gewonnenen freien Ecken können Sie Regale aufstellen. Auch das Bettenmachen fällt leichter, wenn das Bett nicht direkt an der Wand steht.

Als nächstes listen Sie die Aktivitäten auf, die sie – abgesehen vom Schlafen – im Bett oder vom Bett aus durchführen. Dazu können gehören:

- Kosmetische Handgriffe: Make-up, Nägel maniküren, etc.,
- Essen: Snacks, Frühstück im Bett,
- Spiele oder Kartenspiele,
- Hobbies: Zeichnen, Briefmarken usw.,
- Heimbüro: Briefe, Rechnungen,
- Sex,
- Telefonieren,

- Lesen,
- Nähen, Stricken,
- Radio hören,
- Fernsehen.

Analysieren Sie die von Ihnen gewählten Aktivitäten gemäß dem in Kapitel 14, Seite 290, beschriebenen Verfahren und listen Sie das Zubehör auf, das Sie für sie brauchen werden. Viele davon – Manikürzeug, ein Tellerchen Erdnüsse, Kartenspiele – passen auf ein oder zwei praktische kleine Tischchen, die einfachste Lagerungsmöglichkeit; begonnene Handarbeiten lassen sich in einem Korb unter dem Bett unterbringen. Körbe, die entweder von der Decke hängen oder auf dem Boden stehen, sind nützliche Aufbewahrungsorte für verschiedene Kleinigkeiten. An einem Wandhaken kann ebenfalls eine Tasche für Flick- oder Strickarbeiten aufgehängt werden.
Eine praktische Methode, um tausenderlei Kleinigkeiten unterzubringen, ist ein kleines Schiebewägelchen – »Dolly« genannt – unter dem Bett. Bauen Sie eine Sperrholzkiste von etwa 1 m im Quadrat mit etwa 5 cm hohen Seitenwänden, gerade so hoch, daß die Dinge nicht herausfallen. Ziehen Sie eine Wäscheleine oder ein dünnes Seil von etwa 1,20 m Länge durch ein auf einer Seite gebohrtes Loch und verknoten Sie es; befestigen Sie das andere Ende des Seils an Ihrem Bettgestell in der Nähe Ihrer Hand, wenn Sie im Bett sitzen. Stellen Sie den Dolly auf Rollen, und Sie können ihn jederzeit herausziehen, wenn Sie wollen. Solche Dollies eignen sich besonders gut für Telefonbücher, Strickzeug und Schreibutensilien.
Auch das Kopfende des Bettes bietet Möglichkeiten zur Schaffung von Stauraum. Es gibt hier die verschiedensten Varianten, von einfachen Einbaunachtkästen über sehr aufwendige Modelle mit Lampen, Bücherregalen und einem Fach für die Stereoanlagen, bis hin zu solchen mit »falscher« Deckplatte, die beim Hochklappen noch Raum für Decken und Polster freigeben. Das

luxuriöseste Extrembeispiel ist die sogenannte »Bettlandschaft«, ausgerüstet mit einer Stereoanlage, Spiegel, Fernsehgerät und sogar einer Bar.

In Ermangelung solcher Errungenschaften können Sie die Bücher und Zeitschriften, die Sie gerade lesen, auch auf Ihrem Nachtkästchen ablegen, sie in einen Strohkorb neben Ihrem Bett legen oder eine Bettasche anfertigen bzw. kaufen: Dabei handelt es sich um einen Stoffumschlag, der mit einer langen Lasche zwischen Matratze und Betteinsatz befestigt ist. Lehnen Sie sich beim Lesen an ein festes Kissen von der Art, wie man sie als Polsterung bei Lehnstühlen findet. Manche dieser Kissen sind auch mit Taschen für Stifte, Taschentücher usw. ausgestattet. Jemand, der nachts gern lange liest, während der Ehepartner früh schlafen geht, kann von einer normalen Leselampe auf eine kleine mit intensivem Licht umsteigen, die man direkt am Buch befestigen kann und die nur die jeweilige Seite beleuchtet.

Was spricht dagegen, neben dem Bett ein Arbeitssystem für einfache Papierarbeiten wie Rechnungen und persönliche Briefe einzurichten? (Für komplexere Heimbüros gelten eigene Ordnungsregeln, die wir in Kapitel 6 besprochen haben.) Eine Klientin stellte zwei hübsche Töpfe neben ihr Bett: einen Messingtopf für die Kategorie »Zu erledigen«, und einen Kupfertopf für die »Ablage«. In einem Korb neben dem Nachttisch bewahrte sie Notizpapier, Umschläge, Scheckbuch, Briefmarken, Stifte und ihren Organisationskalender auf. An einen Haken neben dem Bett hängten wir eine Pinnwand. Aktenschränke und andere notwendige Dinge wurden in einen anderen Raum untergebracht. Natürlich können Sie auch zwei Körbe – »Zu erledigen« und »Ablage« – an die Wand nageln und einen tragbaren Behälter für die Dinge verwenden, die Sie sonst noch brauchen.

Stereoanlagen und Kassettenrekorder stellen ein Problem dar, wenn Sie sie vom Bett aus bedienen wollen. Sie auf einem Nachttisch aufzustellen, nimmt zu viel Platz weg. Besorgen Sie sich also ein Regal, das so niedrig montiert ist, daß Sie die Anlage leicht ausschalten können, wenn Sie einschlummern; das Regal muß aber andererseits so hoch plaziert sein, daß Sie sich nicht den Kopf anstoßen, wenn Sie aufwachen.

Studios und andere kleine Räume

Ateliers und Studios sind eine besondere Herausforderung für den Ordnungsfreund: Wie kann man es bewerkstelligen, in einem kleinen Raum, der dabei seine »offene« Atmosphäre nicht verlieren soll, wirklich jeden Quadratzentimeter effektiv zu nutzen, so daß man in dem Raum ohne Einschränkungen und bequem leben kann? (In diesem Kapitel finden Sie auch einige wertvolle Tips für große Mansarden oder andere nicht unterteilte Räume.)

Abteilungen

Ihre erste Entscheidung besteht darin, ob Sie die drei wesentlichen Haushaltsfunktionen – Essen, Schlafen und »Leben« –

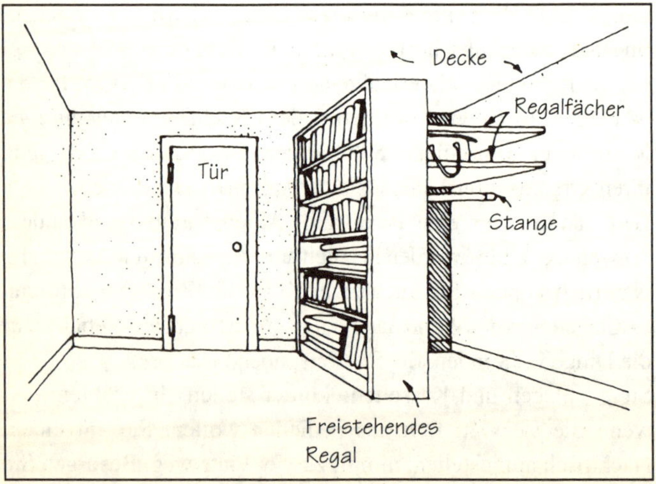

Mit einem Raumteiler können Sie Raum abgrenzen und erweitern

physisch trennen wollen. Es gibt drei Arten der Teilung: vollständig und permanent, mobil oder teilweise. Eine teilweise Teilung ist im allgemeinen teuer und schwer rückgängig zu machen. Ziehen Sie diese Alternativen nur dann in Betracht, wenn Ihr Zimmer sehr groß ist, ansonsten geht jedes Raumgefühl verloren. Eine der permanenten Abteilungsmöglichkeiten ist eine Schiebetür oder eine aufrollbare Zwischenwand von der Decke bis zum Boden; diese Lösungsoptionen vereinen bestimmte Elemente und Permanenz (müssen installiert werden) mit Aspekten der Mobilität (können leicht aus dem Blickfeld entfernt werden).
Wenn Schalldämmung keine Rolle spielt, sind eine Wand aus gestapelten Plastik- und Vinylwürfeln oder ein hohes Bücherregal relativ billige, aber durchaus zweckmäßige Lösungen. Streichen Sie bei freistehenden Bücherregalen die Rückseite. Sie können sie auch mit Stoff beziehen oder zur Pinnwand umfunktionieren. Wenn Sie Ihren Regalraum erweitern möchten, bringen Sie an der Rückseite des Bücherregals ebenfalls Regalbretter an, oder leimen oder schrauben Sie zwei Bücherregale Rücken an Rücken aneinander. Es gibt eine weitere Regalidee, die einem konturlosen Raum Form verleihen kann, während Sie gleichzeitig einen Mantelschrank und Stauraum gewinnen: Bauen Sie sich ein Bücherregal vom Boden bis zur Decke, das eine glatte Rückwand hat. Bringen Sie zwischen der Rückwand und der Mauer eine Stange an, an der Sie Mäntel aufhängen können. Über der Stange bauen Sie hohe Regale, in denen Sie Dinge aufbewahren können, die Sie nicht so oft brauchen. Eine Anleitung dazu finden Sie in Abbildung auf Seite 308.
Überlegen Sie, wo Sie eine permanente Abteilung anbringen wollen, und von welcher Art diese sein soll. Gehen Sie dabei nach folgenden Kriterien vor.

1. *»Raum«größe.* Seien Sie nicht zu voreilig mit Ihrer Entscheidung, wenn Sie daran denken, sich eine winzige Schlafnische einzurichten. Neigen Sie dazu, in kleinen Räumen

klaustrophobische Zustände zu bekommen? Dann sollten Sie eigentlich gar keine Raumteilung vorsehen oder den zur Verfügung stehenden Raum gleichmäßiger unterteilen.

2. *Ungehinderte Bewegung innerhalb der Wohnung.* Achten Sie darauf, daß die vorgesehenen Unterteilungen Ihre »eingetretenen Pfade« durch die einzelnen Bereiche nicht blokkieren.
3. *Licht.* Achten Sie darauf, daß durch die Teilung keine Lichtquellen abgeschnitten werden, es sei denn, die Teilung ließe sich öffnen, wie dies bei Vorhängen oder Rouleaus der Fall ist.

Für offene und partielle Raumteiler gelten im wesentlichen dieselben Kriterien. Durch sie entstehen zwar keine getrennten Räume, sie können aber Bereiche auf attraktive Weise sowohl vereinen als auch abgrenzen. Eine Reihe oder eine Gruppe großer Pflanzen oder Körbe macht sich gut, und eine Anrichte zwischen Küche und Eßbereich kann sowohl als Abgrenzungselement als auch als Stauraum dienen. Definieren Sie mit Hilfe offener Regale zwei Wohnraumbereiche – einen Konversations-Fernsehbereich und einen Eßbereich. Dadurch entsteht auch Raum für Bücher, Pflanzen und dekorative Gegenstände. Diese Gliederung in zwei Bereiche ist praktisch und hübsch zugleich. Ich habe sogar einmal einen offenen Kamin gesehen, der sowohl vom Wohnzimmer als auch vom Eßzimmer aus beheizbar war; Holz und anderes Zubehör waren auf jeder Seite vorhanden.

Leichte, mobile Abteilungen, die Sie nach Belieben verschieben können, stellen die einfachste Lösung dar. Eine attraktive Möglichkeit sind die milchig weißen Schirme, die man in japanischen Läden findet. Es gibt auch Schirme, die man selbst mit Stoffen, marmoriertem Papier oder Reispapier beziehen kann. Stellen Sie die Wandschirme auf Rollen, damit sie mobiler sind.

Vielleicht haben Sie sogar schon einige fertige Raumteiler und haben nur noch nie daran gedacht, sie sich auch zunutze zu

machen? Eine Nische kann man in einen kleinen, in sich geschlossenen »Leseraum« verwandeln, ein begehbarer Schrank läßt sich zum »Minibüro« umfunktionieren. Ein breiter, wenig verwendeter Schrank kann als Sitznische oder als Schreibtischbereich verwendet werden. Das sind Beispiele für die sogenannte »adaptive Umfunktionierung«. Wenn eine Tür an einer bestimmten Stelle stört, verlegen Sie sie entweder oder hängen Sie sie so ein, daß sie sich in die entgegengesetzte Richtung öffnen läßt oder entfernen Sie sie ganz.
Auch vertikaler Raum läßt sich teilen. Ziehen Sie in hohen Räumen Zwischendecken ein – so entsteht nicht nur ein Hochbett, sondern ein richtiger kleiner Raum. Eine Zwischendecke in Höhe von etwa 2 bis 2,50 m ist für ein kleines Büro schon ausreichend; wenn der entstandene Raum etwas höher ist, können Sie oben einen Eßbereich unterbringen; für den Transport der Speisen können Sie einen Flaschenzug verwenden. Oder richten Sie sich ein richtiges kleines Schlafzimmer ein. Und natürlich gewinnen Sie darunter Platz für die Verwirklichung aller anderen Pläne, die Sie schon lange mit sich herumtragen.

Möbel als Platzsparer

Sobald Sie sich entschieden haben, ob und wie Sie das Zimmer unterteilen wollen, sollten Sie sich überlegen, wie Sie den verfügbaren Raum möglichst voll nutzen können, ohne daß er vollgestopft wirkt (Siehe auch die Tips für Kompaktstauraum in Kapitel 10.) Eine sorgfältige Auswahl und Anordnung der Möbel ist hier der Schlüssel. Gehen Sie die in Kapitel 14 angeführten Aktivitäten durch und notieren Sie, welche Basismöbel und Accessoires Sie für die einzelnen Aktivitäten brauchen. Gibt es Möbelstücke auf Ihrer Liste, die durch geschickte Stautechnik völlig überflüssig werden? Die Leute gehen beispielsweise davon aus, daß sie eine Kommode brauchen. Aber durch einige der in Kapitel 11 besprochenen Aufbewahrungstechniken wird so viel Regalraum gewonnen, daß eine Kommode überflüssig wird. Mit anderen Worten: Denken Sie lieber an Funktionen als an Möbelstücke. Überlegen Sie sich auch, ob Sie kleine Stücke so adaptieren können, daß sie Funktionen erfüllen, die eigentlich über ihren ursprünglichen Verwendungszweck hinausgehen. So kann beispielsweise ein schmaler Beistelltisch, unterstützt durch eine Aktenablagemöglichkeit im Schrank und ein fahrbares Wägelchen für das Zubehör, die Funktion eines Schreibtisches übernehmen.

Als nächstes überlegen wir, welche Funktionen sich in einem Möbelstück kombinieren lassen. Möbel im Bausteinsystem sind das Optimum aller multifunktionalen Möbel: untereinander austauschbare Allzweckmodule, die sich zu Sitzgruppen zusammenstellen, zu gemütlichen »Mulden« arrangieren, in Couchen oder Schlafgelegenheiten verwandeln lassen oder allen anderen denkbaren Zwecken dienen können. Aber auch die traditionelle Zusammenstellung von Tischen, Stühlen und Couchen kann äußerst flexibel und platzsparend gestaltet werden. Ein einzelner Tisch kann beispielsweise verschiedenste Funktionen erfüllen: Er kann Eßtisch für sechs oder acht Personen sein, Schreibtisch, Nähtisch oder sogar Bett (siehe Kombination Bett/Tisch unten). Sie können entweder einen großen Tisch kaufen, der sich für alle genannten Zwecke eignet, oder einen Klapptisch. Auch stapelbare Tische sind natürlich eine bewährte und wirklich platzsparende Alternative.

Das Basiskombinationsstück ist die tradionelle ausziehbare Couch; sie bietet immer noch die bequemste Schlafmöglichkeit in traditionell eingerichteten Zimmern. Eine weitere gute Idee ist eine Bettcouch, ein einzelnes Bett mit einem Überwurf und ein paar Polstern. Es fungiert während des Tages als Couch und in der Nacht als Bett. Manche Versionen sind mit einem herausziehbaren »Truhenbett« ausgetattet, wodurch eine zweite Liegemöglichkeit entsteht.

Eine weitere Möglichkeit ist die Kombination Bett /Tisch. Messen Sie eine rollbare Matratze oder eine Futon ab und schneiden Sie eine Holzplatte in dieser Größe zu. Stellen Sie sie auf 90 cm hohe Beine – das entspricht der normalen Tischhöhe. Wenn Sie Besuch bekommen, rollen Sie den Futon oder einen Schlafsack aus, und Sie haben ein zusätzliches Bett. Ein Regal kann ebenfalls als Kombination Tisch/Buffet/Schreibtisch dienen. Eine Alternative besteht darin, Bett oder Tisch mittels stabiler Haken an der Wand zu befestigen und zusammenzuklappen, wenn sie nicht gebraucht werden.

Die bekannteste Bettart, die während des Tages einfach verschwindet, ist das traditionelle Schrankbett. Ich glaube aber, daß es nicht so effizient ist, wie man auf den ersten Blick meinen könnte. Der Wandbereich des Bettes ist für andere Verwendungszwecke verloren, und wenn das Bett heruntergeklappt ist, nimmt es ebenfalls ziemlich viel Platz weg.

Bevor Sie sich für irgendein Möbelstück entscheiden, das sich herausklappen, ausziehen oder öffnen läßt oder seine Position anderweitig verändert, überlegen Sie sich – besonders wenn es sich um ein teures Möbelstück handelt – wieviel Platz es einnimmt, wenn es offen/herausgeklappt ist. Verdrängt es andere Möbelstücke? Wenn ja, wäre es vielleicht der Mühe wert, entweder die flexiblen oder die anderen Möbel auf Rollen zu stellen oder sich für eine weniger aufwendige Alternative zu entscheiden.

Die Entscheidung für Möbel oder dekorative Stücke, die auch als Stauraum Verwendung finden können, ist eine andere Möglichkeit, das Optimum aus beschränkten Platzverhältnissen herauszuholen. Auf eine Gruppe von großen Körben mit Deckeln, in denen sich selten gebrauchte Kleidung, Wäsche, haltbare Lebensmitte bzw. Konservendosen und anderes aufbewahren lassen, können Sie zum Beispiel Blumentöpfe stellen, oder Sie verwenden sie als Beistelltische oder Telefontische oder, wenn sie mit Kissen bedeckt sind, als Ottomanen. Als Beistell- und/oder Kaffeetische können Sie, wenn Ihre Einrichtung mo-

dern ist, auch weiße oder bunte Aktenschränke mit Schubladen verwenden, auf denen Sie beschichtete Holzbretter als Tischplatte anbringen. Das klingt vielleicht ein bißchen ungewöhnlich, ist aber hübsch und praktisch. Bringen Sie schwere Gegenstände in der untersten Lade unter, damit der Schrank stabil bleibt.
Eine geflochtene Korbtruhe ist eine weitere Idee für einen Kaffee- oder Beistelltisch. Mit einem Kissen bedeckt, wird eine Korbtruhe zu einem bequemen Sitzplatz in einer Fensternische. Einen aufwendigen Fenstersitz erhalten Sie, wenn Sie in der Fensternische eine Bank aufstellen, deren Sitzfläche sich hochklappen läßt und die immens viel Stauraum bietet. Auch Plattformen, die mit riesigen Laden ausgestattet sind, können als Unterlage für Sitz- oder Schlafgelegenheiten dienen. Eine Möglichkeit wäre ein dreiteiliger Tisch, dessen mit einer aufklappbaren Platte bedeckter Mittelteil Stauraum zur Aufbewahrung von Nähzeug, Stoffen oder Reservebettzeug bietet. Siehe die Abbildung unten. Wenn Sie einen Tisch mit einem Fach unter der Tischplatte haben, decken Sie ein Tischtuch darüber; so können Sie dieses Fach für die Aufbewahrung von gerade nicht benötigter Kleidung oder Reservebettzeug verwenden.

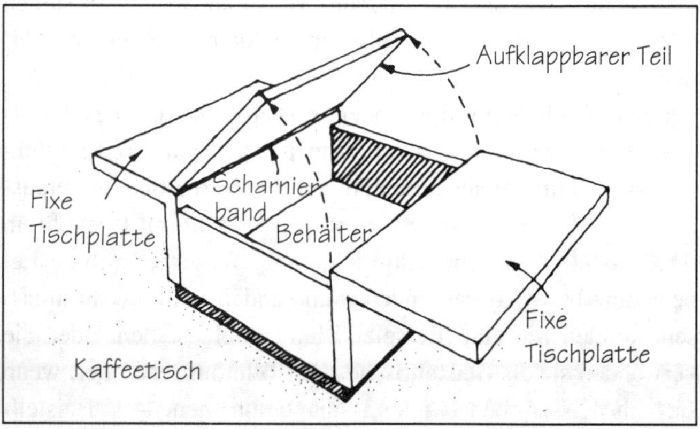

Mehrzweckverwendung von Möbeln

Wenn es darum geht, auf beengtem Raum möglichst bequem zu leben, ist die wohldurchdachte Aufstellung der Möbel ein oft vernachlässigter Aspekt. Ein kleiner Raum ist nur dann erträglich, wenn man sich mühelos darin bewegen kann, und ich persönlich würde auf jeden Fall für eine unverstellte Fläche von zumindest 2 m^2 eintreten. Das Wichtigste in diesem Zusammenhang ist die Schaffung von Möbelblocks, die einander berühren oder auf irgendeine andere Weise miteinander verbunden sind, wodurch Bodenraum frei wird. Wie in der Abbildung auf der nächsten Seite gezeigt, können Sie etwa an die Rückwand einer Couch eine Eßgruppe oder einen Schreibtisch stellen.

Wählen Sie Stühle, die nicht in den Raum hineinragen; sie sollten möglichst mobil sein und sich unter den Tisch schieben lassen, wenn sie nicht in Verwendung sind. Der große Tisch dient gleichzeitig als Kaffeetisch und Abstelltisch und macht so die Anschaffung weiterer Möbelstücke für diesen Bereich überflüssig. Die beiden Fauteuils gegenüber der Couch werden durch eine alleinstehenden Kaffeetisch verbunden.

Zur Abgrenzung von zwei Konversationsbereichen stellen Sie zwei Couchen Rücken an Rücken. Eine andere Variante der Rücken-an-Rücken-Idee ist ein Ersatz-Kopfteil für eine Bettcouch. Wenn Sie im Bett lesen wollen, lehnen Sie sich an einen herunterklappbaren Tisch oder eine Bank mit hoher Rückenlehne bzw. an die Rückseite einer stabilen Wand aus aufeinandergestellten Würfeln, eines Bücherregals oder eines Raumteilers.

Fixieren Sie die Möbel auch in vertikaler Linie: Befestigen Sie einen Hängekorbsessel an einem Deckenhaken und stellen Sie darunter einen Weidenkorb auf. Oder befestigen Sie an zwei Wandhaken eine Hängematte und stellen Sie ein niedriges Bücherregal darunter. Der Raum hinter dem Bücherschrank kann als Stauraum genutzt werden. Mobile Stühle und Tische lassen sich unter anderen Tischen verstauen.

Der wichtigste Faktor für das Wohnen auf beengtem Raum ist Mobilität: Möbel, die sich bei Bedarf hervorholen lassen und die

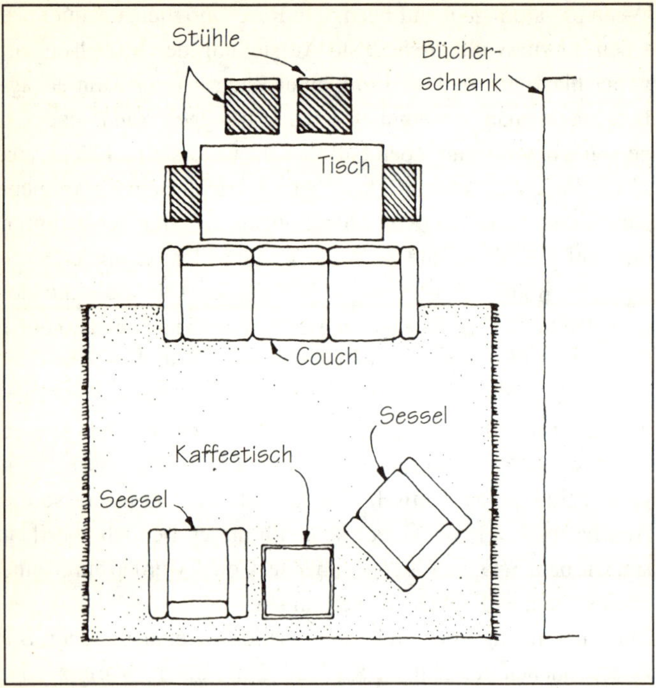

Ein Möbelarrangement für beengten Raum

man nach Gebrauch wieder verstauen kann. Für diese Zwecke ist das Montieren von Rollen sehr zu empfehlen. Praktisch jedes Möbelstück läßt sich auf Rollen stellen. Hier einige praktische Ideen: ein Serviertisch oder Wägelchen, das normalerweise im Wandverbau untergebracht ist und sich bei Bedarf für Getränke und Partyzubehör verwenden läßt; einzelne mobile Snack-Tische, Rollen, Schreibtische, Toilettentische oder Eßtische.

Eine weitere Mobilitätsidee sind Möbelstücke im »K.O.-System«, die sich nach Bedarf zusammenstellen und dann wieder in ihre Einzelteile zerlegen lassen. Sie können sich zum Beispiel

Checkliste: Atelierwohnungen:

1. Überlegen Sie sich, ob Sie den Eß-, Schlaf- und »Wohn«-Bereich abtrennen wollen.
2. Wenn ja, bewerten Sie die Abteilungsmöglichkeiten und ihre Standorte nach:
   a. »Raum«-Größe,
   b. Bewegungsmöglichkeiten innerhalb der Wohnung,
   c. Beleuchtung,
   d. Stauraumkapazitäten.
   e. Überlegen Sie alternative Abteilungsvarianten: Schränke, Nischen, vertikaler Raum.
3. Überlegen Sie, ob Sie innerhalb der grundlegenden »Bereichs«-Abteilungen oder in der gesamten Wohnung alle Möglichkeiten zur optimalen Ausnutzung des verfügbaren Platzes ausgeschöpft haben:
   a. Eliminierung unnötiger Möbelstücke,
   b. Möbel mit mehr als einer Funktion,
   c. zusammenklappbare oder auseinandernehmbare Möbel,
   d. Möbel als Stauraum,
   f. Mobilität.

einen Tisch für den Bedarfsfall schaffen, indem Sie Sperrholzplatten auf Sägeböcke bzw. Schragen legen oder einen zylindrischen Behälter mit einer runden Sperrholzplatte bedecken, über die Sie ein Tischtuch breiten. Nach demselben Prinzip kann man aus einem quadratischen Tisch einen runden machen. Auch das Drehprinzip kann hilfreich sein: Eine langhalsige Wandlampe läßt sich auf mehrere Bereiche richten, und wenn man ein TV-

Gerät drehbar aufstellt, kann man sowohl vom Wohn- als auch vom Eßzimmerbereich aus fernsehen.

Arbeitsräume: Künstlerische Arbeiten, Tischlern und Nähen

In jedem Arbeitsraum müssen drei Hauptelemente vorhanden sein: eine Arbeitsfläche, Platz für Materialien und Zubehör sowie Aufbewahrungsmöglichkeiten. Diese Grundprinzipien für spezifische Einrichtungen bleiben in jedem Fall unverändert; Sie können die folgenden Beispiele also ruhig verallgemeinern und auf Ihre eigene Situation ummünzen.

1. *Arbeitsabläufe.* Listen Sie genau auf, welche einzelnen Prozesse Ihre Arbeit umfaßt. Bei Näharbeiten müssen die Schnittmuster gezeichnet und aufgelegt werden, man muß mit der Maschine und mit der Hand nähen. Ein Heimwerker schneidet Holz, hämmert, bohrt und streicht.
2. *Arbeitsfläche.* Für die meisten Arbeiten brauchen Sie eine Hauptarbeitsfläche; jemand, der näht, braucht allerdings zwei: eine, auf der er die Schnittmuster auflegt und eine, auf der er näht. Um Ihren Arbeitsflächenbedarf festzustellen, überprüfen Sie ihre Projektliste und stellen Sie sich die folgenden Fragen: Stehe oder sitze ich? Wenn Sie stehen, sollte der Tisch oder das Zeichenbrett so hoch sein, daß Sie daran bequem aufrecht stehen können. Wenn Sie sowohl sitzen als auch stehen, wäre dann ein höhenverstellbarer Tisch die Lösung? Oder wären zwei verschiedene Tische besser? In diesem Fall könnten Sie den niedrigeren Tisch auf Rollen stellen und unter den höheren stellen.

   Um die richtige Tischgröße zu ermitteln (wenn es sich nicht um einen Standardtisch wie einen Zeichentisch handelt), überlegen Sie, wieviel Platz die Materialien brauchen, mit denen Sie arbeiten: ein Schnittmuster, Zeichengeräte für

Buchillustrateure, lange Holzleisten. Lassen Sie sich den Tisch oder die Platte ein bißchen größer zuschneiden, als Sie sie voraussichtlich brauchen werden. Wenn Sie, wie bei Heimarbeit häufig der Fall, mit mehreren parallelen Projekten beschäftigt sind, sollte der Tisch genügend Platz für alle einzelnen Aktivitäten bieten.

3. *Stellfläche.* Eine Stellfläche sollte groß genug sein, um den Werkzeugen und Materialien Platz zu bieten, die Sie bei der Arbeit brauchen, und sie sollte so angebracht sein, daß Sie ihre Position nicht oder kaum verändern müssen, um etwas abzulegen. Vielleicht ist eine L-Form, wie in der Abbildung auf Seite 320 gezeigt, das Richtige.
4. *Stuhl.* Der Stuhl sollte bequem sein, Ihren Rücken gut stützen und vorzugsweise drehbar sein, so daß Sie Ihre Position leicht verändern können. Der Stuhl sollte nicht zu breit sein bzw. sollten seine Armlehnen, falls vorhanden, nicht so hoch sein, daß sie direkt an der Arbeitsplatte anstoßen.
5. *Beleuchtung.* Natürliches Licht ist das Beste für Ihre Augen, und Sie sollten ihm unbedingt den Vorzug geben, wenn Sie die Wahl haben. Künstliches Licht sollte den Arbeitsbereich gut ausleuchten, ohne jedoch dabei zu blenden. Wählen Sie eine Lampe – ob Sie sie nun auf der Decke oder an der Wand montieren oder sie auf dem Tisch aufstellen – mit einem beweglichen Hals, die sich auf alle Gegebenheiten einstellen läßt.
6. *Stauraum.* Stellen oder setzen Sie sich an Ihren Arbeitsplatz und gehen Sie die Bewegungen durch, die Sie im Rahmen der einzelnen in Schritt 1 angeführten Arbeitsgänge machen. Stellen Sie die bei jeder Arbeit am häufigsten verwendeten Gegenstände oder Werkzeuge dorthin, wo Ihre Hand am natürlichsten liegt. Auch an der Wand können Dinge untergebracht werden: Hängen Sie die Schere an einen Haken gleich neben dem Tisch oder lassen Sie sie von

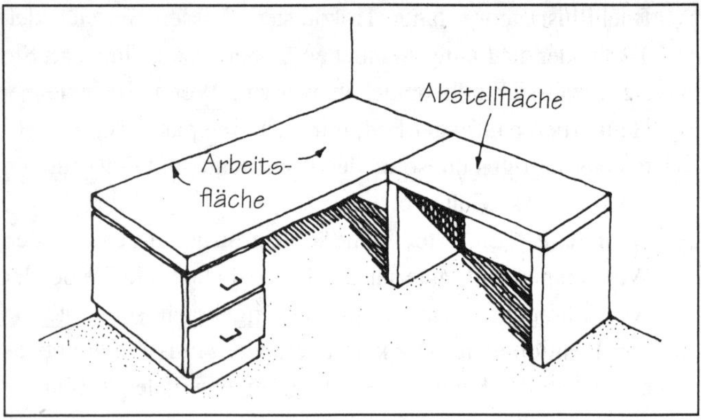

Erweiterung des Arbeitsraums

einer Schnur baumeln, die an einem am Tisch selbst eingeschlagenen Nagel befestigt ist. Auch eine Schachtel mit Stecknadeln läßt sich auf diese Weise aufhängen.

Für Nähzubehör und Stoffe gibt es zusammenpassende Plastikbehälter auf Schienen, die als Lade verwendet werden können. Bewahren Sie sie unter dem Nähtisch auf. Wenn Sie stricken, hängen Sie Ihre Wollstränge auf Stäbchen, die auf einer Holzplatte befestigt sind, wie in der Abbildung auf der nächsten Seite gezeigt. Für Knäuel sind Fächer günstiger.

Die häufigste Lösung für Heimwerkerzubehör ist das Steckbrett. Zeichnen Sie jedes Werkzeug nach, so daß Sie wissen, wohin es gehört. Das Steckbrett sollte über dem Arbeitstisch hängen oder auch L-förmig sein, je nachdem, was praktisch ist. Günstig wären auch Regale oder Schränke für Gefäße mit Nägeln, Schrauben und anderen kleinen Teilen sowie für Werkzeug, das nicht aufgehängt wird. Bringen Sie an den Wänden Regale an, eventuell oberhalb des L-förmigen Steckbretts oder unterhalb der Arbeitsfläche. Eine weitere Lösung ist ein Wägelchen auf Rollen, das unter die Arbeitsfläche geschoben wird, wenn es nicht gebraucht wird. Das

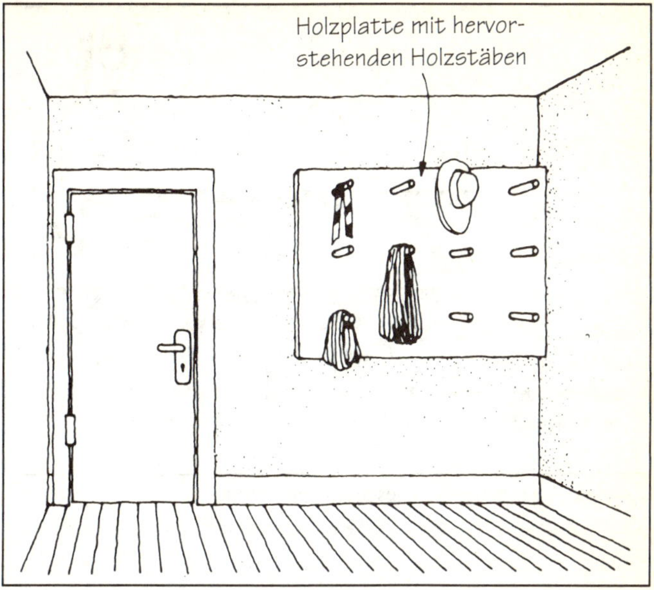

Wandaufhängevorrichtung für Hobbyzubehör

Wägelchen sollte so hoch sein, daß Sie sich zum Herausnehmen oft verwendeter Stücke nicht bücken müssen. Wenn Sie Ihr Werkzeug und Zubehör geordnet haben, füllen Sie ein paar kleine Gläser mit den am häufigsten verwendeten Nägeln und Schrauben. Bewahren Sie sie auf der Arbeitsplatte auf und nageln Sie die Deckel an die Unterseite eines passenden Regals. Füllen Sie sie aus einem größeren Behälter auf, wenn die Vorräte zur Neige gehen.

7. *Das Wegräumen.* Es ist deprimierend, wenn am Ende jeder Arbeitssitzung das ganze Material, mit dem Sie gearbeitet haben, liegenbleibt, vor allem dann, wenn Sie an mehreren Projekten gleichzeitig arbeiten. Besorgen Sie für die Aufbewahrung von Nähzubehör ein Set langer, tiefer Regale; Sie bekommen sie unter anderem in Geschäften für Künstlerbe-

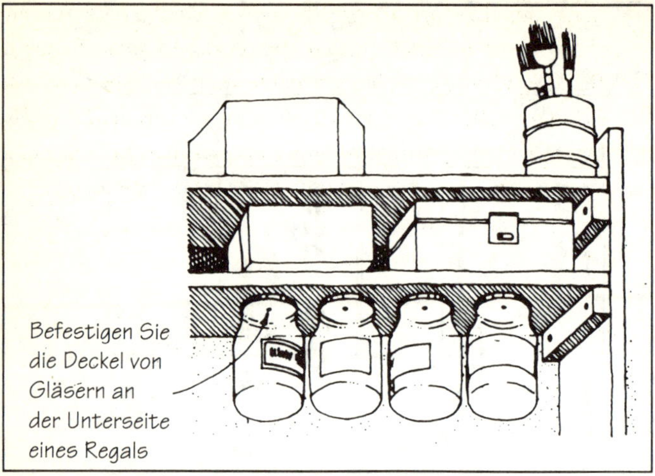

Optimale Ausnutzung von beschränktem Raum

darf. Bringen Sie für die Zeit, in der Sie an einem bestimmten Projekt arbeiten, an jedem Regalbrett ein abziehbares Etikett an, das Sie entfernen, wenn das Projekt abgeschlossen ist. Um bei der gleichzeitigen Arbeit an mehreren Projekten nicht den Überblick zu verlieren, fertigen Sie sich eine Liste der einzelnen Projekte an und vermerken eventuell dazugehörende Fristen und das Stadium, in dem sich die Arbeit befindet. Hängen Sie die Liste an die Wand oder an eine Anschlagtafel und aktualisieren Sie sie bei jeder Arbeitssitzung.

Die oben erwähnten Kunststoffkästen sind ideal für die Aufbewahrung künstlerischer Arbeiten geeignet – dafür sind sie ursprünglich ja auch gedacht. Konstruktionsprojekte sind größer und daher ein bißchen komplizierter. Ich schlage an der Wand montierte Regalbretter vor. Verwenden Sie für große Projekte die Regale in voller Länge, für kleinere Projekte unterteilen Sie sie vertikal in zwei Teile oder sogar in Drittel. Beschriften Sie die einzelnen Abteilungen auf abziehbaren Etiketten mit dem Namen des Projekts. Separate Behälter für die einzelnen Projekte sind ebenfalls eine gute Lösung; stellen Sie in diesem Fall in jeden Behälter einige kleine Kartons, um den Überblick über kleinere Gegenstände wie Scharniere oder Verbindungsstücke zu behalten.

16

Der effiziente Haushalt

Ein Mindestmaß an Ordnung im Haushalt – eine Voraussetzung für ein einigermaßen komfortables Leben – umfaßt eine einigermaßen saubere Wohnumgebung, einfache Systeme für Dinge wie Einkaufen, Kochen, Besorgungen und Wäsche; dazu gehört auch ein Plan für die Aufteilung dieser Arbeiten auf die einzelnen Familienmitglieder; dies gilt für Familien mit Kindern wie auch für Paare ohne Kinder.

Aufgabenteilung: ihr Schlüssel zu einem geordneten Haushalt

Die Haushaltsführung ist nicht länger ausschließlich Frauensache. »Frag doch Mammi!« ist heute, Ende des zwanzigsten Jahrhunderts, keine akzeptable (oder auch nur praktische) Antwort auf Fragen wie: »Wohin gehören die Messer?« – »Wo sind meine sauberen Hemden?« oder »Was gibt es heute zu essen?« Das Traumbild der »Superhausfrau« gehört endgültig der Vergangenheit an.

Schlüsselelemente für einen harmonisch funktionierenden Haushalt sind die aus der Wirtschaft stammenden Konzepte des Delegierens und der Aufgabenteilung, die sich nahtlos auf den Haushaltsbereich übertragen lassen. Die überwältigende Mehrheit aller Ordnungsfragen, die auf die eine oder andere Weise konfliktträchtig sind, läßt sich durch die umsichtige und respektvolle Anwendung von Delegierungstechniken lösen.

Wenn man eingefahrene Vorgangsweisen von Grund auf umkrempelt, so ist dies fast immer mit Unannehmlichkeiten und Konflikten verbunden, weil die scheinbar ausschließlich praktischen Themen tieferliegende Problematiken verdecken, die mit Wünschen, Hoffnungen und Erwartungen zu tun haben.

In Kapitel 5 haben wir von Gretta und Tom gesprochen, die große Schwierigkeiten hatten, weil der Haushalt nicht in Ordnung war, wenn Tom am Ende seines Arbeitstages nach Hause kam. Die Betten waren nicht gemacht, es war nicht aufgeräumt, das Abendessen war niemals fertig, der ausgeschüttete Zucker auf dem Küchenboden war auch nach zwei Tagen noch nicht aufgekehrt usw. Gretta hatte ihrerseits das Gefühl, daß Tom ihre Berufstätigkeit nicht erst nahm, und verfiel in die Gewohnheit, ihm schnippisch hinzuwerfen: »Wenn sie dich bei IBM die Böden wischen lassen, bevor du nach Hause gehen kannst, dann kannst du mich von mir aus anbrüllen, weil ich den Küchenboden nicht aufgewischt habe.«

Das Leben war bereits ziemlich ungemütlich geworden. In Wirklichkeit waren natürlich beide im Recht. Tom nahm Grettas Arbeit nicht ernst genug. Gretta nahm ihrerseits Toms legitime Erwartung nicht ernst, beim Nachhausekommen ein sauberes, gemütliches Heim vorzufinden. Was um alles in der Welt war zu tun?

Sie gingen folgendermaßen vor: Eines Abends bestellten sie einen Babysitter für ihre acht und zehn Jahre alten Töchter und gingen aus zu einem langen, gemütlichen Arbeitsabendessen – beide mit einem gelben linierten Notizblock ausgerüstet. Sie hatten sich ihr Pensum in drei Schritte aufgeteilt: erstens ein allgemeines Gespräch darüber, wie sie sich fühlten und welche Erwartungen sie in den anderen setzten; zweitens die Erstellung einer Liste ihrer einzelnen Fragen und Sorgen und drittens die Ausarbeitung konkreter Lösungen.

Im Eröffnungsgespräch stellten sie einander viele Fragen über ihre familiären Hintergründe, über Kindheitserfahrungen und ähnliches mehr. Gretta hörte zum ersten Mal, daß Tom sich über den schlampigen Haushalt nicht nur ärgerte, sondern daß er sich dadurch tiefgehend verletzt und betrogen fühlte. Seine Mutter war Hausfrau gewesen, ihr Heim war immer makellos sauber, alles lief wie am Schnürchen. Grettas nachlässige Einstellung war für ihn dagegen ein Zeichen mangelnder Zuneigung ihm und der Familie gegenüber.

Tom hörte seinerseits zum ersten Mal, daß Gretta im tiefsten Inneren unsicher war, was die Professionalität ihrer Berufstätigkeit betraf, vor allem nun, da sie ohne das vertraute Umfeld ihrer Büroumgebung auskommen mußte, die ihrer beruflichen Tätigkeit immer einen gewissen offiziellen Charakter und Gewicht verliehen hatte. Aus diesem Grund war Toms offensichtliche Geringschätzung ihrer Arbeit Wasser auf die Mühlen ihrer eigenen Unsicherheit, und das war auch einer der Gründe dafür, daß sie so wütend wurde. Außerdem waren Grettas und Toms familiäre Hintergründe durchaus ähnlich gewesen, und sie hatte in bestimmtem Maße das Gefühl, daß sie ihren Pflichten als Hausfrau nicht in ausreichendem Maß nachkam. Die Schuldgefühle, die sie deswegen hatte, machten sie nur noch wütender.

Es stellte sich heraus, daß dieses Gespräch zu einer der intimsten Unterhaltungen wurde, die Gretta und Tom in letzter Zeit geführt hatten.

Da sie nun die Gefühle, Meinungen und Erwartungshaltungen des anderen bis zu einem gewissen Grad verstanden, zeichneten sie auf dem gelben linierten Notizblock eine Tabelle mit drei Spalten, die sie mit »Ideal«, »Akzeptabel« und »Inakzeptabel« betitelten. Dann arbeiteten sie der Reihe nach all die offenen Fragen durch, die zwischen ihnen standen.

Ein heiß umkämpftes Thema war zum Beispiel »Abendessen auf dem Tisch«. Toms Wunschvorstellung war, daß es schon fertig auf dem Tisch stehen sollte, wenn er um 18.30 Uhr zur Tür hereinkam. So war es auch bei seinem Vater gewesen. Also trugen sie in die Spalte »Ideal« »Abendessen um 18.30 Uhr« ein. Der nächste Schritt bestand darin, einen Blick auf die praktischen Grenzen und Beschränkungen zu werfen, die diesem Ideal im Wege standen. Das wichtigste Hindernis war, daß Gretta sich die

Zeit zwischen 17 und 18 Uhr für Klienten freihalten mußte, die sie nach der Arbeit konsultieren wollten.
Also war Abendessen um 18.30 Uhr nicht realistisch; um 19.30 Uhr, also eine Stunde, nachdem Tom nach Hause kam, konnte es jedoch fertig sein. Unakzeptabel war »Abendessen nach 19.30 Uhr«.
Wunderbar. Also jetzt ein paar Lösungsvorschläge. Um die Fertigstellung des Abendessens bis 19.30 Uhr in einer Weise zu ermöglichen, daß sich keiner der Partner überlastet fühlte, arbeiteten sie folgenden Plan aus: Tom und Gretta kamen überein, an jedem Wochenende drei Stunden zu reservieren, in denen sie gemeinsam Eintöpfe und andere Gerichte kochen wollten, die sich einfrieren ließen. Grettas Aufgabe war es, jeden Abend, wenn Tom nach Hause kam, das Gericht in den Ofen zu schieben und den Rest der Mahlzeit zuzubereiten, während Tom für den Salat zuständig war und nach dem Essen den Tisch abräumen würde.
Diese Lösung erwies sich als sehr praktikabel.
Die Haupttechniken, die am ehesten einen Beitrag zur Lösung organisatorischer Probleme leisten können, sind Effizienztechniken und Delegieren. Effizienztechniken werden weiter hinten in diesem Kapitel besprochen. In diesem Abschnitt gehen wir zunächst näher auf die Technik des Delegierens ein; hierzu gehören sowohl das Delegieren innerhalb und außerhalb der Familie als auch kooperative Zusammenarbeit. Wir werden auch besprechen, wie man zeitliche und finanzielle Beschränkungen realistisch bewältigen und trotz dieser Hindernisse seine Aufgaben zeitgerecht, zeitsparend und bequem erledigen kann.

Der Aufgabenplan: Die Aufteilung der Arbeit

Ob nun ein oder beide Elternteile arbeiten, sei es aus finanziellen Motiven oder aus Gründen der Selbstverwirklichung – die Berufstätigkeit der Eltern hat den Nebeneffekt, daß sie den Kindern die Chance bietet, einen echten Beitrag zum Wohlergehen der Familie zu leisten. Viele Kinder möchten positiv am Funktionieren des Familienlebens mitwirken. Denken wir nur an ein drei- oder vierjähriges Kind, dem es Freude macht und das stolz wie ein Schneekönig ist, wenn es das schmutzige Geschirr abräumen, beim Kochen helfen oder den Geschirrspüler einräumen darf. Das Kind ist stolz, weil es die Aufgabe als Herausforderung und Gelegenheit zur Selbstbestätigung betrachtet und nicht als Anlaß für wütendes Gebrüll.

Problematisch wird es allerdings, wenn die Eltern beginnen, das Kind herumzukommandieren und es zu behandeln, als ob es ein Sklave wäre. Der Schlüssel für eine gute Zusammenarbeit zwischen Eltern und Kindern besteht darin, den Kindern bestimmte Aufgaben mit klar umrissenen Verantwortlichkeiten zuzuweisen und sie ihre Arbeit tun zu lassen, ohne sie dabei dauernd zu überwachen.

Einer der Gründe für das häufige grimmige Tauziehen, die wir ausmachen konnten, liegt in der Tatsache, daß die Kinder in vielen Fällen nicht als ernstzunehmende Mitglieder der familiären Einheit anerkannt werden. Natürlich können sie eine Menge Lärm machen, aber das macht sie noch nicht zu vollwertigen Familienmitgliedern. In einem funktionierenden Aufgabenteilungsplan müssen die Kinder vielleicht nicht als gleichgestellte, jedenfalls aber als an den Entscheidungen beteiligte Mitglieder anerkannt werden. Es ist von entscheidender Bedeutung, daß die Kinder nicht nur am Entscheidungsfindungsprozeß, sondern auch an der Lösung teilhaben. Wenn sie in diesen Prozeß mit einbezogen werden, leisten sie einen Beitrag zum geregelten und harmonischen Funktionieren der Familie und tragen auch Verantwortung.

Unterbreiten Sie Ihre Vorschläge dem Familienrat und weisen Sie darauf hin, daß ein gut geführter Haushalt im Interesse aller Mitglieder liegt. Legen Sie zuerst fest, inwieweit jedes Kind für sein Zimmer und seine Besitztümer verantwortlich ist. Ein Kleinkind von zwei oder drei Jahren kann sein Spielzeug selbst in Ordnung bringen, wenn das Zimmer seiner Größe entsprechend eingerichtet ist (siehe Seite 349). Ein Vierjähriger kann schon recht gut abstauben und das Bett machen, eine Sechsjährige kann den Boden fegen, und mit acht oder neun Jahren kann ein Kind auch staubsaugen und den Boden wischen. Auf Seite 353 finden Sie einige Tips, wie Sie Ihr Kind zur Selbständigkeit anregen können.

Fertigen Sie dann eine Liste aller Aufgaben an und unterteilen Sie umfangreichere in ihre Komponenten. Entscheiden Sie gemeinsam, wie die Arbeiten delegiert und verteilt werden sollen. Wenn die Familienmitglieder an der Entscheidung beteiligt sind, haben sie eine positivere Einstellung zu den ihnen übertragenen Aufgaben. Eine Methode, die Arbeitsteilung in der Familie zu organisieren, ist die Einführung eines Punktesystems. Handeln Sie für jede Aufgabe je nach Häufigkeit, Dauer und Schwierigkeitsgrad eine wöchentliche Punktezahl aus. Das von der Sängerin Peggy Lennon empfohlene Punktesystem funktioniert bestens. Jedes Familienmitglied, auch die Eltern, verpflichtet sich, jede Woche eine bestimmte Anzahl von Punkten zu übernehmen, je nach individuellen Fähigkeiten und fixen zeitlichen Gegebenheiten.

Machen Sie ein Spiel daraus! Schneiden Sie sich zu diesem Zweck Chips aus Karton zurecht. Schreiben Sie die wöchentliche Punktezahl der Arbeit auf eine Seite des Chips und die Arbeit selbst auf die andere. Einmal pro Woche werden die Chips mit der Punkteseite nach oben aufgelegt. Jedes Familienmitglied zieht nun die vereinbarte Punktezahl, ohne zu wissen, um welche Aufgaben es sich handelt. Am Wochenende werden die Chips für die nächste Ziehung wieder in das Chipsgefäß zurückgelegt. Um zu verhindern, daß ein kleines Kind eine zu schwierige Aufgabe zieht, nehmen Sie für die leichteren Aufgaben einen andersfarbigen Karton.

Punktewert	Aufgabe
5	Sonderprojekte: Schrank, Garage, Keller aufräumen
4	Zeitaufwendige Aufgaben: Staubsaugen, eine Mahlzeit zubereiten
3	Einfache Aufgaben: Abstauben

Multiplizieren Sie den Punktewert mit:	3	für täglich anfallende Arbeiten
	2	für Arbeiten, die zweimal pro Woche zu erledigen sind
	1	für einmal wöchentlich anfallende Arbeiten

Wenn Ihnen das Ausschneiden der Chips zu mühsam ist, sorgen Sie dafür, daß sich alle Familienmitglieder jede Woche zur Übernahme einer Punktezahl verpflichten, die ihrer festgesetzten wöchentlichen Quote entspricht. Lassen Sie die weniger beliebten Aufgaben rotieren. Wenn ein Kind eine bestimmte Aufgabe besonders gern erledigt, überlassen Sie sie ihm permanent.
Wenn Sie wollen, können Sie auch eine Aufgabentabelle erstellen, in der die einzelnen Aufgaben ausgestrichen werden, sobald sie erledigt sind.
Gleichgültig, wie die Arbeiten verteilt sind: Geben Sie die Tageszeit genau an, bis zu der sie erledigt sein müssen – entweder vor der Schule, direkt nach der Schule oder bis zum Abendessen. Der Abend sollte nicht durch unerledigte Aufgaben getrübt sein.
Um mit all dem Krimskrams fertig zu werden, den die einzelnen Familienmitglieder immer wieder herumliegen lassen, sind oft strenge Maßnahmen nötig. Stellen Sie eine Familienregel auf, derzufolge die Sachen nach spätestens 24 Stunden weggeräumt sein müssen. Terry schloß Habseligkeiten, die nach 24 Stunden immer noch herumlagen, einfach weg. Die Familienmitglieder

mußten dann darum bitten, ihre liegengelassenen Siebensachen wieder ausgehändigt zu bekommen, und wer besonders nachlässig gewesen war, lief Gefahr, seine Sachen zwei Tage oder länger nicht zurückzubekommen.

Ein Tip für Paare

Ehepaare, die Probleme bei der wöchentlichen Verteilung der Haushaltsaufgaben haben, können ein weniger kompliziertes Zuteilungssystem verwenden. Der Schlüssel besteht darin, die Schwierigkeiten, mit denen zwei Menschen allein durch die Tatsache, daß sie miteinander leben, konfrontiert sind, nicht als Arena für einen Machtkampf zu betrachten, sondern als reelle Probleme. Eines der häufigsten Probleme ist ein unterschiedlich ausgeprägtes Ordentlichkeitsbedürfnis; im Normalfall, aber nicht immer, ist die Frau der ordentlichere Teil. Ein Ehemann läßt zum Beispiel seine Hemden dort fallen, wo er sie auszieht, wie seine Frau sagt. Notieren Sie in einem solchen Fall, wo der Betreffende tatsächlich steht, wenn er sich auszieht. Stellen Sie an dieser Stelle einen »Ablagestuhl« auf (Seite 244-245), so daß wenigstens alle fallengelassenen Dinge an einem Ort liegen und nicht im ganzen Zimmer verstreut werden.
Wenn das nicht funktioniert, handeln Sie einen *Quid pro Quo*-Deal aus. Sie räumen die Kleidungsstücke Ihres Mannes weg, aber er muß dafür eine Gegenleistung erbringen, etwa indem er jede Woche Ihr Auto wäscht.
Ehemänner dazu zu bewegen, sich an der Hausarbeit zu beteiligen, ist vielleicht ein etwas sensibles Thema. Sprechen Sie darüber, welche Haushaltsarbeiten Sie jeweils am meisten hassen und versuchen Sie, sie dementsprechend zu verteilen. Respektieren Sie die Eigenheiten Ihres Partners. Manchen Männern macht es vielleicht nichts aus, Essensreste von Tellern zu kratzen, dagegen weigern sie sich beharrlich, das Geschirr in den Geschirrspüler zu stellen. Wenn das bei Ihrem Mann so ist, schicken

Sie ihn statt zu streiten lieber nach oben, damit er die Kinder zu Bett bringt.
Zusammenfassend ist zu sagen: Immer, wenn ein Partner zur Unordnung tendiert, sollte das Paar versuchen, ernsthaftem Ärger von vornherein aus dem Weg zu gehen, indem es sich auf ein Arrangement einigt, das der verärgerten Partei irgendeinen Vorteil als Ausgleich für das jeweilige Ärgernisses zubilligt. Seien Sie nicht starrköpfig und verbarrikadieren Sie sich nicht hinter Prinzipien.

Der einfache Weg

Putzen

Putzen kann eine bis zu einem gewissen Grad befriedigende Tätigkeit sein. Es nimmt einen in Anspruch, ohne besondere Anforderungen an die geistige Präsenz zu stellen, man ist dabei in Bewegung, und im Gegensatz zu vielen anderen Arbeiten in unserer komplizierten Welt gibt es einem das klare und eindeutige Gefühl, etwas geleistet zu haben.
Der wichtigste Schritt besteht darin, sich einen Putzplan zurechtzulegen, den man strikt einhält. Beginnen Sie, indem Sie eine beliebige Stunde des Tages festlegen – je nach Energiepegel entweder früh am Morgen oder später, eventuell erst nach der Arbeit. Die Stunde sollte wie folgt strukturiert sein:

1. Ebene
Dabei handelt es sich um die Arbeiten, die jeden Tag erledigt werden müssen: Betten machen, Geschirr spülen, aufräumen, etwas abstauben und den Müll hinaustragen. Listen Sie diese Arbeiten und die jeweils dafür benötigte Zeit auf einem Blatt Papier auf. Ziehen Sie die Zeit ab, die Sie am Telefon verbringen oder in der Sie durch andere Dinge unterbrochen werden.
Die Ebene 1-Aufgaben sollten in einem Haushalt mit einem

Schlafzimmer nicht mehr als eine halbe Stunde in Anspruch nehmen. Geben Sie für jedes zusätzliche Schlafzimmer zehn Minuten zu, und weitere zehn Minuten, wenn sich Ihr Haushalt auf zwei Etagen erstreckt. Wenn Ihnen diese Zeit zu kurz erscheint, analysieren Sie, wie Sie Ihren Arbeitsablauf rationalisieren können:

1. Versucht eine Person, einen zu großen Teil der Arbeiten allein zu bewältigen? Sollten die Kinder zum Beispiel ihre Betten selbst machen und ihre Spielsachen aufräumen?
2. Sind die erforderlichen Hilfsmittel und Geräte unmittelbar verfügbar, entweder in mobilen Wägelchen oder an strategisch günstigen Aufbewahrungsorten?
3. Wie gehen Sie mit Unterbrechungen um (siehe Seite 119)? Lassen Sie sich ablenken?

Es folgen einige Tips, wie Sie mit den einzelnen Ebene 1-Arbeiten am besten fertig werden:

- *Aufräumen.* Wie ordentlich Ihr Haushalt auch immer sein mag, bestimmte Aktivitäten ziehen einfach eine Spur der Unordnung nach sich. Verstauen Sie alle herumliegenden Siebensachen in einer leeren Schublade, einem Schrank, Regalfach oder Korb, so daß aller Krimskrams einen gemeinsamen Aufbewahrungsort hat. Jedes Familienmitglied, dessen Auge auf einen herumliegenden Gegenstand fällt, sollte ihn zu diesen Dingen legen, die dann später sortiert werden. Stellen Sie eine kleine Schachtel für kleine Gegenstände wie Schlüssel und Schmuckstücke auf.
  Wenn Ihr Haus zwei Etagen hat, stellen Sie am oberen und unteren Ende der Treppe jeweils einen Korb auf, in den die Dinge gelegt werden, die nach oben oder unten gebracht werden sollen.
  Es ist im übrigen immer eine gute Idee, auf dem Weg von

einem Raum in den anderen die Dinge mitzunehmen, die dorthin gehören.

Wenn die Unordnung schlimmere Formen annimmt, zum Beispiel, wenn Sie am letzten Abend Gäste hatten, räumen Sie am besten »im Uhrzeigersinn« auf. Das geht so: Suchen Sie sich irgendwo am Rand des Raumes einen Ausgangspunkt, den Sie als »12 Uhr-Punkt« betrachten. Räumen Sie dort vollständig auf, gehen Sie zu »1 Uhr« über und immer so weiter. Zum Schluß räumen Sie in der Mitte des Zimmers auf. Es ist günstig, ein fahrbares Wägelchen bei sich zu haben, auf das man die Dinge legt, die in ein anderes Zimmer gehören. Dadurch erspart man sich das viele Hin- und Hergehen.

2. Ebene

Dabei handelt es sich um die Arbeiten, die etwa zweimal pro Woche erledigt werden müssen. Dazu gehört Staubsaugen, Blumen gießen, Badezimmer putzen und Fußböden aufwischen. Listen Sie alle Ebene 2-Aufgaben auf und arbeiten Sie sie in einer beliebigen Reihenfolge ab, aber investieren Sie immer nur eine halbe Stunde auf einmal. Setzen Sie am nächsten Tag dort fort, wo Sie aufgehört haben, und arbeiten Sie wieder eine halbe Stunde. Wenn Sie mit Ihrer Sequenz einmal durch sind, beginnen Sie wieder von vorne. Machen Sie das eine Woche lang und notieren Sie, wie oft Sie die einzelnen Aufgaben ausgeführt haben. Wenn Sie auf etwa zweimal wöchentlich gekommen sind, gut; alles darüber ist jedoch zuviel des Guten. Verkürzen Sie die Zeit, die Sie in Ebene 2-Aufgaben investieren, schrittweise, bis das Soll von zweimal pro Woche erreicht ist.

Es folgen einige Tips, die Ihnen diese Arbeiten erleichtern:

- *Staubsaugen.* Vielleicht finden Sie es praktisch, zwei Staubsauger zu verwenden: einen kleinen für das wöchentliche Routinesaugen und einen großen, leistungsstarken für das monatliche Großreinemachen. Wenn Mitglieder Ihrer Familie allergisch gegen Staub, Fusseln oder Haare von Haustieren sind, überlegen Sie, ob Sie einen der leistungsstarken eingebauten Staubsauger anschaffen sollten, die den Staub durch in der Wand verlegte Rohre in einen draußen aufgestellten Container saugen, der etwa alle sechs Wochen entleert wird. Ein großes Plus, was die Effizienz betrifft, ist dabei die Tatsache, daß man den lästigen Staubbehälter nicht mehr hinter sich herzuziehen braucht. Rufen sie eine Staubsaugerfirma in Ihrer Nähe an.

Saugen Sie immer, bevor Sie abstauben, weil sich der vom Staubsauger aufgewirbelte Staub sonst vielleicht wieder auf den Möbeln ablagert, die gerade abgestaubt wurden.

- *Blumen gießen.* Hier können Sie Zeit sparen, indem Sie sich ausschließlich Pflanzen halten, die nur zweimal wöchentlich gegossen werden müssen. Wenn Sie sich jedoch nicht in dieser Weise beschränken wollen, können Sie farbige Punkte an den Blumentöpfen befestigen, die Ihnen sagen, wie oft die einzelnen Pflanzen gegossen werden müssen: ein gelber Sticker für täglich gießen, ein blauer für einmal wöchentlich, und so weiter. Dann können Sie versuchen, Pflanzen mit ähnlichem Wasserbedarf in Gruppen zusammenzustellen, soweit sich dies mit ihrem jeweiligen Lichtbedarf vereinbaren läßt. Große Gießkannen und Sprühflaschen bewahren Sie am besten in der Küche auf, und wenn Sie auch in der ersten Etage oder in anderen Bereichen des Hauses Pflanzen stehen haben, sollten diese Utensilien auch im Badezimmer bereitstehen.

Versuchen Sie es einmal mit einem Bewässerungssystem, wie man es normalerweise verwendet, wenn man verreist. Dabei handelt es sich um wassergefüllte Vorratsbehälter, die in die Erde gesteckt werden und die Pflanze bis zu drei Wochen lang mit Wasser versorgen. Dadurch kann man die Gießzeit beträchtlich verkürzen, und ich habe mir sagen lassen, daß Pflanzen, die konstante Feuchtigkeit brauchen, mit diesem System gut gedeihen.

- *Badezimmer.* Hängen Sie direkt über dem Waschbecken einen Schwamm an einen Haken. Bitten Sie die übrigen Familienmitglieder, das Waschbecken nach jeder Benutzung abzuwischen.
  Wenn Sie häufig Wannenbäder nehmen, verwenden Sie Badesalze, die den »Badewannenring« auflösen. Wenn Sie duschen, können Sie die Rückstände gering halten, indem Sie darauf achten, daß der Abfluß nicht verstopft ist.
  Bringen Sie Toilettenreiniger an, die die WC-Schüssel immer sauber halten.

3. und 4. Ebene

Arbeiten der 3. Ebene gehören der Kategorie »Tiefenreinigung« an, die einmal pro Woche stattfindet: Böden aufwaschen, Möbel reinigen und einlassen, Wände und Holzflächen putzen, Lebensmittel einkaufen, Besorgungen machen und Wäsche waschen. Mit diesen Dingen können Sie auf verschiedene Weise fertig werden: Reservieren Sie sich mehrere Stunden pro Woche, damit Sie alle Aufgaben auf einmal erledigen können. Der Samstagmorgen eignet sich besonders gut dafür. Nehmen Sie eine Ebene 3-Arbeit in Ihren täglichen Putzplan auf, oder, falls nötig, in die »Zu erledigen«-Liste für den nächsten Tag.

Ebene 4-Arbeiten gehören zu den Spezialprojekten: Fenster und Herd putzen, Kühlschrank abtauen, Silberbesteck polieren und so weiter. Reservieren sie sich für diese Dinge entweder fixe zwei Stunden pro Woche oder nehmen Sie sie dann in die Tagesliste auf, wenn sie erledigt werden müssen.

Nachdem Sie experimentiert und ihre Arbeitsabläufe gestrafft haben, können Sie darangehen, einen endgültigen Putzkalender zu erstellen, wie im nachstehenden Beispiel gezeigt:

Was	Wann	Was	Wer
1. Ebene	Betten machen, Geschirr spülen Aufräumen, Abstauben, Müll hinaustragen.	eine halbe Stunde täglich, jeden Tag	Listen Sie auf, welche Familienmitglieder wofür zuständig sind
2. Ebene	Staubsaugen, Blumen gießen, Badezimmer wischen, Böden kehren, Böden aufwischen.	eine halbe Stunde einige Tage lang	
3. Ebene	Möbel polieren, Wände und Holzflächen, Lebensmittel einkaufen, Besorgungen machen, Wäsche waschen.	Samstagmorgen	
4. Ebene	Spezialprojekte.	auf Tagesliste, falls erforderlich	

Die Planung der Mahlzeiten

Es sollte eigentlich genügen, einmal pro Woche einen Menüplan zu erstellen. Vergessen Sie nicht, daß Sie für diese Dinge nicht allein verantwortlich sind! Durchforsten Sie Ihre lokale Tageszeitung nach Sonderangeboten. Notieren Sie beim Planen der Mahlzeiten alle Zutaten, die Sie nicht vorrätig haben.
Die Erstellung des wöchentlichen Speiseplans und der Einkaufsliste nimmt etwa eine Stunde in Anspruch; Sie können die Zeit aber ganz einfach auf rund zehn oder fünfzehn Minuten reduzieren, und zwar indem Sie Menükarten schreiben. Wählen Sie aus Ihren Lieblingsrezepten zwanzig bis dreißig einfach zuzubereitende Hauptspeisen aus. Schreiben Sie jedes Rezept auf eine

kleine Indexkarte und notieren Sie alle Zutaten, die Sie eventuell in einem Spezialitätengeschäft kaufen müssen. Dann sammeln Sie etwa dreißig Rezepte für Beilagen und Desserts und bewahren alle Karten in einer Schachtel auf. Nun können sie jede Woche die nötige Zahl von Hauptgerichten wählen und sie nach Lust und Laune mit Beilagen und Desserts kombinieren. Fertig sind Ihre Menüs! Notieren Sie, ob Ihnen irgendwelche Zutaten oder sonstige Dinge wie Salatsaucen, Brot oder Getränke fehlen, und dann auf in den Supermarkt.

Für berufstätige Menschen bieten sich Lebensmittelgeschäfte an, die telefonische Bestellungen entgegennehmen; man holt die Waren dann später ab, oder sie werden zugestellt. Mit Hilfe einer in Kategorien unterteilten Lebensmittel-Einkaufsliste können Sie bei den Einkäufen, die Sie selbst erledigen, viel Zeit sparen. Schreiben Sie auf ein großes Blatt Papier die folgenden Kategorien und lassen Sie zwischen den einzelnen Sparten ein bißchen Platz frei:

- Milchprodukte,
- Obst- und Gemüsekonserven, Säfte,
- Frisches Obst und Gemüse,
- Frischfleisch und Fisch,
- Tiefkühlwaren,
- Brot und Backwaren,
- Gewürze und Würzmittel,
- Haushaltswaren,
- andere Kategorien: Tierfutter, etc.

Orientieren Sie sich bei der Anordnung der Kategorien Ihrer Generalliste an der Route, die sie für gewöhnlich im Supermarkt nehmen. Wenn Sie als erstes zum Frischfleisch kommen, steht Fleisch auf Ihrer Einkaufsliste an erster Stelle.

Machen Sie mit Ihrer Liste einen Testeinkauf im Supermarkt, und nehmen Sie eventuell Veränderungen vor. Danach kopieren Sie die Liste, legen die Blätter übereinander und bohren seitlich oben ein Loch, durch das Sie einen Bindfaden ziehen. Auf diese Weise können Sie die Liste an einen Haken an einem gut zugänglichen Ort in der Küche hängen. Wenn Sie bemerken, daß die Vorräte an einem bestimmten Lebensmittel zur Neige gehen, tragen Sie es sofort in die Einkaufsliste ein. Bei der Erstellung Ihres wöchentlichen Speiseplans tragen Sie alles übrige ein.

Es gibt noch eine weitere Möglichkeit, das Einkaufen zu rationalisieren. Legen Sie die Waren im Supermarkt in Gruppen auf das Band, so wie Sie sie zu Hause auch einordnen: alle Tiefkühlwaren gemeinsam, alle Konservendosen usw. Beim Einpacken gerät vielleicht alles ein bißchen durcheinander, aber im großen und ganzen klappt es schon. Es ist erstaunlich, wie sehr das Auspacken und Wegräumen zu Hause durch diese einfache Maßnahme erleichtert wird.

Für den Fall, daß Sie kein Kochgenie sind, gebe ich Ihnen hier einige kleine Tips, wie Sie sich und Ihre Familie mit nahrhaften, schnellen Mahlzeiten versorgen können:

- Kochen Sie Eintöpfe und Schmorgerichte im voraus oder verpacken Sie die Zutaten gemeinsam – für jede Mahlzeit extra – und frieren Sie sie ein. (Reste sollten in speziellen Behältern eingefroren werden, die man direkt in den Ofen oder Mikrowellenherd stellt, um auf diese Weise ein schnelles Mittagessen oder einen Snack für die Kinder zuzubereiten, wenn sie aus der Schule kommen). Kennzeichnen Sie die einzelnen Pakete mit Tiefkühletiketten und legen Sie die Pakete, die schon längere Zeit eingefroren sind, immer nach vorne. Besorgen Sie sich Töpfe für größere Quantitäten und achten Sie darauf, daß Sie genügend Tiefkühlbehälter haben. Man braucht viel weniger Geschirr abzuwaschen, wenn man das Essen in ein und demselben Gefäß kocht, tiefkühlt und zu Tisch bringt.
- Planen Sie Ihr Menü rund um ein Fast Food-Hauptgericht wie

Grillhähnchen oder Fischstäbchen. Werten Sie das Essen mit einer Beilage und Salat auf, und fertig ist ein köstliches, schnelles Essen!

- Planen Sie eine Mahlzeit, für die Sie eine Menge Gemüse schneiden müssen? Wenn Sie in einer Stadt leben und es in Ihrer Nähe ein Gemüsegeschäft mit einer Salatbar gibt, dann können Sie viel Zeit sparen, wenn Sie dort gleich vorgeschnittenes Gemüse kaufen.
- In größeren Städten gibt es viele Restaurants (nicht nur China-Restaurants), in denen es richtige Mahlzeiten zum Mitnehmen gibt, die auf Wunsch auch zugestellt werden. Sie können die Speisen auch vorbestellen und sie auf dem Nachhauseweg mitnehmen. So kann man zum Beispiel ein Hauptgericht bei einem Catering-Laden bestellen und zu Hause eine Gemüsebeilage und Salat zubereiten. Noch ein bißchen Gebäck, und das Abendessen ist fertig.

Einkaufen

Wenn Sie ungern Kleidung einkaufen, ist es eine gute Idee, den Kleidungskauf in einem Warenhaus zu planen, das die größte Auswahl in der Stilrichtung hat, die Ihnen gefällt. Wenn Sie das Einkaufen auf diese Weise konzentrieren, können Sie eine Menge Zeit sparen. Wenn es Ihnen schwerfällt, Entscheidungen zu treffen, haben Sie den zusätzlichen Vorteil, daß Sie nicht so viele Wahlmöglichkeiten haben. Sehr günstig ist es, wenn Sie sich immer von demselben Verkäufer oder derselben Verkäuferin beraten lassen, so daß er/sie mit der Zeit mit Ihrer Stilrichtung und Ihrem Geschmack vertraut wird. Wenn Sie einkaufen gehen, nehmen Sie eine Liste der Dinge mit, die Sie kaufen wollen – wichtige Stücke und Zubehör. Eine meiner Bekannten stellt sich beim Zusammenstellen ihrer Einkaufsliste Situationen vor, die sich in der folgenden Saison ergeben werden: ein Geschäftsmeeting, eine Cocktailparty usw. Dann sieht sie in ihrem Kleiderschrank nach, ob es in ihrer bestehenden Garderobe ein Stück gibt, das als »Kernstück« dienen könnte. Zum Einkaufen nimmt sie das betreffende Kleidungsstück und eine Liste der Sachen mit, die sie als Ergänzung kaufen möchte. Dieses System ist nicht nur zeitsparend, sondern es hilft einem auch aus dem Dilemma, daß man einen Schrank voller Kleider und doch nichts anzuziehen hat.

Versuchen Sie, das »ernsthafte« Einkaufen auf eine oder zwei Einkaufstouren im Frühling und Herbst zu beschränken und in den übrigen Monaten nur »Füllstücke« zu kaufen. Sie können diese Einkaufstouren noch effektiver gestalten, wenn Sie sich alle Geburtstage notieren, die in der bevorstehenden Saison anfallen und die Geschenke und die dazugehörigen Geburtstagskarten bereits im voraus besorgen. Kennzeichnen Sie die im voraus gekauften Geschenke, indem Sie die Initialen des Empfängers in eine unauffällige Ecke schreiben.

Die Kontrolle der Lagerbestände

Lagerbestände

Unsere Mütter hatten immer Vorräte an Seife, Zahnpaste und Putzmitteln auf Lager. Unsere Generation hat die Lust an der Vorratshaltung ein bißchen verloren, vor allem deshalb, weil wir nicht mehr über so viel Stauraum verfügen wie unsere Mütter. So kann es schon einmal passieren, daß uns Toilettenpapier oder Zahnpaste ausgehen.

Dieses Problem läßt sich auf zwei Arten lösen: Erstens, indem Sie sich genügend Stauraum suchen oder schaffen, um die Lagerbestände für einen oder zwei Monate unterzubringen. Sie müssen Ihre Vorräte ja nicht in einem einzigen Schrank verstauen, es sei denn, Ihre Wohnung wäre sehr klein. Für die meisten Wohnungen ist die Schaffung separater »Vorratsdepots« in der Nähe der Verwendungsorte der dort gelagerten Artikel günstiger. In einem solchen Depot in Küchennähe können Sie Ihre Vorräte an Geschirrspül- und Reinigungsmitteln, Bodentüchern, Schwämmen und allgemeinen Haushaltsartikeln aufbewahren. Wäschezubehör wie Wasch-, Vorwasch- und Bleichmittel sollten in der Nähe der Waschmaschine bzw. des Trockners gelagert werden. Im Badezimmerbereich sollten Artikel wie Reservezahnpaste, Toilettenpapier, verschiedene Toilettenartikel, Pflaster, Aspirin und ähnliche Dinge aufbewahrt werden.

Der Ort für das »Lagerdepot«, der ja nicht besonders oft benutzt wird (also unter Kategorie 4 fällt), kann ruhig ein bißchen abgelegen sein, er darf aber auch nicht allzu schwer erreichbar sein. Wenn in Ihrem Depotbereich bereits Schrank- oder Regalfachraum der Kategorie 4 verfügbar ist, brauchen Sie nicht länger zu suchen. Wenn nicht, stehen Ihnen verschiedene andere Möglichkeiten offen: Vielleicht gibt es in einem nahegelegenen Kleiderschrank ein oder zwei unbenutzte Regalfächer, oder eine zusätzliche Schublade in einer Kommode. Eine meiner Klientinnen bewahrte ihre Wäscheutensilien in einer hübschen Weidentruhe auf, die sie auch als Kaffeetisch verwendete. Eine andere Klientin verstaute ihre Badezimmerartikel in einer Wäschetasche aus Stoff, die an einem Haken im Schrank hing. Ein Karton auf dem Boden des Wäschekastens könnte ebenfalls als Behälter dienen. Wenn Sie ehrgeiziger sind, können Sie selbst Regale oder einen Schrank bauen – vielleicht unterhalb des Waschbeckens.

Sobald Sie Platz geschaffen haben, kaufen Sie einen Zweimonatsvorrat an Zahnpaste, Seife, Mundspülmittel, Deodorant, Reinigungsmittel, Toilettenpapier und allen anderen Dingen, die Sie regelmäßig benötigen.

Um stets den Überblick über Ihre Bestände zu behalten, hängen Sie einen Schreibblock und einen Stift an die Tür oder Wand jedes Lagerdepots. Jedesmal, wenn ein bestimmter Artikel knapp zu werden beginnt (warten Sie nicht, bis er Ihnen völlig ausgegangen ist), machen Sie sich eine Notiz auf dem Block. Wenn Sie das nächste Mal zum Supermarkt gehen, sammeln Sie die verschiedenen Blätter ein und füllen Sie Ihre Lagerbestände auf.

Auf diese Weise werden Ihnen die Haushaltsartikel nie ausgehen, und außerdem haben Sie so eher Gelegenheit, Mengenrabatte und Sonderangebote zu nützen.

Wäsche

Wenn der Wäscheschrank so groß ist, daß Sie sowohl Handtücher als auch Bettwäsche bequem darin unterbringen, ist dies die günstigste Lösung. Falls nicht, bewahren Sie die Bettwäsche im Wäscheschrank und die Handtücher an einem anderen Ort auf. Wenn der Platz im Wäscheschrank selbst nicht ausreicht oder wenn Sie gar keinen Wäscheschrank haben, schaffen Sie sich mit Hilfe der auf den Seiten 219-221 und 342 besprochenen Techniken den erforderlichen Raum.

Unterteilen Sie die Bettwäsche nach Typ und nach Größe: Dekken, Kissen, Laken, Einzel- oder Doppelbett. Das Sortieren läßt sich sehr vereinfachen, wenn man bestimmte Kategorien in bestimmten Farben und Mustern hält. So könnten Sie beispielsweise für alle Doppelbettlaken Weiß wählen, für alle Einzelbettlaken Blau, und bei den Decken- und Kissenbezügen entscheiden Sie sich für ein gestreiftes Dekor, oder was immer Ihnen am besten gefällt. Manche Menschen, vor allem Kinder, wachen eifersüchtig über »ihre« Bettwäsche. Besorgen Sie für diesen Fall genügend Bettwäsche für einen Dreiwochenbedarf, und zwar in so auffallenden Mustern, daß Sie sie auf einen Blick erkennen können.

Wenn Sie in Ihrem Wäscheschrank keinen Platz für Handtücher haben, können Sie sie vielleicht im Badezimmer aufbewahren. Eine meiner Klientinnen hängte ein hübsches Korbregal an die Badezimmerwand, in dem sie ihre ordentlich zusammengefalteten Handtücher aufbewahrte. Man kann auch ganz normale Plastikeimer mit dem Boden an die Badezimmertür nageln und darin zusammengerollte Handtücher aufbewahren. Oder wie wäre es mit einem niedrigen Schrank unterhalb des Waschbeckens oder einem einigermaßen leicht zugänglichen Regal in der Nähe?

Versuchen Sie immer, einen Dreiwochenbedarf an Handtüchern und Waschlappen parat zu haben, so daß es keine Katastrophe ist, wenn Sie einmal nicht zum Waschen kommen.
Wie Sie Ihre Handtücher auch immer aufbewahren, legen Sie die frisch gewaschenen immer zuunterst in den Stapel. Auf diese Weise können Sie vermeiden, daß die unten liegenden Handtücher muffig werden oder gar zu schimmeln beginnen.

Waschen

Sie können entweder einen fixen Waschtag festlegen oder in Ihrer Tagesliste »Waschen« eintragen, wenn die Vorräte an frischer Wäsche zur Neige zu gehen beginnen. Beide Methoden sind im Grunde gleichwertig; wählen Sie also jene, die Ihnen sympathischer ist.
Waschpläne für große Familien sind komplizierter, weil, wie eine meiner Klientinnen sagte, »sich die Wäsche für meinen Mann, unsere drei Kinder und mich zu dem sprichwörtlichen Berg auftürmen würde, wenn ich es dazu kommen ließe. Ich muß zumindest drei- oder viermal pro Woche waschen.« Für solche Fälle schlage ich vor, daß jedes Familienmitglied seinen eigenen Wäschekorb im Schlafzimmer oder im Badezimmer bekommt, und daß Sie dann nur die Wäsche aus einem oder zwei Körben waschen. Auf diese Weise brauchen Sie nicht die Wäsche aus allen Körben zusammenzutragen, sie dann zu sortieren und wieder auszuteilen – eine unnötige Zeit- und Energieverschwendung. Außerdem sollten Sie daran denken, daß Kinder ab dem Alter von etwa 10 Jahren selbst für ihre Wäsche sorgen können.
Einige stapelbare Wäschekörbe in dem Raum, in dem Sie waschen, sind eine sehr praktische Idee. Sortieren Sie die Kleidungsstücke nach verschiedenen Wäschetypen: weiß, bunt, 60°-Wäsche. Nach Ende der einzelnen Wasch- und Trockendurchgänge sortieren Sie sie zum Zusammenlegen wieder in die Körbe, und zwar nach den Räumen oder Schränken geordnet, für die sie bestimmt sind. Das Sortieren von weißer oder Kinderwäsche

kann man vereinfachen, indem man mit nicht auswaschbarer Farbe an einer unauffälligen Stelle einen Punkt anbringt – eine andere Farbe für jedes Familienmitglied.
In Häusern, in denen mehrere Parteien eine gemeinsame Waschmaschine benutzen, ist das Wäschewaschen ein wenig komplizierter. Versuchen Sie, Ihre Wäsche in den weniger frequentierten Stunden zu erledigen, entweder früh am Morgen oder nach 8 Uhr abends. Stapeln Sie die trockenen Kleidungsstücke so im Wäschekorb, wie sie in der Wohnung verteilt werden. Wenn die Küche zum Beispiel in der Nähe der Eingangstür liegt, kommen Topflappen und Küchenhandtücher zuoberst auf den Stapel. Dadurch wird das Einräumen der Wäsche sehr vereinfacht.

SECHS
Familie und Lebensstil

17 Kinder

Kinder können schon in sehr jungem Alter zur Ordnung angehalten werden. Wenn Sie es ihnen leicht machen, für sich selbst zu sorgen, ist das Problem bereits zur Hälfte gelöst. Aus diesem Grund ist es wichtig, das Kinderzimmer so einzurichten, daß es den Bedürfnissen und Fähigkeiten seines kleinen Bewohners gerecht wird. Wenn der Raum gut geplant und flexibel genug ist, um sich den veränderlichen Fähigkeiten und Bedürfnissen Ihres Kindes anzupassen, wird es dem Kind leichter fallen, das Zimmer in einigermaßen ordentlichem Zustand zu halten, als dies *nicht* zu tun. Wenn ein Raum kindgerecht eingerichtet ist, können Sie Ihrem Sprößling ohne weiteres beibringen, Ordnung zu halten. In diesem Kapitel sprechen wir auch über die Logistik der Kinderbetreuung: Wie man die Aktivitäten des Kindes im Auge behält und sie mit den eigenen in Einklang bringt.

Kinderzimmer

Als erste Regel gilt, daß der Schrank dem Kind angepaßt sein sollte und nicht umgekehrt. Bringen Sie in Augenhöhe des Kindes jede Menge selbstklebender Haken im Schrank an. Wenn Ihr Kind bereits mit Kleiderbügeln umgehen kann, montieren Sie eine verstellbare Kleiderstange im Schrank. Die Höhe kann dann im Laufe der Jahre angepaßt werden. Für sehr kleine Kinder im Alter zwischen zwei und vier Jahren, die durch den Anblick eines allzu großen Schranks eingeschüchtert werden könnten, empfiehlt sich die Anschaffung einer Garderobe, ausgestattet mit einer Menge Haken. Stellen Sie die Garderobe wie alle neuen Möbel so auf, daß die Bewegungsabläufe des Kindes nicht gestört werden. Ein kleiner Junge, der abends vor dem Schlafengehen immer ruhig in einer kleine Nische – seiner »Kuschelecke« – zu spielen pflegte, war ganz verzweifelt, als seine Eltern ebendort eine neue Garderobe anbrachten. Daraufhin wurde die Garderobe an einem anderen Ort montiert. Wenn das Kind aus der Garderobe herausgewachsen ist, können Sie zu einem Schrank übergehen.

Achten Sie darauf, daß die Kleidungsstücke, die Sie kaufen, einfache Aufhängevorrichtungen und Verschlüsse haben, mit denen das Kind selbst zurechtkommen kann. Stellen Sie neben dem Schrank einen Wäschekorb auf, in dem das Kind gleich beim Ausziehen seine Schmutzwäsche werfen kann. Das Schlafzimmer ist besser als Aufstellungsort geeignet als das Badezimmer, denn ein Kind ist überfordert, wenn man von ihm verlangt, seine Kleidungsstücke von einem Zimmer ins andere zu tragen. Achten Sie auch hier darauf, daß das Kind mit dem Wäschekorb alleine zurechtkommt.

Wählen Sie ein niedriges Nachtkästchen, das groß genug ist für eine Nachtischlampe, eventuell ein kleines Radio, ein paar Lieblingsbücher und eine Puppe. Die Kommode sollte so niedrig sein, daß das Kind darüber sehen kann. Achten Sie darauf, daß die Schubladen leichtgängig sind und nicht klemmen, und daß die Knöpfe oder Griffe nicht zu groß und so geformt sind, daß sie sich gut für Kinderhände eignen. Orientieren Sie sich beim Möbelkauf an der Maxime: »Keine Möbel, auf denen mein Kind nicht herumspringen kann.« Das bedeutet solide, pflegeleichte Materialien und Stoffe, abgerundete Kanten und Formen ohne Schnickschnack – denn solche Kinkerlitzchen sind hauptsächlich Staub- und Schmutzfänger. Etagenbetten sind platzsparend und daher besonders für größere Kinder, die gemeinsam ein Zimmer bewohnen, ungemein praktisch. Trotzdem sollte jedes Kind sein eigenes, klar definiertes Reich haben: mit seinem Namen gekennzeichnete Haken in Kinderzimmer und Badezimmer, eigene Schränke oder Garderoben, einen Schreibtisch (bei Platzmangel zum Hinunterklappen), und eventuell einen Vorhang oder ein Bücherregal als Raumteiler. Auf diese Weise ist auch die Ablenkung beim Aufgabenmachen geringer. Wenn mehrere Kinder gemeinsam ein Kinderzimmer bewohnen, stellt sich häufig die Frage, was man tun soll, wenn ein Kind krank wird. Falls die Sache nicht damit abgetan ist, daß ein Kind eine Nacht auf der Couch verbringt, ist es wichtig, ein Reservebett zur Verfügung zu haben (zum Beispiel ein ausziehbares Sofa oder eine Bettcouch, die bequem zurechtgemacht werden kann), damit sich das gesunde Kind nicht beiseite geschoben fühlt.

Der Spielbereich – freier Platz, einfach unverstellter, offener Raum – ist äußerst wichtig. Wenn Ihr Kind ein unerschrockener Forschertyp ist, sollten Sie dafür sorgen, daß dieser Raum möglichst großzügig bemessen ist. Wenn sich der Nachwuchs aber lieber in der Nähe von Wänden und Möbeln aufhält, sollte der Spielplatz so lang bemessen sein, daß man sich noch gut darin bewegen kann. Verlegen Sie den Platz in jene Ecke des Zimmers, in der sich das Kind am liebsten aufhält. Sorgen Sie dafür, daß die Lichtquelle stark genug zum Lesen ist, und daß es in der Ecke ein paar kuschelige Kissen gibt. Versuchen Sie auch, dem Kind in seinem Zimmer ein paar »geheime Höhlen« zu belassen: ein Bett, das hoch genug ist, daß man darunterkriechen kann, oder einen Schrank, der so solide ist, daß man darin spielen kann.

Das Kind sollte die Möglichkeit haben, in einer Ecke des Spielbereiches Dinge wie ein begonnenes Puzzle oder ein Lego-Bauwerk liegenzulassen. Alle anderen Spielsachen sollten jeden Abend weggeräumt werden.

Viele Eltern denken natürlich an eine einzige große Spielzeugkiste für alle die einzelnen Puzzleteile, Bauklötze, zerrissenen Bilderbücher, Farbstifte, Puppen, Spielzeugautos, Playmobil-Figuren und die ganze Ausstaffierung ihres Kindes des zwanzigsten Jahrhunderts, aber das ist keine kluge Lösung. Das Kind wird so frustriert, wenn es sich bis zum Boden der Kiste durchgraben muß, um ein Ding herauszuziehen, nach dem es gesucht hat, daß es den gesamten Inhalt der Kiste ausleeren und liegenlassen wird, bis die Eltern ihm die »rote Karte« zeigen. Statt dessen ist es günstig, an den Wänden des Spielbereiches niedrige Regale aufzustellen, in denen genug Platz für Brettspiele, Spielsachen, Autos, Baukästen, Puppen und Bücher ist. Das Kind wird sich direkt anstrengen müssen, die Spielsachen *nicht* wegzuräumen. Ich empfehle verstellbare Regalbretter, die mit dem Kind mitwachsen.

Stellen Sie in den Regalen viele verschiedenfarbige Schachteln, Tabletts und Behälter für lose Spielzeugteile auf. Es scheint wichtig zu sein, die Größe der Behälter in etwa auf die Größe der darin enthaltenen Gegenstände abzustimmen: kleine Behälter für Bausteine, mittlere für Farbstifte, größere für Playmobil-Figuren und Spielzeugsoldaten. Diese Idee stammt aus einer Montessori-Schule, die ein kleiner Junge aus meinem Bekanntenkreis besucht. Seine Mutter hat mir erzählt, daß sie in dem Raum Regale anbringen, wie ich sie vorgeschlagen habe, und darauf Kartons in bunten Farben und verschiedenen Größen aufstellen. Die Kinder lernen sofort, daß »die Puppe in den großen grünen Karton«, »die Gummibälle in dem »mittelgroßen roten Karton« und »die Bausteine in den kleinen blauen Karton« gehören. Eine zweite Möglichkeit besteht darin, bunte Farbsticker an den einzelnen Kartons oder Plastikbehältern anzubringen. Außerdem sollte jedes Ding seinen festen Platz auf dem Regal haben. Kinder haben es gern, wenn sie wissen, wohin die Dinge gehören. Offensichtlich brauchen kleine Kinder in ihrer Entwicklung feste Grenzen und klare Verhältnisse.

Checkliste: Kinder

Bevor Sie für ein kleines Kind irgend etwas anschaffen, ob es sich nun um Möbel, Kleidung oder Spielzeug handelt, sollten Sie die folgenden Punkte durchdenken:

1. Ist der Gegenstand sicher? Keine scharfen Kanten, keine kleinen Teile, die ein kleines Kind verschlucken könnte?
2. Könnte das Kind an den Teilen herummanipulieren oder dies lernen?
3. Stimmt das Größenverhältnis? Eine Zweijährige verliebte sich in einen winzigen, einfachen Teddybären und ignorierte einen schönen, größeren völlig. Der große entsprach ihrem Alter einfach nicht.
4. Läßt sich der Gegenstand dem Wachstum des Kindes anpassen? (Gilt nicht für alle Dinge.)
5. Ist er schmutz- und fleckenabweisend und/oder leicht zu waschen?

Ordnung kann man lernen

Sobald Ihr Kind Worte versteht, können Sie es in eine der Grundregeln im Zusammenhang mit Ordnung einführen: Dinge, die miteinander zu tun haben, gehören zusammen. Dies ist etwas, was oft wiederholt werden muß, ganz besonders im Alter zwischen drei und sechs Jahren, wenn Kinder am neugierigsten und lerneifrigsten sind. Wenn das Kind noch ganz klein ist, können Sie Ordnungsspiele erfinden: Verteilen Sie ein paar Schuhe im Raum, lassen Sie das Kind die Schuhe einsammeln und wieder an ihren Platz stellen. Selbst in diesem frühen Stadium ist es wichtig, das Zimmer des Kinder so einzurichten, daß es die Schuhe wegräumen kann, anstatt sie nur auf einen Haufen zu werfen. Machen Sie es bei Kleidungsstücken und Spielsachen ebenso.

Bis zum Alter von drei oder vier Jahren hat das Kind die Idee der Zusammengehörigkeit von Dingen auf einer abstrakten Ebene begriffen, und nun kann ihm die Verantwortung für sein eigenes Zimmer übertragen werden. Zeichnen Sie eine Tabelle mit fünf Spalten, die Sie mit »Bett machen«, »Kleidung«, »Unterwäsche«, »Schuhe«, »Spielsachen« betiteln. Nun schneiden Sie aus Magazinen entsprechende Bilder aus und kleben Sie unter diese Überschriften, falls Ihr Kind noch nicht lesen kann. Belassen Sie diese Kategorien vorerst so breit und lose; unterteilen Sie die »Spielsachen« erst dann in »Spiele«, »Bücher« und »Spielzeug«, wenn das Kind älter ist. An der Längsachse der Tabelle tragen Sie die Wochentage ein. Dann kopieren Sie die Tabelle, die etwa so aussehen sollte wie in der Abbildung auf Seite 356 gezeigt.

Leisten Sie Ihrem Kind nun jeden Tag Gesellschaft, während es sein Bett macht und seine Spielsachen wegräumt. Es ist sehr hilfreich, verschiedene Tabletts oder Kartons für die einzelnen Gegenstände aufzustellen, wie auf Seite 352 beschrieben. Ihr Kind kann nun der Reihe nach an jeder einzelnen Kategorie arbeiten, und Sie können aushelfen, falls nötig. Kleben Sie einen Goldstern in das entsprechende Kästchen, wenn eine Kategorie erledigt ist. Wenn Ihr Kind mißmutig und trotzig wird, sagen Sie ihm, daß es für diesen Tag keine Goldsterne gibt und lassen Sie die restlichen Dinge bis zum nächsten Tag liegen, ohne dem Kind Vorwürfe zu machen. Räumen Sie die restlichen Sachen jedoch nicht selbst weg.

Als die allabendlichen Goldsterne für ein kleines Mädchen schon zur Routine geworden waren, wurde die ganze Familie zu einer festlichen »Kinderzimmerkönigin«-Feier zusammengerufen, bei der dem Kind ein Diplom überreicht wurde – eine formelle Anerkennung seines ersten Schrittes in Richtung Verantwortung und Unabhängigkeit.

Genau wie jüngere Kinder lieben es auch ältere, neue Dinge zu lernen. Das Problem ist nur, daß das Ordnunghalten im eigenen Zimmer vielleicht bereits zu einem Streitthema geworden ist. Die Kinderpsychologin Dr. Elaine Blechman erwähnt in einem Artikel in der *New York Times* eine »elegante Lösung«, mit der es einigen Familien gelungen ist, Probleme zu vermeiden: Die Kinder hielten ihre Türen geschlossen und räumten ihre Zimmer zu einem frei gewählten Zeitpunkt auf. Irgendwann einmal zu einer festgelegten Zeit, beispielsweise um 18 Uhr, wurde die Tür zu Inspektionszwecken geöffnet. Lassen Sie die Kinder unbedingt wissen, was inspiziert wird – nicht einfach, ob die Betten gemacht sind und ob aufgeräumt ist, sondern genauer: Sind die Kleidungsstücke im Schrank ihrem Typ nach geordnet (siehe Seite 233), sind die Kleidungsstücke, die in die Kommoden gehören, in der richtigen Schublade und auf dem richtigen Stapel, sind die Spielsachen sortiert, ist die Bettwäsche gewechselt, ist abgestaubt, der Boden gekehrt oder gesaugt? Dabei könnte sich eine Tabelle als hilfreich erweisen. Achten Sie auch hier wieder darauf, daß das Zimmer so eingerichtet ist, daß Ihr Kind alle Aufgaben ohne Schwierigkeiten erfüllen kann. Bitten Sie Ihr Kind auch um Verbesserungsvorschläge. Ermutigen Sie es durch begeistertes Lob und gelegentlich auch durch eine Belohnung. Wenn Ihr Kind von Zeit zu Zeit störrisch wird – und das ist wohl unvermeidlich –, verschieben Sie das Aufräumen auf den nächsten Tag, aber achten Sie unbedingt darauf, daß es wieder zur Routine zurückkehrt. Ihre eigene Einstellung ist hier das Wichtigste. Unordnung und Chaos sind nicht gerade wünschenswert, aber auch kein Verbrechen. Das heißt, daß moralische Entrüstung Ihrerseits auf keinen Fall angebracht ist. Vermitteln Sie dem Kind, daß das Ordnungmachen eine lebenswichtige Fähigkeit ist, die unbedingt gelernt werden muß – genauso wie das Lesen und Schreiben.

	Bett machen	Kleidung	Unterwäsche	Schuhe	Spielsachen
Montag					
Dienstag					
Mittwoch					
Donnerstag					
Freitag					
Samstag					
Sonntag					

Wöchentliche Aufräumtabelle für Kinder

Viele Kinder sind kleine Hamster, die alles sammeln und sich standhaft weigern, irgend etwas wegzuwerfen. Die Folge ist ein Platzproblem. Wenn Sie das Gefühl haben, daß der Raum außer Kontrolle gerät, setzen Sie sich mit Ihrem Kind hin und sammeln Sie alle Gegenstände, mit denen es schon etwa sechs Monate lang nicht mehr gespielt hat. Verpacken Sie sie in »Recycling-Kartons«, das heißt, daß Sie sie nach sechs Monaten wieder hervorholen. Nach dieser Zeit sind viele Spielsachen wieder attraktiv geworden, und Sie müssen nicht so viele neue kaufen. Jene Spielsachen, die das Kind langweilen, werden dagegen auch jetzt auf wenig Begeisterung stoßen, und Sie können sie sich vom Halse schaffen.

Bei Jugendlichen ist die Sache meist viel schwieriger. Das Chaos, in dem sie leben, bringt viele Eltern zur Verzweiflung; ein handfester Machtkampf ist hier meist die unvermeidliche Folge. Gibt es Autoritätsprobleme zwischen Ihnen, die gelöst werden sollten? Eine Vierzehnjährige ärgerte sich beispielsweise über die Tatsache, daß ihre Mutter ohne ihre Erlaubnis ihre Kommode öffnete, um Wäsche hineinzulegen, und darüber, daß sie keine klar definierten Pflichten im Haushalt hatte, sondern jederzeit und unvermittelt aus ihren Aktivitäten gerissen werden konnte. Sie leistete passiven Widerstand, indem sie ihr Zimmer in chaotischem Zustand hielt. Vielleicht wäre es hilfreich, räumliche Veränderungen vorzunehmen. Wenn keine Taktik anschlägt, ist es am besten – solange Ihr Teenager seine allgemeinen Haushaltspflichten erfüllt –, die Tür zu seinem Zimmer zu schließen und sich resolut abzuwenden. Wenn ein Jugendlicher seine Rebellion nur durch ein chaotisches Zimmer ausdrückt, ist dies kein großes Drama, und die Sache wird sich wahrscheinlich im Laufe der Zeit von selbst wieder einrenken.

Betreuung und Beaufsichtigung

Wenn Sie in einer Familie mit kleinen Kindern nicht den Verstand verlieren wollen, müssen Sie unbedingt versuchen, Ihre Privatsphäre zu erhalten. Es stehen Ihnen nicht nur ausgezeichnete Tagesstätten und Kindergärten zur Verfügung, sondern es gibt auch informellere Möglichkeiten, sich die lieben Kleinen ab und zu vom Halse zu schaffen. Die erste Möglichkeit ist ein Babysitter – von der begeisterten Großmutter bis zu einem Jugendlichen in Ihrer Nachbarschaft. Die Sängerin Peggy Lennon sagt: »Wenn ich mit einer neuen Babysitterin spreche, stelle ich immer dieselbe Fragen, um mich zu vergewissern, daß die Kinder gut versorgt sind und sich sicher fühlen: 1.) Was würden Sie tun, wenn das Haus zu brennen beginnt? Wenn ein Fremder an der Tür läutet und will, daß Sie ihn hineinlassen? (zeigt das Urteilsvermögen); 2.) Was würden Sie tun, wenn ein Kind weinend nach Hause kommt? (gibt Aufschluß über das Einfühlungsvermögen); 3.) auf welche Weise wollen Sie die Zeit mit den Kindern verbringen? (wirkt eher verpflichtend als distanzierend).«
Geben Sie dem Babysitter eine Liste mit Telefonnummern für Notfälle, und zwar neben Polizei, Arzt und Vergiftungszentrale

auch die Nummern von Verwandten oder engen Freunden, an die er/sie sich wenden kann, wenn Sie nicht erreichbar sind.
Eine weitere Lösung besteht darin, sich in der Kinderbetreuung mit Nachbarn und Freunden abzuwechseln, aber eine Babysittergemeinschaft ist noch flexibler und bequemer. Sie erklären sich bereit, zumindest einige Stunden im Monat auf die Kinder der anderen Mitglieder entweder in Ihrer eigenen oder in deren Wohnung aufzupassen, und dasselbe gilt für die anderen Eltern. Bei Spielgruppen tun sich drei oder vier Mütter zusammen und erklären sich bereit, an einem Vormittag oder Nachmittag alle Kinder in der Gruppe zu betreuen. Eine Spielgruppe geht im allgemeinen über eine bloße Beaufsichtigung hinaus. Die »diensthabende« Mutter strukturiert die Zeit mit Lernspielen, Basteleien, Vorlesen und vielleicht sogar Ausflügen.

Der Kinder-Papierkram

Wenn der Papierkram der Kinder überhand nimmt, wirkt die Zeit oft als ausgezeichneter Ausgleichsfaktor. So durchsuchen zum Beispiel Marnie und ihr neunjähriger Sohn Simon jede Woche Simons Schulbücher und Hefte nach den losen Papierblättern, die sich dort im Laufe der Woche angesammelt haben. Sie sehen sich die Zeichnungen an, die Testergebnisse usw. und entscheiden schnell und unbürokratisch, was interessant ist und was keinen Hund hinter dem Ofen hervorlockt. Ein nur in der ersten Zeile beschriebenes Blatt – weg damit. Der Rest kommt in eine Mappe, die in einem Regalfach in Simons Zimmer aufbewahrt wird.
Die endgültigen Entscheidungen fallen schließlich zur Zeugniszeit. Zu Semesterende nehmen sich Marnie und Simon die Mappen nochmals vor und sehen sich die Sachen ein zweites Mal durch. Dabei kommen sie zur der Erkenntnis, daß einem die Entscheidung durch ein klein wenig Abstand beträchtlich erleichtert wird, wenn es darum geht, sich von einem ungeheuer wichtigen Stück Papier zu trennen, das inzwischen allerdings

einiges von seiner Wichtigkeit eingebüßt hat. Vor den Sommerferien wird schließlich alles noch einmal einer gründlichen Prüfung unterzogen – und da hat man dann wirklich die nötige Distanz. Alte Papiere vom vergangenen September haben im Juni doch schon viel von ihrem früheren Glanz verloren.
Was schließlich bleibt, ist ein ziemlich dünner Stapel von Papieren, Zeichnungen und anderen Kunstwerken, die wirklich aufhebenswert erscheinen. Diese Dinge kommen in eine Mappe mit der Aufschrift: »Simon: Arbeiten dritte Klasse« oder so ähnlich und werden dann ordentlich auf dem Dachboden verstaut.
Man sollte jedoch einen Unterschied machen zwischen Kinderzeichnungen und anderen Papieren, die man sozusagen zu Nachsehzwecken aufbewahren will, wie zum Beispiel Zeugnisse und Klausuren. Diese sollten Sie unter dem Namen des Kindes in Ihrem allgemeinen Ablagesystem aufbewahren. Solche Papiere umfassen eventuell auch medizinische Untersuchungsergebnisse, Impfpässe und ähnliche Informationen.

Logistik: Schule, Aktivitäten, Chauffieren und Koordinieren

Wenn Sie eine große, lebhafte Familie haben, kann es sein, daß Sie andauernd irgendwelche Arten von Einverständniserklärungen oder Entschuldigungen schreiben müssen. Es ist gar keine schlechte Idee, ein solches Formular einmal zu erstellen und dann zu kopieren. Ich will Ihnen hier zwei Varianten vorstellen:

__________ Datum

Bitte entschuldigen Sie __________________________
am/vom ____________ bis ____________
aus folgendem Grund vom Unterricht:
Probe oder Aufführung _________________________
Arzttermin ____________________________________
Anderes: _____________________________________

Vielen Dank.

Unterschrift

____

__________ Datum

____

darf an folgender Veranstaltung teilnehmen:

____

Vielen Dank.

Unterschrift

____

Gehen Sie mit den Benachrichtungen von Schule, Pfadfindern oder Kirche so um, wie Sie das mit allen anderen Papieren tun (Kapitel 4), aber versuchen Sie, diese Dinge jeden Tag zu erledigen, damit sie Ihnen nicht über den Kopf wachsen.

Damit Sie einen Überblick über alle Familienaktivitäten behalten, besorgen Sie sich einen großen Monatskalender mit den allergrößten Datumsfeldern, die Sie finden können. Hängen Sie ihn an einem Ort auf, an dem er von allen gesehen wird, vielleicht in der Küche. Tragen Sie zu Monatsbeginn alle regelmäßigen Termine der Kinder wie zum Beispiel Ballettstunden, Schwimmen oder Pfadfindertreffen in diesen Kalender ein. Wenn Ihnen die Kinder von besonderen Ereignissen – Geburtstagsparty, Kostümfest, großes Kuchenbacken – erzählen, tragen Sie dies in Ihren persönlichen Kalender ein oder tragen Sie dem Kind auf, es einzutragen. Als Alternative ist auch eine abwischbare Tafel, auf der man jederzeit Änderungen vornehmen kann, eine ausgezeichnete Idee.

Machen Sie sich in Ihrem Kalender Notizen über alle Vorbereitungen, die Sie treffen müssen, und tragen Sie sie an dem betreffenden Tag in die Tagesliste ein. Wenn Sie Ihren Kalender als Leitfaden benutzen, können Sie sehr weit im voraus planen, wie und von wem die Kinder zu ihren Terminen gebracht und abgeholt werden sollen. Arbeiten Sie langfristige Zusammenarbeitspläne aus, wenn dies möglich ist. Falls Sie in der Stadt leben, können die größeren Kinder die kleineren oft zur Schule oder zu anderen Aktivitäten mitnehmen.

18
Variationen eines Themas: Der geordnete Übergang zu einem neuen Lebensstil

Im Laufe der zweiten Hälfte unseres Jahrhunderts hat sich der Lebensstil der Menschen sehr verändert. Begleitet wurden diese tiefgreifenden Veränderungen von einer zunehmenden Akzeptanz des Rechtes auf Selbstbestimmung, das uns heute ganz neue, vielfältige Arten der Lebensführung ermöglicht. Einen der Hauptbereiche, in denen sich diese Veränderungen klar manifestieren, könnte man unter dem Überbegriff Familien- oder Gemeinschaftsleben subsumieren: Getrennte Eltern, Alleinerzieher, gemischte Familien, ohne Trauschein zusammenlebende Paare und Wohngemeinschaften sind nur einige Beispiele für diese neuen Entwicklungen.
In diesem Kapitel sehen wir uns die wichtigsten Organisationsprobleme an, die für die verschiedenen Lebensstile heutiger Familien typisch sind, und wir untersuchen einige der Methoden und Lösungsansätze, die sich bei der Beseitigung von Komplikationen, die ein ansonsten klaglos funktionierendes Familienleben heimsuchen können, als erfolgreich erwiesen haben.

Der Alleinerzieher(in)-Haushalt

In den letzten Jahren zeichnet sich nicht nur ein zunehmender Trend hin zu Alleinerzieher-Familien ab – eine Folge der steigenden Scheidungszahlen –, sondern wir haben ganz allgemein viel mehr Möglichkeiten, unseren individuellen Lebensstil zu gestalten, als dies früher der Fall war. Eine Folge davon ist, daß viele Frauen, die ohne festen Partner leben, dennoch Kinder bekommen.

Viele der organisatorischen Probleme, mit denen Alleinerzieher konfrontiert sind, sind identisch mit denen aller anderen Eltern, aber darüber hinaus ergeben sich für Alleinerziehende spezielle Schwierigkeiten.

Ein Beispiel hierfür ist Ruth, eine kürzlich verwitwete Sozialarbeiterin, mit ihrem fünfjährigen Sohn Mark. Ein einziger Blick auf Ruths Tagesplan genügt, um uns kalte Schauer über den Rücken zu jagen. Sie steht um halb sechs Uhr morgens auf, um das Geschirr vom vergangenen Abend zu spülen, die Post zu sortieren, Wäsche wegzuräumen und andere Haushaltsarbeiten zu erledigen.

Dann weckt sie Mark um 7 Uhr und begleitet ihn zur Schule. Um viele Termine, die mit ihrem Kind zu tun haben, kümmert sie sich telefonisch vom Büro aus: Sie unterhält sich mit der Lehrerin, vereinbart Arzt- und Zahnarzttermine usw. Mark wird dann von einem Kindermädchen abgeholt, das bei ihm bleibt, bis Ruth irgendwann zwischen sieben und zehn Uhr abends nach Hause kommt. Die Wäsche und andere Haushaltsarbeiten erledigt sie prinzipiell am Wochenende.

Es gibt mehrere Bereiche ihres Lebens, die unter diesem Tagesablauf leiden: Sie hat keine Möglichkeit, gründlich und systematisch zu putzen, und sie kommt einfach nicht dazu, ihre Papiere, die sich seit dem Tod ihres Mannes immer noch in chaotischem Zustand befinden, in Ordnung zu bringen. Natürlich bleibt ihr auch viel zu wenig Zeit für sich selbst – und was das Sozialleben betrifft, so ist nicht einmal im Traum daran zu denken.

Die folgenden Techniken und Ansätze sind zwar kein Allheilmittel, sie ermöglichten es Ruth aber, mehr Ordnung und Stabilität in ihr eigenes Leben und das von Mark zu bringen, indem sie Mark mehr Sicherheit gaben und Ruth selbst mehr zu Flexibilität und einem besseren Gewissen verhalfen.

Beaufsichtigung und »Unterstützungsbasis«

Die Problematik der Kinderbeaufsichtigung hat brutale Auswirkungen auf einen Alleinerzieher. Jede Minute des Tages muß das Kind beaufsichtigt werden. Er/sie *muß* zur Schule gebracht werden, von jemandem abgeholt und nach der Schule betreut werden. Es *muß* jemanden geben, der immer bei dem Kind ist oder zumindest immer zur Verfügung steht.

Ein großes Problem vieler Alleinerziehender – die meisten davon sind immer noch Frauen – ist, daß sie nicht nur zu fixen Zeiten wie zum Beispiel einmal pro Woche Hilfe brauchen, sondern daß sie Kinderbetreuungsarbeiten mit flexibler Zeiteinteilung benötigen, die sie nach Bedarf in Anspruch nehmen können.

Unvorhergesehene Ereignisse sind für Alleinerzieher eine Quelle großer Ängste. »Wer betreut mein Kind, wenn ich krank bin? Was passiert, wenn mein Kind krank ist und ich zur Arbeit gehen muß? Was mache ich, wenn mein Auto eine Panne hat?« Ein Alleinerzieher muß unbedingt ein solides Unterstützungssystem aufbauen, eine Art »soziales Netz«, das ihn gegen alle Eventualitäten feit.

Ironischerweise greifen diese tapferen modernen Eltern angesichts der enormen Belastungen, denen sie ausgesetzt sind, wieder auf Lösungen zurück, die an die althergebrachten Großfamilien- und Gemeinschaftsmuster erinnern, es sei denn, sie sind wohlhabend genug, um sich ein Au-Pair-Mädchen oder bei Bedarf jederzeit einen Babysitter leisten zu können. Das wichtigste ist, gut strukturierte und engmaschige, störungsresistente Sicherheitsnetze aufzubauen. Dazu braucht man mehrere Personen, auf die absoluter Verlaß ist.

Martha zum Beispiel hat zwei Kinder. Außer einem Kindermädchen, das die Kinder auf regelmäßiger Basis betreut, hat sie drei weitere Babysitteralternativen. Erstens leben ihr Bruder und ihre Schwägerin nur fünf Meilen entfernt. Also hat Martha mit ihrer Schwägerin, die zwar ebenfalls arbeitet, aber in der Nähe, und deren Arbeitszeiten flexibler sind als die Marthas, eine Vereinbarung getroffen, daß sie in Notfällen einspringen wird.

Zweitens hat sie ein Zimmer ihres Hauses zu einem sehr niedrigen Preis an eine Studentin vermietet, die dafür als Babysitterin aushilft und die Kinder im Bedarfsfall zu ihren Terminen begleitet. Drittens hat Martha eine Freundschaft zu zwei in der Nachbarschaft lebenden pensionierten Eheleuten aufgebaut, die zwei eigene Enkelkinder haben und während des Tages zusätzlich sechs oder sieben Kinder aus der Nachbarschaft betreuen, einfach weil sie gerne Kinder um sich haben.

Dieses Ehepaar gehört inzwischen beinahe zur Familie, und diese Tatsache hat sich in Notfällen schon öfter als Segen erwiesen. Einmal wurde eines der Kinder um 11 Uhr nachts krank und mußte ins Krankenhaus; Martha rief die Browns an, und schon fünf Minuten später standen sie vor der Tür und nahmen das gesunde Kind mit nach Hause.

Je nachdem, wie viele Verwandte, vertrauenswürdige Freunde und Nachbarn Sie haben, können Sie auch verschiedenste Arrangements mit anderen Eltern treffen, die sich in derselben Situation befinden wie Sie.

Ausschlaggebend ist, daß Sie möglichst viele Beziehungen aufbauen, die für Sie oder Ihr Kind von Nutzen sein können, so daß Sie immer auf die Unterstützung von zumindest zwei oder drei Personen zählen können. Je besser dieses Unterstützungsnetzwerk funktioniert, desto besser für Ihre Kinder, und desto sorgloser können Sie nachts schlafen.

Ein zweiter, wenn auch ganz anderer Ansatz, ein solches Unterstützungsnetz aufzubauen, besteht darin, sich dorthin zu wenden, wo Hilfe zu erwarten ist – also Ihren Haushalt in einem geeigneten Umfeld einzurichten. Außerhalb der großen urbanen Zentren geht man automatisch davon aus, daß eine Familie in einem Einfamilienhaus lebt. Für eine Alleinerzieherfamilie ist es aber durchaus sinnvoll, eine Wohnform zu wählen, die sich von Natur aus als Unterstützungsbasis eignet, also eine Wohnung, ein Reihenhaus oder ähnliches, vorzugsweise in einem Gebäude oder einer Gegend, wo es auch andere Kinder gibt. Ein großes Plus ist oft ein Hausmeister, der es mit seinen Pflichten genau nimmt.

In einigen größeren Städten gibt es bereits Gebäude, in denen eine Menge sozialer und kindgerechter Aktivitäten angeboten werden, aber auch Babysitter-Arrangements und andere Möglichkeiten der Zusammenarbeit. Dadurch werden mehrere Fliegen auf einen Streich getroffen: Der Alleinerzieher kann sich ein bißchen Freizeit verschaffen und hat die Möglichkeit, in seiner Wohnumgebung Anschluß zu finden, und für das Kind läßt sich innerhalb des Gebäudes ein gewisses Unterstützungssystem schaffen.

Allgemein gilt, daß eine Wohnung umso teurer ist, je komplexer die in ihrem Umfeld angebotenen Dienstleistungen sind. Es könnte sich für Alleinerzieher trotzdem lohnen, hier eine Neubewertung der Prioritäten vorzunehmen. Vielleicht hat es durchaus Vorteile, sich für eine kleinere Wohnung zu entscheiden und auf ein Schlafzimmer zu verzichten, wenn man sich statt dessen Hilfestellungen leisten kann.

Eine Mutter von zwei Kindern, deren Budget sehr knapp bemessen war, kaufte zum Beispiel eine kleine Zweizimmer-Eigentumswohnung in einem schönen Gebäude in einer sicheren Gegend. Die Kinder teilen sich ein Zimmer, und die Mutter schläft auf einer Bettcouch im Wohnzimmer.

Sie ist sehr zufrieden mit ihrer Entscheidung, denn der Hausmeister bringt die Wäsche zur Reinigung, er kümmert sich um kleinere technische Haushaltsprobleme, und wenn sie unterwegs ist und Besorgungen macht, sieht er nach den beiden zehn und zwölf Jahre alten Kindern. Weil der Hausmeister immer in der Nähe ist, kann sie sie unbesorgt für kurze Zeit allein zu Hause lassen. Die Wohnung ist zwar klein, aber sie hat das Gefühl, daß sich die Sache lohnt.

Zusammenfassend ist zu sagen, daß die meisten Leute, die über keine großen Reichtümer verfügen, beim Wohnen sparen müssen. Sie müssen sich entscheiden, ob sie in Wohnfläche oder in Serviceleistungen investieren wollen. Vielen Eltern ist nicht bewußt, daß sie diese Wahlmöglichkeit haben, denn sie denken automatisch: »Ich habe zwei Kinder, also brauche ich drei Schlafzimmer.« Und damit schaffen sie sich oft langfristige und schwerwiegende Probleme.

Die Sicherheit des Kindes

Die Sicherheit Ihres Kindes – und auch Ihre eigene – ist natürlich von entscheidender Bedeutung. Es folgen einige spezielle Tips:

- *Sicherheitssysteme:* Viele Eltern arbeiten mit dem System der »sicheren Häuser«: Das bedeutet, daß es entlang des Schulweges des Kindes Türen gibt, an die es klopfen und um Hilfe bitten kann, wenn es Probleme hat – etwa wenn ihm jemand folgt oder wenn etwas Unvorhergesehenes geschieht.
- Dasselbe gilt auch für den Weg zum Spielplatz, zum Park, zur Bibliothek – überall, wo das Kind geht, sollte es wissen, daß es ein Netzwerk gibt, auf das es sich verlassen kann, wenn Not am Mann ist.

  Es ist immer günstig, wenn zwei oder drei Kinder gemeinsam unterwegs sind. Wenn ein Kind irgendwo hingehen muß, ist es eine gute Idee, es von einem älteren Kind begleiten zu lassen.

  Sorgen Sie auch dafür, daß ein Verwandter oder ein Freund, dem Sie vertrauen, einen Schlüssel zu Ihrer Wohnung besitzt, um in Notfällen Zugang zu haben.
- *Notfallpläne.* Es ist sehr wichtig, daß alle Kinder die Notfall-Telefonnummern auswendig kennen. Besonders wichtig aber ist es, daß die Kinder alleinerziehender Eltern das »Was-ist-wenn«–Rollenspiel im Schlaf beherrschen.

  Was passiert, wenn Mami dich um 17 Uhr abholen soll, aber nicht kommt? Du rufst Tante Helen, Susan oder unsere Nachbarin an. Das Kindermädchen soll dich um halb vier von der Schule abholen, ist aber nicht da. Was machst du? Du gehst ins Schulbüro, fragst, ob du telefonieren darfst, und rufst Mutter im Büro an.

Versuchen Sie, an alle kritischen Situationen zu denken, die sich ergeben können, wenn Ihr Kind allein zu Hause ist, und besprechen Sie, was das Kind in diesen Situationen tun soll. Halten Sie die Regeln so einfach und klar wie möglich.

Das sollte Ihr Kind immer bei sich haben: 1.) ein Notizbuch mit den wichtigsten Telefonnummern (Notfallnummern; 2.) einen Wohnungsschlüssel, wenn das Kind alt genug ist; 3.) auf jeden Fall Geld – Kleingeld zum Telefonieren und eventuell genügend Geld für ein Taxi.

Wenn Sie sich aussuchen können, wo Sie arbeiten, wählen Sie eine Firma mit einer elternfreundlichen Einstellung. In vielen Firmen gibt es Betriebskindergärten und andere Einrichtungen, die die Kinderbetreuung erleichtern, und es gibt auch Firmen, die eher Verständnis für die schwierige Situation von Alleinerziehern aufbringen und flexiblere Arbeitszeitsarrangements anbieten.

Flexible Zeiteinteilung ist heute in vielen Berufen – wie zum Beispiel in der Krankenpflege – bereits allgemein üblich. Viele alleinerziehende Krankenschwestern absolvieren an drei Tagen in der Woche jeweils Zwölf- oder Vierzehn-Stunden-Schichten. Dann haben sie vier Tage lang frei. Obwohl die langen Arbeitstage außerordentlich anstrengend sind, haben diese Mütter festgestellt, daß es langfristig viel günstiger und im großen und ganzen vorteilhaft für das Familienleben ist, wenn man mehrere freie Tage in einem Block hat.

Der spezifische Papierkram

- *Wenn Sie geschieden sind,* sollten Sie eine Liste über alle Leistungen führen, die Ihnen zustehen: Alimente, Krankenscheine, die Ihr Ex-Ehegatte für Sie ausstellen lassen muß usw. Legen Sie sich eine separate Mappe für diese Unterlagen an und überprüfen Sie mit Hilfe eines Kalenders, ob die Zahlungen auch rechtzeitig eintreffen.

- *Wenn Sie verwitwet sind,* sollten Sie feststellen, ob Ihr Kind Anspruch auf eine Waisenrente hat. Haben Sie die entsprechenden Formulare ausgefüllt? Sind Ihre Angaben korrekt? Erhalten Sie die Zahlungen zum richtigen Zeitpunkt?

Wenn Ihnen etwas zustößt: Es ist die Pflicht jedes Elternteils, für einen reibungslosen Übergang zu sorgen, falls dem sorgeberechtigten Teil etwas zustoßen sollte. Bei Alleinerziehern ist es unbedingt nötig, daß für den Fall, daß Ihnen etwas zustößt, ein Verwandter, ein vertrauenswürdiger Freund oder ein Anwalt sofortigen Zugang zu allen wichtigen Unterlagen und Dokumenten hat – zum Testament, den finanziellen Unterlagen einschließlich Bankkonten, Kapitalanlagen, Versicherung, Pension sowie allen Informationen betreffend den Anwalt, Steuerberater usw.
Sorgen Sie unbedingt dafür, daß beispielsweise bei einem Unfall eine unmittelbare Betreuung der Kinder gewährleistet ist, und daß auch langfristige Vorkehrungen getroffen sind.
Informieren Sie die Schule bzw. einige Eltern von anderen Kindern in der Spielgruppe Ihres Kindes, wer in einem Notfall zu verständigen ist; auch einige Kollegen an Ihrem Arbeitsplatz sollten dies wissen, ein Nachbar, wenn Sie in einem Appartment-Haus wohnen, sowie Ihr Vorgesetzter.
Nicht nur Ihr Testament und Ihre finanziellen Unterlagen müssen den Händen einer integren Person anvertraut werden, sondern auch der Stundenplan Ihres Kindes, spezielle Medikamente (ist Ihr Kind gegen irgend etwas allergisch?), die Telefonnummern seiner behandelnden Ärzte und alle anderen relevanten Informationen über Ihr Kind.

Teilzeit-Eltern

Die steigenden Scheidungszahlen haben dazu geführt, daß es heute immer mehr sogenannte Teilzeiteltern gibt. Damit sind nicht elterliche »Teilzeitgefühle« gemeint, sondern nur die Teilzeitbetreuung des Kindes. In den meisten Fällen handelt es sich um die Väter, die die Kinder an den Wochenenden und eventuell ein- oder zweimal während der Woche sehen.

Um zu zeigen, wie das funktionieren kann, wollen wir uns nun ansehen, wie ein typisches Wochenende verläuft, das Harry mit seinen beiden Söhnen Jacob und Adam verbringt. Seit seiner Scheidung von Mona bewohnt Harry eine Zweizimmer-Wohnung. Mona und Harry haben es versäumt, bei ihrer Scheidung festzulegen, welcher Partner die Kinder bringen bzw. holen soll, was nun immer wieder Anlaß zu Differenzen ist. Typischerweise ruft Harry Mona am Freitag nachmittag an und sagt: »Sag, kannst du sie nicht diesmal herüberbringen, Mona? Ich hab' sie in den letzten drei Wochen immer abgeholt.« Und Mona antwortet: »Tja, Harry, du bist nun einmal der Vater. Schließlich ist es ja *dein* Besuch.« Und er gibt zurück: »Ich weiß schon, Mona. Aber ich bin müde, und ich muß heute noch bis spät in die Nacht hinein arbeiten. Kannst du mir diesen kleinen Gefallen nicht tun?« und so weiter. Sowohl für Mona als auch für Harry sind diese Auseinandersetzungen eine ständige Quelle des Ärgers, und das Wochenende beginnt schon in einer gereizten Atmosphäre.

Sobald die Jungen einmal bei ihrem Vater sind, ergibt sich schon der nächste Streitpunkt: das Abendessen. Mona hat gegen die ewige Pizza Einspruch erhoben, aber Harry hat nie etwas Eßbares im Haus und kocht sowieso nicht, also stehen auch diesmal wieder Pizza und ein Kinobesuch auf dem Programm.

Wenn sie alle vom Kino zurückkommen, beginnt Harry mit dem Auspacken. Dabei gibt es leider wieder dicke Luft – Harry ärgert sich über Mona, weil die Kinder ihren Game Boy, ein paar große Lastwagen und einige andere Spielsachen mitgebracht haben, die im Nu über den ganzen Wohnzimmerfußboden verstreut sind.

Harry versucht ungeschickt, das ausziehbare Sofa so herzurichten, daß die Jungen gemeinsam darauf schlafen können. Beim Auspacken murmelt er Unverständliches in seinen Bart und flucht leise vor sich hin, weil Mona vergessen hat, Zahnbürsten und Unterhemden einzupacken. Er erinnert sich daran, daß er in der letzten Woche in eine schwierige Situation geriet, weil eines der Kinder in der Nacht plötzlich Fieber bekam. Er mußte schnell zur Apotheke laufen, um Kinderaspirin zu besorgen, und die Kinder währenddessen allein zu Hause lassen.

Das Wochenende hat also gerade erst begonnen, und schon ist Harry verärgert und schlechter Laune; die Kinder werden davon angesteckt, und die Aussichten auf einen gemütlichen Besuch sind nicht gerade glorreich. Was ist faul an diesem Szenario?

Leider ist Harry ein durchaus typisches Beispiel für einen Wochenendvater, der sich mit seiner Rolle noch nicht ganz abgefunden hat und sich eigentlich als Teilzeit-Vater betrachtet. Hier liegt jedoch der springende Punkt: Er ist kein Teilzeit-Vater – er betreut seine Kinder zwar nur zeitweise, jedoch auf einer permanenten Basis! Wenn man die Situation in diesem Lichte betrachtet, wird klar, daß es von einem organisatorischen Gesichtspunkt betrachtet unerläßlich ist, daß der nicht sorgeberechtigte Elternteil, der regelmäßig von seinen Kindern Besuch bekommt, sich mehr oder weniger permanent darauf einrichten muß, den Bedürfnissen der Kinder bei deren Besuchen gerecht werden zu können.

Gehen wir in chronologischer Reihenfolge vor:

- *Das Abholen.* Es erscheint vernünftig, das Abholen auf die eine oder andere Weise aufzuteilen. Es passiert jedoch manchmal, daß aufgrund immer noch schwelender Konflikte die eine oder andere Partei oder sogar beide – vielleicht unbewußt – die Vereinbarungen sabotieren. Wenn das auch bei Ihnen irgendeine Alarmglocke schrillen läßt, ist es wichtig, daran zu denken, daß die Frage des Abholens der Kinder von alten Querelen losgelöst werden sollte.

Gibt es einen Dritten – zum Beispiel einen Großelternteil – der die Kinder abholen und bringen könnte? Oder könnte man dafür einen Studenten oder ein Taxi anheuern und die Kosten teilen?

Mit anderen Worten: Es ist kein ehernes Gesetz, daß einer von Ihnen unbedingt die Kinder abholen muß. Viel wichtiger ist es, alle möglichen organisatorischen Tricks anzuwenden, um die Situation spannungsfrei zu machen, so daß Sie das Wochenende einigermaßen ruhig und friedlich verbringen können.

- *Abendessen.* Es ist wichtig, daß Sie nicht zu einem »Pizza-und-Coca-Cola«-Vater bzw. -Mutter werden. Wenn Sie mit den Kindern alle paar Wochen einmal in eine Pizzeria gehen wollen, ist dagegen nichts einzuwenden. Aber als Grundregel sollte gelten: »Bei Papa essen wir ebenso wie bei Mama richtige Mahlzeiten.« Also müssen Sie, vom organisatorischen Gesichtspunkt betrachtet, ein bißchen im voraus planen, wenn Sie wissen, daß die Kinder kommen. Wenn Sie kochen, machen Sie sich für diese Woche, in der Sie den Besuch Ihrer Kinder erwarten, eine spezielle Einkaufsliste. Wenn Sie nicht kochen, kaufen Sie im Supermarkt oder im Restaurant fertige Mahlzeiten, essen Sie sie aber mit den Kindern zu Hause, in einer privaten, ruhigen Atmosphäre.
- *Hin- und Hertransportieren von Dingen.* Das ständige Hin- und Hertransportieren von Dingen ist keine gute Sache. Es hat etwas Provisorisches an sich und gibt den Kindern ein Gefühl der Instabilität.

  Es ist aber auch vom organisatorischen Gesichtspunkt betrachtet ein Alptraum und kann bei beiden Elternteilen zu beträchtlichen Irritationen führen. Dinge werden vergessen, gehen verloren, werden nicht mit- oder zugeschickt. Spielsachen werden von einer Wohnung in die andere transportiert. Die wichtigsten Kleidungsstücke in zweifacher Ausführung zu haben, kann die zusätzlichen Ausgaben lohnen. Außerdem sollte man einen kleinen Schrank anschaffen oder in den bestehenden Schränken Platz für die Sachen der Kinder reservieren.

Sorgen Sie dafür, daß Sie die wichtigsten Kleidungsstücke parat haben: Nachtwäsche, Unterwäsche, Socken, Jeans, ein paar Hemden, einige T-Shirts, Badebekleidung. So kann es Ihnen ziemlich gleichgültig sein, wenn etwas vergessen wurde. Sorgen Sie dafür, daß Sie genügend Sachen für die Kinder haben, damit sie keinen Koffer mitbringen müssen, sondern nur einen kleinen Rucksack mit einigen speziellen Habseligkeiten.

Auch die wichtigsten Bedarfsartikel sollten Sie immer vorrätig haben. Jacob bekam zum Beispiel Fieber, und Harry mußte zur Apotheke laufen, um Aspirin zu holen. Sie sollten auf jeden Fall Kinderaspirin, Zahnbürste, Zahnpasta, verschiedene Reserve-Toilettenartikel und all die anderen kleinen Lebensnotwendigkeiten auf Lager haben.

Eine doppelte Anschaffung bestimmter Spiele und Spielsachen könnte also durchaus sinnvoll sein. Zwei Game-Boys zu kaufen, ist vielleicht teuer, aber viel einfacher, als wenn man das Gerät ständig hin- und hertransportieren muß.

- *Raum und Unterbringung.* Wenn es nicht möglich ist, den Kindern ein eigenes Zimmer zu geben, wäre ein Hochbett (vielleicht in einer Wohnzimmmerecke) einem Sofa vorzuziehen. Wichtig ist jedoch in jedem Fall, daß die Kinder über ihren eigenen Regalraum verfügen. Vielleicht werden Sie wütend, wenn die Kinder gleich nach der Ankunft den Inhalt ihrer Taschen auf den Boden ausleeren. Sorgen Sie dafür, daß sie ihre Spielsachen in Regalfächern unterbringen können.

  Auch Schubladen sollten zur Verfügung stehen. Jedes Kind sollte seine Sachen in einer Schublade unterbringen können, gleichgültig, ob es sich um eine ganze Schublade handelt oder ob es sie sich mit jemand anders teilen muß. So wird dafür gesorgt, daß sich das Kind zu Hause fühlt. Auch hier geht es wieder darum, daß durch eine Steigerung der Effizienz und Ordnung der Komfort erhöht wird und die Kinder das Gefühl bekommen, wirklich Teil jener Familieneinheit zu sein, in der Sie jetzt leben.

- *Alternative Betreuungsarrangements.* Das gemeinsame Sorgerecht für die Kinder gewinnt immer stärker an Beliebtheit. Ein sehr positiver Ansatz hierzu besteht darin, daß nicht die Kinder, sondern die Eltern ihren Aufenthaltsort wechseln. Die Kinder von Rita und Ben leben einen Monat bei Rita und den nächsten bei Ben. Aber nicht die Kinder, sondern Rita und Ben ziehen jeden Monat um, während die Kinder in ihrer gewohnten Umgebung bleiben, ihre gewohnten Kleider tragen und dieselbe Schule besuchen. Durch dieses Arrangement bleiben sie besser in ihrer Umgebung verankert.
  Eine weitere Alternative besteht darin, daß die Eltern weiterhin in der Nähe wohnen. Lewis und Sue sind zum Beispiel geschieden. Beide haben wieder geheiratet, aber sie haben ein gemeinsames Kind. Nun haben also Lewis und Alice und Sue und Tim vereinbart, höchstens drei Blocks voneinander entfernt zu leben. Das gemeinsame Kind, Caroline, braucht so nur drei Blocks weit weg zu gehen, um die andere Familie zu besuchen, und sie verbringt auch Wochenenden dort. An der Schule und an den Freunden ändert sich nichts, und die Kontinuität in Carolines Leben bleibt bestehen.
- *Informationen austauschen.* Teilzeiteltern im eigentlichen Sinne des Wortes sollte es wirklich nicht geben. Jeder Elternteil sollte seiner Aufgabe auf Vollzeitbasis gerecht werden, auch wenn er vielleicht nur zu bestimmten Zeiten unter der Woche oder im Leben des Kindes die Betreuung hat. Trotzdem müssen beide Eltern immer auf dem laufenden sein, was ihre Kinder betrifft.

Auch wenn es nicht Teil der Vereinbarung ist, sollten beide Elternteile Kopien der wichtigsten Dokumente des Kindes besitzen, inklusive Krankengeschichten und aktuelle Listen von Ärzten, Zahnärzten, anderen Einrichtungen, Schule, Nachbarn, Großeltern … sozusagen eine Datenbank ihres Kindes.

Für den Fall, daß ein Elternteil stirbt, ist es auch wichtig zu wissen, wo sich die Wertgegenstände und wichtigen Papiere befinden.

Die gemischte Familie

Die Organisationsregeln der gemischten Familie, also einer Familie, in der Eltern und Kinder aus früheren Ehen und eventuelle gemeinsame Kinder zusammenleben, sind dieselben wie bei anderen Familien auch (siehe Kapitel 16, allerdings mit folgendem Vorbehalt: Die Erfahrung hat gezeigt, daß es *absolut notwendig* ist, die Haushaltspflichten unter den Kindern gerecht zu verteilen und auch bei Sanktionen für den Fall, daß diese Pflichten nicht zufriedenstellend erfüllt werden, *absolute Gerechtigkeit* walten zu lassen.

Es liegt in der menschlichen Natur, daß Geschwister eifersüchtig darüber wachen, daß niemand bevorzugt wird. Bei gemischten Familien steigt diese Sensibilität überproportional, das heißt, man muß unbedingt darauf achten, daß nicht eine »Familiengruppe« bevorzugt wird. An bösartigen Streitereien unter den Kindern über angebliche Bevorzugungen sind schon Familien zerbrochen. Das Vertrauen aller in der Familie lebenden Kinder, daß beide Elternteile ihnen gegenüber fair und gerecht sind, ist die wichtigste Voraussetzung für die Erhaltung des familiären Friedens.

Mitbewohner und zusammenlebende Paare

Es gibt kaum jemand, der nicht zu irgendeinem Zeitpunkt in seinem Leben die Erfahrung gemacht hat, daß er seine Wohnung mit jemand anders teilen mußte – jemand, mit dem er mehr oder weniger gut auskam, der vielleicht ähnliche Wertvorstellungen hatte oder auch völlig andere, mit dem er sich einigermaßen verständigen konnte oder auch nicht.
Vom organisatorischen Standpunkt betrachtet ist das wichtigste bei solchen Beziehungen, daß ein gemeinsamer Nenner gefunden wird und gemeinsame Grundregeln festgelegt werden. Es folgen eine kurze Erörterung der spezifischen Problemkreise, die sich bei einem solchen Arrangement ergeben können, und einige Ansätze für das Aushandeln und Finden dieses gemeinsamen Nenners.

Die Wahl eines Wohngenossen

Cordelia und Linda sprachen darüber, ob sie sich gemeinsam eine Wohnung nehmen sollten. Sie hatten viele gemeinsame Interessen, und die Konstellation erschien ihnen in verschiedenster Hinsicht vielversprechend – mit Ausnahme der Tatsache, daß Cordelia Linda erklärte, daß sie ausgesprochen ordentlich sei und daß bei ihr jeden Tag picobello aufgeräumt und geputzt werden müsse, andernfalls werde sie sehr ungemütlich. Linda, die ihrerseits zwar auch nicht gerade schlampig zu nennen war, hatte jedoch eine – nun, sagen wir einmal entspanntere Einstellung zur Sauberkeit. Also kamen die beiden Mädchen zu der traurigen Erkenntnis, daß sie als Wohnungsgenossinnen vielleicht doch nicht so geeignet waren.
Das bringt uns auf die Tatsache, daß man mit einem künftigen Wohnungsgenossen genauso sprechen sollte, wie man das mit einem Jobbewerber tun würde, um festzustellen, wo die jeweiligen Erwartungen auseinanderklaffen:

1. Wieviel Ordnung brauchen Sie, um sich wohlzufühlen? Stimmen Ihre Vorstellungen mit denen Ihres künftigen Zimmergenossen überein?
2. Wie steht es mit Musik? Was für den einen eine Sinfonie ist, mag in den Ohren des anderen eine Kakophonie sein.
3. Welche Hausregeln gibt es? Dürfen der Freund oder die Freundin über Nacht bleiben, und dürfen Freunde auf der Couch übernachten?
4. Wie steht es mit der Weitergabe telefonischer Nachrichten? Wird eine gemeinsame Leitung ausreichen oder werden Sie zwei Nummern brauchen, weil einer von Ihnen dazu tendiert, lange Gespräche zu führen?

Achten Sie auch auf optische und subjektive Eindrücke. Erscheint Ihnen die andere Person ehrlich und vertrauenswürdig? Haben Sie den Eindruck, daß sie verkrampft, großzügig, schlampig ist? Versuchen Sie unbedingt, sich Referenzen zu beschaffen.
Denken Sie daran, daß Sie mit dieser Person zusammenleben werden, und daß sie Ihre intimsten Gewohnheiten kennen wird. Das ist die sicherste Garantie dafür, daß man sich schnell auf die Nerven geht. Versuchen Sie also, einige dieser Stolpersteine durch gründliche Vorarbeit zu entschärfen.

Wer nimmt das große Zimmer?

Sehr oft wird eine Wohnung zuerst von nur einer Person gemietet. Wenn Sie das waren, so verleiht Ihnen diese Tatsache bestimmte Privilegien. Bei der Raumaufteilung gelten jedoch auch noch andere Kriterien. Persönliche Präferenzen und Zeitpläne spielen hier eine wichtige Rolle. So teilen zum Beispiel Michael und Tim eine Wohnung mit einem größeren und einem kleinen Schlafzimmer. Obwohl Michael sein Schlafzimmer zuerst wählen konnte, entschied er sich für das kleine, aus dem einfachen

Grund, weil das andere kein großes Fenster hatte, und Michael legte Wert auf eine schöne Aussicht.

Zeitpläne könnten ein weiterer Faktor sein. Wer von Ihnen wird voraussichtlich mehr Zeit in der Wohnung verbringen? Wer von Ihnen könnte dem anderen eher in die Quere kommen? Michael steht immer um sechs Uhr morgens auf und macht seine Wege, während Tim bis acht schläft. Also bekam Tim den etwas ruhigeren Raum.

Besonders wichtig beim Aushandeln der Raumaufteilung ist es, genau zu definieren, welche Bedürfnisse Sie jeweils in bezug auf Platz, Aussicht und Ruhe haben, und zu welchen Zeiten Sie die Wohnung im Zuge Ihrer täglichen Aktivitäten meistens benutzen.

Gemeinsamkeit versus Privatsphäre

Eine der kniffligsten Fragen, mit denen Wohngenossen zu Rande kommen müssen, ist die, wie sie einerseits ihre Privatsphäre wahren und sich Zeit für sich selbst nehmen und andererseits auch Gemeinsamkeiten als Freunde und Gefährten entwickeln können.

Brenda und Cindy teilten eine Wohnung, und sie taten zwei Dinge, die ihnen dabei halfen, ihre Freundschaft zu erhalten. Erstens wahrte jede ihre Privatsphäre. In der Wohnung gab es nur ein Schlafzimmer, das von Brenda bewohnt wurde. Um aber auch Cindy die Möglichkeit zu geben, sich zurückzuziehen, teilten sie das Wohnzimmer durch einen Vorhang. So war der eine Teil Cindys Schlafzimmer und der andere das gemeinsame Wohnzimmer. Da sie zu unterschiedlichen Tageszeiten arbeiteten, funktionierte das ausgezeichnet. Dies war also die Trennungslösung.

Andererseits hatten sie das Gefühl, einander nie zu treffen. Irgendwie waren sie wie Fremde, die sich an der Busstation begegneten. Also sorgten sie dafür, daß sie jeden Donnerstag abend zusammen aßen, und auch wenn an manchen Abenden beide zu Hause waren, gönnten sie sich ein gemütliches gemeinsames Abendessen.

Geld und Besitztümer

Das unangenehmste Problem, das Wohngenossen entzweien kann, ist die Frage, wem was gehört. Wenn es sich um Wohngenossen handelt, die weder verwandt noch eng befreundet sind, sollte von vornherein klar sein, daß der gemeinsame Nenner diesbezüglich viel kleiner ist und daher viel genauer definiert werden muß, als dies in einer familiären Umgebung der Fall ist. Nennen Sie das ruhig kleinlich – es ist aber die Realität.
Wir alle kennen Geschichten von Wohngenossen, die im Streit auseinandergingen, weil Jim behauptete, Bill würde andauernd seine Milch und seinen Orangensaft trinken oder was auch immer. Natürlich ist das für Erwachsene ein etwas lächerliches Verhalten, aber die meisten Menschen haben die Tendenz, eifersüchtig über ihre Lebensmittel und andere Besitztümer zu wachen, und diese Realität muß einfach akzeptiert werden. Es sind die kleinen Dinge, die kleinen Irritationen, die uns zur Weißglut treiben.
Die erste Frage hat mit der Aufteilung der Lebensmittel zu tun. Kaufen Sie gemeinsam ein? Oder ißt einer von Ihnen immer auswärts und der andere zu Hause?
Die Lösung besteht hier einfach darin, konsequent zu sein. Es gibt verschiedene Systeme, die gut funktionieren, solange zwischen den beiden Wohngenossen Einverständnis herrscht.
Es kann passieren, daß man eine unglaubliche Wut und Feindseligkeit gegen den anderen mit sich herumträgt, nur weil die Milch jede Woche auf magische Weise verschwindet. Aber die Angst, als kleinlich zu gelten, hält einen davon ab, diese Probleme direkt anzusprechen, wie man dies bei einem Familienmitglied tun würde, mit dem man einen vertrauterten Umgang pflegt.

Meine Theorie lautet, daß Sie in Kauf nehmen sollten, als kleinlich zu gelten. Es sind ja auch Kleinigkeiten, die einen verrückt machen können.

Wenn Sie also vereinbaren, gemeinsam einzukaufen und sich die Kosten zu teilen, dann sollte klar sein, daß Sie im wesentlichen dasselbe essen – und das ist heutzutage, wo die Leute sehr individuelle Eßgewohnheiten haben, gar nicht so selbstverständlich. Wenn sich der eine praktisch nur von Vollreis, Ingwer und Tofu ernährt, während der andere Steak und Fritten liebt, dann wird das gemeinsame Einkaufen und Essen wohl kaum besonders gut funktionieren.

Sie könnten allerdings vereinbaren, gewisse Grundnahrungsmittel wie Milch, Brot und Butter gemeinsam einzukaufen.

Wollen Sie das Geld für gemeinsame Ausgaben in eine Sparbüchse legen, aus der Sie Geld entnehmen, bis sie leer ist? Oder ist es ihnen lieber, sich die Kosten für die Einkäufe direkt zu teilen? Manche Leute sammeln alle Kassenzettel in einer Schüssel, versehen die Zettel mit ihren Initialen und rechnen etwa alle zwei Wochen ab.

Arbeiten Sie auch einen Rückgabeplan aus. So kann es zum Beispiel vorkommen, daß Freunde Ihres Kollegen zu Gast sind, die sich aus dem Kühlschrank bedienen. Natürlich können Sie Ihre Lebensmittel auch beschriften, aber das ist dann doch ein wenig kleinkariert. Solange Sie sich darüber einig sind, daß jeder Partner das ersetzt, was seine Freunde eventuell genommen haben, oder sogar mehr als das Fehlende nachkauft, sollten Sie eigentlich keine Probleme haben.

Sich einmal in der Woche hinzusetzen und eine Abrechnung zu machen, ist eine ganz ausgezeichnete Sache. Sehen sie einfach die Lebensmittel durch, überprüfen Sie, ob das System funktioniert und klären Sie alle eventuell auftretenden Probleme und Verwirrungen.

In bezug auf Haushaltsausstattung möchte ich nachdrücklich empfehlen, die Dinge nicht gemeinsam anzuschaffen, sich also

die Kosten für den neuen Teppich zu teilen. Es ist langfristig viel besser, Einkäufe getrennt vorzunehmen – einer von Ihnen kauft den Teppich und der andere die Lampen.
Legen Sie ein Budget für die Haushaltsanschaffungen fest und vereinbaren Sie, daß jeder von Ihnen 100 oder 1000 Dollar oder wieviel auch immer in die Wohnung investieren wird, und dann wird jeder gekaufte Gegenstand dem Konto des einen oder des anderen gutgeschrieben. Auf diese Weise gibt es keine Probleme, wenn einer von Ihnen auszieht, was eines Tages unweigerlich der Fall sein wird.

Aushandeln von Pflichten und Verantwortlichkeiten

Es geht nicht nur darum, die Kosten für Haushaltsanschaffungen und Lebensmittel aufzuteilen, sondern das Zusammenleben bringt meist auch ein weiteres Problem mit sich: Wer macht was? Der klassische Fall sind hier natürlich Oscar und Felix in dem Film *Ein verrücktes Paar*. Tatsächlich sind diese beiden zu einem perfekten Arrangement gekommen. Oscar war von Natur aus schlampig, während Felix es liebte, zu putzen und aufzuräumen; er schien nichts dagegen zu haben, alles allein zu machen. Aber leider funktioniert das im realen Leben meist nicht so, und man sollte daher auf alle Fälle darauf achten, daß die Pflichten gerecht und fair zwischen beiden Parteien aufgeteilt werden. Darüber hinaus muß man auch dafür sorgen, daß alle Arbeiten tatsächlich wie vereinbart erledigt werden. Dies ist für ein reibungsloses Zusammenleben äußerst wichtig. Rücksichtsvolle und umsichtige Verhandlungen sind hier der Schlüssel.
Nehmen wir zum Beispiel das Einkaufen der gemeinsamen Lebensmittel. Eine Möglichkeit ist, sich darin abzuwechseln. Das heißt, daß eine Person für diese Woche zum Einkäufer ernannt wird, und in der nächsten Woche wird gewechselt. Oder vielleicht ziehen Sie es vor, sich bei der Verteilung der Aufgaben an Ihren jeweiligen Präferenzen zu orientieren. Es kann sein, daß

einer von Ihnen eine bestimmte Arbeit mag und sie ihm leicht von der Hand geht; in diesem Fall sollte dafür gesorgt werden, daß dem anderen Partner eine etwa gleichwertige Aufgabe übertragen wird. Übrigens: Die beste Methode, sich darüber auf dem laufenden zu halten, was eingekauft werden muß, ist das Befestigen eines kleinen Zettels auf der Kühlschrankwand mit Hilfe eines Magnetsticker. Hier können Sie notieren, welche Lebensmittel und andere Haushaltsprodukte zur Neige gehen.

Im großen und ganzen funktioniert die Aufgabenteilung besser als das Abwechseln. Das Konzept »Ich spüle das Geschirr heute abend, und du machst es dafür morgen«, hat seine Tücken. Oft bleibt die Arbeit immer einem der Partner, was zu Spannungen führt. Wenn es einem von Ihnen tatsächlich nichts ausmacht, das Geschirr abzuwaschen, so ist nichts daran auszusetzen, wenn er diese Aufgabe täglich erledigt, vorausgesetzt, der andere Partner räumt den Tisch ab und trägt den Müll hinaus.

Manche Leute haben nichts gegen Küchenarbeiten oder Kochen einzuwenden, hassen aber dafür Abstauben oder Badezimmer putzen, und umgekehrt. Gut, das macht überhaupt nichts. Mit anderen Worten: Stellen Sie fest, wo Ihre Präferenzen liegen, verteilen Sie dementsprechend die Aufgaben einigermaßen gerecht und bleiben Sie dann bei diesem Arrangement.

Zusammenleben

Es gibt wichtige Unterschiede bei der Ausarbeitung von Regeln für das Zusammenleben zu beachten, je nachdem, ob es sich um zufällige Wohnungsgenossen oder um ein Liebespaar handelt. Die Art und Weise, wie Sie das Leben rund um sich und Ihren Partner organisieren, wird davon abhängen, wie Sie sich selbst als Paar definieren. Wenn Sie sich nur einen Schritt vom Traualtar entfernt oder praktisch schon ohne Trauschein verheiratet sehen, gelten für das Führen eines gemeinsamen Haushalts, die Aufteilung der Pflichten und die Verteilung der Ressourcen, dieselben Regeln, wie sie für ein verheiratetes Paar gelten würden.

Das andere Ende des Spektrums sieht etwa so aus: »Komm, laß uns zusammenziehen und ein bißchen Spaß miteinander haben.« Das ist eine Situation, die einen viel stärkeren Übergangscharakter hat. Und dann gibt es auch jede Art von Zwischennuancen.

Bei den meisten Beziehungen zwischen zusammenlebenden Partnern ist es wichtig, zur Kenntnis zu nehmen, daß die Beziehung eventuell nicht von Dauer sein wird, oder daß zumindest diese Möglichkeit besteht. (Natürlich werden auch Ehen in unserer heutigen Zeit nicht immer für die Ewigkeit geschlossen, aber man geht zumindest davon aus.) Das heißt, daß es klug wäre, in dem Maße, in dem es Ihre Beziehung zuläßt, einige der Regeln zu berücksichtigen, die wir weiter oben für Wohngenossen besprochen haben, damit eine eventuelle Trennung nicht zur organisatorischen Katastrophe wird.

Was Liebespaare betrifft, so gibt es einige Bereiche, in denen praktisch kein Unterschied zu einem Ehepaar besteht, und andere Aspekte, die eher Ähnlichkeit mit der Situation von bloßen Wohnungskollegen haben. Natürlich haben Liebespaare vor allem eine andere Einstellung zur Intimsphäre. Ihre Möglichkeiten, einen gemeinsamen Nenner zu finden, sind – hoffentlich – besser. Vielleicht sind sie bei der gemeinsamen Haushaltskasse ein bißchen großzügiger, es ist auch unwahrscheinlich, daß sie sich darüber in die Haare geraten, wer wessen Orangensaft ausgetrunken hat.

Es ist jedoch zu empfehlen, daß Sie sich in bezug auf Möbel und größere Anschaffungen soweit wie möglich an dieselben Regeln halten, wie sie für Wohngenossen gelten – mit anderen Worten: Finanzieren Sie die Anschaffungen getrennt. Wenn Sie das tun, haben Sie bei einer eventuellen Trennung nicht so viele Probleme.

Bibliographie

Zeit

Ahrens, Dieter F.: Gewinnen Sie Zeit – Planen Sie Ihre Wünsche. Wie Sie sich Ziele setzen und Ihr Leben planen. München 1988.

Dittrich, Helmut: Erfolgsgeheimnis Zeiteinteilung. München 1991.

Gräbe, Sylvia v. (Hrsg.): Alltagszeit – Lebenszeit. Zeitstrukturen im privaten Haushalt. Frankfurt/Main 1992.

Graichen, Winfried U. und Lothar J. Seiwert: Das ABC der Arbeitsfreude. Techniken, Tips und Tricks für Vielbeschäftigte. Speyer 1991 (6. unveränd. Aufl.).

MacKenzie, Alec: Die Zeitfalle. Der Klassiker für Zeitmanagement in Neuausgabe. Heidelberg 1991. (neubearb. und erw. Aufl.).

MacKenzie, Alec und Kay Cronkite Waldo: Die doppelte Zeitfalle. Zeitmanagement für die Frau. Heidelberg 1992. (3. unverän. Aufl.).

Maurer, Andrea: Alles eine Frage der Zeit? Die Zweckrationalisierung von Arbeitszeit und Lebenszeit. Berlin 1992.

Müri, Peter: Chaos-Management. München 1989.

Schräder-Naef, Regula D.: Keine Zeit? Sinnvolle Zeiteinteilung im Alltag. Basel 1987 (2. überarb. Aufl.).

Weiling, Ludger: So machen Sie mehr aus Ihrer Zeit. Sinnvolle Zeitplanung für Beruf, Familie und Freizeit. Freiburg 1989.

Geld

Felton-Collins, Victoria und Blair S. Brown: Hört beim Geld die Liebe auf? Ein Ratgeber. Hamburg 1992.

Gardiner, Robert M.: Der neue Geld-Ratgeber. So machen Sie mehr aus wenig Geld. Freiburg 1991.

Hallowell, Edward M. und William J. Grace: Wieviel sind Sie sich wert? Geld & Psyche: Die effektivsten Strategien für Ihren persönlichen Umgang mit Geld. München 1989.

Just, Oskar: Ursache Geld – Wirkung Chaos. Lütjensee 1986.

Kück, Marlene (Hrsg.): Der unwiderstehliche Charme des Geldes. Vom Umgang mit Geld aus der Sicht von Frauen. Reinbek bei Hamburg 1989.

Puttkammer, Günther: So machen Sie mehr aus Ihrem Geld. Bergisch Gladbach 1992.

Haus und Haushalt

Amendol, Marie P.: Die Geheimnisse der perfekten Hausfrau. Köln 1986.

Behrends, Rita: Haushaltspflege. Vernünftig und umweltbewußt. Stuttgart 1992.

Das sichere Haus. Zahlreiche Schritt-für-Schritt-Anleitungen. Life Handbuch des Handwerkers. München 1986.

Eder, Angelika: Haushaltstips von A–Z. Niedernhausen 1991 (7. Aufl.).

Ellen, Mary: Geranien und Kaffeesatz. 999 neue und ungewöhnliche Haushaltstips. Bergisch Gladbach 1985.

Gehrke, Heinrich: Artikel für Haus und Wohnung. Reinigung, Pflege, Vorratshaltung; Alles für das Bad. (BAG-Warenkunde), Bundesarbeitsgem. des Einzelhandels, 1988.

Geiss, Heide M.: Blaubeerfleck & Kesselstein. Über 900 neue und bewährte Haushaltstips. München 1990.

Heimann, Erich H.: Selbst Küchen bauen und modernisieren. München 1990.

Küchen und Badezimmer. Life Handbuch des Handwerkers. München 1990.

O'Rourke, P. J.: LebensArt für Junggesellen. 1000 Tips & Hilfen: Mein Leben – ein Saustall. Berlin 1988.

Philipps, Barty: Das neue große Haushaltsbuch. Über 4000 Tricks und Bio-Tips für den modernen Haushalt. Freiburg 1989.

Schilder, Hans: Küche und Haushalt. Stiftung Warentest, 1989.

Schmidt, Dietloff v.: Ordnung daheim. Wie und warum man sich das Leben erleichtern sollte. Ebenhausen 1989.

Garten

Amendola, Marie P.: Die Geheimnisse des erfolgreichen Gärtners. Köln 1986.

Conran, Terence: Der Garten als Wohnraum. DuMont 1992.

Familie

Schoefield, Deniece: Glücklicher Leben in der Familie. Rat und Ideen für alle, die ihr Leben glücklicher und konfliktfreier gestalten wollen. Bempflingen 1988.

Wahlroos, Sven. Familienglück kann jeder lernen. Frankfurt/Main 1980.

Dekoration und Raumgestaltung

Black, Penny: Düfte im Haus. Duftende und kreative Ideen für jeden Raum des Hauses. Aarau 1991.

Conran, Terence: Effekte mit Stoff. Textile Wohnideen. München 1988.

Major, Suzie: Die festliche Dekoration. Hamburg 1988.

Pleterski, Friedrun: Die kleinen Tricks der großen Einrichter. Folgen Sie den einfachen Regeln des guten Geschmacks und finden Sie zu Ihrem persönlichen Wohnstil. Wien 1992.

Paine, Melanie: Wohnkultur mit Stoffen. Textile Raumgestaltung. Köln 1991.

Pracht, Klaus und Friedrich Wilkening: Textile Raumausstattung. Polstern – Dekorieren – Bespannen. Schritt für Schritt in 718 Bildern. 1988.

Schurr, Alice: Geschmücktes Heim durchs ganze Jahr. Stuttgart 1986 (2. Aufl.).

Toogood, Alan: Raumgestaltung mit Pflanzen. Hamburg 1991.

Kreativität

Adams, James L.: Ich hab's. Wie man Denkblockaden mit Phantasie überwindet. Wiesbaden 1984.

LeBoeuf, Michael: Imagination, Inspiration, Innovation. Kreative Kräfte nutzen. München 1992 (2. Aufl.).

Schmidt, Karl O.: Du bist begabter als du ahnst. Anleitung zur Entfaltung latenter Talente. Ergolding 1990 (4. Aufl.).

Register

Seitenzahlen mit einem Stern * weisen auf Abbildungen, Tabellen oder Checklisten
Begriffe in *Kursivschrift* weisen auf Zeitschriften und Bücher